ERLEBTE UNTERWASSERWELT

Steven Weinberg

MITTELMEER

ERLEBTE UNTERWASSERWELT

Steven Weinberg

MITTELMEER

Delius Klasing
EDITION NAGLSCHMID

Titel der französischen Originalausgabe:
DECOUVRIR: LA MEDITERRANEE
veröffentlicht by Editions Nathan, Paris

Die Deutsche Bibliothek – CIP-Einheitsaufnahme

Weinberg, Steven:
Mittelmeer / Steven Weinberg. (Aus dem Franz. von Kerstin Rohde). –
Bielefeld: Delius Klasing; Stuttgart: Ed. Naglschmid, 1996
(Erlebte Unterwasserwelt)
Einheitssacht.: Découvrir: la méditerranée (dt.)
ISBN 3-7688-0968-4

ISBN 3-7688-0968-4

Die Rechte für die deutsche Ausgabe liegen beim Verlag
Delius, Klasing & Co., Bielefeld
Aus dem Französischen von Kerstin Rohde, Berlin
Umschlaggestaltung: Buchholz/Hinsch/Hensinger, Hamburg
Titelfotos: Steven Weinberg, Senningen,
und Dr. Friedrich Naglschmid/MTi-Press, Stuttgart
Wissenschaftliche Bearbeitung: MTi-Press/Bernd Humberg
Druck: Kunst- und Werbedruck, Bad Oeynhausen
Printed in Germany 1996

Inhaltsverzeichnis

Vorwort

Es ist wundervoll,
das Mittelmeer zu erkunden.
Noch wundervoller ist es,
wenn man es für die
Nachwelt bewahrt.
Ich widme dieses
Buch den kommenden
Generationen, insbesondere
Yann, Olivier,
Cédric und Priscille.

„Erlebte Unterwasserwelt: Mittelmeer" ist vor allem ein Leitfaden. Er regt uns aber auch zum Nachdenken an. Die zentrale Stellung, die Steven Weinberg in seinem Werk dem Menschen zuweist ebenso wie sein pädagogisches Anliegen, seine auf dem Anspruch nach Erkenntnis basierenden ökologischen Fragen, die nicht der Ausdruck irgendeiner Laune sind, und seine ständigen Beschwörungen, die Mittelmeerfrage zu einer internationalen Aufgabe zu machen, sind vier wichtige Aspekte in einer Ausführung, die den Leser fesselt.
Das Gleichgewicht zwischen Text und Bildmaterial, für das der Autor ebenfalls verantwortlich ist, die Wahl einer verständlich bleibenden Fachsprache und die Vermittlung zahlreicher meereskundlicher und biologischer Grundkenntnisse garantieren eine ebenso angenehme wie informative Lektüre.
Diese Kenntnisse sind um so wertvoller, als sie jedem, der das Mittelmeer erkunden möchte, gleich zur Verfügung stehen: Sie nützen demjenigen, der sich für das eigentümliche, abwechslungsreiche Küstengebiet interessiert und denen, die eine spezifische Unterwasserwelt erforschen sowie denen, die auf der Suche nach einem ökologischen Gleichgewicht sind, das notwendiger ist denn je. Die Voraussetzungen für diese Harmonie werden in

dem vorliegenden Buch vorsichtig, aber deutlich formuliert. Dem Leser werden die üblichen Tadel und Weisheiten zugunsten einer Analyse erspart, die kein Naturfetischismus ist.
Die wirtschaftliche Entwicklung im Umkreis des Mittelmeeres ist ein entscheidender Faktor. Die 200 Millionen Menschen, die im Jahre 2 000 in den Küstengebieten des Mittelmeeres leben werden, werden zu Recht Nord-Süd-Beziehungen zur besseren Aufteilung des Wohlstands fordern. Der Tourismus trägt einen Teil dazu bei, und Steven Weinberg hat vollkommen recht, wenn er daran erinnert, daß die Schönheit des Mittelmeeres (die seine Fotos wunderbar bezeugen) keine unveränderliche Eigenschaft ist und daß es angebracht ist, sie gegen individuelle und gemeinschaftliche Handlungsweisen, die egoistisch und unverantwortlich sind, zu schützen.
Die Geschichte und die Kulturen der am Mittelmeer liegenden Länder stellen eine permanente Einladung zu Dialog und Austausch dar. Das Mittelmeer bietet den Menschen eine natürliche Schönheit, und Steven Weinberg lädt uns ein, diese in der Tiefe des Meeres zu entdecken. Das Mittelmeer bietet einen großartigen Geschichtsunterricht, der alle Kulturen mehr oder weniger gleichstellt; das Mittelmeer regt beständig zum Nachdenken über die Beziehung zwischen Mensch und Natur an, und Steven Weinberg fördert dies sehr talentiert mit Überzeugung und Sachkenntnis. Niemand zweifelt am Beitrag dieses Meeres und seiner Seefahrer zum Erhalt des universalen menschlichen Erbes; nach der Lektüre von „Erlebte Unterwasserwelt: Mittelmeer" ist jeder zutiefst überzeugt, daß dieses Erbe mehr denn je geschützt und geachtet werden muß, damit die Menschheit auch weiterhin ihren Namen verdient.

Jeder kann im Mittelmeer auf Entdeckungsreise gehen, auch wenn er (noch) nicht schwimmen kann!

Dominique Strauss-Kahn

Minister für Industrie und Außenhandel

Sachwortverzeichnis

Die Sternchen* verweisen auf weitere im Sachwortverzeichnis aufgeführte Begriffe

Abiotisch
Unbelebt; alle physikalisch-chemischen Faktoren der unbelebten Natur (z.B. Temperatur, Sonnenlicht, Strömung, Wellen, etc.), die die Lebewesen beinflussen, nennt man abiotische Faktoren

Anorganisch
Unbelebt, nicht organisch*

Autotroph
Sich selbst ernährend durch Umwandlung anorganischer* Nahrung in organische* Stoffe. Chlorophyllhaltige Pflanzen sind autotroph. Gegensatz: heterotroph*

Bathymetrisch
Eine bathymetrische Verbreitung ist eine Tiefenverbreitung

Benthos
Der Seeboden und die bodenlebende Organismenwelt. Benthisch: bodenlebend. Wenn die Organismen* mit dem Gewässergrund fest verhaftet sind, spricht man vom sessilen* Benthos; bewegen sie sich über dem Grund, spricht man vom vagilen* Benthos

Biocönose
Natürliche Lebensgemeinschaft

Biomasse
Lebendes organisches* Material, welches als Flächeneinheit in Gramm Trockengewicht (dehydrierte Organismen*) pro Quadratmeter ausgedrückt wird

Biotisch
Alle Faktoren der belebten Natur, die auf die Lebewesen einwirken (z.B. Konkurrenzverhalten, Parasitismus) nennt man biotische Faktoren

Biotop
Einheitlicher Lebensraum mit bestimmten Pflanzen- und Tierarten

Chitin
Hornartiges polymeres Kohlenhydrat. Hauptbestandteil der Körperhülle von Krebstieren und Insekten

Chromatophoren
Pigmenthaltige Zellen, z.B. bei Kopffüßern und Fischen, die bei Erregung unterschiedliche Färbungen (z.B. Anpassung an die Umwelt) hervorrufen können

Circalitoral
Zone des Litorals* (unterhalb des Infralitorals*), in der Photosynthese* aufgrund des geringen Lichtangebotes nur noch für wenige Spezialisten (Rotalgen) möglich ist. Die untere Verbreitungsgrenze von Großalgen (Braunalgen und Grünalgen) sowie Blüten-

pflanzen (Posidonia und Zostera) markiert die Grenze vom Infralitoral zum Circalitoral

Detritus
Schweb- und Sinkstoffe zerfallener Tier- und Pflanzenteile

Detritus-Böden
Sedimentgründe, die überwiegend Schweb- und Sinkstoffe anorganischen* (Ton, Kalk, Sand) und organischen* Ursprungs (tierischer und pflanzlicher Detritus, z.B. Muschelschalen, Algenreste) aufweisen; vielfach mit kleinsten, zerfallenen Pflanzenteilen in großen Mengen

Detritusfresser
Tiere, die sich von organischen* Teilchen der Detritus*-Böden ernähren

Dichotom
Zweiteilig, gegabelt

Distal
Vom Körpermittelpunkt, von der Körperachse bzw. vom Herzen entfernt liegend

Endemisch
Einheimisch, auf ein bestimmtes Gebiet beschränkt; Arten, die nur im Mittelmeer vorkommen, nennt man endemische Mittelmeerarten

Epibionten
Nicht parasitäre Lebewesen, die auf anderen Lebewesen leben (Epiphyt: auf einer Pflanze lebende Pflanze, die sich aber selbst ernährt; Epizoon: auf einem anderen Tier oder einer Pflanze lebendes Tier; Epifauna: epibiontische Tiere, Epiflora: epibiontische Pflanzen)

Eulitoral
Gezeitenzone; Küstenstreifen zwischen der mittleren Niedrig- und Hochwasserlinie; im Mittelmeer ist es ein recht schmaler Streifen von ungefähr 50 cm Breite

Fauna
Tierwelt eines bestimmten Gebietes

Flora
Pflanzenwelt eines bestimmten Gebietes

Geschlechtsdimorphismus
Unterschiedliches Aussehen von Männchen und Weibchen derselben Art

Halophyt
Auf salzreichem Boden wachsende Pflanze

Heterotroph
Sich von organischen*, von anderen Tieren und Pflanzen stammenden Stoffen ernährend. Gegensatz.: autotroph*

Infralitoral
Gut besonnte Zone des ständig untergetauchten Litorals*. Die untere Verbreitungsgrenze der Blütenpflanzen markiert die Untergrenze des Infralitorals

Koliforme Bakterien
Bakterien, die in Gestalt und Eigenschaft der bekannten Kolibakterie (Escherichia coli) ähneln. Erreger von Darminfektionen

Kolonie
Zusammenschluß von Einzeltieren derselben Art zu einer funktionellen Einheit

Konkurrenz
Lebewesen konkurrieren um eine vorhandene Nahrungsquelle (Nahrungskonkurrenten) oder um einen Standort (Raumkonkurrenten)

Koralligen
Durch marine Lebewesen (überwiegend Kalk-Rotalgen) gebildete harte, steinartige, korallenriffähnliche (Name!) Böden im Circalitoral*

Lebensgemeinschaft
Einheit von Organismen*, die verschiedenen Arten angehören, aber gemeinsam im selben Biotop* leben

Litoral
Marine Küstenzone, vom obersten Einflußgebiet der Wogen bis zum Ende des unterseeischen Küstenabhanges (je nach Neigung und Exposition in unterschiedlicher Tiefe)

Milieu
Einheit der biotischen* und abiotischen* Faktoren, die die Verbreitung und das Wachstum von Organismen* in einem bestimmten Gebiet regeln

Nahrungskette
Aufeinanderfolge von Organismen*, die sich jeweils auf Kosten ihres Vorgängers ernähren. Die Nahrungskette beginnt bei den Pflanzen (Primärproduzenten* organischer* Materie), es folgen die Pflanzenfresser (Primärkonsumenten*) und anschließend die Fleischfresser (Räuber, Sekundärkonsumenten)

Nekton
Sich aktiv bewegende Meeresfauna* (z.B. Fische). Gegensatz: Plankton*

Nematocysten
Nesselkapseln der Hohltiere

Ökologie
Lehre von den Beziehungen der Lebewesen zu ihrer Umwelt

Ökosystem
Einheit von Lebewesen und ihrem Lebensraum

Organisch
Aus der belebten Natur stammende Stoffe

Organismus
Lebewesen; Tier oder Pflanze

Osculum
Ausfuhröffnung bei Schwämmen. Die Poren sind Einfuhröffnungen

Pelagisch
Im offenen Meer lebend

Peristom
Mundfeld

Photophil
Lichtliebend

Photosynthese
Umwandlung von Kohlendioxyd in Kohlenhydrate (Stärke, Zucker, etc.). Dies geschieht durch das Blattgrün der Pflanzen mit Hilfe des Sonnenlichts.

Phylloid
Blattartiges Photosyntheseorgan* bei Algen

Plankton
Die Organismenwelt des freien Wasserraumes, deren geringe aktive Bewegung die passive Verdriftung durch Strömungen nicht auszugleichen vermag (Beispiel: pflanzliches Phytoplankton, das aus unzähligen einzelligen Algen besteht; tierisches Zooplankton, darunter die Medusen) Gegensatz: Nekton*

Polyp
Einzeltier bei Hohltieren, dessen hohler Körper in einem von Tentakeln umgebenen Mund endet

Population
Gesamtheit von Lebewesen derselben Art in einem bestimmten Gebiet

Primärkonsumenten
Lebewesen, die sich direkt von der Biomasse* ernähren, die im Litoral* und in den Oberflächenschichten des Pelagials produziert wurde

Produzenten
Algen und höhere Wasserpflanzen, die mittels Photosynthese* organische* Substanzen produzieren

Rhizoid
Wurzelähnliche, meist fadenförmige Ausläufer bei Algen, die der Verankerung am Substrat* dienen

Rhizom
Wurzelstock

Saprophil
Von faulenden Stoffen lebend

Sciaphil
Schattenliebend

Sessil
Festsitzend; Tiere, die keine Ortsveränderung vornehmen

Sklerit
Kleine Skelettkörperchen, oft aus Kalk, manchmal kieselhaltig; bei Schwämmen, achtstrahligen Blumentieren, Seescheiden der Familie Didemnidae und Seegurken häufig

Spiculum
Nadel, spitzer Sklerit*, insbesondere bei Schwämmen

Sprungschicht
Dünner Übergangsstreifen, der im Sommer die warme Oberflächenschicht vom tieferen, kalten Wasser trennt

Stolon
Röhren, mit denen sich bestimmte sessile* Tiere am Substrat* festheften

Substrat
Sammelname für anorganische* wie auch organische* (!) Unterlagen oder Massen, die den Organismen* Flächen oder Raum zur Besiedlung bieten (z.B. Hartsubstrat: Felsen, Koralligen, Wracks; Weichsubstrat: Sand, Schlamm, Detritus*)

Supralitoral
Spritzwasserzone; Küstenstreifen über dem Eulitoral*, soweit der Einfluß des Meeres noch jenen des Landes deutlich überwiegt

Symbiont
Lebewesen, das mit einem anderen in Symbiose* lebt

Symbiose
Dauerndes Zusammenleben zweier Tiere oder Pflanzen bzw. von Tier und Pflanze zu beiderseitigem Nutzen (Kommensalismus bezeichnet ein Zusammenleben, bei dem ein Lebewesen von seinem Wirt profitiert, ohne diesem zu schaden, während beim Parasitismus ein Organismus* auf Kosten des anderen lebt)

Taxonomie (oder Systematik)
Einordnung in ein biologisches System

Thallus
Vegetativer Körper niederer Pflanzen, der weder Wurzeln, noch Stamm, noch Blätter hat

Thermophil
Wärmeliebend

Trottoir
Wulstige bis mächtige, rampenförmige Bänke krustenwüchsiger Kalk-Rotalgen im Gezeitengebiet exponierter, von klarem Hochseewasser umströmter Felsküsten

Vagil
Frei beweglich

Zooid
Einzeltier bei bestimmten koloniebildenden Tieren wie z.B. Moostierchen und Synascidien

Zooxanthellen
Einzellige symbiontische* Algen in Steinkorallen und Seeanemonen, die ihrem Wirt den bei der Photosynthese* ausgeschiedenen Sauerstoff, vielleicht auch einen Überschuß von Assimilaten zur Verfügung stellen und von ihrem Wirt Schutz und Nahrung erhalten

Einleitung

Dieses Buch ist ein Kompromiß. Ein Kompromiß zwischen dem Wunsch, alles zu sagen und alles zu zeigen und der Sorge darum, lesbar, kurz gefaßt und klar zu bleiben. Es richtet sich weder an Liebhaber schöner Unterwasseraufnahmen noch an Spezialisten für Meeresbiologie, obwohl ich natürlich hoffe, daß auch diese Leser Fotos sehen, die ihnen gefallen und sie Informationen finden, die ihnen nützlich sind... Dieses Buch möchte vor allem dazu anregen, daß Sie die Unterwasserwelt selbst anschauen und erschließen, sie ein wenig besser verstehen und sich von ihr verzaubern lassen. Da das Thema sehr umfangreich ist, besteht dieses Buch aus zwei Teilen. Der erste macht Sie mit dem Mittelmeer im allgemeinen, mit den Unterwasserlandschaften und einigen wissenschaftlichen Begriffen vertraut. Im zweiten Teil werden dann die unterschiedlichen Arten besprochen. Ich habe die traditionelle Reihenfolge der Biologen geändert. Zuerst bespreche ich die festsitzenden Organismen und anschließend die beweglichen... bis auf wenige Ausnahmen! Denn unter Wasser verschmelzen Tiere und Pflanzen! Es gibt „Blüten", die einen Mund haben und Würmer oder Krebstiere, die mit dem Untergrund verhaftet leben... Auch wenn dieses Buch weit davon entfernt ist, eine Enzyklopädie sein zu wollen, so bietet es Ihnen dennoch eine Darstellung von etwa 400 der im Mittelmeer häufigsten Arten und von einigen recht seltenen Wesen.
Ich wünschen Ihnen sehr schöne Unterwasserstreifzüge!

Steven Weinberg

Der Autor (links) und sein Bruder an der südfranzösischen Küste im Jahre 1955.

Zwischen drei Kontinenten: das Mittelmeer

Seit wir über räumliche Aufnahmen unseres Planeten verfügen, ist deutlicher denn je, daß er statt „Erde“ eigentlich „Ozean“ heißen müßte. Zwei Drittel unseres Planeten sind mit Wasser bedeckt, einer Schicht von durchschnittlich 4 000 m Tiefe auf einer Fläche von 360 Millionen km². Das sind 1,44 Milliarden km³ Wasser oder 1 440 000 000 000 000 000 000 Liter!
Das Mittelmeer erscheint mit einer Fläche von knapp 3 Millionen km² und einer maximalen Länge von 4 000 km zwischen Gibraltar und dem Libanon bei der Aufteilung des Planeten recht klein. Trotzdem ist unser „Grand Bleue“ mit einer durchschnittlichen Tiefe von 1 500 m und einer maximalen Tiefe von 5 124 m im Ionischen Meer ein recht tiefes Meer. Das ist immerhin halb so tief wie die tiefste bekannte Stelle im Ozean: der Marianen-Graben im Pazifik mit einer Tiefe von 11 033 m. Zum Vergleich: Die Nordsee hat eine durchschnittliche Tiefe von 94 m und überschreitet nirgendwo 250 m!

Wasser und Feuer

Der Name Mittelmeer paßt recht gut, denn es ist zwischen Europa, Afrika und Asien „eingeklemmt“. Dort wo sich die tektonischen Platten berühren, bebt die Erde und es entsteht Vulkanismus. Die Katastrophen von Santorin und Pompeji im Altertum sind weltbekannt. Der Vulcano brach das letzte Mal im Jahre 1893 aus, und der Stromboli eruptiert ungefähr jede Viertelstunde. Der Ätna und der Vesuv erscheinen regelmäßig in irgendeiner Zeitschrift. Der merkwürdigste aller Vulkane ist eine kleine Insel namens Julia, die am 18. Juli 1831 im Süden Siziliens aus den Fluten auftauchte. Dieser Vulkan wurde sofort von fünf verschiedenen Nationen annektiert, und jedes Land gab ihm einen anderen Namen. Dieses Öffentlichkeitsinteresse war zuviel für Julia. Sie versank am 28. Dezember desselben Jahres wieder in den Fluten. Im Jahre 1863 machte sie noch einmal einen schüchternen Versuch aufzutauchen, verschwand dann aber erneut, und seitdem hat man nie wieder etwas von ihr gehört... Zwei enge Durchgänge, die Straße von Gibraltar im Westen und seit 1869 der Suezkanal im Südosten, verbinden das Mittelmeer mit den Weltmeeren. Nur der erste Durchgang, der an seiner engsten Stelle knapp 14 km breit ist, besitzt eine gewisse Bedeutung. Diese Enge und das Vorhandensein einer relativ niedrigen Schwelle verhindern einen leichten Wasseraustausch zwischen dem Atlantik und dem Mittelmeer. Aus diesem Grund beträgt der Tidenhub im Mittelmeer nur 20 bis 60 cm.
Das warme, trockene Klima hat eine

starke Verdunstung und eine erhebliche Salzhaltigkeit zur Folge. Die Süßwasserzufuhr der wichtigsten Flüsse (Nil, Donau, Po, Rhône und Ebro) reicht nicht aus, um diese Verluste auszugleichen, wäre nicht ein ständiger Einstrom von Atlantikwasser vorhanden. Ohne diese Zufuhr würde sich das Mittelmeer in einen leblosen Salzsee verwandeln.

Ein gewaltiger Wasserfall

Dieser Fall ist schon einmal eingetreten. Vor ungefähr sechs Millionen Jahren waren Afrika und Spanien durch eine Bergkette verbunden. Das trockene Klima tat ein übriges, und das Mittelmeer trocknete in einer Million Jahren fast vollständig aus. Dann brach die Bergkette bei Gibraltar auf und ließ den gigantischsten Wasserfall aller Zeiten entstehen. Im Laufe eines Jahrhunderts und mit einer Menge von 1,4 Millionen Kubikmeter Meerwasser pro Sekunde füllte sich das Meer von neuem unter ohrenbetäubendem Lärm und senkte weltweit den Wasserspiegel der Ozeane um 12 Zentimeter! Eine relativ niedrige Schwelle zwischen Tunesien und Sizilien teilt das Mittelmeer in zwei Becken. Das westliche Becken (Alboran-See, Ligurisches Meer, Tyrrhenisches Meer) unterliegt dem atlantischen Einfluß. Die Wassertemperatur variiert zwischen 12°C im Winter und 23°C im Sommer, und der Salzgehalt beträgt 36 ‰, d.h. in jedem Liter Meerwasser sind 36 Gramm Salz gelöst. Im östlichen Becken (Adriatisches Meer, Ionisches Meer, Ägäis) macht sich der Einfluß der Ozeane weniger stark bemerkbar. Hier sind die Temperaturen höher (16°C im Winter und 25–29°C im Sommer), und der Salzgehalt kann 39 ‰ erreichen.

Der Wind

Sehr viele Menschen sind der Meinung, das Mittelmeer sei nur ein großer See. Dennoch wird seine ruhige, blaue Oberfläche oft von äußerst stürmischen Winden aufgewühlt. Sie kommen aus den Bergen, die das Meer umgeben. Diese Winde werden von den Fischern unserer Tage ebenso gefürchtet wie von den Seeleuten der Antike; sie tragen oft lokale Namen: Meltémi in Griechenland, Bora in Kroatien, Mistral und Tramontana in Italien, Frankreich und Spanien. Es existieren aber auch noch einige andere Bezeichnungen.

Leben...

Nun ist es an der Zeit, über die Lebewesen im Meer zu sprechen. Wo und wie soll man beobachten? Was gibt es zu sehen?
Der Kontinentalschelf, der sich von der Oberfläche bis in 200 m Tiefe erstreckt, ist das produktivste Gebiet. Im Mittelmeer, wo die Küsten oft sehr steil sind, bildet der Kontinentalschelf im allgemeinen einen sehr schmalen Küstenstreifen (z.B. das Ligurische Meer) und gewinnt nur entlang der mit Sand bedeckten Küsten an Bedeutung

(Foto: Alexandre Meinesz, Nizza)

Die Abfälle der Feriengäste und der Einheimischen nehmen häufig den kürzesten Weg. Unter Wasser sieht man den Unrat nicht mehr!

(z.B. im Rhônedelta, Golf von Gabes). Diese Zone stellt nur 0,1 % der Mittelmeerfläche dar: Die restlichen 99,9 % sind so gut wie ausgestorben. Die schöne blaue Farbe des alten Mare Nostrum zeugt von der Armut an Organismen. Ein Meer, das viel Leben in sich birgt, ist wie eine Planktonsuppe grün gefärbt. Aber im Küstenwasser, dort wo Meer und Kontinent aufeinander treffen, leben zahlreiche Organismen. Von ihnen handelt dieses Buch, denn sie zeigen sich demjenigen Taucher, der genau hinzusehen vermag. Eine recht hohe Anzahl dieser Organismen (etwa 20 %) sind endemische Arten, d.h. sie sind ausschließlich im Mittelmeer zu finden, während fast 75 % der Arten auch im Atlantik vorkommen. Die restlichen 5 % sind aus dem Roten Meer eingewandert; ihnen ist die schwierige Reise durch den Suezkanal gelungen. Man findet sie praktisch nur im östlichen Becken. So können wir Seeanemonen entdecken, die sich in den Wellen wiegen, Krabben, die über Felsen laufen und silberne Fische, die zwischen Algen schimmern. Immer mehr Menschen kaufen sich eine Maske und werfen einen neugierigen Blick unter die spiegelnde Wasseroberfläche. Man bestaunt die Schönheit der Seesterne, der Seeigel, der Algen und der Fische. Einige von ihnen treten in einen Tauchclub ein und ergründen Neptuns Gärten mit Flossen, Bleigürtel und Tauchgerät. Eine geheimnisvolle blaue Welt, in der man sein Gewicht verliert. Rochen durchqueren lautlos den Raum. Eine Languste streckt ihre Antennen aus. Korallen richten sich wie winzige Bäumchen an einer Steilwand auf. Ein großer Zackenbarsch betrachtet den Eindringling mit seinen kugelförmigen Augen und kehrt dann majestätisch in seine Höhle zurück.

...und Tod

Der Mensch wundert sich über so viele Lebewesen und versucht das, was er sieht zu verstehen. Seitdem Wissenschaftler tauchen, hat man einige Antworten gefunden... und viele Fragen erhoben! Die Unterwasserfotografie ermöglicht es, die Wunder, die man betrachtet hat, mit anderen zu teilen. Dieses Buch versucht, mit den folgenden Kapiteln ein Führer zu sein und will vor allem dazu anregen, selbst zu schauen, zu entdecken und zu verstehen. Warum habe ich das Mittelmeer ausgewählt? Weil es seit Menschengedenken eine Hauptrolle spielt. Es liegt im Mittelpunkt der Kulturen und ist die Wiege unserer Zivilisation. Die Landwirtschaft, das Geld, das Alphabet, die großen monotheistischen Religionen, die Philosophie, das geschriebene Gesetz, all diese entscheidenden Neuerungen erblickten an den Küsten des Mittelmeeres das Licht der Welt. Und in unserem Zeitalter des Tourismus und der Freizeit spielt das Mittelmeer wiederum eine Hauptrolle. Es gibt kein anderes Meer, in dem so viele Europäer das Tauchen lernen, wie im Mittelmeer. Dafür gibt es gute Gründe. Das Leben in der Nordsee oder im Atlantik ist ebenso spannend, aber das kalte Wasser und die gefährlichen Strömungen machen diese Meere den Neulingen weniger zugänglich. Die tropischen Meere mit ihren überreichen Riffen in geringer Tiefe sind für viele von uns ein zu kostspieliges Reiseziel. So stürzen wir uns in Scharen auf unser Binnenmeer, um seine Schönheit zu genießen, und das hat Konsequenzen. Wenn wir so zahlreich erscheinen, wird das Meer zwangsläufig geschädigt. Es werden neue Yachthäfen und alle möglichen Gebäude entlang der gesamten Küste errichtet. Die daraus resultierenden Sinkstoffe zerstören hektarweise das Meeresleben auf dem bereits sehr schmalen Kontinentalschelf. Außenbordmotoren und dröhnende Wasserscooter ziehen schäumende Bahnen auf dem Meer und lassen eine dünne Ölschicht hinter sich, die den normalen Austausch zwischen dem Meer und der Atmosphäre verhindert.

Die Anker zerwühlen die Seegraswiesen. Manche Leute kaufen sich eine Harpune, um ihren eigenen Fisch zu fangen. Taucher plündern Korallenäste. Und dann gibt es noch die gewerbsmäßigen Verunreiniger: Ungeklärte, ins Meer mündende Abwasserkanäle, Industrie und Öltanker tragen auf ihre Weise zur Schädigung des Meeres bei. Naturschützer melden sich mehr und mehr beunruhigt zu Wort.

Alarmsignale

Die Anwohner des Mittelmeeres essen ihren Fisch, das ist normal. Aber muß man wirklich die Larven von Sardinen (wie z. B. in Nizza) oder von Aalen (wie z. B. in Südfrankreich) essen? Auf diese Weise ißt man zu viert eine Anzahl von Jungfischen, die als ausgewachsene Fische vierhundert Personen ernährt hätten... Die Mittelmeerbe-

Der rätselhafte Tod der Stachelaustern (Spondylus gaederopus), 1981 an der Côte d'Azur.

(Foto: Alexandre Meinesz, Nizza)

Die Fleckige Napfschnecke (Patella ferruginea) ist durch Übersammeln bedroht. Sie lebt nur noch in wenigen Gebieten des Mittelmeeres.

wohner essen ihren Fisch, das ist ihr gutes Recht. Aber muß man wirklich mit Sprengstoff fischen, wenn man weiß, daß die Stoßwelle die Fische tötet, indem ihre Schwimmblase zerrissen wird? Und für einen an der Oberfläche eingeholten Fisch verwesen hundert auf dem Meeresgrund... Ein alter Taucher aus Perpignan erzählte mir, daß er Anfang der fünfziger Jahre regelmäßig ganze Schwärme Brauner Zackenbarsche *(Epinephelus guaza)* beobachtete, die genau unter der Wasseroberfläche ein „Sonnenbad" nahmen. Dann kam plötzlich die Unterwasserjagd auf und die war nicht immer sehr sportlich. Wenn es sein mußte, wurde auch mit Tauchgerät gejagt. Die Zackenbarsche sind an der französischen Küste selten geworden... das gleiche gilt auch für Meerraben *(Sciaena umbra)*. Mönchsrobben *(Monachus monachus)* und Meeresschildkröten, die Anfang des Jahrhunderts noch häufig waren, sind im Aussterben begriffen... In der Nähe von Pescara fand man einen gestrandeten Pottwal, der in ungefähr fünfzig Plastiktüten und einem Fischernetz erstickt war... Die Neptunsgraswiesen *(Posidonia oceanica)* weichen vor der fortschreitenden Zivilisation zurück. Das Neptunsgras ist jedoch die Lunge des Mittelmeeres... Die riesige, im Mittelmeer lebende Steckmuschel *(Pinna nobilis)* ist bedroht, weil Taucher sie unbedacht einsammeln... Im Sommer 1981 starben zwischen Menton und Marseille alle Stachelaustern *(Spondylus gaederopus)* einen rätselhaften Tod... Die eßbare Fleckige Napfschnecke *(Patella ferruginea)* wird immer seltener... Die eßbaren Steinseeigel *(Paracentrotus lividus)* leiden an einer unbekannten Krankheit, der „Kahlkopf"-Krankheit... Entlang der gesamten Côte d' Azur ringen die tiefliegenden Gorgonien- und Korallenbestände aus ungeklärten Gründen mit dem Tode. Die Konzentrationen an gefährlichen Schwermetallen aus der Industrie - Quecksilber, Blei, Zink, Chrom, Zinn, Kupfer und Kadmium - steigen beständig. Denken Sie z.B. an die Montedison-Affäre im Jahre 1972. Dieses Unternehmen schüttete täglich 3 000 Tonnen roten Titandioxid-Schlamm vor Livorno ins Mittelmeer. Während sich der Rechtsstreit in die Länge zog, litten Delphine und Wale in dem betreffenden Gebiet an selsamen Haut-„Verbrennungen"... Im Juli 1974 erlitt die Cavtat vor Otranto Schiffbruch, und der Kapitän unternahm keine großartigen Versuche, sein Schiff zu retten. Auf diese Weise ergossen sich Fässer mit hochgiftigen bleihaltigen Verbindungen und einem seltsamen Produkt mit dem Kodewort „Orange" in die Tiefe. Die Affäre wurde vertuscht... Die Menschen erkranken immer öfter an Infektionen, die durch koliforme Bakterien oder Salmonellen hervorgerufen werden. Dieselben Menschen setzen ganz unschuldig Meereslebewesen in ein Aquarium, um sie zu bewundern. Im ozeanographischen Museum von Monaco werden die tropischen Aquarien seit über zehn Jahren mit der tropischen Alge *Caulerpa taxifolia* geschmückt.

Um das Jahr 1984 gelangten mit dem Abwasser der Aquarien zufällig Ableger in die natürliche Umgebung vor das Museum. Entgegen aller Erwartungen hat die Alge die winterlichen Temperaturen gut überstanden. Schlimmer ist, daß sich diese eingeführte Art im Mittelmeer besser entwickelt als in den tropischen Regionen, aus denen sie ursprünglich stammt! Ihr Wachstum ist außergewöhnlich; die Triebe von *C. taxifolia* können 60 cm groß werden, überwuchern mancherorts die heimischen Neptunsgras- und Tanggraspopulationen und nehmen deren Platz ein. Diese Schlauchalgen sind im Zeitraum von wenigen Jahren in weite Bereiche des Litorals vorgedrungen und es ist eine schnelle geographische Verbreitung zu erwarten. Da sie ein Gift (Caulerpa-Toxin) produzieren, sind sie resistent gegen die meisten Epiphyten, Konkurrenten und Weidegänger, vielleicht mit Ausnahme der Goldstriemen *(Sarpa salpa)*, die für den menschlichen Verzehr nicht mehr geeignet sind! Es ist nicht das erste Mal, daß eine exotische Art ins Mittelmeer eingeführt wurde. Aber die Bedrohung für die heimischen Bestände war noch nie so groß und Fachleute sind bereits sehr pessimistisch. Man spricht schon von Säuberungsaktionen durch Taucher oder die Einführung eines natürlichen Feindes. Wie würde sich dieser dann aber gegenüber den endemischen Arten verhalten? Man läuft Gefahr, die Rolle des Zauberlehrlings zu spielen...

Ist es bereits zu spät?

Dieses Werk möchte Ihnen zeigen, daß es noch nicht zu spät ist. Es möchte Sie aber auch dazu anregen, sich der Probleme bewußt zu werden und auf Ihre Weise dieses natürliche Erbe, das Mittelmeer, zu verteidigen und im letzten Kampf der Menschheit, im Kampf gegen die Schädigungen durch den Menschen Stellung zu beziehen.

Caulerpa taxifolia

(Foto: Alexandre Meinesz, Nizza)

Ein kurzer Blick in die Wissenschaft

Jetzt sind Sie bereit zum Tauchen... Vergessen Sie ganz kurz Ihren Schnorchel-Unterricht: Halten Sie inne. Vergessen Sie, daß Sie Ihr stabilizing jacket („stab“) haben: Setzen Sie sich auf den Grund. Vergessen Sie die Funktion Ihres Atemreglers: Atmen Sie ganz ruhig, ohne auf ihn zu achten. Öffnen Sie ihre Augen ganz weit hinter Ihrer neuen Silicon-Maske: Schauen Sie in die Runde. Staunen Sie. Die Fähigkeit zum Staunen kann nur von innen kommen, und es sollte andauern: Es ist ein Zeichen von Jugendlichkeit! Was mich betrifft, so werde ich versuchen, Ihnen einige Erklärungen zu der Sie umgebenden Welt zu geben.

Meereskunde

Die Meereskunde möchte die Wissenschaft vom Meer sein. Eine solche Wissenschaft gibt es ebenso wenig wie es eine einzige Wissenschaft für alle Naturerscheinungen an Land gibt. Es handelt sich um eine Vielzahl von Wissenschaften, die sich alle mit demselben Objekt beschäftigen: der Meereswelt. So könnten bestimmte Geologen, Physiker, Chemiker oder Biologen „Meereskundler“ oder „Ozeanograph“ auf ihre Visitenkarte schreiben. Lassen Sie uns einen Blick auf das werfen, womit sie sich beschäftigen.

Druck und Temperatur

Wenn man auf den Meeresgrund hinabsteigt, ändern sich die Bedingungen in eindrucksvoller Weise. Der Druck steigt; die Temperatur, die Belichtung und die Wasserbewegungen nehmen ab. Der Druck, der für Sie als Taucher der wichtigste Faktor ist, beeinflußt die Meeresorganismen kaum. Deshalb werden wir hier nicht darüber sprechen. Es ist Ihnen hingegen sicherlich schon beim Abtauchen passiert, daß Sie sich plötzlich und unerwartet in einer kalten Schicht befanden. Das Wasser hat von der Oberfläche bis in eine Tiefe von 10 bis 20 Meter eine angenehme Temperatur. Dann sinkt die Temperatur plötzlich und erreicht nach wenigen Metern ein konstantes (niedriges!) Niveau. Diese schmale Zone, in der das Wasser seine Temperatur ändert, nennt man Sprungschicht (Thermokline). Die Oberflächenschicht erwärmt sich im Sommer. Das Wasser dehnt sich hier aus und seine Dichte nimmt ab. Es vermischt sich nicht mit dem dichteren, kalten Wasser, das sich darunter befindet. Die Sprungschicht befindet sich jedoch nicht immer in der gleichen Tiefe: Ich habe sie an derselben Stelle an einem Tag bei 15 Meter und am nächsten Tag bei 25 Meter gefunden!

Das ist auf die langen Wellen zurückzuführen, die den Grenzbereich zwischen beiden Wassermassen durchziehen, genau wie die vertrauten Wellen den Zwischenraum zwischen dem Meer und der Atmosphäre durchqueren. Die Meeresoberfläche kühlt zur Zeit der Herbststürme beträchtlich ab, besonders aufgrund der Verdunstung durch den Wind. Das Oberflächenwasser verdichtet sich und sinkt ab, so daß sich die Wassermengen vermischen. So verschwindet die Sprungschicht zwischen September und April: Das Wasser hat in allen für Taucher erreichbaren Tiefen die gleiche Temperatur. Im Mai erwärmt sich das Oberflächenwasser erneut, und es entsteht eine neue Sprungschicht. Man spricht deshalb von einer jahreszeitlich bedingten Sprungschicht. In etwa 200 Meter Tiefe gibt es eine zweite, permanente Sprungschicht. Darunter nähert sich die Temperatur 4°C an; dies ist die Temperatur der Tiefseegräben, die auf der ganzen Welt herrscht, vom Äquator bis zu den Polen.

Eine fortwährende Bewegung

Das Meer ist das, was die Menschen nicht zu konstruieren vermögen: ein Motor, der sich fortwährend bewegt, ein „Perpetuum mobile". Die Drehung der Erde und insbesondere der Wind setzen es an der Oberfläche und in der Tiefe in Bewegung. Der Wind, den der Seemann nutzt oder fürchtet, von dem der Dichter entzückt ist, zu dem sich der Philosoph Fragen stellt und den der Wissenschaftler zu erklären versucht. Die Wirkung des Windes an der Oberfläche ist wohl bekannt: Er ruft Wellen und Dünung hervor. Beide hängen von

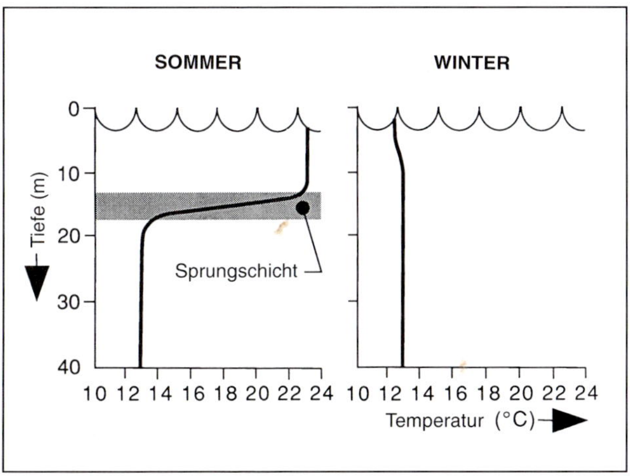

Die warme Oberflächenschicht wird im Sommer durch einen dünnen Übergangsstreifen, den man Sprungschicht nennt, vom tieferen, kalten Wasser getrennt. Im Winter ist die Temperatur in allen Tiefen gleich.

der Kraft des Windes ab, aber auch von der Entfernung, auf die der Wind seinen Einfluß ausüben kann. Aus diesem Grund sind die Wellen im Mittelmeer niedriger und kürzer als die Wellen im Atlantik.
Die Bewegungen setzen sich unter der Meeresoberfläche fort, verwischen sich aber schnell mit der Tiefe. Im flachen Wasser bricht sich eine erhebliche Dünung an der Küste und verwandelt sich in eine Brandung. Brandung erfolgt dann, wenn die Wassertiefe geringer als vier Drittel der Wellenhöhe ist (eine 3 Meter hohe Welle bricht sich auf einem 4 Meter tiefen Grund). In diesem Fall sind die Wasserbewegungen unter der Oberfläche äußerst heftig. Man spricht hier von Turbulenzen. Die vorwiegenden Bewegungen im flachen Wasser sind vertikale Auf- und Abbewegungen. Im gleichen Maße, wie man hinabsteigt, verwandeln sich diese vertikalen Schwingungen zunehmend in eine gleichmäßige, meistens horizontale Strömung.

Dicht an der Oberfläche ist das Wasser turbulent. Die Wellen bewirken Auf- und Abbewegungen, die sich mit zunehmender Tiefe verwischen. Tiefgelegene Lebensgemeinschaften wie z.B. von Laminaria unterliegen gleichmäßigen Strömungen.

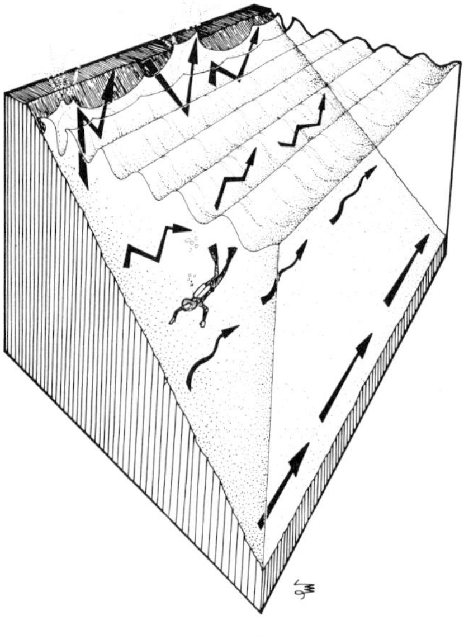

Und es ward Licht

Alle Sterne, unsere Sonne inbegriffen, senden Energie in Form von elektromagnetischer Strahlung aus; das Energiespektrum reicht von Gammastrahlen mit ultrakurzen Wellen bis zu den sehr langen Radiowellen. Irgendwo in der Mitte dieses sehr weitläufigen Spektrums befindet sich ein winzig kleiner Wellenbereich, den wir Licht nennen. Er unterscheidet sich im Prinzip nicht von anderen Wellenlängen, aber wir machen etwas Besonderes daraus, weil er für uns der einzig sichtbare Teil des Spektrums ist. Unsere Augen sind für Strahlungen sensibilisiert, die Wellenlängen zwischen 350 Nanometer (violett) und 700 Nanometer (rot) haben. Da ein Nanometer ein milliardstel Meter ist, ist die Wellenlänge des angrenzenden Lichts folglich ein millionstel Meter: Das ist wesentlich kürzer als diejenige Ihres bevorzugten Radiosenders! Die Menschen

sind nicht die einzigen, die Licht als eine besondere Strahlung wahrnehmen; für die meisten Tiere und die autotrophen Pflanzen gilt dasselbe.
Die Photosynthese, die ja der Ursprung allen (oder fast allen) Lebens auf unserem Planeten ist, nutzt genau diese Energiequelle. Glücklicherweise ist Wasser lichtdurchlässig, sonst würde im Meer kein Leben existieren! Würden z. B. Algen für die Photosynthese Infrarotstrahlen benötigen, wäre das pflanzliche Leben auf die ersten Zentimeter, ja sogar auf die ersten Millimeter unter der Wasseroberfläche der Ozeane begrenzt, da diese Strahlung sehr schnell vom Wasser absorbiert wird. Sogar das langwellige Licht (rot, orange, gelb) durchdringt nur sehr schwer das Wasser; das erklärt, warum nach wenigen Metern Tiefe alles in Blau- und Grüntöne getaucht ist. Da das blaue Licht ebenfalls absorbiert wird, verringert sich die Helligkeit mit zunehmender Tiefe sehr schnell. Dieses Dunklerwerden hängt natürlich auch von der Durchsichtigkeit des Wassers ab. Im relativ klaren Küstenwasser des Mittelmeeres verringert sich die Helligkeit ungefähr alle 7 Meter um die Hälfte. So ist in 40 Meter Tiefe nur noch 1 % des Oberflächenlichts vorhanden! Wenn Sie dort immer noch gut sehen können, so verdanken Sie dies dem außergewöhnlichen Anpassungsvermögen der Augen.
Außer der Klarheit des Wassers spielt auch die Topographie des Grundes eine wichtige Rolle. Sogar dicht an der Oberfläche gibt es schattige Stellen: Spalten, Höhlen, Unterseite von Steinen. Wir kommen noch darauf zurück.

Wie teilt man einen Ozean auf?

Die Ozeanographen haben den Ozean in eine bestimmte Anzahl von Zonen aufgeteilt. Sie nehmen eine erste Unterscheidung zwischen dem pelagischen Bereich (das offene Meer) und dem benthischen Bereich (Seeboden) vor. Pelagisch lebende Organismen unterteilen sich in Organismen, die mehr oder weniger passiv vom Wasser befördert werden (Plankton) und Organismen, die sich aktiv fortbewegen und schwimmen (Nekton). Folglich gehören einzellige Algen und Medusen zum Plankton, während Sardinen, Haie und Wale zum Nekton gehören. Benthisch lebende Organismen (Benthos) leben hingegen auf, im oder dicht am Grund. Sie können festsitzen (sessile Organismen), kriechen oder sogar schwimmen (vagile Organismen). Man kann den Ozean aber auch entsprechend seiner Geomorphologie und seiner Tiefe aufteilen.
Die Kontinente sind von einer flachen Zone gesäumt, die bis in 200 Meter Tiefe fortschreitend abfällt. Es handelt sich um den Kontinentalschelf. In der Meereskunde nennt man diese Zone Litoral (wörtlich „Küstenzone"): Global hat sie eine durchschnittliche Breite von 70 Kilometern, im Mittelmeer ist sie jedoch wesentlich schmaler. Sie beherbergt die meisten Lebensformen,

von denen dieses Buch handelt. An der Grenze des Kontinentalplateaus neigt sich der Grund stärker. Es handelt sich um den Kontinentalhang, der dem Bathyal entspricht (zwischen 200 und 3 000 Meter Tiefe), wo (fast) völlige Dunkelheit herrscht. Daran schließen sich die Tiefseebenen (von 3 000 bis 6 000 Meter) an. Die großen ozeanischen Tiefen (von 6 000 bis 11 000 Meter) sind in den ozeanischen Tiefseegräben erreicht; diese Zone nennt man Hadal (nach Hades, dem griechischen Gott der Unterwelt). In diesem Buch werden wir nicht die hochspezialisierten Lebensformen der großen Tiefe besprechen. Wir beschränken uns auf das Litoral, das die Sonnenenergie nutzt, gut mit Sauerstoff angereichert ist, eine angenehme Temperatur hat und vor allem jedem von uns zugänglich ist!

Das Litoral

Der Einfluß des Meeres macht sich oberhalb des Wasserspiegels bemerkbar. Die Gischt bringt Salz mit sich, manchmal bis hoch auf die Felsen oder weit ins Landesinnere. Aus diesem Grund beschränkt sich die Flora auf einige spärliche Pflanzen, die das Salz ertragen (Halophyten) sowie auf Flechten und Blaualgen (Cyanobakterien). Die Spritzwasserzone nennt man Supralitoral. Auf sie folgt die Gezeitenzone oder Eulitoral, eine Zone, die mal untergetaucht und mal trocken ist. Diese Zone ist im Mittelmeer relativ schmal. Sie befindet sich zwischen der Hoch- und Niedrigwassergrenze und beträgt im allgemeinen 20 bis 60 cm. Die hier lebenden Organismen müssen sich gegen Extrembedingungen wehren. Manchmal sind sie der Gewalt der Brandung ausgesetzt und manchmal finden sie sich im Trockenen wieder

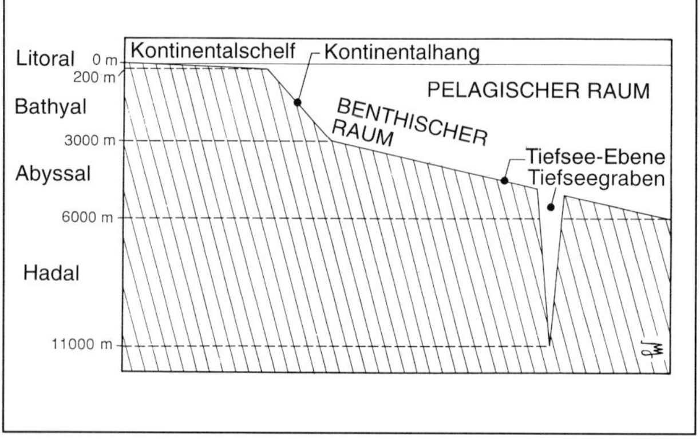

So teilen die Ozeanographen den Ozean auf. Dieses Buch beschränkt sich auf das Litoral, welches das artenreichste Leben in sich birgt und am besten erreichbar ist, auch wenn es nur einen kleinen Bereich des Meeres darstellt.

und müssen die brennende Sommersonne oder die winterliche Kälte ertragen. Der Regen kann den Ort, an dem sie leben, vollkommen entsalzen. Diese Lebewesen müssen großen Schwankungen der Temperatur (eurytherm) und des Salzgehaltes (euryhalin) gewachsen sein. Es handelt sich um spezielle Eigenschaften, die anderen Lebewesen fehlen: Wenn Sie einen Goldfisch in Meerwasser setzen oder einen Seestern in Süßwasser, dann sterben diese Tiere sofort! Weiter unten ist das Meer immer zugegen, so daß diese großen Salzgehalt- und Temperaturunterschiede dort nicht mehr auftreten. Dank einer starken Belichtung findet man hier eine Fülle von Algen und anderen Pflanzen. Diese Zone, die sich bis zur unteren Verbreitungsgrenze der großen Blütenpflanzen erstreckt (im Mittelmeer sind es Neptunsgraswiesen, deren Untergrenze sich zwischen 20 und 50 m befindet) heißt Infralitoral. Hier finden wir die größte Vielfalt an Meeresorganismen. Etwas tiefer befindet sich eine ebenfalls sehr artenreiche Zone, die wir Circalitoral nennen. Ihre Untergrenze wird von der Tiefenverbreitung mehrzelliger Algen bestimmt. Im Mittelmeer befindet sie sich zwischen 40 und 100 m. Diese Zone wird ausschließlich von den Lichtverhältnissen gekennzeichnet: Sie sind für das Neptunsgras zu schwach, reichen aber für einige große Algen noch aus. Aus diesem Grund können bestimmte dunkle Standorte in geringer Tiefe zum Circalitoral gehören.

Das Substrat

Es reicht, seinen Kopf unter Wasser zu halten, um festzustellen, daß sich die Biocönosen der Sandböden von denen der Felsböden grundsätzlich unterscheiden. Das ist auf die Unterschiede

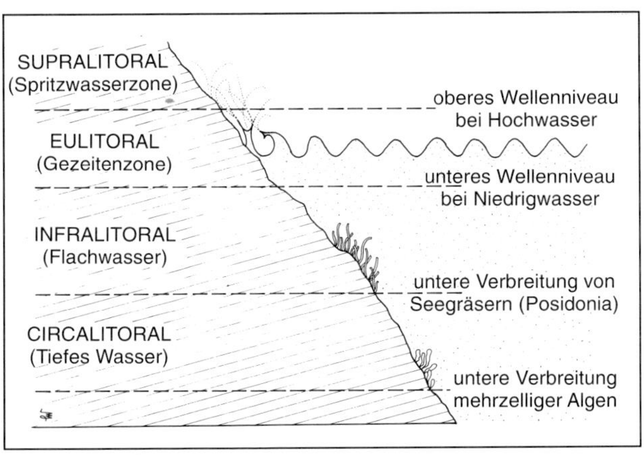

Unterteilung des Litorials in mehrere Zonen

im Substrat zurückzuführen. Dennoch ist der Unterschied zwischen einem Felsblock und einem Sandkorn nur eine Frage der Größe, allerdings mit der Folge von Stabilitätsunterschieden: Wenn der Felsbrocken groß genug ist, um für eine gewisse Zeit unbewegt zu bleiben, wird er von Organismen bedeckt werden. Wir unterscheiden deshalb:

- Felsen, große Blöcke und große Steine (mehr als 20 cm Durchmesser), die sehr standfest sind;
- Kieselsteine (zwischen 2 und 20 cm Durchmesser), die regelmäßig bewegt werden;
- Kies (zwischen 2 und 20 mm Durchmesser), Sand (zwischen 50 mm und 2 mm Durchmesser) und Schlamm (weniger als 50 mm Durchmesser), die ständig in Bewegung sind.

Alle oben genannten ökologischen Faktoren bestimmen die verschiedenen Biotope, in denen sich sehr unterschiedliche Biocönosen niederlassen (die Erklärung dieser Begriffe finden Sie im Sachwortverzeichnis). Das folgende Kapitel beschäftigt sich mit den einzelnen „Unterwasser-Landschaften“: Küste, erster Meter unter der Wasseroberfläche, Leben unter Steinen, Seegraswiesen, Felsböden, Höhlen und Wracks und schließlich das offene Meer. Anschließend werden Sie die verschiedenen Arten, die Sie dort antreffen können, kennenlernen. Bevor wir uns damit beschäftigen, brauchen wir jedoch noch einige Kenntnisse über die Wissenschaft (und ein wenig Geduld).

Biologie

Die Fachsprache der Biologen ist unvermeidbar, wenn man über Pflanzen und Tiere sprechen möchte. So erhalten Sie zusätzlich zum Sachwortverzeichnis noch eine kleine Einführung in die Fachterminologie der Biologen. Die Biologie versucht, die Lebensformen zu beschreiben und zu erklären. Sie ist eine umfassende Wissenschaft und enthält daher eine gewisse Anzahl von Fachgebieten. Sie hat jedoch nicht die Absicht, eine Antwort auf die große metaphysische Frage „Was ist Leben?“ zu geben.

Die Nomenklatur der Biologie

Ein Fachgebiet in der Biologie ist die Taxonomie (oder Systematik). Systematiker versuchen ein wenig Ordnung in die zahlreichen Lebensformen in der Natur zu bringen. Zuallererst versuchen sie, die einzelnen Arten zu unterscheiden. Jede Art bekommt einen Namen. Dies ist ein wissenschaftlicher lateinischer Name, der auf der ganzen Welt gültig ist. Ein solcher Name besteht aus zwei Teilen. Zunächst kommt die Gattung, die immer groß geschrieben wird, und dann folgt die eigentliche Art, die immer klein geschrieben werden muß (dies wird in nicht wissenschaftlichen Veröffentlichungen oft vergessen!). Zum Beispiel: *Alcyonium palmatum.* Ansonsten gibt es manchmal landessprachliche Namen, die keine weltweite Gültigkeit besitzen. So heißt *Alcyonium palmatum* z.B. Meerhand (D), dead man's fingers (GB), main du Bon Dieu (F), mano di San Piero (I), mano de muerto (E), dodemansduim (NL) etc. Ich habe in diesem Buch den wissenschaftlichen Ausdruck beibehalten, der eigentlich als einziger benutzt werden sollte. Wenn ich den Namen ebenfalls in sechs europäischen Sprachen erwähne (wenn es keinen Namen gab, dann habe ich einen geschaffen), dann deshalb, weil es der Allgemeinheit ein Bedürfnis zu sein schien. Die Nomenklaturgesetze verlangen, daß dem lateinischen Namen der Name des Autors (der als erster die Art beschrieben hat) folgt und anschließend das Jahr seiner Veröffentlichung: *Alcyonium palmatum* Pallas, 1766. Der Autor und das Jahr stehen in bestimmten Veröffentlichungen manchmal in Klammern und manchmal nicht. Es gibt einen Grund dafür, den ich hier aber nicht erörtern möchte; Sie sollten nur wissen, daß es sich nicht um die Launen des Druckers handelt! Ich habe die Angaben zu den Autoren vollständig weggelassen, um dieses Buch nicht zu überfrachten. Es kommt jedoch vor, daß ältere, aber dennoch gebräuchliche Namen von Pflanzen und Tieren geändert sind. Wissenschaftler sind manchmal verpflichtet, einen bevorrechteten alten Namen aus Gründen der Nomenklatur der Biologie wieder einzuführen. Das kann zu Verwirrungen führen. In diesem Buch habe ich in bestimmten Fällen das Problem dadurch zu lösen versucht, daß ich die gebräuchlichen, aber ungültig gewordenen Namen in Klammern gesetzt habe.

So findet man für die Sardine die Bezeichnung *Sardina (Clupea) pilchardus.* Das bedeutet, daß man bisher gewöhnlich *Clupea pilchardus* sagte, daß aber *Sardina pilchardus* korrekt ist. Beim Bandschild, einem anderen Fisch, finden Sie die Bezeichnung *Lepadogaster lepadogaster (gouani).* Dieser Fisch hieß früher in der Tat *Lepadogaster gouani,* heutzutage sagt man jedoch *Lepadogaster lepadogaster.* Manchmal betrifft die Namensänderung sowohl die Gattung als auch die Art, z.B. beim Zackenbarsch *Epinephelus guaza (Serranus gigas).* Der

Eine Kolonie der Meerhand (Alcyonium palmatum) mit ihrem typischen „sterilen" (polypenfreien) Fuß.

erste Name ist korrekt, der Name in Klammern ist ungültig geworden. Das kann zu sehr komplizierten Situationen führen. Nehmen wir das Beispiel des Meerraben: *Sciaena (Johnius) umbra (Corvina nigra).* Die Bezeichnungen *Corvina nigra* und *Johnius umbra* dürfen nicht mehr benutzt werden, sondern nur noch *Sciaena umbra.* Ich habe versucht, mit der gebräuchlichen Nomenklatur im Rahmen des möglichen „auf dem laufenden" zu sein. Es kann jedoch sein, daß ich von gewissen neueren Veränderungen abweiche; vielleicht werden sich auch in Zukunft bestimmte Namen ändern. Dieses Buch wird niemals perfekt sein! Es ist gebräuchlich, daß mehrere verwandte Arten unter derselben Gattung zusammengefaßt werden. So findet man im Mittelmeer z.B. außer *Alcyonium palmatum* auch *Alcyonium acaule* und *Alcyonium coralloides,* während man entlang der Atlantikküste *Alcyonium digitatum* und *A. glomeratum* antrifft (nebenbei sei der geläufige Gebrauch von A. bemerkt, wenn aus dem Kontext eindeutig hervorgeht, daß es sich um *Alcyonium* handelt). Es sind weltweit etwa 50 *Alcyonium*-Arten bekannt. Wenn die Systematiker mehrere Arten derselben Gattung zuordnen, so geschieht das deshalb, weil diese sich ähneln und weil bestimmte gemeinsame Merkmale ein nahes Verwandtschaftsverhältnis zum Ausdruck bringen. Auf die gleiche Weise werden verwandte Gattungen zu Familien zusammengefaßt, die ihrerseits in Ordnungen, Klassen und Stämme eingeteilt werden. Manchmal muß man dieser Rangordnung noch Zwischenstufen hinzufügen. Eine vollständige Klassifikation der „Meerhand" sieht folgendermaßen aus: *Alcyonium palmatum* (Gattung, Art), *Alcyoniidae* (Familie), *Alcyonacea* (Ordnung), *Octocorallia* (Unterklasse), *Anthozoa* (Klasse), *Cnidaria* (Stamm), *Coelenterata* (Abteilung), Tiere (Reich). Je höher man in der Hierarchie steigt (d.h. je tiefer man in der obigen Aufzählung hinabsteigt), desto mehr betrifft die entsprechende Stufe die Arten.

Das Tierreich umfaßt alle Tiere, gleich ob es sich um Papageien, Schmetterlinge oder Lederkorallen handelt. Nesseltiere *(Cnidaria)* beinhalten hingegen nur die Hydrozoen, Würfelquallen, Schirmquallen und Blumentiere, während es innerhalb der Familie der *Alcyoniidae* nur einige Gattungen gibt, von denen jede eine oder mehrere Arten umfaßt. Die Gattung *Alcyonium* ist ein artenreiche Gattung, der etwa fünfzig Arten angehören. Die durchschnittlichen Gattungen beinhalten etwa zehn Arten, und auch monospezifische Gattungen (sie enthalten nur eine Art) sind nicht selten. Sie werden manchmal die Abkürzung sp. oder spp. (lat. species, die Art) finden. So bedeutet *Ircinia sp.,* daß das Foto einen Schwamm der Gattung *Ircinia* zeigt, daß die Art jedoch nicht bestimmt werden kann. *Dictyota spp.* bedeutet, daß mehrere *Dictyota*-Arten gemeint sind.

Leben bedeutet Überleben

Abgesehen von dieser Klassifikation interessieren sich Biologen für den Körperbau (Anatomie) und das Funktionieren (Physiologie und Verhalten) der Lebewesen. Gestalt und Funktion sind oft sehr eng miteinander verbunden, obwohl die Natur manchmal sehr unterschiedliche Möglichkeiten zur Lösung desselben Funktionsproblems gefunden hat. In folgendem kurzen Satz ist alles zusammengefaßt: „Leben bedeutet Überleben". Zunächst handelt es sich um das Überleben des Individuums. Dafür müssen zwei wichtige Voraussetzungen erfüllt werden: Man muß fressen, darf sich jedoch nicht fressen lassen. Tentakel, Zähne, Saugnäpfe, Filter, Rüssel und andere „Zubehörteile" befriedigen alle das erste Bedürfnis. Tarnung, Stacheln, Nesselkapselzellen, schnelle Flucht und andere Techniken befriedigen das zweite Bedürfnis. Dann folgt das Überleben der Art. Jedes Lebewesen ist sterblich. Das Phänomen der Vermehrung sichert jedoch seinen Fortbestand.

Sie können beobachten, wie Seeanemonen ihre Eier ausstoßen, wie Seegurken ihre Samen ausspritzen, Lippfische ihre Nester bauen, Nacktschnecken sich paaren und Meerjunker ihr Geschlecht verändern. Da jeder überleben muß, meidet man am besten die Konkurrenz. Aus diesem Grund hat jeder Organismus seine eigenen ökologischen Ansprüche. Der eine bevorzugt den Sandboden und der andere lebt in der Dunkelheit einer Höhle. Einer ernährt sich von Plankton, ein anderer von Algen und ein dritter von Weichtieren. Jede Art lebt unter sehr genau definierten Bedingungen, die von den Ökologen Nische genannt werden. Das führt zu verschiedenen Lebensgemeinschaften, die wir uns bald anschauen wollen.

Russische Matrioschkas

Wir verdanken das Leben auf unserem Planeten der Fähigkeit der Pflanzen, aus allgegenwärtigem Wasser und

Eine parasitäre Fischassel (Anilocra physodes) hat sich am Kopf eines Spitzkopf-Schleimfisches (Tripterygion tripteronotus) festgeheftet. Der Kampf ums Überleben beginnt. Wenn es dem Fisch gelingt, sich von der „Meerlaus" zu befreien, indem er seinen Kopf am Felsen reibt, wird der Parasit an Nahrungsmangel sterben. Wenn es ihm nicht gelingt, wird er selbst sterben, weil ihm das Krebstier sein Blut aussaugen wird.

Kohlendioxyd organische Materie (Kohlenhydrate, Fette und Proteine) herzustellen; das Sonnenlicht ist für sie die einzige Energiequelle. Man nennt sie deshalb Primärproduzenten (von organischer Materie). Dieses wunderbare Phänomen ist die Photosynthese. Pflanzen absorbieren also keine organische Materie, denn sie produzieren sie selbst: Sie sind autotroph. Tiere (und einige niedere Pflanzen) können nur dank der Einnahme organischer Materie überleben: Sie sind heterotroph. Gewisse Tiere ernähren sich unmittelbar von der von autotrophen Pflanzen produzierten pflanzlichen Materie: Man nennt sie Pflanzenfresser oder Primärkonsumenten. Andere Tiere ernähren sich wiederum von diesen Pflanzenfressern (Sekundärkonsumenten erster Ordnung) oder von Fleischfressern (Sekundärkonsumenten zweiter Ordnung, dritter Ordnung usw.)

Auf diese Weise entsteht eine Nahrungskette. Das Oberflächenwasser des Mittelmeeres enthält eine große Menge pflanzlichen Planktons (Phytoplankton), insbesondere Kieselalgen. Diese winzigen Algen werden von kleinen Krebstieren des tierischen Planktons (Zooplankton) gefressen. Hierzu zählen viele kleine Ruderfußkrebse, die ihrerseits von größeren

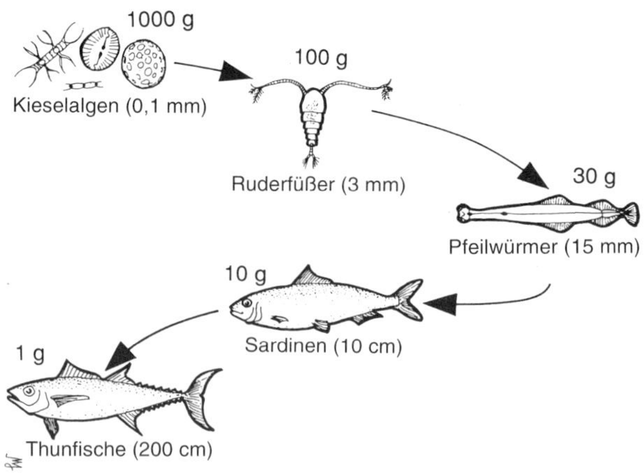

planktonisch lebenden Tieren gefressen werden. Diese werden wiederum von kleinen Fischen wie z. B. Sardinen verspeist, welche ihrerseits zur Beute großer Raubfische wie dem Thunfisch werden. Die aufgenommene Nahrung wird von dem jeweiligen Konsumenten nicht in lebende Materie umgewandelt. Wie sie ja von sich selbst wissen, erhöht sich Ihr Gewicht nicht mit all den Kilos, die Sie essen. Zum Glück! Der größte Teil wird verbrannt, um die nötige Energie zur Fortbewegung, Vermehrung und für andere lebenswichtige Körperfunktionen bereitzustellen, während die Abfallprodukte in Form von Urin und Kot ausgeschieden werden. Ein planktonisch lebender Ruderfußkrebs mit einem Gewicht von 1 Gramm muß etwa 10 Gramm Nahrung zu sich nehmen, um seine Masse zu erhalten; die restlichen 9 Gramm gehen verloren. Man sagt, der Wirkungsgrad sei 10 % (1 Gramm von 10 bleibt übrig). Für die gesamte Nahrungskette gilt das gleiche. Wenn Sie eine Dose mit Thunfisch essen, verzehren Sie (indirekt) 200 Kilo pflanzlicher Materie! Das erinnert ein wenig an die russischen Matrioschkas: Die größte Puppe ist der Primärproduzent, und die kleinste ist das Raubtier am Ende der Nahrungskette.

Beispiel einer Nahrungskette. Je höher man in der Nahrungskette aufsteigt, desto größer werden meistens die Organismen.
Die Biomasse nimmt hingegen ab. So muß ein Thunfisch 10 g Sardinen zu sich nehmen, um 1 g zuzunehmen (die restlichen 9 g werden verbrannt oder als Abfallstoffe ausgeschieden). Man sagt, der Wirkungsgrad sei 10 % (von 10 g bleibt nur 1 g übrig). Indirekt entspricht jedem Gramm Thunfisch ein Kilogramm Phytoplankton. Wenn Sie eine Dose mit 200 g Thunfisch öffnen, schicken Sie sich an, den Gegenwert von 200 kg pflanzlicher Materie zu essen!

Am Meeresrand
Strände und Fluttümpel

Endlich am Strand! Unsere Füße wühlen im kochend heißen Sand. Wir schnuppern schon das Meersalz und das Jod... und den Geruch von Sonnenschutzcremes zahlreicher Feriengäste! Aber nicht nur sie haben sich am Strand ausgebreitet. Das Meer hat überall mengenweise Überreste hinterlassen. Das ist für uns eine erste Gelenheit, die Meeresbewohner kennenzulernen.

Strandgut

Das Meer hat überall Gehäuse und andere Überbleibsel angespült. Sie sind stumme Zeugen des Lebens, das sich unter der flimmernden Oberfläche der großen blauen Tiefe abspielt. Die Gehäuse sind die Kalkbehausungen der Weichtiere. Bei denen, die man am Strand findet, kann man leicht zwei Klassen unterscheiden: Schnecken *(Gastropoda)* und Muscheln *(Bivalvia)*. Es würde ein zusätzliches Handbuch erfordern, wenn wir alle Gehäuse bestimmen wollten, die Sie am Meeresrand finden können. Ich habe darauf verzichtet, denn es gibt bereits hervorragende Fachbücher, die diese Fragen beantworten. Diese Gehäuse sind keine Strandbewohner. Es sind Überreste von Tieren, die im Meer von der Wasseroberfläche bis in größere Tiefen leben. Wir werden später noch sehen, daß die meisten dieser Weichtiere im Sand vergraben leben. Man findet zwischen den Überresten auch „Tintenfischknochen"; sie sind oval, weiß und leicht, eine Seite ist hart und die andere kann leicht mit dem Fingernagel eingeritzt werden. Es handelt sich auch hier um eine Weichtierschale, und zwar die innere Schale des Tintenfisches, der zu den Kopffüßern oder *Cephalopoda* gehört. Die Größe dieser „Knochen" (sie können bis zu 25 cm erreichen) zeigt, daß Tintenfische von beachtlicher Größe vor unseren Küsten herumschwimmen. Unter den anderen angespülten Organismen finden wir Algen, tote Krabben, Medusen, manchmal einen Fisch oder sogar einen Delphin: Der Strand ist der eigentliche Friedhof des Meeres! Und dennoch ist der Strand nicht die leblose Wüste, die er im ersten Augenblick zu sein scheint. Überall wo der Sand feucht ist, wimmelt es von Leben. Wenn Sie dicht am Meer geduldig im Sand graben, werden Sie Würmer wie z.B. *Arenicola marina* und Weichtiere wie die Gewöhnliche Herzmuschel *(Cerastoderma edule)* finden. Und während Sie so im Sand graben, bringen Sie das Leben von Tausenden winziger Tiere durcheinander, ohne es zu wissen.

Unterirdisches Leben

Sand ist ein sehr instabiles Substrat: Die Sandkörner werden ständig vom Wind und vom Meer umgelagert. Es ist fast unmöglich, auf ihrer Oberfläche zu leben. Die einzigen Organismen, die sich im Sand halten können, sind diejenigen, die sich in die Erde eingraben und diejenigen, die in den mit Wasser gefüllten Zwischenräumen zwischen den Sandkörnern leben. Es ist nicht einfach, in diesem ganz besonderen Biotop zu überleben. Diese interstitielle Fauna besteht notgedrungen aus Tieren von geringer Größe; aus diesem Grund konnten Sie deren Existenz nicht bemerken! Sie befinden sich in guter Gesellschaft: Sogar die Biologen sind sich erst seit knapp fünfzig Jahren darüber im klaren... Die Größe dieser Tiere variiert zwischen einem zehntel Millimeter für die Kleinsten und 4 Millimetern für die „Riesen". Die meisten sind ungefähr 1 Millimeter groß und können mit einer Lupe untersucht werden. Wenn man einen mit feuchtem Sand gefüllten Suppenlöffel auf einen Teller legt, kann man eine Vielzahl von ihnen entdecken! Als erstes überrascht uns, daß die meisten dieser Tiere länglich sind. Die Erklärung ist einfach: Je dünner man ist, desto leichter kann man sich einen Weg durch die Sandkörner bahnen. Auch wenn es so aussieht, so handelt es sich doch nicht ausschließlich um Würmer... Man erlebt hier das Phänomen der Konvergenz: Organismen, die sehr unterschiedlichen Gruppen angehören, passen sich in gleicher Weise an, um sich gegen dieselbe Zwangslage zu wehren. Zu diesen interstitiellen Tieren gehören Einzeller *(Protozoa),* Fadenwürmer *(Nematoda),* Ringelwürmer *(Annelida),* Krebstiere *(Crustacea)* und sogar Nacktschnecken. Einige dieser Tiere haben einen abgeflachten, pigmentlosen Körper, so daß sie fast durchsichtig und daher schwierig zu erkennen sind. Zudem sind sie gewöhnlich blind: Die meisten von ihnen haben keine Augen. Sie würden ihnen auch nicht viel nützen: Nach wenigen Zentimetern unter der Sandoberfläche herrscht bereits vollkommene Dunkelheit. Einige von ihnen haben diesen Verlust durch die Ausbildung von Sinneshaaren ausgeglichen. Tiere der Brandungszone weisen die höchste Anpassung auf: Sie haben Befestigungsorgane, mit denen sie sich an Sandkörnern festheften. Sie klammern sich mit Hilfe von Miniatursaugnäpfen, winzigen Scheiben, Fasern und sogar mit selbst abgesondertem Klebstoff fest.

Sie ernähren sich von der organischen Materie der Überreste, die das Meer anschwemmt und die am Strand verwesen oder von den Myriaden an Bakterien, Schimmel- und Hefepilzen, die sich dort entwickeln. Auf dem ersten Zentimeter (dort, wo noch Licht durchdringt) wachsen übrigens einzellige Algen, die eine Konzentration von 20 000 Zellen pro Kubikzentimeter Sand erreichen können! Das ist der Anfang einer Nahrungskette. In diesem dunklen Labyrinth aus Löchern und Tunneln zwischen den Sandkörnern lebt eine ganze Science fiction-Welt, in der mit Hilfe von Saugnäpfen festsitzende Monster ihrer Beute mit Tastern und Zangen und Scheren auflauern.

Felsen

Welch ein Unterschied zum Sand! Es gibt Felsen in allen Farben: Weiße oder graue Kalkfelsen sind Zeugen von Meeresorganismen vergangener Zeiten; graue oder braune Schieferfelsen mit ihren kleinen Glimmerpailletten; Granitfelsen, roter oder weißer Porphyr. Oft sind diese harten Felsen durch die Witterung prächtig geschliffen. In vulkanischen Gebieten findet man schwarzen Basalt oder weißen, auf dem Wasser treibenden Bimsstein. Die wichtigste Eigenschaft der Felsküsten besteht darin, daß sie den dort lebenden Organismen einen festen Halt oder ein Versteck bieten. So können sich hier sehr artenreiche Gemeinschaften niederlassen. Die Umweltbedingungen variieren hier auf geringen Distanzen beträchtlich. Man gelangt binnen weniger Meter von trockenen zu im Wasser befindlichen Felsen und von Standorten mit schwankendem Salzgehalt und schwankender Temperatur zu wesentlich beständigeren Standorten. Die Organismen, die sich hier niederlassen, unterscheiden sich von einem Ort zum anderen ebenso stark und bilden somit völlig unterschiedliche Gürtel. Diese Vertikalzonierung findet man auf der ganzen Welt. Selbst die zähesten Halophyten können sich nicht im Supralitoral halten.

Die kleinen Zwergstrandschnecken (Littorina neritoides) sind für die supralitorale Zone charakteristisch.

Aus diesem Grund ist der Felsen in der Spritzwasserzone nackt. Ein wenig tiefer hebt sich ein schwarzer Gürtel ab, den man im Mittelmeer überall findet. Dies kennzeichnet das Vorhandensein der Flechte *Verrucaria symbalana* und einer dünnen Schicht epilithischer Cyanobakterien. An manchen Orten handelt es sich allerdings leider um Teer von Öltankern, der an die Küsten gespült wird... Wir finden hier auch die kleine (5 mm) Zwergstrandschnecke *(Littorina neritoides),* die die Cyanobakterien abweidet. Sie begibt sich manchmal bis ins Eulitoral hinab und sucht in Spalten, in denen sich noch ein bißchen Feuchtigkeit gehalten hat, Zuflucht. Dieses Tier ist jedoch äußerst resistent gegen Hitze, Austrocknung und den starken Salzgehalt seines Wohnortes. Es atmet nicht durch Kiemen, wie die meisten Weichtiere, sondern mit einer Lunge, weil es sich über lange Perioden im Trockenen befindet. Die Klippenassel *(Ligia italica)* ist ein Krebstier der Ordnung *Isopoda*. Es ist eine 2,5 cm große Assel, die sich bei der geringsten Gefahr in eine Felsspalte flüchtet. Wenn Sie sich nicht bewegen, können Sie die Assel, wenn sie wieder zum Vorschein kommt und nach Nahrung sucht, trotz ihrer hervorragenden Tarnung beobachten. Klippenasseln sind dämmerungsaktive Tiere.

Hart wie Stein

Der nächste Gürtel befindet sich am Übergang zwischen Spritzwasser- und Gezeitenzone. Dort, wo die Hydrodynamik sehr stark ist, findet man eine dicke Schicht von Seepocken *(Chthamalus stellatus)*. Obwohl dieses bemerkenswerte Tier mit seinem fest am Felsen haftenden weißen Gehäuse einem Weichtier ähnelt, handelt es sich hier um ein Krebstier.
Sein Wohngehäuse ist relativ flach. Das Tier kann dank dieser Form der Gewalt der Brandung recht gut widerstehen. Das gezackte Gehäuse kann an der Spitze mit vier Kalkplatten verschlossen werden; dadurch können die Seepocken das für sie lebenswichtige Wasser zurückhalten. Sie vertragen Trockenheit und Hitze über mehrere Tage.

Die Klippenassel (Ligia italica) ist ein Krebstier der Ordnung Isopoda. Man kann sie am besten bei Tagesanbruch oder in der Abenddämmerung beobachten.

Krabben wechseln ihr Hemd

Die Felsenkrabbe *(Pachygrapsus marmoratus)* ist mit ihrem charakteristischen viereckigen Rückenschild ein weiteres Krebstier dieser Zone. Sie ist ein Allesfresser, der sich von allen Abfällen ernährt, die ihm vor die Scheren fallen. Wenn die Krabbe aus dem Wasser herauskommt, nimmt sie in ihren Kiemenhöhlen Wasser mit, damit sie atmen kann. Ihre Augen registrieren jede Bewegung, und sie kann blitzschnell in Felslöcher fliehen. Dadurch ist sie insbesondere vor den gefräßigen Möwen geschützt. Damit sie wachsen kann, muß sie sich wie alle Krebstiere von Zeit zu Zeit von ihrem harten Chitinpanzer trennen. Diese Häutung findet unter Wasser statt, meistens in kleinen Fluttümpeln, die überall entlang der Felsküste zu finden sind. Manch-

Seepocken Chthamalus stellatus sind typische Krebstiere des Supralitorals. Sie leben in einem aus mehreren Kalkplatten bestehenden Gehäuse.

Die Felsenkrabbe (Pachygrapsus marmoratus) ist einer der aktivsten Bewohner des Litorals. Sie läuft von Tümpel zu Tümpel, fürchtet keine Exkursionen ins Supralitoral und flüchtet sich bei Gefahr ins Eulitoral.

mal findet man diese „Haut", die die Krabbe, die einst darin lebte, bis ins kleinste Detail nachbildet. Es handelt sich nicht um eine tote Krabbe, sondern nur um ein altes, zu klein gewordenes Hemd, das weggeworfen wurde...

Extreme Umwelt

Die bereits erwähnten Fluttümpel sind es wert, daß man bei ihnen verweilt. Sie stellen ein extremes Milieu mit enormen Temperaturschwankungen dar. Die Temperaturen können sich an manchen stürmischen Wintertagen 0°C annähern und im Sommer 40 bis 50°C erreichen. Auch der Salzgehalt variiert: Zur Regenzeit im Herbst erreichen die Fluttümpel fast Süßwasserniveau, während die enorme Verdunstung in den langen Sommermonaten zu stark erhöhten Salzkonzentrationen führen kann. Manchmal kristallisiert das Salz sogar aus, so daß jegliches Leben unmöglich wird. Die hier lebenden Organismen müssen gegenüber Temperatur (eurytherm) und Salzgehalt (euryhalin) sehr tolerant sein. Der kleine, nur 3 mm große Käfer *Ochthebius quadricollis* kann sich hier behaupten; das ist eine wirkliche Heldentat. Manchmal trifft man hier auch Schleimfische, die durch eine dicke Schleimschicht gut vor Salz und Austrocknung geschützt sind. Obwohl ihr natürlicher Lebensraum die Gezeitenzone ist, kommt es bei der Nahrungssuche vor, daß sie mit Hilfe ihrer Brustflosse die Felsen erklimmen. So wurden dort der etwa 10 cm große, lebhaft gefärbte Pfauenschleimfisch *(Salaria pavo),* bei dem die Männchen einen charakteristischen buckeligen Kopf haben, und die etwas kleinere Art *Paralipophrys trigloides* entdeckt. Letztere löst Napfschnecken von den Felsen ab – man fragt sich, wie das möglich ist.

Unterschiedliche Taktik: Biegsamkeit oder Starrheit?

In den etwas tiefer gelegenen Fluttümpeln, dort wo das Wasser oft genug erneuert wird, so daß die Bedingungen stabiler sind, findet man Organismen, die etwas weniger tolerant sind und bereits zum Eulitoral gehören. Hier lebt die Pferdeaktinie *(Actinia equina),* die durch ihren hohen Schleimgehalt gut vor dem Austrocknen geschützt ist. Ihre Tentakel sind tagsüber oft eingezogen, und man sieht nur dicke, kirschenähnliche Kugeln. Auch die Wachsrose *(Anemonia viridis)* lebt hier; sie kann ihre Tentakel nicht einziehen. Diese folgen dank ihrer Geschmeidigkeit den Wasserbewegungen, ohne den geringsten Widerstand zu leisten. Diese Überlebensstrategie unterscheidet sich stark von derjenigen, der sich Seepocken und Napfschnecken bedienen (die wir ebenfalls im Eulitoral und in den Fluttümpeln antreffen), um in den Wellen zu überleben.

Napfschnecken (Gattung *Patella)* sind wenige Zentimeter große Schnecken, die die Algenschicht der Felsen abweiden. Sie kehren immer zu ihrem Ausgangspunkt zurück, an dem sie mit ihrer Schale einen runden Schlitz in den Felsen gebohrt haben. Wenn sie sich mit Hilfe ihres muskulösen Fußes am Felsen festsetzen, wird die Schale in den Schlitz gebettet, so daß die Tiere nicht austrocknen können. Keiner Welle gelingt es übrigens, sie zu entfernen. Man findet in dieser Zone auch andere Schnecken, wie z.B. Kreiselschnecken (Gattungen *Gibbula* und *Monodonta).* Weitere Fluttümpelbewohner sind die recht großen Sägegarnelen *(Palaemon serratus),* die nur schwierig zu beobachten sind, weil sie (abgesehen von einigen Flecken sowie blauen und gelben Linien) durchsichtig sind. Ständig untergetauchte Felssubstrate (auch Fluttümpel) beherbergen den nächsten Gürtel. Dieser ist vollständig von einer rosavioletten, etwa 1 mm dicken Algenschicht bedeckt. Es handelt sich um die Rote Krustenalge *(Lithophyllum incrustans),* die so viel Kalk in ihrem Gewebe absondert, daß sie das Aussehen eines Steins annimmt.

Auf dem Trottoir

Lithophyllum tortuosum ist ebenfalls eine rote Krustenalge, deren Thalli (vegetativer Körper niederer Pflanzen) halbkugelförmig wachsen und mit Kämmen bedeckt sind. Diese Pflanzen bilden entlang der exponierten Küsten in gleicher Höhe mit dem Wasser eine mineralische Formation, die man

Gewöhnliche Napfschnecken (Patella coerulea) und eine Bärtige Archenmuschel (Arca barbata), umgeben vom Derben Korallenmoos (Corallina mediterranea).

„Trottoir“ nennt und die einen halben Meter breit werden kann. Da sie von den Wellen umspült wird, ist sie gut mit Wasser, Sauerstoff und Sonnenlicht versorgt. Sie enthält eine Vielzahl von Behausungen, die bestimmten Tieren Schutz bieten, während andere, sciaphile Tiere auf ihrer sonnenabgewandten Unterseite leben.
Eine dieser Arten ist eine Muschel, die durch Absonderung einer Säure Kanäle in den Kalk ätzt: die Steindattel *(Lithophaga lithophaga)*. Das Trottoir beherbergt eine Vielzahl von Organismen: Würmer, Schwämme, Krebstiere, Weichtiere, Fische und Algen.

Sonnenanbeter

Während sich die Touristen am Strand in der Sonne aalen, findet man auch entlang der Felsküste Sonnenanbeter. Es handelt sich natürlich um Algen, die zur Durchführung der Alchimie ihrer Photosynthese Licht benötigen. Wir sind in der Gezeitenzone angekommen, und unser Blick schweift prüfend über die Oberfläche. Sobald das Wasser ein wenig zurückgeht, entdecken wir die hellgrünen, blättchenartigen Lamellen des Meersalats *(Ulva rigida* oder *U. lactuca)*. Sie vertragen eine leichte Verschmutzung und sind deshalb in Häfen gut vertreten. Eine andere, ebenfalls in Fluttümpeln lebende Art ist das Derbe Korallenmoos *(Corallina mediterranea)*, eine rosaviolette Kalk-Rotalge. Jeder Thallus besteht aus segmentierten

Gliedern. Auch das Derbe Korallenmoos widersteht bis zu einem gewissen Grad der Verschmutzung. Die olivgrünen Braunalgen der Gattung *Cystoseira* sind hingegen empfindlicher.

Das „Trottoir" von Lithophyllum tortuosum in der Bucht von En Vau, nahe Cassis.

Ein Urwald in Miniaturform

Wer in den Algen des Eulitorals herumstöbert, wird eine Menge Tiere finden. Einige erfreuen sich an der reichlich vorhandenen pflanzlichen Nahrung, andere führen ein hartes, als Beute ausgeliefertes Leben. Dieser Urwald wimmelt von Würmern, Krebstieren und Weichtieren. Ein bemerkenswertes Weichtier dieser Zone ist die Große Wurmschnecke *(Vermetus gigas)*, die in einer unregelmäßigen Schale lebt, welche bis zu 20 cm groß sein kann. Obwohl diese an den Felsen befestigte Kalkschale an diejenige der Röhrenwürmer erinnert, handelt es sich hier um eine Schnecke. Auf Felsen, die den Wellen ausgesetzt sind, kann man einen Miesmuschelgürtel *(Mytilus galloprovincialis)* finden. Der Ort, an dem sich die Art hinsichtlich Austrocknung nicht mehr halten kann, stellt die Obergrenze dieses Gürtels dar, und die Zone, in der die Muscheln den Kampf um das Substrat gegen konkurrenzkräftigere Arten verlieren, bezeichnet seine Untergrenze. Aus diesem Grund ist der Miesmuschelgürtel nicht nur auf Felsen, sondern auch an Seetonnen ganz deutlich abgegrenzt. Muscheln haften mit zähen braunen Fäden, dem

Im Frühling bildet sich an der Küste ein reicher Cystoseira-Gürtel.

sogenannten Byssus, am Untergrund fest. Sie filtrieren das Wasser nach Nahrung und reichern deshalb auch Giftstoffe (vor allem in der Nähe von Großstädten) in ihrem Gewebe an. Meine Warnung vor verschmutzten Miesmuscheln ist kein Hirngespinst. In der Nähe von Venedig wurden Kohlenwasserstoff-Konzentrationen von 8 bis 220 Milligramm pro Kilo Miesmuscheln gemessen! Das ist darauf zurückzuführen, daß sich diese Tiere – wie die meisten Muscheln – dadurch ernähren, daß sie das Meerwasser mit allem, was darin enthalten ist, filtrieren. Manchmal ist das Wasser am Ufer nicht ganz so klar und nicht ganz so blau, wie wir gehofft hatten. Abwässer und Sedimente können nach einem Gewitter durch Flüsse und Kanäle ins Meer geschwemmt werden. Es kann aber auch vorkommen, daß sich das Wasser in einer friedlichen, kleinen Bucht an einem ruhigen, sonnigen Frühlingstag in eine Art „Tomatencremesuppe“ verwandelt. Diese „Roten Tiden“ sind oft das Ergebnis einer plötzlichen Vermehrung einzelliger Algen, die zur Klasse der Dinoflagellaten gehören. Dieses Naturphänomen kann örtlich ein massives Fischsterben auslösen.

Nun sind wir am Wasser angelangt. Es wird Zeit, Maske und Schnorchel hervorzuholen, um zu sehen, was auf der anderen Seite der spiegelglatten Fläche geschieht...

Unter Wasser

Der erste Meter

Die Wunder der Unterwasserwelt sind für jeden von uns in Reichweite, selbst für dreijährige Kinder mit ihren Schwimmflügeln und ihre Großeltern, die auf Luftmatratzen hinter ihnen herschwimmen. Mit einem Schnorchel im Mund müssen sie nicht einmal mehr den Kopf heben, um zu atmen. Man begibt sich am besten an eine Felsküste oder eine Mole, denn auf harten Substraten gibt es am meisten zu sehen. Nehmen Sie sich Zeit, um die Wellenbewegungen der Küste zu beobachten, und suchen Sie sich sorgfältig eine Stelle aus, an der Sie ins Wasser gehen möchten und wo Sie wieder herauskommen wollen. Auf jeden Fall ist für diese Art von Übung ein ruhiges Meer empfehlenswert. Sie vermeiden ein Beschlagen Ihrer Maske, indem Sie in die Maske hineinspucken, den Speichel auf der Scheibe verreiben und die Maske danach mit Meerwasser ausspülen. Und jetzt ab ins Wasser! Achten Sie auf Seeigel, sie könnten Ihre Ferien verderben. Die Stachel dringen leicht in die Haut ein, besonders wenn diese vom Wasser aufgeweicht ist. Wenn die Stachel abbrechen, ist es schwierig, die einzelnen Stücke zu entfernen, da winzige Widerhaken den Rückweg aus der Haut verhindern. Man kann Seeigel jedoch meiden, denn die dunklen Flecken sind auf dem Felsgestein gut sichtbar. Wenn wir im Wasser sind und einen ersten erstaunten Blick um uns herum werfen, beeindrucken uns zwei Phänomene: Alles ist in ständiger Bewegung, und alles ist in ein blaugrünes Licht getaucht. Die Felsen, die über der Oberfläche vollkommen nackt sind, sind hier vollständig mit einer dicken Algenschicht bedeckt.

Und noch einmal… das Licht!

Wasser hat die Tendenz, die „warmen" Farben des Sonnenspektrums ganz schnell zu absorbieren. Dadurch bekommt die Unterwasserwelt ein bläuliches Aussehen. Auf dem ersten Meter unter der Wasseroberfläche sind jedoch die Farben Rot, Orange und Gelb noch recht gut vertreten, und wenn man die einzelnen Objekte aus der Nähe betrachtet, zeigen sie ihre lebhaften Farben. Machen Sie folgenden Versuch: Halten Sie Ihre Hand genau vor Ihre Maske, dann sehen Sie, daß sie die gewohnte, möglicherweise schön gebräunte Farbe hat. Dieselbe Hand erscheint bei ausgestrecktem Arm bereits etwas blasser, und unsere Füße, die noch weiter entfernt sind, sehen richtig leichenblaß aus! Sagte ich weit entfernt? Unsere Füße erscheinen uns unter Wasser viel größer und viel näher als gewöhnlich.

Dicht an der Oberfläche wird alles von der Dünung bewegt. Vom ersten Meter an sieht man das Leben in blaues Licht getaucht...

Dieser optische Effekt entsteht an der Grenzfläche zwischen Wasser und Luft (somit am Maskenglas) durch die unterschiedlichen Brechungseigenschaften der beiden Medien: Alles erscheint ein Drittel größer als normal. Das ist recht beruhigend zu wissen, falls wir zufällig auf ein Meeresungeheuer treffen sollten! Gehen Sie so dicht wie möglich mit Ihrer Maske an die Felsen heran, damit Sie die Farben optimal genießen können. Das ist übrigens auch die beste Methode, um all die kleinen Kreaturen zu beobachten, die hier wohnen. Algen sind diejenigen Organismen, die am meisten von dem Überfluß an Licht auf dem ersten Meter profitieren. Sie können genau unter der Wasseroberfläche die stachelig aussehenden *Cystoseira* entdecken. Wenn Sie viele von ihnen sehen, ist das ein Zeichen für sauberes Wasser. Es lassen sich daraus allerdings keine Rückschlüsse in die umgekehrte Richtung ziehen. Die Abwesenheit von *Cystoseira* ist nicht automatisch ein Zeichen für Verschmutzung! Unter den Algen, die sich rauh und dornig anfühlen, findet man eine Art, die etwas weicher und rötlich gefärbt ist. Es handelt sich um die Rotalge *Asparagopsis armata,* die sich mit ihren seltsamen harpunenförmigen Strukturen in Ihrer Badekleidung verhakt. Zu den Algen des ersten Meters gehören auch Trichteralgen *(Padina pavonica),* die an die Baumpilze unserer Wälder erinnern, Schirmalgen *(Acetabularia acetabularium),* die eine kleine Scheibe auf einem fadenförmigen Stiel tragen, Grüne Gabelalgen *(Codium vermilara)* und Meerbälle *(Codium bursa).* Man sieht zwischen den Algen auch kleine federförmige Strukturen, die wie Pflanzen aussehen. Es handelt sich jedoch um Tiere, sogenannte *Hydrozoen,* die meistens durch die Gattungen *Aglaophenia* und *Kirchenpaueria* vertreten sind. Wir lernen daraus, daß wir unser Vorurteil, daß Pflanzen immer festsitzen und Tiere sich immer bewegen, revidieren müssen. Diese Meinung bestätigt sich im Meer nicht immer:

Phytoplankton besteht aus Pflanzen, die sich bewegen, und viele Tiere leben auf einem harten Substrat festgeftet. Verwirrend ist auch, daß zahlreiche Tiere überdies weder Kopf noch Schwanz besitzen.

Die Rote Krustenalge *(Lithophyllum incrustans)* haben wir schon in den Fluttümpeln des Supralitorals angetroffen. Sie ist eine Alge, auch wenn sie nicht so aussieht. Sie überwuchert beträchtliche Felsflächen. Wenn sich zwei Thalli begegnen, kommt es zu einer „Frontlinie", an der jedes Einzeltier versucht, seinen Nachbarn zurückzustoßen. Man findet auch noch andere Krustenalgen wie die weinrote *Hildenbrandtia prototypus* und die schwarze *Ralfsia verrucosa.*

Stachelige Wesen

Obwohl die Krusten von *Lithophyllum* sehr hart sind, weiden Schwarze Seeigel *(Arbacia lixula)* die felsigen Flächen mit ihren scharfen, auf der Unterseite befindlichen Zähnen mit Vorliebe ab. Diese Tiere sind relativ flach und deshalb einer starken Hydrodynamik sehr gut angepaßt. Insbesondere an senkrechten Wänden kann man sie bis in 15 Meter Tiefe finden, während der Steinseeigel *(Paracentrotus lividus)* horizontale Flächen bevorzugt. Der Steinseeigel, dessen Farbe von violett bis grün variiert, weidet ebenfalls die *Lithophyllum*-Krusten ab, ernährt sich aber hauptsächlich von kleinen weichen, an der Oberfläche wachsenden Algen. Er bohrt mit Hilfe seiner Stacheln eine kleine Behausung in den Felsen, in die er nach seinen Weidegängen zurückkehrt. Der Steinseeigel ist an den französischen Küsten heimisch, während der Schwarze Seeigel ein aus dem Süden kommender Eindringling ist. Für *Paracentrotus* läutet die Totenglocke aufgrund der außergewöhnlichen Qualität seiner Eier. Diese wissen nicht nur Feinschmecker zu schätzen, sondern auch Biologen, die sich mit Fortpflanzungsbiologie beschäftigen. Nach und nach werden

Wenn man einen Steinseeigel (Paracentrotus lividus) aus der Nähe betrachtet, wird leicht verständlich, warum man besser nicht mit dem Fuß darauf treten sollte!

Wachsrosen (Anemonia viridis) widerstehen der Dünung, indem sie keinen Widerstand leisten! Die Biegsamkeit ihrer Tentakel verhindert, daß sie herausgerissen werden.

die kleinen Behausungen des *Paracentrotus* entvölkert, und der opportunistische *Arbacia* nimmt seinen Platz ein. Letzterer war vor einem Jahrhundert an der französischen Küste noch selten. Heutzutage sind seine Populationen mancherorts dichter als diejenigen der einheimischen Seeigel!

Brennesseln des Meeres

Man findet hier zwei Seeanemonen wieder, die wir schon in den supralitoralen Fluttümpeln gesehen haben: die Pferdeaktinie *(Actinia equina)* und die Wachsrose *(Anemonia viridis)*. Letztere hat in geringer Tiefe eine schöne grüne Farbe mit violetten Tentakelspitzen. Das ist auf mikroskopisch kleine Algen zurückzuführen, die in ihrem Gewebe leben: Zooxanthellen und Zoochlorellen. Wenn Sie die Tentakel dieser Seeanemone leicht berühren, kleben sie an Ihren Fingern fest. Ihre Hand wird von Tausenden von Nesselkapseln, sogenannten Nematocysten, harpuniert. Sie charakterisieren diese Hohltiergruppe, zu der die Seeanemone gehört. Die Nematocysten von Anemonia sind im Gegensatz zu denen mancher furchterregender Medusen harmlos und können Ihre Haut nicht durchdringen. Aber Vorsicht vor dem Schleim! Achten Sie auf kleine Reste, die an Ihren Fingern kleben: Wenn Sie Ihre Augen, Ihre Lippen oder andere empfindliche Stellen damit berühren, können sehr unangenehme Blasen entstehen! Reiben Sie deshalb nach diesem kleinen Versuch Ihre Finger gut ab. Erstaunlicherweise bietet die Wachsrose manchen Tieren Zuflucht, die nicht unter den Nesselkapseln leiden. Wir kommen noch darauf zurück. In Katalonien werden Wachsrosen frittiert gegessen, wobei die Nematocysten zuvor in einem Essigbad entschärft werden. Eine weitere, kleinere Seeanemone mit spitz zulaufenden Tentakeln ist die Gelbe Aiptasie *(Aiptasia diaphana)*, die örtlich wahre „Rasenflächen“ bilden kann.

Starke sind stark und Schwache sind es auch!

Ich habe bereits die Taktik des „geringen Widerstands“ der Seeanemonen in der Dünung erwähnt. Andere Organismen (Algen, Hydrozoen) verhalten sich genauso. Sie sind jedoch dank einer Scheibe mit großem Durchmesser ganz fest am Felsen verhaftet.

Die entgegengesetzte Taktik besteht darin, so wenig wie möglich hervorzuragen, um nicht von den Wellen ergriffen zu werden. Sie wird von Seepocken, Käferschnecken, Napfschnecken und einigen Röhrenwürmern angewandt. Wer einmal versucht, sich an einem windigen Tag am Felsen festzuhalten, der wird schmerzlich seine Machtlosigkeit gegenüber der Kraft der Wellen feststellen müssen. Noch schlimmer ist es an einem stürmischen Tag! Bewohner dieser turbulenten Zone brauchen sich jedoch dank ihrer Biegsamkeit oder ihrer hydrodynamischen Form nicht so festzuklammern wie wir. Aber auch dank der Tatsache, daß das Wasser nahe des Grundes nicht so aufgewühlt ist wie einige Dezimeter darüber, ist das Leben hier leichter. Das erklärt auch, warum die meisten Organismen in dieser Zone nicht sehr hoch wachsen. Man muß nicht groß sein, um stark zu sein! Zu diesen kleinen, mutigen Wesen gehören die Seescheiden *Clavelina nana* und *C. lepadiformis,* die wie kleine durchsichtige Fässer auf 5 bis 20 Millimeter hohen Stielen aussehen. Häufig bilden sie regelrechte Trauben, und man hat das Gefühl, das Werk eines betrunkenen Glasbläsers zu sehen! Die meisten Schwämme dieser Zone bilden flache Krusten, die große Flächen bedecken: Das ist eine ideale Form, um den Wellen zu widerstehen. Die häufigste Art ist der Orangerote Krustenschwamm *(Crambe crambe).*

Die untere Gesellschaftsschicht

Flora und festsitzende Fauna schwächen die Wasserbewegungen so beträchtlich ab, daß sich eine Vielzahl

Die Sägegarnele (Palaemon serratus) ist eine häufige Garnele nahe der Oberfläche, die aber aufgrund ihrer Durchsichtigkeit nicht immer leicht zu erkennen ist.

(Foto: John Neuschwander)

Eine Taucherin spielt mit einem Kraken: die höchste Belohnung für eine zarte Annäherung!

nicht festsitzender Tiere (vagile Fauna) in dieser stark belichteten, nahrungs- und sauerstoffreichen Zone halten kann, ohne von den Wellen fortgerissen zu werden. Besonders zwischen den Algen und in Spalten gibt es eine ganze kleine Welt zu entdecken. Man findet hier die Sägegarnele *(Palaemon serratus)* und zahlreiche andere Krebstiere: kleine, abgeflachte Flohkrebse, den Gespensterkrebs *Phtisica marina,* der einem kleinen (2 cm) wandelnden Skelett ähnelt, aber auch Wollkrabben *(Dromia vulgaris),* die sich zur Tarnung mit einem Stück Schwamm bedecken, genau wie die kleine Seespinne *Pisa nodipes.*

Die Wirksamkeit dieser Tarnung werden Sie bemerken, wenn sich ein Teil der Algenwiese auf hohen roten Beinen entfernt! Dabei handelt es sich um die Große Seespinne *(Maia squinado),* ein 20 bis 30 cm großer Pflanzenfresser mit einem stacheligen, dreieckigen Panzer. Der Blaue Dornenstern *(Coscinasterias tenuispina)* hat sechs bis zehn Arme von ungleichmäßiger Länge, die mit kleinen Stacheln bedeckt sind. Entgegen seines Aussehens handelt es sich um ein gefräßiges Tier, das sich von Kreiselschnecken und Seepocken ernährt. Der Purpurstern *(Echinaster sepositus),* der Purpurrote Seestern *(Ophidiaster ophidianus)* und der Glatte Seestern *(Hacelia attenuata)* sind dank ihrer Farbe leichter ausfindig zu machen.

Weicher Körper, neugieriges Gemüt

Zwischen den Algen des ersten Meters leben auch noch andere Weidegänger wie z.B. der Gefleckte Seehase *(Aplysia depilans).* Es ist eine Nacktschnecke, die 30 cm groß und 1 Kilo schwer werden kann! Er weidet mit seiner Raspelzunge (Radula) die Algen ab. Ein anderes Weichtier, das Sie genau unter der Wasseroberfläche antreffen können, ist der Gewöhnliche Krake *(Octopus vulgaris).* Er gehört zu den eindrucksvollsten Tieren im Mittelmeer. Wer einen geringen Abstand hält (1 m ist ausreichend), macht die Begegnung seines Lebens. Sie und das Tier beobachten sich gegenseitig, bis die Kälte Sie aus dem Wasser treibt. Die Augen des Kraken haben horizontale Pupillen, die an die Pupillen von Ziegen erinnern. Man fragt sich, wer von beiden neugieriger ist! Man trifft Kraken oft in der Nähe ihrer Behausung an: Felsspalten (vorzugsweise mit mehreren Ausgängen) oder Löcher, die sie selbst unter dicken Steinen angefertigt haben. Dank der Gehäuse, Kieselsteine oder sogar Bier- und Coladosen, die diese Tiere vor ihrer Tür ansammeln, ist die Höhle leicht ausfindig zu machen. Der Krake ist nicht nur ein leidenschaftlicher Sammler, sondern er ergreift mit seinen mit zahlreichen Saugnäpfen versehenen Armen all diese verschiedenartigen Objekte, um damit den Eingang seiner Bleibe zu versperren, wenn Sie versuchten sollten, ihn zu fangen. Aber wir wollen den Kraken natürlich nicht stören. Im Gegenteil, wir wollen versuchen, seine Neugier zu wecken, indem wir eine Hand oder eine große Alge bewegen.

Oder noch besser: Man merkt sich seinen Schlupfwinkel und kehrt am nächsten Tag mit einer kleinen Krabbe oder einem Stückchen Fisch zurück. Man legt dieses kleine Geschenk genau vor den Oktopus und wartet. Er scheint erst einmal zu überlegen. Wenn er überzeugt ist, daß wir ihm nichts Böses antun, kommt er langsam aus seinem Versteck heraus. Er zieht zwei Arme hinter sich her, damit er sich im Notfall schnell zurückziehen kann. Dann schnappt ein Arm plötzlich nach der Nahrung und der Krake kehrt schnell in sein Versteck zurück, um sie zu verschlingen. Wenn Sie die Geduld haben, diese Übung mehrere Tage lang zu wiederholen, gewinnen Sie einen neuen Freund, der Sie bereits auf seiner Türschwelle erwartet. Nun ist der Moment gekommen, das Tier zu streicheln! Ganz vorsichtig! Es reagiert zunächst etwas ängstlich: Die Haut sträubt sich und verändert sofort ihre Farbe. Aber mit ein wenig Feingefühl und Sanftmut läßt sich der Krake das Streicheln gefallen: Setzen Sie das Tier auf Ihren Unterarm und streicheln Sie es mit der anderen Hand ganz zart zwischen den Augen. Kraken lieben das, genau wie Katzen. Es fehlt nur noch das Schnurren! Wenn Sie sich dem Oktopus jedoch zu grob nähern, wird er mit seinen acht Armen eine enorme Kraft entwickeln! Das ist so erschreckend, daß Sie das Tier sofort loslassen. Wenn das Tier Angst hat, bedient es sich seines Rückstoßantriebs (ein Wasserstrahl wird kraftvoll durch einen Trichter ausgestoßen), um blitzartig zu fliehen. Sie sehen nur noch die Tintenwolke, die es zur Ablenkung hinter sich gelassen hat!

Der Krake ist ein äußerst anmutiges Tier.

Ein weiblicher Spitzkopf-Schleimfisch (Tripterygion tripteronotus); ein häufiger Fisch nahe der Wasseroberfläche.

Gehende Fische…

Es ist nicht einfach, in dem turbulenten Wasser nahe der Oberfläche zu schwimmen. Versuchen Sie es mal an einem windigen Tag, und stellen Sie sich dann einen stürmischen Tag vor! Es ist unmöglich, sich am Felsen aufzuhalten und unter diesen Bedingungen Nahrung zu suchen und zu fangen. Aus diesem Grund haben sich zahlreiche Fische einem benthischen Leben angepaßt: Sie haben keine Schwimmblase mehr und ziehen es vor, auf dem Boden zu kriechen. Ihre Brustflossen haben sich in Beine umgewandelt, um gehen zu können, oder in Saugnäpfe, um sich festklammern zu können. Der bemerkenswerteste dieser Fische ist zweifellos der Gestreifte Schleimfisch *(Parablennius gattorugine)*, der 25 cm groß werden kann. Dieser Fisch zeigt ein territoriales Verhalten; er würde sogar Ihre Hand anknabbern, wenn Sie ihm ins Gehege kommen. Lassen Sie ihn gewähren! Bewundern Sie den Mut dieses David, der Sie, den Goliath, angreift. Sie haben mein Wort, daß Sie überleben werden! Es gibt in dieser Zone eine Vielzahl anderer Schleimfischarten. Die Männchen des *Aidablennius sphynx* besetzen während der Laichzeit Spalten, die so eng sind, daß sie rückwärts hineingleiten müssen. Zur Laichzeit verfolgen sie die Weibchen, um sie anzulocken und anzustoßen, damit sie in die Höhle schlüpfen und Eier ablegen, die sofort befruchtet werden. Diese „Machos" sind in der Lage, mehrere Weibchen nacheinander beharrlich zu verfolgen! Der Amphibische Schleimfisch *(Coryphoblennius galerita)* ist der Brandung so gut angepaßt, daß er sich von den Rankenfüßen der Seepocken, mit denen sie das Wasser durchkämmen, ernähren kann. Der Fisch schleicht sich in dem Moment, in dem das Wasser zurückgeht, über den freiliegenden Felsen an seine Beute heran. Genau in dem Augenblick, in dem die Welle zurückkommt und die Seepocke ihre Füßchen herausstreckt, stürzt sich der Schleimfisch darauf und reißt sie heraus. Man kann auch den Spitzkopf-Schleimfisch *(Tripterygion tripteronotus)* häufig beobachten. Die Männchen sind rot gefärbt und haben einen schwarzen Kopf, während die Weibchen braun gesprenkelt sind. Sie leben paarweise zusammen. Wenn Sie ein Männchen entdecken, ist auch das Weibchen nicht weit weg. Es ist nur besser getarnt.

...und schwimmende Fische

Seien Sie unbesorgt: Es gibt auch noch Fische, die schwimmen können! Die Algen ziehen Goldstriemen *(Sarpa salpa)* an. Diese in dichten Schwärmen lebenden Fische weiden die Algen ab. Man könnte meinen, daß es sich um eine Ziegenherde handelt. So einen Fisch haben wir uns als Kind vorgestellt: ein silberner, mit gelben Längsstreifen durchzogener Körper. Seine abgeflachte Form ermöglicht ihm dank seitlicher Bewegungen, sich im Wasser „abzustützen", um sich vorwärtszubewegen, während sein hydrodynamisches Profil ihm ein gutes Vorwärtsgleiten ermöglicht. Es gibt noch andere Weidegänger, die die Brandung nicht fürchten: Meeräschen (Gattung *Mugil),* von denen im Mittelmeer sieben verschiedene Arten bekannt sind. Die meisten ertragen Brackwasser. Sie sind daher oft in Flußmündungen anzutreffen. Sie sind keine echten Pflanzenfresser, da sie sich vorwiegend von kleinen Tieren ernähren, die auf den Algen siedeln. Der Wolfsbarsch *(Dicentrarchus labrax),* dessen ältere Exemplare 1 Meter lang werden können, ist ein echter Fleischfresser. Dieser Jäger wird selbst gejagt: Das Fleisch dieses Fisches ist sehr geschätzt.

Gerechte Aufteilung

Dieser erste Kontakt hat Ihnen die extreme Vielfalt der Meeresbewohner gezeigt, die das Ergebnis einer langen Evolution ist. Es besteht in der Tat eine starke Konkurrenz angesichts der begrenzten Nahrungsquellen. Darwin nannte dies den Kampf ums Überleben; in diesem Kampf überleben die Stärkeren (erinnern Sie sich immer daran: „Leben bedeutet Überleben"!). Es sind jedoch nicht zwangsläufig die Stärksten, die überleben, sondern diejenigen, die am besten angepaßt sind. Meistens versucht man einen Konflikt zu vermeiden, statt zu kämpfen. Dies hat zu einer Menge Spezialisierungen und zu einer Aufteilung der Nahrung, Standorte und Aufgaben geführt. Eine Art lebt dicht an der Oberfläche, eine andere in der Tiefe. Manche Arten leben auf den Steinen und andere darunter. Es gibt Pflanzenfresser und Fleischfresser. Einige fressen Würmer, andere Weichtiere. Jede Art besetzt eine genau definierte ökologische Nische. So können Seeigel und Schleimfische als gute Nachbarn leben: Während der eine Algen abweidet, fängt der andere Würmer und Krebstiere. Die zur Verfügung stehenden Nahrungsquellen werden gerecht aufgeteilt.

Eine ganze Welt steht kopf
Leben unter Steinen

Es gibt Standorte, an denen große Felsen den Zugang zum Wasser erschweren. Hier läuft man Gefahr, sich den Knöchel zu verstauchen oder die Zehen zu verletzen. Dennoch sind diese Orte ein erstklassiges Gelände für Liebhaber des Meereslebens.

Rollende Steine sammeln kein Moos an

Der einzige Unterschied zwischen Steinen und Sandkörnern am Strand besteht in ihrer jeweiligen Größe. Die Zwischenräume zwischen den Steinen und die Lücken zwischen den Sandkörnern bieten vielen Tieren ein gutes Versteck. Aber diese Größenunterschiede haben einen anderen, grundlegenderen Unterschied zur Folge. Die größeren Steine werden seltener bewegt. Dadurch ist die Zeitspanne entsprechend länger, in der sie denjenigen Organismen, die sich festheften müssen, einen stabilen Halt bieten können. Kieselsteine oder Geröll, das wir an manchen Stränden finden, werden relativ häufig umgedreht (durchschnittlich einmal pro Woche); sie sind daher ziemlich „sauber", d.h. nicht mit Organismen bedeckt. Steine mit einem Durchmesser von 50 cm können bis zu ungefähr sechs Monaten unbewegt bleiben. Steine von 1 Meter Größe können hingegen nur durch außergewöhnliche Wasserbewegungen umgedreht werden, d.h. unter extremen Bedingungen, die nur durchschnittlich einmal im Jahr eintreten. Das trifft auf das flache Wasser an ungeschützten Stellen zu. An geschützten Orten und je tiefer wir tauchen sind die Bedingungen beständiger, so daß die Steine für einen wesentlich längeren Zeitraum unbewegt bleiben. Ein Stein, der über längere Zeit unbewegt blieb, zeigt deutlich zwei Seiten: eine Ober- und eine Unterseite. Wer einen solchen Stein aus dem Wasser nimmt, erkennt mühelos die Unterschiede, die diese beiden Welten trennen.

Es empfiehlt sich aber eine Tauchermaske aufzusetzen, damit man die Steine im Wasser umdrehen kann.

Ophioderma ist ein sehr schneller Schlangenstern. Wenn der Stein, unter dem er sich versteckt hat, umgedreht wird, sucht er sich sofort ein neues Versteck.

Zwei Welten

Die Oberseite der Steine erhält viel Tageslicht, so daß sich hier eine Vielzahl von Algen festsetzen und entwickeln kann. Aus diesem Grund sieht die von einer Algenschicht bedeckte Oberseite, aus der manchmal Algen mit beachtlichen Ausmaßen herausragen, oft verfilzt oder wollig aus. Die häufigsten Arten sind: Schirmalgen *(Acetabularia acetabularium),* die kleinen Pilzen auf einem fadenförmigen Stengel ähneln; Trichteralgen *(Padina pavonica),* die wie weißliche Tüten aussehen; Kalk-Rotalgen der Gattung *Melobesia* und die Meerkette *(Halimeda tuna),* eine Grünalge, deren Thallus aus Gliedern besteht, die ähnlich wie bei einem Kaktus zusammengefügt sind. Im Meer sinken beständig kleine Partikelchen von der Oberfläche zum Grund: Sandkörner, Schlammpartikel, Skelette von Algen und von toten planktonisch lebenden Tieren. Dieses Sediment setzt sich zwischen den Algen fest, weil dort die Wasserbewegungen geringer sind als anderswo. Diese Sedimentschicht hindert die meisten Tierlarven daran, den festen Steinuntergrund zu finden. Außerdem laufen die Tiere, denen es gelungen ist, sich auf dem Stein festzuheften, Gefahr, durch die Zunahme der Algen und des Sediments erstickt zu werden. Aus diesem Grund ist die Steinoberseite fast ausschließlich die Domäne der Pflanzen. Die Bedingungen ändern sich jedoch in einem Abstand von nur wenigen Zentimetern vollständig! Die Unterseite desselben Steins befindet sich in ständiger Dunkelheit, und abgesehen von der violettfarbenen Roten Krustenalge *(Lithophyllum incrustans)* kann hier fast keine Pflanze überleben. Hinzu kommt die Tatsache, daß diese Seite sedimentfrei ist: Das sind ideale Bedingungen für die meisten sessilen Tiere! Zahlreiche Krustenschwämme bilden dünne Schichten, die zur vielfältigen Welt auf der „verkehrten" Seite der Steine beitragen. „Verkehrt", weil das auf der Unterseite des Steins lebende Tier mit den „Füßen" nach oben und dem „Kopf" nach unten lebt. Für Schwämme sind diese Art von „Überlegungen" unwichtig. Die meisten unter Steinen lebenden (hypolithen) Arten sind klein und krustenbildend.

Keine von ihnen besitzt ein Nervensystem, das sie über die Unterschiede zwischen „oben" und „unten" aufklärt! Hier ist die Domäne der rot-orangenen Krusten von *Crambe crambe* und *Spirastrella cunctatrix,* der bläulichen Krusten von *Anchinoe tenacior* und der beigefarbenen von *Halichondria panicea.* Man findet außerdem kleine Kalkschwämme wie den weißen, vasenförmigen *Leuconia aspera,* der ungefähr 1 cm groß ist. *Chondrosia reniformis* ist ein grauer oder brauner Schwamm mit charakteristischen Marmorierungen, dessen glatte Haut an Leder erinnert. Er kann etwa 10 cm groß werden. Gleiches gilt für den Schwamm *Petrosia ficiformis,* der hart wie Stein ist und sich ein wenig „trocken" anfühlt. Letzterer fühlt sich besonders in Höhlen wohl. Wir kommen noch darauf zurück. *Diplosoma gelatinosum* ist ebenfalls ein krustenförmiges, orangefarbenes Tier und ähnelt einem Schwamm wie ein Ei dem anderen; in Wirklichkeit handelt es sich aber um eine koloniebildende Seescheide. Auf dem ersten Meter unter der Wasseroberfläche haben wir bereits die Durchscheinende Seescheide gesehen, die der *Diplosoma* kein bißchen ähnelt. Dennoch besteht auch sie aus einer Vielzahl kleiner, flaschenförmiger Tiere, die aber vollständig miteinander verbunden und von einer gemeinsamen Hülle umgeben sind. *Diplosoma* bildet eine lebende Schicht mit Wassereinfuhr- und Wasserausfuhröffnungen, die sehr stark an die Bauweise von Schwämmen erinnert. Die weißen und orangenen Moostiere sind ebenfalls krustenbildende, koloniale Organismen, die in Gemeinschaften mit Hunderten von Einzeltieren leben, von denen jedes eine kleine Kalkbehausung bewohnt. Diese Zooide bilden gemeinsam eine rauhe Kruste, die an Schmirgelpapier erinnert. Wenn wir sie aus der Nähe betrachten (am besten mit einer Lupe), sehen wir, daß diese Behausungen in absolut gleichmäßigen Reihen angeordnet sind. Aus jeder Zelle streckt der Bewohner seine Tentakel heraus, um Plankton einzufangen. Die häufigsten Arten sind die weißlichen oder orangenen *Membranipora membranacea,* deren Behausungen vollkommen parallel ausgerichtet sind, und die schmutzigweiße *Microporella malusi,* deren sechseckige Zooide strahlenförmig angeordnet sind.

„Zerbrechliche Arme“ und andere Stachelhäuter

Die eindrucksvollsten unter Steinen lebenden Organismen sind die Schlangensterne. Diese den Seesternen verwandten Tiere haben einen kleinen runden, kissenförmigen Körper, aus dem sich fünf fadenförmige Arme herausstrecken. Diese Wesen sind aufgrund ihrer Form sehr zerbrechlich und auf den Schutz der Steine angewiesen. Die Arme des Glatten Schlangensterns *(Ophioderma longicauda)* sind relativ glatt. Dieses sehr bewegliche Tier fürchtet das Licht. Sobald Sie den Stein, unter dem er sich versteckt hat, umdrehen, kriecht er in aller Eile in den Schutz eines anderen Steins. Es hat offenbar viel zu verbergen! Es ist trotzdem ein harmloses Tier, das sich hauptsächlich von ungelösten organischen Teilchen im Wasser ernährt. Die stacheligen Schlangensterne, d. h. der braune oder rote Zerbrechliche Schlangenstern *(Ophiothrix fragilis)* und der Schwarze Schlangenstern *(Ophiocomina nigra)* sind weniger scheu. Ihre Arme tragen zahlreiche Stacheln, mit denen sie das Meerwasser besser filtrieren und Nahrungspartikel fangen können. Seien Sie vorsichtig, wenn Sie einen Schlangenstern in die Hand nehmen möchten: Seine langen Arme brechen sehr leicht ab. Das Tier trauert jedoch nicht lange um diesen Verlust: Dank eines außergewöhnlichen Regenerationsvermögens wächst das abgebrochene Stück schnell wieder nach. Es gibt außer den drei erwähnten, recht häufigen Arten noch etwa zehn weitere unter Steinen lebende Arten. Ein weiterer Seestern in dieser „verkehrten" Welt ist der Fünfeckstern *(Asterina gibbosa),* dessen Arme so kurz sind, daß er an ein kleines fünfeckiges Kissen erinnert. Das Tier ist aus diesem Grund nicht so leicht verletzbar wie die Schlangensterne. Im Gegensatz zu seinen zerbrechlichen Vettern hält er der Gewalt der Brandung stand. Dieser Seestern ist ein Zwitter, d. h. Männchen und Weibchen zugleich.

Man findet auch kleine Seeigel unter den Steinen, die man im ersten Augenblick für junge Steinseeigel halten könnte. Es handelt sich jedoch um *Psammechinus microtuberculatus,* der gewöhnlich grünlich gefärbt ist und dessen Durchmesser 4 cm nicht überschreitet. Man findet auch kleine Seegurken wie z.B. *Cucumaria planci* und *Labidoplax buski* in der auf dem Kopf stehenden Welt.

Eine kleine Seegurke (Lapidoplax buski?) hat sich unter einem Stein zwischen den aus Sand und Muschelresten gebauten Röhren des Wurms Eupolymnia nebulosa und einem Krustenschwamm (Halichondria panicea?) festgeheftet. Außerdem sind einige Serpulidenwürmer mit ihren Kalkröhren und der Seestern Asterina gibbosa (oben rechts) zu erkennen .

Verschiedene Würmer

Man kann Würmer von sehr unterschiedlicher Form finden. Unter Steinen sehen wir manchmal Plattwürmer *(Plathelminthes),* die äußerst flach und zäh sind. Sie gleiten mit Hilfe mikroskopisch kleiner Wimpern über den Stein, wobei sie sich den Unebenheiten und Spalten des Untergrundes vollkommen anpassen. Ringelwürmer sind wesentlich fettleibiger. Ihr Körper besteht aus einer Vielzahl ringförmiger

Segmente. Der aus unseren Gärten wohlbekannte Regenwurm ist einer der Repräsentanten an Land aus diesem Stamm. Die meisten Ringelwürmer im Meer gehören zur Klasse der Vielborster, bei denen jedes Segment mit zahlreichen sehr harten Haaren oder Borsten ausgestattet ist. Manche dieser Tiere können sich frei bewegen *(Polychaeta, Errantia)*, während andere ein seßhaftes Leben führen und eine selbstgebaute Röhre bewohnen *(Polychaeta, Sedentaria)*. Zu diesen Röhrenwürmern gehört *Janua pagenstecheri*, der eine kleine spiralförmige Kalkröhre bewohnt. Der Durchmesser seiner Behausung beträgt nur wenige Millimeter. Man bemerkt *Janua* jedoch, weil er gewöhnlich in großer Anzahl die Unterseite der Steine besetzt. Das ist darauf zurückzuführen, daß die freischwimmenden Larven ein Schwarmverhalten annehmen, wenn sie sich eine Behausung suchen, d. h. sie suchen die Nähe von Individuen derselben Art. Wir können das gleiche Phänomen bei den Seepocken der supralitoralen Zone beobachten. Ein weiterer Röhrenwurm in der auf dem Kopf stehenden Welt ist *Eupolymnia nebulosa*, der die beachtliche Größe von 20 cm erreichen kann. Er baut seine Röhre aus Muschelresten und Sandkörnern. Sie hat eine unregelmäßige Form und wird auf ihrer ganzen Länge am Stein befestigt. Der Kopf des Tieres, der einige rote, verzweigte Kiemenpaare trägt, schaut aus dieser Röhre heraus. Das Erstaunlichste sind jedoch seine blassen, fadenförmigen Tentakel, die 10 cm lang werden können.

Mit Hilfe dieser Tentakel sucht das Tier nach Nahrungspartikeln oder Materialien für den Bau seiner Röhre. Ein Flimmerhärchensystem transportiert die Nahrung zum Mund.

Weichtiere

Es gibt so viele köstliche Dinge unter den Steinen, daß manche Weichtiere auf ihrer Suche nach Nahrung gerne dort vorbeischauen. So findet man dort z. B. die Grüne Käferschnecke *(Chiton olivaceus)* und die Graue Käferschnecke *(Lepidochitona cinerea)*. Es handelt sich um primitive Schnecken, deren Körper mit acht Kalkplatten bedeckt sind, die wie Ziegel übereinander greifen. Käferschnecken ernähren sich mit Hilfe ihrer Radula (eine Zunge mit kleinen Zähnen), mit der sie die Steine abschaben. Das Seeohr *(Haliotis lamellosa)* lebt auf die gleiche Weise. Dieses Tier kann 7 cm lang werden. Sein Gehäuse erinnert nur sehr wenig an dasjenige der üblichen Schnecken. Man erkennt nur am obersten Ende des ovalen Gehäuses einen spiralförmigen Teil. Am Schalenrand befindet sich eine perforierte Linie. Wenn das Tier wächst, kann es mit seinem After an dieser Stelle aus dem Gehäuse gelangen. Das lebende Tier wird fast vollständig von einem Tentakelsaum umgeben. Wenn das Tier stirbt, bleibt eines der schönsten Gehäuse des Mittelmeeres zurück, da sein Inneres mit ei-

ner silbrig schimmernden Perlmuttschicht ausgekleidet ist.
Andere typische Weichtiere dieses Biotops sind die etwa 4 cm großen Feilenmuscheln *(Lima hians* und *Lima inflata).* Sie strecken zur Nahrungssuche ihre klebrigen weißen oder orangefarbenen Tentakel aus ihren zwei Schalen heraus. Fühlt sich die Feilenmuschel gestört, schwimmt sie mit ruckartigen Bewegungen durch Zusammenschlagen ihrer beiden Schalen davon. Manchmal findet man unter den Steinen kleine (ungefähr 1 cm) braune Schalen mit einem fast runden Umfang. Zwischen diesen Schalen befinden sich zwei spiralförmige Lophophoren. Es handelt sich nicht um ein Weichtier, sondern um einen Armfüßer. Diese den Moostieren und Hufeisenwürmern nahestehenden Tiere sind vor allem als Fossilien bekannt. Die meisten von ihnen lebten zwischen Kambrium und Trias, d.h. vor 500 bis 100 Millionen Jahren. Sie haben also gerade ein echtes „lebendes Fossil" entdeckt! Es sind mehr als 7000 fossile Armfüßerarten bekannt, aber nur 250 lebende Arten, von denen ein Dutzend im Mittelmeer vorkommt. Damit Ihre Entdeckung noch ein wenig aufregender wird, sollen Sie wissen, daß die meisten Armfüßer nur aus großen Tiefen bekannt sind!

Eine Käferschnecke (Callochiton laevis) weidet einen Stein ab.

Eine Schnecke hat ihre Eier unter einem Stein abgelegt.

Unter einem Stein befinden sich kleine Schalen, die nicht zu Weichtieren, sondern zu Armfüßern der Art Lacazella mediterranea gehören. In den geöffneten Schalen sieht man die charakteristischen doppelten, spiralförmigen Lophophoren dieser seltsamen Tiere.

Ein Fisch mit Saugnapf

Vielleicht haben Sie beim Umdrehen der Steine eine flüchtige Gestalt bemerkt, die mit größter Geschwindigkeit in den Schutz eines anderen Steins geeilt ist. Es handelte sich hier um einen kleinen Fisch mit dem Aussehen einer Kaulquappe; es ist ein Bandschild *(Lepadogaster lepadogaster)*. Die Bauchflossen und eine Hautfalte hinter den Brustmuskeln bilden einen Saugnapf, mit dem er sich unter dem Stein festheftet. Dieses Tier jagt aus der Lauerstellung. Es lebt ebenfalls mit dem Kopf nach unten! Wenn Sie es beobachten möchten, müssen Sie sich einer List bedienen. Zunächst müssen Sie einen *Lepadogaster* ausfindig machen: Kennzeichnen Sie den Stein, unter dem er sich versteckt.

Leben unter Steinen

Dann legen Sie alle Steine der Umgebung so hin, daß er sich nicht sofort wieder darunter verstecken kann. Das gelingt ganz leicht, indem Sie sie auf die Seite legen und mit der Kante in den Boden stecken. Dann heben Sie ganz langsam den Stein hoch, unter dem sich Ihr Fisch versteckt. Dieser wird mit aller Geschwindigkeit zu einem anderen Stein eilen; da er sich aber nicht darunter verstecken kann, wird er sich an eine Seite pressen. Wenn Sie sich jetzt vorsichtig nähern, können Sie ihn leicht beobachten. Es ist ein sehr farbenfroher Fisch mit einem großen, mit Tentakeln ausgestatteten Kopf. Ein Bandschild ist nicht so selten wie man denkt. An manchen Orten findet man Dutzende von ihnen. Schauen Sie aufmerksam unter die Steine: Manchmal entdeckt man dort das Gelege eines Bandschilds als Anhäufung kleiner goldener Eier, die das Männchen ängstlich bewacht und jeden verjagt, der seine Nachkommen bedroht.

Die Eier des Saugfisches Lepadogaster lepadogaster. Die Augen der Embryonen sind bereits zu erkennen.

Hochachtung vor den Lebensformen

Apropos bedrohen… Wenn wir einen Stein umdrehen, um uns das Leben auf seiner Unterseite anzuschauen, stören wir eine ganze Welt. Denn, erinnern Sie sich, diese kleine, farbenfrohe Welt überlebt nur dank Ruhe, Dunkelheit und Sedimentarmut. Diese Biocönose ist dem sicheren Tode geweiht, wenn wir sie so zurücklassen, d. h. dem Licht, dem Sand und den Wasserbewegungen ausgesetzt: Das trifft besonders die sessilen Tiere, die am Stein festgeheftet sind und den veränderten Bedingungen nicht entfliehen können. Vergessen Sie deshalb nicht, nachdem Sie alle Winkel Ihres Steins begutachtet haben, diesen vorsichtig so wieder hinzulegen, wie Sie ihn gefunden haben. Diese kleine Geste zeugt von Ihrer Achtung vor den Lebensformen, die Sie gerade erforscht haben.

Das Leben im Verborgenen

Sandbewohner

Tauchclubs begehen manchmal einen kleinen Regiefehler. Wenn sich eine Tauchergruppe auf dem Sand wiederfindet statt über dem schönen Felsgrund, der ihnen versprochen wurde, läßt die Reaktion nicht lange auf sich warten. Enttäuscht von dem öden Anblick dieser Wüste schießen die Taucher wie eine Rakete zur Oberfläche zurück und schimpfen auf den Kapitän. Dennoch haben sie Unrecht! Mit ein wenig Geduld hätten sie eine faszinierende Biocönose entdeckt. Hier, wie auch anderswo, rieselt ein stetiger Regen toten und lebenden Planktons Richtung Grund. Und Plankton bedeutet Nahrung. Und wo es Nahrung gibt, gibt es auch Lebewesen, die sie fressen... Folglich müssen sie hier sein, sogar in beeindruckender Anzahl. Aber sie sind nicht immer leicht zu finden.

Ein Pfauenfederwurm (Sabella pavonina) richtet seinen Kiemenapparat über dem Sand auf, um Nahrungspartikel einzufangen.

Filtrierer

Viele Tiere verstecken sich im Sand. Oft ragt jedoch ein Körperteil aus dem Sand heraus, um das von oben kommende „Manna" einzufangen. Einer der eindrucksvollsten Filtrierer ist der Pfauenfederwurm *(Sabella pavonina)*, dessen Kiemenapparat ein sehr wirksamer Filter ist; er hält alle kleinen Partikel fest, die auf ihn herabfallen. Seine Farbe ist dem Grund gut angepaßt. Haben Sie aus diesem Grund Schwierigkeiten, ihn zu entdecken? Oder vielleicht, weil Sie zuviel in Bewegung sind? Denn bei der geringsten Schwingung im Wasser zieht sich dieser Wurm blitzartig in seine weiche Röhre zurück. Der Vielborster *Lanice conchilega* ist noch schwieriger ausfindig zu machen, weil er wesentlich kleiner ist und seine Röhre aus Sandkörnern und Muschelresten baut. Er richtet eine Art starren Kamm im Wasser auf. Er „leckt" mit seinen Tentakeln alles ab, was daran hängen bleibt. Die Sabelle *Myxicola infundibulum,* ebenfalls ein Röhrenwurm, hat eine gallertartige

Röhre und einen braunvioletten Kiemenapparat. Auch die Steckmuschel *Pinna nobilis* ist ein Filtrierer dieser Böden. Sie ist jedoch ein aktiver Filtrierer, der einen ständigen Wasserlauf in beiden Schalen aufrechterhält.
Seit einem Vierteljahrhundert richten Taucher ein wahres Blutbad unter diesen bis zu 90 cm großen Riesenmuscheln an. Jetzt sind sie bedroht: Lassen Sie die Steckmuscheln deshalb wo sie sind, um so mehr, als ihre zerbrechlichen Schalen bei Ihnen zu Hause nach einigen Monaten zerbröckeln. Auch eine Vielzahl anderer Weichtiere sind Filtrierer. Die meisten bleiben jedoch unsichtbar, weil sie sich im Sand vergraben. Wenn man sie sehen möchte, muß man sie ausgraben. Sie verraten ihre Anwesenheit durch zarte, durchsichtige und leblos scheinende Röhren, die sie einige Millimeter über dem Boden aufrichten. Die meisten Weichtiere strecken Ihnen ihre Röhren entgegen! Dies sind ihre Siphonen, mit denen sie Wasser ansaugen. Nachdem sie Sauerstoff und Nahrung verwertet haben, stoßen sie das Wasser wieder aus. Es ist unmöglich, alle Arten der Sandböden aufzuführen: Es leben hier Herzmuscheln, Venusmuscheln, Kammuscheln, Teppichmuscheln, Tellmuscheln, Trogmuscheln und „Scheiden- und Schwertmuscheln"... Aus diesem Grund findet man so viele Muschelschalen am Strand! Auch Filtrierer anderer Tierstämme richten sich über dem Sand auf. Sie leben gewöhnlich festverhaftet an einem harten Objekt, z. B. an einem Kieselstein oder einem Gehäuse. Zu ihnen gehören zwei Schwammarten, der Pinselschwamm *(Ciocalypta penicillus)* und die Meerorange *(Tethya aurantium),* die genau wie eine winzige, ungefähr 3 cm große Orange aussieht. Man kann auch auf Weichkorallen stoßen, z. B. auf die Meerhand *(Alcyonium palmatum),* die ihre Nahrung mit Tausenden von Polypen einfängt. Sie gehört zu den achtstrahligen Blumentieren *(Octocorallia),* zu denen auch die federförmigen Seefedern *(Pennatula rubra* und *P. phosphorea)* und die zylinderförmige Gelbe Seefeder *(Veretillum cynomorium)* gehören, die 50 cm hoch werden kann und deren Polypen 2 cm erreichen. Weichkorallen ziehen bei Berührung ihre Polypen ein und schrumpfen zusammen: Sie besitzen ein Hydroskelett, bei dem sie Wasser einsaugen müssen, um ihre starre Form zu wahren.

Detritusfresser

Sandböden sind reich an Detritus. Das sind organische Abfallstoffe: totes Plankton, Überreste von Pflanzen und Tieren. Detritusfresser sind Organismen, die auf die Reinigung des Bodens spezialisiert sind. Einer ihrer wichtigsten Stellvertreter ist die Braune Seegurke *(Holothuria stellati).*
Dieses wurstförmige Tier ist ein Stachelhäuter, ein naher Verwandter der Seesterne und Seeigel. Es frißt Sand und verdaut die darin enthaltene organische Materie. Der auf diese Weise

Der Einsiedlerkrebs (Dardanus arrosor), dessen Gehäuse mit zwei Schmarotzerrosen (Calliactis parasitica) bedeckt ist, untersucht ein Schneckengehäuse im Hinblick auf einen bevorstehenden Umzug. Das Krebstier untersucht mit Hilfe seiner Scheren die Abmessungen seiner künftigen Wohnung. Anschließend wird sie von allem störenden Schmutz befreit.

gereinigte Sand wird als Kot wieder ausgeschieden: Die Seegurke übernimmt auf dem Meeresgrund die gleiche Rolle wie der Regenwurm in unseren Gärten. Die Königsholothurie *(Stichopus regalis)* lebt in größerer Tiefe. Manchmal sieht man vor sich einen langen dunklen Faden, der an einen Schnürsenkel mit einem gabelförmigen Ende erinnert. Wenn man diesen Rüssel, der länger als 1 Meter werden kann, berührt, zieht er sich sofort zusammen. Das Tier zu diesem Rüssel versteckt sich in einem nahegelegenen Felsloch. Es handelt sich um eine weibliche Bonellia *(Bonellia viridis)*. Es ist ein bemerkenswerter Wurm, bei dem die Zwergmännchen wie Zecken auf der Haut der Weibchen festsitzen. Sie sind bis auf die Hoden reduziert, und ihre einzige Aufgabe ist die Vermehrung. Einsiedlerkrebse sind Krabben, die in einem Gehäuse leben, um ihren ungepanzerten Hinterleib zu schützen. Sie haben Angst, daß ihr Hinterteil geschnappt wird. Die größte Art (8 cm) ist *Dardanus arrosor*, der mit der Seeanemone *Calliactis parasitica* oder mit dem Schwamm *Suberites domuncula* in Symbiose lebt. Eine vergleichbare Symbiose besteht zwischen dem Anemonen-Einsiedler *(Eupagurus prideauxi)* und der Mantelaktinie *(Adamsia palliata)*. Ein weiteres Krebstier der Weichböden ist der Kaiserhummer *(Nephrops norvegicus)*. Er gräbt komplizierte Gänge mit mehreren Ausgängen. Er lebt normalerweise unterhalb von 50 m Tiefe, wo er mit Schleppnetzen gefangen wird. Dieser

Hummer ist auf den Fischmärkten sehr beliebt. Der Fischmarkt ist übrigens ein idealer Ort, um sich die Tiere anzusehen, die man beim Tauchen nicht so leicht findet. Interessant ist auch, einen Fischer bei der Ausfahrt zu begleiten. Dieser wirft gewöhnlich alles nicht Eßbare sofort ins Meer zurück: Seescheiden, Seesterne, Korallen etc. So sehen Sie all die Wunder der großen Tiefen. Manche kommen sogar aus über 100 Meter Tiefe!

Sandbewohner

Lassen Sie uns zum Sand zurückkehren, wo mehrere Arten sogenannter irregulärer Seeigel leben; irregulär deshalb, weil sie nicht rund, sondern oval sind. Dazu gehören der Kleine Herzseeigel *(Echinocardium cordatum)* und der Sandseeigel *(Brissus unicolor),* eine 13 cm lange, endemische Art. Der Violette Herzigel *(Spatangus purpureus)* ist farbenfroher als die beiden anderen Arten, die grau gefärbt sind. Lebend sieht man diese im Sand verborgenen Tiere selten (hin und wieder bei Nachttauchgängen). Die Kalkgehäuse toter Tiere findet man hingegen relativ oft. Die prachtvollen Skelette sind jedoch sehr zerbrechlich, so daß es sich nicht lohnt, sie mit nach Hause zu nehmen.
Unter Würmern und Weichtieren gibt es ebenfalls eine beträchtliche Anzahl von Detritusfressern, darunter auch der Pelikansfuß *(Aporrhais pespelicani)* mit seiner hübschen Schale.

Räuber

Alle Filtrierer und Detritusfresser ziehen Feinde an. So vervollständigt sich die Nahrungskette. Im östlichen Mittelmeerbecken ist der Feuerwurm *(Hermodice carunculata),* ein großer roter Vielborster, recht häufig. Seltsamerweise kommt dieses Tier im westlichen Teil des Mittelmeeres nur sehr selten vor, ist aber bei den karibischen Antillen wieder anzutreffen. Dieser Wurm ist nicht ungefährlich: Die weißen Borsten, die seinen Körper verzieren, verursachen unangenehme Verbrennungen. Der Große Heuschreckenkrebs *(Squilla mantis)* ist im Meer das Gegenstück zur Gottesanbeterin. Er ist ein grausamer, bis zu 25 cm langer Fleischfresser. Wenn Sie dieses prächtige, vielfarbige Krebstier sehen wollen, bietet sich Ihnen auf dem Fischmarkt die beste Gelegenheit. Das Brandhorn *(Murex brandaris)* und die Nabelschnecke *(Natica hebraea)* sind räuberisch lebende Schnecken. Letztere jagt Muscheln, die sie im Sand aufstöbert. Sie bohrt mit Hilfe ihrer Radula ein kleines Loch in die Schale ihres Opfers, durch das sie dann ihren Siphon gleiten läßt. Sodann sprizt sie Verdauungssäfte hinein und saugt das so verdaute Opfer aus. Eines der größten Raubtiere im Sand ist der Rote Kamm-Seestern *(Astropecten aurantiacus),* der 60 cm Größe erreichen kann. Er ist weniger selten als Sie glauben. Er lebt bereits ab 1 m Tiefe, vergräbt sich aber tagsüber im Sand. Nachts kommt er zum Jagen hervor

Der Kamm-Seestern (Astropecten aurantiacus) ist ein großer Räuber der Sandböden. Man kann ihn schon auf den ersten Metern unter der Oberfläche sehen.

und kann auf seiner Suche nach Herz- und Venusmuscheln oder Seeigeln eine Strecke von gut 20 m zurücklegen. Er öffnet die Muscheln mit einer furchterregenden Kraft und sehr viel Geduld. Hunderte mit Saugnäpfen ausgestattete Ambulakralfüßchen ziehen solange an den beiden Schalen, bis das Opfer erschöpft ist. Manchmal ist dieses für die Mundöffnung des Seesterns zu groß. Dann stülpt das Raubtier seinen Magen heraus und verdaut die Beute außerhalb seines Körpers! Wenn der Seestern seiner Wege zieht, läßt er leere Schalen hinter sich zurück – stumme Zeugen eines soeben stattgefundenen Gemetzels. Auf manchen Böden findet man einen Kamm-Seestern auf 10 Quadratmetern (1 000 pro Hektar!). Und die Taucher beschweren sich, daß es im Sand nichts zu sehen gibt... Der Gemeine Tintenfisch *(Sepia officinalis)* ist ein noch erstaunlicheres Tier. Es handelt sich um ein Weichtier und somit um einen nahen Verwandten von Austern und Miesmuscheln. Er hat genauso ausgezeichnete Augen und furchteinflößende Tentakel wie der Gewöhnliche Krake. Dieser sehr gute Schwimmer kann sich im Sand vergraben und seiner Beute einen Hinterhalt legen. Aber auch wenn er schwimmt, ist der Tintenfisch kaum zu erkennen. Dank der Chromatophoren in der Haut kann er seine Farbe der Umgebung anpassen.

Fische

Die am höchsten entwickelten Raubtiere sind die zahlreichen den Sand bevölkernden Fische. Die verschiedenen Grundeln sind sehr häufig, aber nicht immer leicht zu erkennen. Die Gestreifte Meerbarbe *(Mullus surmuletus)* mit ihren Bartfäden, die die Geruchsorgane enthalten, ist hingegen sehr charakteristisch. Sie bedient sich dieser Bartfäden, um kleine Würmer und Krebstiere im Sand aufzustöbern. Manchmal sieht man einen bräunlichen Fisch über den Grund stolzieren. Stolzieren? Ja! Es handelt sich um den Gestreiften Seehahn *(Trigloporus lastoviza)*, der 40 cm groß werden kann und mit Hilfe der ersten drei Strahlen seiner Brustflossen vorwärtsschreitet. Wenn Sie ihn erschrecken, breitet er seine schillernden blauen Flossen aus. Andere häufige und noch größere Arten sind der Leierhahn *(Trigla lyra)*, der Seeschwalbenfisch *(T. lucerna)* und der Flughahn *(Dactylopterus volitans)*. Mit etwas Glück kann man auch auf Haie treffen! Seien Sie unbesorgt. Der Kleingefleckte Katzenhai *(Scyliorhinus canicula)* wird nicht länger als 75 cm und ernährt sich von Krebstieren und nicht von Tauchern... Zahlreiche Plattfische haben sich dem benthischen Leben angepaßt. Sie sind vollkommen asymmetrisch. Obwohl diese Tiere ihr Leben als ganz normale pelagisch lebende und vollkommen symmetrische Larven beginnen, verwandeln sie sich sehr schnell in abgeflachte, benthisch lebende Fische. Um dies zu erreichen, legen sie sich auf eine Seite, die so zu ihrer Unterseite wird, während die andere Seite mehr oder weniger ihre Oberseite darstellt. Beide Augen wandern auf diese Oberseite und der Mund liegt quer. Ihre Tarnung ist dem Boden perfekt angepaßt. Sie sind übrigens in der Lage, sich ganz schnell mit Sand zu bedecken, so daß nur noch ihre kugelförmigen Augen hervorlugen. Zu diesen „unsichtbaren Fischen" gehören der Steinbutt *(Psetta maxima)*, der Glattbutt *(Scophthalmus rhombus)*, der Augenfleckige Steinbutt *(Bothus podas)* und die Seezungen. Der Seeteufel *(Lophius piscatorius)* lockt seine Beute mit einem Köder an und ist zweifellos das tückischste Raubtier. Kleine, nichts Böses ahnende Fische schauen sich neugierig ein Hautläppchen an, das der Seeteufel genau über seinem riesigen Maul hin- und herbewegt und werden dann plötzlich verschlungen. Der Himmelsgucker *(Uranoscopus scaber)* bedient sich einer ähnlichen Technik: Er lockt Beute an, indem er aus seinem Maul einen wurmförmigen Hautlappen herausbewegt. Der Marmorzitterrochen *(Torpedo marmorata)* hat eine noch erstaunlichere Technik als diese beiden „Angler". Im Sand vergraben wartet er geduldig, bis eine Beute ganz dicht herankommt, die dann durch einen starken Stromstoß gelähmt und sofort verschlungen wird!

Fassen Sie diesen Fisch nicht an: Die Entladungen des Rochens sind für den Taucher zwar nicht tödlich, aber dennoch äußerst unangenehm. Die aus der Lauerstellung jagenden Adlerrochen *(Myliobatis aquila)* und Keulenrochen *(Raja clavata)* sind weitere Rochen der Sandgründe. Das Gewöhnliche Petermännchen *(Trachinus draco)* ist ein furchterregender Fisch. Im Sand vergraben lauert er seiner Beute auf. Bei

Eine erwachsene Gestreifte Meerbarbe (Mullus surmuletus) und zwei Jungtiere. Sie suchen mit Hilfe ihrer Bartfäden, die gleichzeitig als Tast- und Geschmacksorgane dienen, im Sand nach Beute.

Gefahr richten sich die Stacheln seiner Rückenflosse auf, und Badende laufen Gefahr, mit dem Fuß darauf zu treten. Es entsteht ein stechender Schmerz, Fieber, Schweißausbrüche, Kopfschmerzen und Herzklopfen könnten die Folge sein. Man kann sogar das Bewußtsein verlieren und an einem solchen Stich sterben.
Scheuen Sie sich deshalb nicht, einen Arzt aufzusuchen, wenn Sie von einem Gewöhnlichen Petermännchen, einem Drachenkopf oder einem Rochen gestochen wurden.
In der Zwischenzeit sollten Sie die Einstichstelle möglichst schnell mit einem Stück Stoff bedecken, das bis an die Schmerzgrenze der Haut mit heißem Wasser getränkt ist: Die Hitze denaturiert die meisten Gifte. Dieser kleine Abschnitt soll Sie natürlich nicht entmutigen und von einer Entdeckungsreise zu den Sandbewohnern abhalten. Die Wahrscheinlichkeit, seinen Fuß auf ein Gewöhnliches Petermännchen zu setzen, ist auch nicht größer als bei einem Spaziergang an Land auf eine Viper zu treten.

Im Sand wimmelt es von Leben, auch wenn es nicht so aussieht. Man muß jedoch sehr genau hinsehen, wenn man die mannigfachen Bewohner aufspüren möchte.

Die Prärie

Das Leben in den Seegraswiesen

In dem schmalen Küstensaum (0,1% des Mittelmeeres) des Litorals, wo die Tiefen so gering sind, daß das Sonnenlicht dort das Leben begünstigt, sind die Seegraswiesen unvergleichlich produktive Wiesen. Die dort lebenden Pflanzen sind ebenso leistungsstark wie die für ihren Ertragsreichtum bekannten Mais- und Zuckerrohrpflanzen.

Gras

Haben Sie schon einmal eine Tauchergruppe gesehen, die versehentlich über einer Seegraswiese abgesetzt wurde? Sie tauchen entsetzt wieder an die Oberfläche: „Weit und breit nur Gras, hier gibt es nichts zu sehen!" Welch ein Irrtum. Das Neptunsgras *(Posidonia oceanica)* ist eine Blütenpflanze. Seine Blüten sind eher unscheinbar: Sie sind grün und hinter langen Blättern versteckt, so daß man sie nur sehr schwer erkennen kann. Zudem blühen sie nur im Herbst, wenn wenige Besucher vorbeikommen. Es scheint sogar, daß *Posidonia* nur nach Sommern, in denen das Meerwasser sehr warm war, d. h. durchschnittlich alle zwei Jahre blühen. Sie vermehren sich vor allem ungeschlechtlich (vegetativ) durch Ableger. Das Neptunsgras besteht aus kriechenden oder aufrechten Wurzelsprossen, sogenannten Rhizomen, aus denen Wurzeln hervortreten. Auf den Rhizomen richten sich Büschel von bandförmigen Blättern auf. Diese sind etwa 1 cm breit und in der Regel zwischen 20 und 100 cm lang (das längste Blatt, das bisher registriert wurde, war 142 cm lang!). Es gibt noch andere „Gräser" im Mittelmeer, die auch Blütenpflanzen sind: Die kleinen Seegräser *(Zostera marina* und *Z. noltii)* und das Tanggras *(Cymodocea nodosa).* Sie sind schmaler und kleiner als das Neptunsgras, vertragen Brackwasser und leben nicht tiefer als ungefähr 10 Meter.

Beim Neptunsgras bestimmt die Hydrodynamik die obere Wachstumsgrenze und das Licht die untere Wachstumsgrenze. So kann es in sehr ge-

Eine Seegraswiese (Posidonia oceanica) gedeiht dicht unter der Wasseroberfläche.

schützten Buchten dicht an der Wasseroberfläche vorkommen und echte Riffe bilden. In Gebieten, wo das Wasser sehr klar ist, kann man es bis in 40 m Tiefe finden. *Posidonia oceanica* verträgt brackiges Wasser nicht: Der Salzgehalt muß zwischen 37 und 38 ‰ betragen.

Eine Unterwasserfabrik

Das Neptunsgras spielt daher eine ganz wesentliche Rolle im Ökosystem des Mittelmeeres. Diese endemische Art ist eine Landpflanze, die vor 120 Millionen Jahren ins Meer zurückgekehrt ist. So wie warmblütige Meeressäugetiere (Wale, Delphine, Seehunde) Lungen und ein hochentwickeltes Gehirn besitzen, haben Seegräser auch einige kluge „Erfindungen" (Blüten, Wurzeln) mitgebracht, die sie gegenüber den viel primitiveren Algen bevorteilen. Deshalb findet man ihre Vorherrschaft dort, wo es ihnen gelingt, die pflanzlichen Pioniere zu verdrängen. Aus dem horizontalen Wachstum der Rhizome (5 bis 10 cm pro Jahr) und dem vertikalen Wachstum der Blätter entstehen Bänke aus toten, mit Sand vermischten Posidoniaresten, deren vertikales Wachstum 1 Meter im Jahrhundert erreichen kann: Man hat Ladungen römischer Amphoren gefunden, die unter 2 oder 3 Meter hohen Bänken lagen (also ein durchschnittliches Wachstum von ungefähr 12 cm pro Jahrhundert). Die Produktivität der Seegraswiesen läßt sich in einigen Zahlen zusammenfassen. Wußten Sie, daß man bis zu 7 000 Blätter pro Quadratmeter finden kann, daß das bis zu 100 Quadratmeter Blattfläche bedeutet und daß dies 3,5 Kilo Biomasse (Trockengewicht!) pro Quadratmeter am Grund darstellt? Wußten Sie, daß der Grundgewinn etwa 20 Tonnen Trockenmasse pro Hektar und pro Jahr beträgt, d. h. fast das Doppelte unserer mitteleuropäischen Wälder? Wußten Sie, daß jeder Quadratmeter Neptunsgras zwischen 1 und 14 Liter Sauerstoff pro Quadratmeter und pro Tag produziert? Dies alles erklärt, warum die Seegraswiesen ein so reiches Biotop sind: Jeder Quadratmeter bedeutet eine enorme Vergrößerung der Oberfläche, die von Algen und Tieren besiedelt werden kann. Jeder Quadratmeter liefert einen Überschuß an Sauerstoff und eine große Menge organischer Materie.

Die Bewohner

Dennoch ernähren sich in diesem Seegrasmikrokosmos nur wenige Tierarten vom Neptunsgras selbst. Es sind tatsächlich nur fünf Arten bekannt. Sie können Steinseeigel *(Paracentrotus lividus)* beobachten, die sich tagsüber zwischen den Rhizomen verstecken und nachts auf die Blätter klettern und sie abfressen. In den Seegraswiesen können sich bis zu 40 von ihnen pro Quadratmeter verstecken. Der Violette Seeigel *(Sphaerechinus granularis)* besetzt hingegen eine andere Nische:

Er bleibt zwischen den Rhizomen, weil er sich von ihnen ernährt. Die Goldstrieme *(Sarpa salpa),* die große Assel *Idothea hectica,* die bis zu 5 cm groß werden kann, und die Maskenkrabbe *(Pisa nodipes)* fressen die Blätter. Die meisten Tierarten ernähren sich jedoch von den Aufwuchsorganismen, d. h. von Pflanzen und Tieren, die auf dem Neptunsgras siedeln. Zu diesen Epiphyten gehören zahlreiche Algen (darunter *Fosliella, Giraudya, Castagnea* und andere...), aber auch Moostierchen (darunter *Electra posidoniae),* Hydrozoen, Foraminiferen, Schwämme und Röhrenwürmer. Von der vagilen Fauna möchte ich die kleine Krabbe *Achaeus cranchi* erwähnen. Sie ist so gut getarnt, daß Sie Schwierigkeiten haben werden, sie zu entdecken. Man hat dennoch bis zu 180 Einzeltiere pro Quadratmeter gezählt! Auch eine Vielzahl von Schnecken, besonders diejenigen der Gattungen *Rissoa* und *Bittium,* weiden die *Epiphyten* ab. Ich möchte aus dieser kleinen Seegraswiesenwelt noch den Mittelmeer-Haarstern *(Antedon mediterranea),* den Gemeinen Tintenfisch *(Sepia officinalis)* und die Steckmuschel *(Pinna nobilis)* erwähnen. Und schließlich ist diese Wiese ein echter Kindergarten für Jungfische und ein Schutzraum für Erwachsene: Man sieht hier außer Goldstriemen auch Lippfische, Laxierfische, Barsche und Rochen. Im ganzen sind hier 3 Tonnen Trockengewicht tierischer Materie pro Hektar vorhanden, und es wurden insgesamt mehr als 400 Algenarten und mehrere tausend Tierarten in den Seegraswiesen gezählt.

Wer sagt, daß es hier nichts zu sehen gibt? Die Blätter fallen und verwesen. Die daraus entstehende organische Materie wird von Detritusfressern, besonders von der Schlauchseegurke *(Holothuria tubulosa)* gefressen. Es bleiben nur Zellulosefasern übrig, die von der Dünung gerollt und mit Sand vermischt werden, und als Meerbälle enden, die man am Strand findet. Die Blätter können auch massenhaft an die Küste gespült werden bevor sie verwesen. Hier bilden sich dann bankförmige Anhäufungen trockener Blätter.

„Meerbälle" bestehen aus unverweslichen Posidoniafasern und Sand. Sie wurden durch die Bewegungen des Meeres geformt, die sie bis an den Strand gerollt haben.

An das Ufer gespülte Posidoniablätter können bankförmige Anhäufungen bilden.

Vom Aussterben bedroht

Seegraswiesen sind zweifellos die fruchtbarste Biocönose im Mittelmeer. Sie befestigen Sandböden und schützen Küsten vor Erosion. Wenn man bedenkt, daß tote Posidoniablätter sogar die Tiere im offenen Meer und in großer Tiefe ernähren, wird verständlich, daß das Überleben dieser Seegraswiesen für das Mittelmeer unbedingt notwendig ist. Die Wiesen sind jedoch empfindlich und sehr stark bedroht. Sie werden durch leichtfertige Bautätigkeit entlang der ganzen Mittelmeerküste bedroht. Wenn sie nicht von den Erdmassen begraben werden, die ununterbrochen kommende und gehende Lastwagen abladen, dann wird ihr Überleben in großen Tiefen durch Lichtmangel verhindert, weil das Wasser aufgrund dieser Erdanhäufungen immer trüber wird. Die Anker der Freizeitkapitäne und die Schleppnetze der Berufsfischer reißen ganze Bündel von Neptunsgräsern aus. Die Verunreinigungen durch Chemikalien spielen ebenfalls eine unheilvolle Rolle. Die Zerstörungen gehen schneller voran als das Wachstum: Die Seegraswiesen werden überall weniger. Diese Tatsache wird langsam erkannt. Die Idee, Neupflanzungen vorzunehmen, ist momentan ein schwer zu verwirklichendes Vorhaben. Tauchen Sie beim Anblick einer Seegraswiese nicht sofort zur Oberfläche zurück, sondern „stecken Sie Ihre Nase in das Gras" und entdecken Sie den Reichtum dieser Biocönose!

Festsitzend oder beweglich

Felsbewohner

Die meisten Taucher lenken ihre Aufmerksamkeit auf die Oberfläche der Felsböden, obwohl diese eine verhältnismäßig geringere Bedeutung als Weichböden (Sand, Schlamm) oder Seegraswiesen haben. Das Leben ist dort allerdings spektakulärer und eröffnet sich in seinen vielfältigen Facetten und verschiedenen Farbpaletten vor Ihren Augen.

Unbekannte Welt

Das Meer gibt seine Geheimnisse nur zögernd preis. Seefahrer brachten Legenden von dieser wenig bekannten Welt nach Hause zurück, die die Geschichten vom Meer mit Leben erfüllten. Die Meereskunde begann ganz zaghaft im Mittelmeer: Im Jahre 1725 veröffentlichte Graf Louis-Ferdinand de Marsilli die „Histoire physique de la mer", ein Werk, in dem er unter anderem die Natur der Meeresgründe, den Salzgehalt, die Temperatur und die Biologie der Edelkoralle untersuchte. Die wissenschaftliche Erforschung des Meeres erfuhr ihren wahren Aufschwung jedoch erst wesentlich später. Man nimmt im allgemeinen an, daß die berühmte Expedition des britischen Schiffs Challenger im Jahre 1872 den Beginn der modernen Meereskunde darstellt. Bald folgten ähnliche Expeditionen, und die ersten meeresbiologischen Stationen erblickten das Licht der Welt. Aber während Schleppnetze, Bagger und Dredschen eine Fülle von Weichboden-Lebewesen an die Oberfläche holten, waren die Bewohner der Felsen viel schwieriger einzufangen. Sie versteckten sich in Löchern, lebten in Höhlen oder waren fest am Felsen verhaftet. Man mußte sich also zum Grund begeben und das Leben dort untersuchen. Von den ersten, die dies taten, und zwar nach wie vor im Mittelmeer, möchte ich Cavolini (1785), Milne Edwards (1845) und Louis Boutan (1884) erwähnen. Aber vor allem seit dem Zweiten Weltkrieg sind Biologen zu Tauchern geworden. Die Namen Hans Hass (Deutschland), Pierre Drach (Frankreich) und Rupert Riedl (Österreich) sind untrennbar mit dieser neuen Ära verbunden.

Die Erforschung der Felsgründe bereitet Sporttauchern eine ungeheuere Freude.

Photosynthese

Erinnern Sie sich, daß am Anfang jeder Nahrungskette Produzenten (Pflanzen) stehen, die zur Photosynthese fähig sind. Im Meer sind dies vor allem mikroskopische Algen. Es gibt aber ebenso eine Vielzahl großer, auf Felsen lebender Algen. Sie benötigen für ihren Stoffwechsel, d. h. für die Herstellung organischer Materie Licht (deshalb wachsen sie!) und Sauerstoff. Biologen haben sie in Chlorophyceae (Grünalgen), Phaeophyceae (Braunalgen) und Rhodophyceae (Rotalgen) unterteilt. Diese Unterscheidung erklärt sich durch die chemische Beschaffenheit der Pigmente in den Zellen dieser Algen, die leider nicht immer von außen sichtbar ist:
Es gibt „Grün"- Algen, die gelb oder braun sind, „Braun"-Algen, die grün, weiß oder schwarz sind und „Rot"-Algen, die weiß oder grünlich sind… Oft entspricht die Farbe jedoch der Benennung. Grünalgen sind normalerweise (aber nicht immer…) für sehr helle Standorte charakteristisch, und Rotalgen begnügen sich mit wenig Licht. Die häufigsten Grünalgen sind *Acetabularia acetabulum, Ulva rigida, Codium vermilara* und *C. bursa, Halimeda tuna* und *Udotea petiolata.* Die beiden letztgenannten sind sciaphile Algen, die man in größerer Tiefe oder unter Überhängen antrifft. Von den Braunalgen sieht man oft *Padina pavonica, Colpomenia sinuosa, Dictyota dichotoma* und *D. linearis.* Die typischsten Rotalgen sind *Sphaerococcus coronopifolius, Peyssonnelia squamaria, Corallina elongata, Liagora viscida, Amphiroa spp.* und die Kalkalgen *Lithophyllum incrustans, Mesophyllum lichenoides* und *Pseudolithophyllum expansum.*
Die drei letztgenannten ertragen schwaches Licht; man findet sie daher in größerer Tiefe, unter Steinen und an Höhleneingängen.

Die Grüne Gabelalge (Codium fragile oder C. vermilara) kann bedeutende Populationen bilden. Ein territorial lebender Sägebarsch (Serranus cabrilla) kommt herbei, um sich den Taucher, der sich in sein Revier vorgewagt hat, anzusehen.

Tier oder Pflanze?

Sie werden bald mit den wissenschaftlichen Namen der Tiere vertraut sein, die auf Hartsubstraten leben. Man findet hier seltsame Bezeichnungen: Anthozoa („Blumen-Tiere“) und Bryozoa („Moos-Tiere“). Worum handelt es sich nun? Um Tiere oder Pflanzen? Die ersten Forscher hatten bei ihrer Unterscheidung die gleichen Schwierigkeiten wie ein noch unerfahrener Taucher. Wir sind so sehr daran gewöhnt, Pflanzen an einem festen Standort wachsen zu sehen, während sich Tiere bewegen, daß uns bewegliche Pflanzen und festgewachsene Tiere natürlich verwirren. Warum gibt es diesen grundlegenden Unterschied zwischen „Landbewohnern“ und „Meeresbewohnern“? Er läßt sich durch die Tatsache erklären, daß das Wasser Wolken von Nahrung in Form kleiner Fische, Plankton oder organischer Teilchen mit sich führt. Man muß sich also nicht zwangsläufig bewegen, um dieses allgegenwärtige „Manna“ zu fangen. Es reicht, an Ort und Stelle zu warten und die für den Fang eingerichteten Strukturen zu entfalten.

Gelbe Fächerkorallen (Eunicella cavolinii) und Rote Gorgonien (Paramuricea clavata) sind passive Filtrierer. Ohne sie würde die Unterwasserwelt sehr viel an Schönheit verlieren.

Passive Filtrierer

Zu diesen Strukturen zählen die *Tentakel* zahlreicher Organismen; zu ihnen gehören vor allem die Hohltiere, deren Polypen an Blüten erinnern. Diese Tentakel sind wie ausgestreckte Arme, die geduldig auf die Ankunft einer Beute warten. Die Größe der Beute kann zwischen einem mikroskopisch kleinen Tierchen (für Hornkorallen) und einem Fisch (für große Seeanemonen) variieren. Die Tentakel sind mit Zellen (sogenannten Nesselkapseln) ausgestattet, die ein Brennen verursachen oder sogar lähmen können. Jede Beute wird ordnungsgemäß gelähmt, bevor sie Richtung Mund transportiert wird, der genau in der Mitte der Tentakel sitzt. Die Kolonieform trägt oft zu einer besseren Wasserfiltrierung bei. So richten sich die „Federn“ der Hydrozoen und die „Fächer“ der Hornkorallen senkrecht zur nahrungsspendenden Strömung auf.

Hier alle Lebewesen mit Tentakeln aufzuzählen wäre überflüssig, da sie weiter hinten unter Hydrozoen, Hexacorallia und Octocorallia beschrieben werden. Hohltiere haben jedoch nicht

Die Schrauben-Sabelle (Spirographis spallanzanii) entfaltet ihren Kiemenapparat zur Nahrungsaufnahme.

das Monopol für Tentakel: Auch Weichtiere (z. B. *Vermetus gigas* oder *Lima hians)* und Würmer (z. B. *Lanice conchilega* und *Eupolymnia nebulosa)* besitzen Tentakel. Aber die meisten bodenlebenden Würmer filtern das Wasser mit Hilfe eines Kiemen-Apparates, der den Mund umgibt. Es handelt sich um lange, gefiederte Fasern mit sehr feinen Borsten, die buchstäblich alles festhalten, was auf sie herauffällt. Diese „Federbüsche" können in Röhren zurückgezogen werden, die die Würmer selbst gebaut haben; Sie können solche Tiere nur aus der Nähe betrachten, wenn Sie sich ganz langsam nähern und Ihren Atem anhalten! Die bekanntesten Röhrenwürmer sind Sabellen, Spirographen und Serpuliden. Auch Stachelhäuter filtern das Wasser mit Hilfe ihrer „behaarten" Arme, die mit Stacheln oder Fiedern ausgestattet sind. Dies gilt für *Antedon mediterranea, Ophiothrix fragilis* oder den reich verzweigten *Astrospartus mediterraneus.*

Aktive Filtrierer

Der Vorteil eines passiven Filtrierers besteht darin, daß er sich ernähren kann, ohne sich allzu sehr verausgaben zu müssen. Das gilt jedoch nur dort, wo die Wasserzirkulation eine konstante Zufuhr an Nahrungspartikeln garantiert: Dafür ist Strömung nötig. Wenn man an Standorten überleben möchte, wo diese Bedingung nicht erfüllt ist, beispielsweise in der Tiefe, in Höhlen oder unter Steinen, muß man das Wasser selber zirkulieren lassen. So wird man dann ein aktiver Filtrierer.

Von den *aktiven äußeren Filtrierern* müssen die Seepocken erwähnt werden, die das Wasser mit ihren Füßen „durchkämmen" sowie die Moostiere, deren bewimperte Tentakel eine permanente Strömung in Richtung Mund aufrechterhalten.

Die *aktiven inneren Filtrierer* sind zahlreicher. Sie lassen das Wasser mit Hilfe zahlreicher Flimmerhärchen oder Flagellen in ihrem Körper zirkulieren, der mehrere Wassereingänge und -ausgänge hat. Schwämme sind aktive innere Filtrierer. Sie werden schnell lernen, diese anhand ihrer charakteristischen Farben und Formen zu erken-

nen. Es gibt Krustenschwämme, verzweigte Schwämme, kugelförmige, vasenförmige oder röhrenförmige Schwämme. Die Seescheiden leben in gleicher Weise und ähneln deshalb den Schwämmen. Dennoch sind diese weiterentwickelten und den Wirbeltieren nahestehenden Tiere weit von den äußerst primitiven Schwämmen entfernt.
Während letztere eher eine primitive Zellmasse sind, bilden Seescheiden Individuen, von denen jedes eine Einfuhr- und eine Ausfuhröffnung, einen Kiemendarm und einen echten Magen besitzt. Es gibt solitäre Seescheiden (z. B. *Halocynthia papillosa, Microcosmus sabatieri, Phallusia mamillata)* und koloniebildende Seescheiden, deren Einzeltiere Gruppen bilden (z. B. *Clavelina spp., Amaroucium spp.* und *Didemnidae).* Und schließlich sind die Mehrzahl der Muscheln ebenfalls aktive innere Filtrierer. Dank der unzähligen, auf den Kiemen befindlichen Flimmerhärchen fließt das Wasser ins Mantelinnere. Manchmal wird das Wasser durch eine Röhre, den sogenannten Siphon, angesogen und wieder ausgestoßen. Von den zahlreichen Arten möchte ich nur *Spondylus gaederopus, Ostrea edulis* und *Arca noae* nennen, die den Hartsubstraten wirklich gut angepaßt sind und fest auf dem Felsgestein sitzen.

Die Kunst zu überleben

Wenn man ein seßhaftes Leben führt, ist es unmöglich, beim Herannahen möglicher Feinde zu flüchten. Man braucht daher eine andere Methode, um zu überleben.
Erste Taktik: Man schützt sich. Zahlreich sind die Röhren, Schalen und Gehäuse, in die sich die Tiere bei dem geringsten Anzeichen einer Gefahr zurückziehen. Dies gilt für Zylinderrosen, Röhrenwürmer, die meisten Blumentiere, Seepocken und viele Weichtiere.
Seescheiden haben mangels solcher Verteidigungsstrukturen einen zähen Zellulosemantel entwickelt, den nur wenige Meeresorganismen verdauen können. Das Gewebe der achtstrahligen Blumentiere *(Octocorallia)* ist mit kleinen Kalkskelettelementen, soge-

Jedes Individium dieser Zwerg-Seescheide (clavelina nana) ist ein aktiver Filtrierer, der das Wasser mit einem Einfuhrsiphon ansaugt und durch einen seitlichen Ausfuhrsiphon wieder ausstößt.

Seepocken (Balanus perforatus) sind sessile Krebstiere, die sich mit Hilfe eines aus mehreren Platten bestehenden Gehäuses schützen.

Eine Schwarze Seegurke (Holothuria forskali) hat ihre Cuvierschen Schläuche ausgeschleudert, nachdem sie gestört wurde.

nannten Skleriten gespickt, die sie besonders schwer verdaulich machen. Das gleiche gilt für die meisten Schwämme, deren kalk- oder kieselhaltige Skelettelemente (Spiculi) oft sehr spitz sind.

Zweite Taktik: Man verteidigt sich. Das ist die Taktik der Hohltiere, deren Tentakel ganze Batterien von Nesselkapseln, sogenannnten Nematocysten, enthalten. Diese Überlebensstrategien findet man nicht nur bei der sessilen Fauna. Auch Tiere, die sich fortbewegen können, haben sich die gleichen Strategien angeeignet, besonders diejenigen, die zu langsam sind, um bei Gefahr zu flüchten. Das erklärt den Besitz von Gehäusen bei zahlreichen Schnecken, den Panzer der Krebstiere, die Stacheln der Seeigel und Seesterne und die Sklerite der Seegurken. Aber es gibt manchmal noch viel originellere Verteidigungssysteme. Die Schwarze Seegurke *(Holothuria forskali)* kann z. B. klebrige Fäden ausstoßen, in denen sich ein möglicher Angreifer verfängt. Zahlreiche Nacktschnecken, die sich von Nesseltieren ernähren, übernehmen von diesen die unbeschädigten Nesselkapseln und speichern sie in ihren Rückenanhängen. Dadurch werden sie ebenso ungenießbar wie die Hohltiere selbst!

Dritte Taktik: Man wird unsichtbar. Dafür ist es manchmal ausreichend, wenn man sich in einem Loch oder einer Spalte versteckt. Andere verfolgen eine Strategie der Tarnung. Sie vermischen sich in Farbe und Form mit ihrer Umgebung. Es gibt auch kleine, mimetische, kommensale oder parasitäre Krebstiere sowie Nacktschnecken, die man kaum auf ihrem Wirt erkennt. Schauen Sie sich die Hornkorallen, Schwämme, Seegurken, Seesterne und Seeigel aus der Nähe an, dann werden Sie eine Vielzahl dieser Organismen entdecken. Und welcher Taucher hätte nicht schon einmal beinahe seine Hand auf einen ausgezeichnet getarnten Drachenkopf gelegt und ihn erst bemerkt, als dieser im letzten Moment Reißaus genommen hat?

Nacktschnecke (Godiva banyulensis)

Im Reich der Blinden sind die Sehenden Könige

Die meisten festsitzenden Tiere sind blind. Warum sollte man gut sehen können, wenn man nirgendwo hingeht? Wenn man hingegen ständig auf Achse ist, ist es vorteilhaft, Augen zu haben. Krebstiere haben *zusammengesetzte Augen* (sogenannte Komplexaugen), die aus mehreren hundert einfachen Augen bestehen, die die Umgebung in Form eines Mosaiks wiedergeben. Diese seltsamen Augen sitzen auf beweglichen Stielen. Von den Krebstieren der Felsböden möchte ich die Hummer, Langusten, Bärenkrebse, Einsiedlerkrebse, Springkrebse, Meerspinnen und Garnelen erwähnen... Die Liste ist lang! Aber das Nonplusultra bezüglich der Sicht sind Linsenaugen, wie sie Wirbeltiere und seltsamerweise Kopffüßer besitzen. Diese Augen ermöglichen eine klare und scharfe Sicht aller Dinge: Mit diesem Augentyp le-

Springkrebs (Galathea strigosa)

Die zwei neugierigen Augen einer Schnecke (Strombus decorus).

sen Sie gerade diesen Text! Dank dieser hochentwickelten Sicht sind diejenigen, die Linsenaugen besitzen, die wirklichen Könige.

Einige von ihnen suchen die Felsgründe nur gelegentlich auf, wie z.B. Makrelen, Adlerrochen und Kalmare. Andere Arten sind Stammgäste, halten aber gewöhnlich ein wenig Abstand: Sie schwimmen in der Nähe des Grundes. Zu diesen sehr zahlreichen Stammgästen gehören Tintenfische *(Sepia officinalis)*, Mönchsfische *(Chromis chromis)*, Sägebarsche *(Serranus cabrilla)*, Meerjunker *(Coris julis)*, Meerraben *(Sciaena umbra)* und eine Vielzahl anderer Fische, darunter Lippfische und Brassen. Wir wollen hier etwas ausführlicher über die Fische sprechen, die auf dem Grund leben. Typische Repräsentanten sind der Kleine Drachenkopf *(Scorpaena porcus)* und der Große Drachenkopf *(Scorpaena scrofa)*. Sie vermischen sich dank ihrer Regungslosigkeit und ihrer perfekten Tarnung mit ihrer Umgebung. Es leben dort ebenfalls Schleimfische, von denen einige ihr Zuhause in einem Loch eingerichtet haben. Der Meeraal *(Conger conger)* und die Muräne *(Muraena helena)* sind weitere typische Fische der Felsgründe, wo sie sich in Spalten und Höhlen verstecken. Aber die spektakulärste Begegnung, die Sie machen können, ist die mit einem Braunen Zackenbarsch *(Epinephelus guaza)*. Dieser friedfertige große Fisch wird leider immer seltener, weil er ein zu leichtes Opfer für Unterwasserjäger ist. Der schlankere Gestreifte Zackenbarsch *(Epinephelus alexandrinus)* lebt in den warmen Teilen des Mittelmeeres. Und schließlich werden Sie Ihre Aufmerksamkeit unvermeidlich auf den Gewöhnlichen Kraken *(Octopus vulgaris)* richten.

Fortpflanzung

Diese ganze kleine Welt lebt und stirbt. Die Natur hat die geschlechtliche und ungeschlechtliche Vermehrung erfunden, um die Sterblichkeit zu erleichtern. Letztere, auch vegetative Vermehrung genannt, vollzieht sich ganz einfach. Ein Körperteil löst sich vom Organismus ab und beginnt sein eigenes Leben. Das geschieht häufig bei der Vermehrung von Pflanzen.

Viele Meeresorganismen vermehren sich ungeschlechtlich. Bei Pflanzen, Schwämmen, Hohltieren, Moostieren und Manteltieren ist diese Art der Vermehrung weit verbreitet. Aber es herrscht nicht nur Keuschheit im Meer… Für die geschlechtliche Vermehrung haben die Organismen Geschlechtszellen, sogenannte *Gameten* entwickelt. Für eine Befruchtung müssen sich zwei Gameten begegnen. Meeresorganismen stoßen ihre Geschlechtsprodukte oft ins Wasser aus. Die Gameten treffen durch die Strömung zufällig aufeinander. So kann man bei Seeanemonen die Abgabe von Eiern und bei Seegurken das Ausstoßen von Samen beobachten. Es kommt häufig vor, daß die so freigesetzten Samen die Eizellen im Körper eines entfernten Weibchens befruchten. Man kann auch echten Paarungen beiwohnen. Männliche Lippfische bauen ein Nest, in das sie die Weibchen locken. Nach einem Brauttanz legen die Weibchen ihre Eier ins Nest, und die Männchen spritzen ihre Samen darauf. Die Männchen sind größer und bunter als die Weibchen: Man nennt dies Geschlechtsdimorphismus. Das gleiche gilt für Meerjunker und Spitzkopfschleimfische. Den seltsamsten Dimorphismus findet man bei der Bonellia *(Bonellia viridis)*. Die weiblichen Würmer haben einen taubeneigroßen Körper, aus dem ein langer, einziehbarer Kopflappen hervorkommt. Die Männchen sind hingegen nur wenige Millimeter groß. Sie leben festgeklammert auf der Haut des Weibchens und dienen ihrer einzigen Aufgabe: der Vermehrung. Sieht man von den Hoden ab, bleibt von diesen Zwerg-

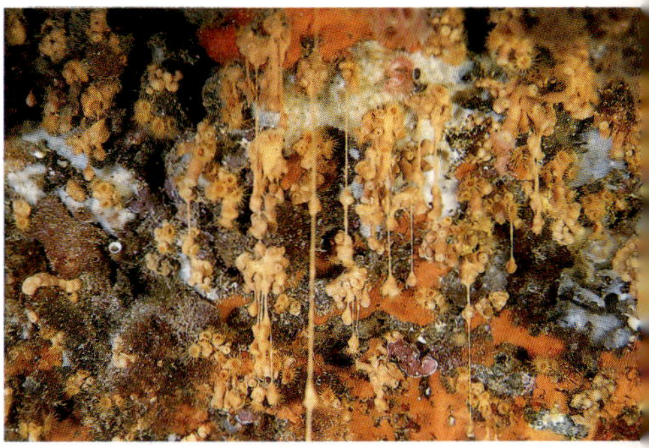

Ein schönes Beispiel einer ungeschlechtlichen Vermehrung. Krustenanemonen (Parazoanthus axinellae) lassen Gewebemassen herabhängen, die sich in die Länge ziehen und dann auseinanderreißen. Aus den Bruchstücken entwickeln sich neue Kolonien.

Ausschnitt eines Nacktschneckengeleges: Tausende kleiner weißer Eier werden in einem gallertartigen Band ausgelegt.

Zwei große Schnecken (Hypselodoris elegans) bei der Paarung. Sie befruchten sich gegenseitig. Es sind Zwitter, d. h. gleichzeitig Männchen und Weibchen.

männchen nicht viel übrig. Dann gibt es noch die seltsamen Zwitter.

Bei ihnen unterscheiden sich die Einzeltiere nicht. Jedes Tier besitzt beide Geschlechter. Der Fünfeckstern ist ein Zwitter, genau wie viele Schnecken auch. Nicht selten sieht man wie sich zwei Nacktschnecken paaren und gegenseitig befruchten. Manchmal sieht man mehrere Schnecken auf diese Weise ineinander verschlungen. Das sind echte Unterwasserorgien. Die befruchteten Eier verwandeln sich meistens in Larven. Die meisten dieser Larven kennen eine pelagische Phase: Sie treiben im freien Wasser und fallen dann wieder auf den Grund zurück. Das gewährleistet eine bessere Streuung der Art, die auf diese Weise neue Gründe besiedeln kann. Im Frühling und im Sommer ist das Meer eine einzige Brühe, in der Myriaden von Eiern und unzählige Larven das Plankton anreichern. Die meisten werden gefressen... Eine Studie über Hornkrallen ergab, daß von 60 000 Larven nur eine überlebt! Deshalb setzen so viele Meeresorganismen auf eine so ungeheuer große Anzahl von kleinen Eiern. Die Gelege der Schnecken sind ein Beispiel dafür: In den gallertartigen, spiralförmigen Bändern sehen Sie Tausende von Eiern. Es gibt jedoch auch die entgegengesetzte Strategie: Eine geringe Anzahl von Eiern, die aber gut geschützt werden. So beispielsweise die von einer hornartigen Hülle umgebenen Eier von Katzenhaien, die mittels Fäden an Hornkorallen gehängt werden. Wir wollen mit dem seltsamen Geschlechtsleben der Algen schließen. Viele von ihnen kennen einen Generationswechsel. Ein geschlechtliches Stadium *(Gametophyt)* erzeugt Gameten. Aus deren Vereinigung geht ein *Sporophyt* hervor, der ungeschlechtlich Sporen produziert, aus denen wiederum neue *Gametophyten* entstehen. Manchmal haben die *Thalli* der männlichen und weiblichen *Gametophyten* und die *Sporophyten* ein sehr unterschiedliches Aussehen, so daß man sie in der Vergangenheit für ganz verschiedene Algen hielt und mit anderen Namen bezeichnete.

Die Bewohner der Finsternis
Höhlen und Wracks

Wie wir zuvor gesehen haben, spielen im Meer drei physikalische Faktoren eine wichtige Rolle bei der Zusammensetzung benthischer Lebensgemeinschaften: die Lichtverhältnisse, die Hydrodynamik und die Sedimentation. Deshalb unterscheidet sich die Oberseite der Steine in eindrucksvoller Weise von ihrer Unterseite, und die Lebensgemeinschaften des ersten Meters unter der Oberfläche unterscheiden sich vollkommen von denjenigen der Tiefen. Die dem Sonnenlicht noch sehr stark ausgesetzten Felsen des infralitoralen Saumes sind mit einer dichten Vegetation bedeckt, die hauptsächlich aus Algen der Gattungen *Cystoseira* und *Dictyota* besteht. Die unter dunkleren Bedingungen lebende Flora des Circalitorals besteht vor allem aus Rotalgen, während sich die Fauna zu einem großen Teil aus Schwämmen, Moostieren und Hornkorallen zusammensetzt, die sich von Plankton ernähren. Auf einem noch tieferen Niveau verarmt die sessile Fauna sehr schnell, und die Flora verschwindet völlig. Ab 300 m Tiefe sind alle Lebensformen relativ spärlich vertreten.

Theseus im Labyrinth

Wer in eine Unterwasserhöhle eindringt, trifft auf ein immer dunkler und ruhiger werdendes Universum, so als würde er in die Tiefseegräben hinabsteigen. Das hat Veränderungen in den Lebensgemeinschaften zur Folge, dieses Mal jedoch auf erstaunlich kurzen Distanzen. Schon wenige Meter vom Höhleneingang entfernt herrscht bereits absolute Dunkelheit, und das Wasser ist vollkommen bewegungslos. Manchmal befinden sich diese Höhlen und Spalten nahe der Oberfläche, so daß man mit Maske und Schnorchel hineinschwimmen kann. Wenn die Höhle jedoch vollkommen im Meer versunken ist, muß der Taucher seinen Streifzug in die Finsternis sehr sorgfältig vorbereiten. Hier ist übrigens die Devise „Tauche niemals allein“ noch unerläßlicher. Man muß sich mit starken Lampen und einem zweiten Atemregler ausrüsten. Die Ausrüstung muß absolut funktionstüchtig sein. Wenn der Höhleneingang so weit entfernt ist, daß man ihn aus den Augen verlieren könnte, sollte man es Ariadne gleichtun, deren Wollfaden verhinderte, daß Theseus sich im Labyrinth verirrte.

Dieser Ariadnefaden (sie sollten statt Wolle allerdings lieber Nylon verwenden!) wird am Höhleneingang befe-

Selbst dicht an der Oberfläche bergen Unterwasserhöhlen Geheimnisse für denjenigen, der einen Blick in sie hineinwirft.

stigt und so weit ausgerollt, wie man in die Höhle hineintaucht.
Selbst wenn die Lampen ausfallen oder die Sicht plötzlich durch Schlamm (der jederzeit durch einen ungeschickten Flossenschlag aufgewühlt werden kann) verringert wird, findet man in aller Sicherheit zum Ausgang zurück. Es ist übrigens nicht unmöglich, sich in einer Höhle zu verirren, auch wenn die Sicht ganz ausgezeichnet ist... Es liegt auf der Hand, daß diese Ratschläge ebenso für die Erkundung von Schiff- oder Flugzeugwracks gelten. Zu Ihrer eigenen Sicherheit sollten Sie in jedem Fall eine Spezialausbildung für das Tauchen in Höhlen und Wracks absolvieren. Kurz gesagt, Höhlen und Wracks sind keine Plätze, an denen Anfänger tauchen sollten... Wenn man aber über genügend Erfahrung und gute Begleiter verfügt, macht man in diesen Biotopen die spannendsten und interessantesten Tauchgänge des ganzen Mittelmeeres. Unterwasserhöhlen findet man entlang aller Kalkküsten. In Frankreich sind die bekanntesten in der Region um Marseille, in Italien in der Nähe von Rapallo, bei Elba, Neapel, Policastro und Otranto; in Spanien auf den Balearen und den Islas Medas und in Kroatien bei Krk und in der Nähe von Rovinj. Aber auch an den griechischen, türkischen und nordafrikanischen Küsten gibt es zahlreiche interessante Tauchplätze, von denen einige immer noch auf die Ankunft des ersten Tauchers warten! Im Golf von Marseille sind neue und alte Wracks verstreut, manche sind zweitausend

Jahre alt. Das bekannteste Flugzeug auf dem Meeresgrund ist zweifellos das Wrack des Bombers B-17 Flying Fortress, der 1944 im Hafen von Calvi, Korsika, zerschellte.

Wechselnder Wandschmuck

Der wichtigste abiotische Faktor unter Wasser ist unbestreitbar das Licht. Vor der Höhle beobachten wir noch eine dichte Algendecke, aber schon hinter dem Eingang nimmt diese Vegetation empfindlich ab.

Höhlen und Wracks

Hier leben nur noch Rotalgen (Rhodopyceae), die mit wenig Licht zufrieden sind: Den rosavioletten bzw. rotbraunen Thalli von *Lithophyllum* und *Peyssonelia* gelingt es noch, die Felsen mit einer Kruste zu überziehen. Nach einigen Metern sind alle Algen verschwunden und das Felsgestein ist zu 100 % von tierischen Organismen bedeckt. Nicht weit vom Eingang entfernt stößt man auf Tiere, die das Halbdunkel lieben. Man sieht hier manchmal wahre Teppiche aus *Corynactis viridis,* kleine Seeanemonen von etwa 1 cm Durchmesser. Diese grünen, gelblichen oder rosavioletten Tiere haben kurze Tentakel, die in einer charakteristischen Kugel enden. Da sie das Sediment nicht ertragen, findet man sie an senkrechten Wänden und Überhängen angeheftet. Die Gelbe Krustenanemone *(Parazoanthus axinellae)* lebt unter den gleichen Bedingungen. Ihr schlitzförmiger Mund befindet sich in der Mitte einer orangenen Scheibe, von der gelbe, spindelförmige Tentakel ausgehen. Tausende von Einzeltieren können eine Kolonie von mehreren Quadratmetern bilden. Wir befinden uns erst im Halbdunkel und können noch die ganze Fauna ohne Hilfe von Lampen erkennen, obwohl es hier nur noch 0,5 % Tageslicht gibt. Ein Beweis für das unglaubliche Anpassungsvermögen des menschlichen Auges! Die ebenfalls schattenliebende Braune Krustenanemone *(Epizoanthus paxi)* fürchtet weder das Sediment noch eine gewisse Turbulenz: Man findet sie oft auf den Böden oberflächennaher Höhlen. Als wir weiter in die Höhle vordringen, entdecken wir große Moostierkolonien: Neptunschleier *(Sertella septentrionalis),* Trugkorallen *(Myriapora truncata)* und das Geweih-Moostierchen *(Porella cervicornis).* All diese Tiere profitieren von den großen freien Felsflächen, denn nur wenige Organismen können in diesem Halbdunkel überleben. Mit etwas Glück kann man dicht am Höhleneingang auf die seltene Steinkoralle *Phyllangia mouchezii* treffen. Ihr massives Kalkskelett kann beträchtliche Knötchen bilden, aus denen die durchscheinenden, grünlichen Tentakel der Polypen herauskommen, die ca. 2 cm groß werden.

Eine gelbe Oscarella lobularis-Kolonie an einem Höhleneingang. Normalerweise sind die weichen Schwämme aufgrund ihrer Cyanobakterien blau gefärbt; diese können sich jedoch in der Dunkelheit nicht am Leben halten. Die weiße Kruste ist kein Schwamm, sondern gehört der kolonialen Seescheide Didemnum maculosum.

Ein Macho und sein Harem

Wir sehen hier ebenfalls ganze Schwärme Roter Fahnenbarsche *(Anthias anthias).* Dieser Fisch ist leicht an seiner lachsrosa Färbung, seinen fahnenförmigen Brustflossen und der gegabelten Schwanzflosse zu erkennen.

Der Rote Fahnenbarsch oder Rötling ist ein naher Verwandter einiger tropischer Arten und ein Zeuge für die Existenz des alten Tethys-Meeres. Auch wenn in den manchmal sehr großen Schwärmen ein scheinbares Durcheinander herrscht, so ist das Zusammenleben dieser Tiere doch sehr strengen Gesetzen unterworfen. Jedes Männchen (man erkennt es an seinen gelbblauen Brustflossen) besetzt ein Revier, das er mit einem Harem und einigen Jungfischen teilt. Wenn es stirbt, nimmt das älteste und größte Weibchen seinen Platz ein. Es ändert sein Geschlecht und wird im Zeitraum von wenigen Tagen zu einem Männchen: der neue Gruppenführer! Der Brauttanz ist von geringer Dauer und findet kurz vor Sonnenuntergang im freien Wasser statt. Die befruchteten Eier werden mit der Strömung fortgespült; sie werden sich im Plankton entwickeln und nach einer Woche zu schwimmenden Larven werden. In diesem Halbdunkel lebt auch eine beträchtliche Anzahl von Schwämmen wie der gummiartige, gelbe *Reniera fulva* und *Oscarella lobularis.* Letzterer ist gelb mit bläulichen oder violetten Verzierungen. Der Schwamm ist so weich, daß er leicht die Form verändern kann. Manchmal sieht man, daß sein Körper lange, herabhängende „Tropfen" bildet, die sich so weit ausdehnen, bis sie dünn wie ein Faden sind und reißen. Das Bruchstück fällt zu Boden, heftet sich dort fest, wächst und wird zu einem neuen Schwamm. Das ist ein Beispiel für die ungeschlechtliche Vermehrung.

Ein hingebungsvoller Vater

Der Meerbarbenkönig *(Apogon imberbis)* ist ein Fisch, der sich gerne sein Zuhause an Höhleneingängen sucht. Aufgrund seiner Größe und Farbe erinnert er an den Goldfisch unserer Süßwasseraquarien, wären da nicht die beiden horizontalen Linien, die die Augen hinter einem hellen Blau verbergen. Es handelt sich um einen gefräßigen kleinen Fisch, der sich von Jungfischen und Garnelen ernährt. Im Frühjahr finden sich Männchen und Weibchen zu Paaren zusammen. Sie ähneln sich wie Zwillinge, nur daß der Bauch des Weibchens durch eine Vielzahl von Eiern gewölbt ist. Nach einem langsamen Brauttanz (beide schwimmen Bauch an Bauch) sind die Eier im Körper des Weibchens befruchtet. Aber die Liebesgeschichte hört hier noch nicht auf... Die Liebenden sehen sich nach einigen Tagen wieder und beginnen erneut ihren Tanz. Zu einem bestimmten Zeitpunkt stößt das Weibchen die gesamte Eiermasse durch ihre Genitalöffnung aus. Mehr als 20 000 befruchtete Eier sind zu einer gallertartigen Kugel mit einem Durchmesser von ungefähr 1,5 cm zusammengeballt. Das Männchen stürzt sich darauf und nimmt diese Masse ins Maul, spuckt sie wieder aus und wiederholt dieses Spiel so lange, bis die Kugel die Form seiner Mundhöhle angenommen hat. Dies geschieht mit großer Geschwindigkeit, weil zahlreiche Räuber dem „Kaviar" des Meerbarbenkönigs begierig auflauern. Dann beginnt die Brutzeit. Eine Woche lang hütet das Männchen seine Nachkommenschaft in seinem Maul. Es kann während dieser Zeit nichts fressen und muß außerdem noch eine gute Sauerstoffversorgung der Eier sicherstellen. Zu diesem Zweck läßt es mit Hilfe von ruckartigen Bewegungen seiner Kiemendeckel Wasser zirkulieren. Nach einer Woche verlassen die kleinen Larven das schützende Maul ihres Vaters. Unsere Bewunderung für dieses emanzipierte Männchen ist noch gestiegen, seit wir wissen, daß es sich manchmal nach dem Ausschlüpfen der zahlreichen Larven in ein neues Liebesabenteuer stürzt... und das bis zu viermal nacheinander!

Korallen

Je weiter wir in die Höhle eindringen, desto seltsamer wird die Fauna an den Wänden. Die Anzahl der Steinkorallen nimmt zu. Die gelben Polypen der solitären Koralle *Leptosammia pruvoti* sind leicht zu erkennen. Die Polypen der ebenfalls solitär lebenden *Coenocyathus dohrni* sind bräunlich und weniger gut zu sehen.

Sie bilden aber besonders an den Decken dichte Populationen, obwohl man sie auch an den Wänden finden

Ein kleiner Apogon imberbis-Schwarm steht reglos vor einem Höhleneingang.

Eine sehr seltene weiße Corallium rubrum-Kolonie, echte Albinos zwischen den normalen roten Ästen.

kann. Hier findet man auch die Krustenbildende Lederkoralle *Alcyonium coralloides*. Die Farben dieser Weichkoralle variieren von rosa bis weinrot, die kleinen Polypen sind oft gelb gefärbt. Außerhalb der Höhlen überwuchert dieselbe Art manchmal Hornkorallen. Zwischen diesen rötlichen Krusten erkennt man kleine, braungraue Steinkorallenkolonien, deren Polypen einen Durchmesser von nur wenigen Millimetern haben. Es handelt sich um *Hoplangia durotrix,* eine nur in Höhlen lebende Koralle. Die Koralle der Schmuckgeschäfte, die Edelkoralle *(Corallium rubrum),* ist eine häufige Art an Höhlenwänden und -decken; dies ist ein deutlicher Hinweis auf ihre Abneigung gegen das Sediment. Normalerweise lebt sie in tiefem Wasser. Ich habe sie jedoch in den Höhlen in der Region um Marseille in 3 m Wassertiefe gesehen. Bei ausreichend reduziertem Licht wächst *Corallium* in jeder Tiefe... Da die Wellenbewegungen so dicht an der Oberfläche manchmal sehr heftig sind, kommt es vor, daß die Edelkoralle eine Krustenform annimmt, um den Wasserbewegungen besser widerstehen zu können (dies ist allerdings selten). Weiter hinten im Höhleninnern nimmt sie wieder ihre typische bäumchenförmige Gestalt an. In einer Höhle nahe den Buchten von Cassis (ich habe versprochen, den genauen Standort niemals zu verraten) machten mich Freunde – Biologen der Meeresstation Endoume, Marseille – auf ein außergewöhnliches Phänomen aufmerksam: Zwischen den blutroten Korallenästen gab es einige schneeweiße Artgenossen. Man weiß bis heute nichts über den Sinn dieser Form von Albinismus. Es ist unwahrscheinlich, daß Sie diese weißen Mutanten auf Ihren Unterwasserausflügen antreffen. Wenn dieser Fall jedoch wie durch ein Wunder eintreffen sollte, habe ich eine große Bitte: Nicht berühren! Lebend sind diese Korallen unbeschreiblich viel schöner als bei Ihnen zu Hause auf dem Schrank.

Panzer und Rüstungen

Höhlen sind auch die Domäne einer Vielzahl von Krebstieren. Die meisten von ihnen leben jedoch nicht ausschließlich in Höhlen. So findet man hier die Wollkrabbe *(Dromia vulgaris),* die sich mit Hilfe diverser Gegenstände sehr gut zu tarnen weiß, oder Springkrebse *(Galathea spp.)* mit blaurotem, seitlich gezähntem Rostrum. Die Europäische Languste *(Palinurus elephas)* ist vor allem durch zahlreiche junge Exemplare vertreten. Man findet auch verwandte Arten wie den Kleinen und den Großen Bärenkrebs *(Scyllarus arctus* und *Scyllarus latus),* die sich tagsüber in die dunklen Bereiche der Höhle zurückziehen und ihr Versteck erst bei Anbruch der Nacht verlassen. Statt langer Antennen, die die Langusten charakterisieren, tragen diese Tiere abgeflachte Auswüchse, die ein wenig an Scheuklappen erinnern. Ein anderes eßbares Krebstier, der Europäische Hummer *(Homarus gammarus),* ist hier jedoch seltener anzutreffen. Die Sägegarnele *(Palaemon serratus)* findet man häufig auf Höhlenwänden. Putzergarnelen *(Lysmata seticaudata)* und Scherengarnelen *(Stenopus spinosus)* sieht man hingegen wesentlich seltener. In einer Höhle an der nordafrikanischen Küste habe ich Zehntausende Gestreifter Höhlengarnelen *(Parapandalus narval)* an den Wänden gesehen. Die Geschäftigkeit dieser rotweiß gestreiften Tiere mit ihren langen weißen Antennen war ein unglaublicher Anblick im Schein meiner Lampe. Plötzlich entfernten sie sich respektvoll, um einen etwa 75 cm langen Fisch vorbeizulassen, der den Grund mit Hilfe seiner zu weißen Tastfäden umgewandelten Bauchflossen absuchte. Es war ein Gabeldorsch *(Phycis blennioides),* der gewöhnlich in Tiefen zwischen 100 und 350 m lebt und sich von... Garnelen ernährt! An diesen mangelte es in der kaum 15 m tiefgelegenen Höhle nicht. So konnte ich in mein Taucher-Logbuch die gleichzeitige Beobachtung von zwei seltenen Tieren eintragen.

Die Leopardengrundel *(Thorogobius ephippiatus)* besitzt ebenfalls den Ruf, sehr selten zu sein. In Unterwasserhöhlen trifft man jedoch dieses ungefähr 10 cm große, mit runden dunkelbraunen Flecken auf weißem Körper charakteristisch gefärbte Tier regelmäßig an.

In der Dunkelheit einer Höhle, knapp unter der Wasseroberfläche, taucht ein Gabeldorsch (Phycis blennioides) auf, der normalerweise in größerer Tiefe lebt. Die Lebensbedingungen sind hier die gleichen: Dunkelheit, ruhiges Wasser, gleichmäßige Temperatur. Das Tier ist von Garnelen (Parapandalus narval) umgeben, die seine Nahrung bilden. Die gabelförmigen Strahlen seiner Bauchflossen dienen ihm als Tastorgane.

Tiefseeverhältnisse

Dank der außergewöhnlichen Bedingungen in Höhlen können wir in geringer Tiefe Organismen betrachten, die wir normalerweise nur in wesentlich größeren Tiefen finden dürften. Wenn wir in den Teil der Höhle vordringen, der in vollkommene Dunkelheit gehüllt ist und wo das Wasser immer bewegungslos ist, sehen wir, daß die Fauna beträchtlich verarmt. Dieser Ort ist die Domäne einiger Schwämme, Moostiere und Röhrenwürmer. Der Steinschwamm *(Petrosia ficiformis)* bildet hier wesentlich feiner verzweigte Formen als außerhalb der Höhle. Außerdem ist er vollkommen weiß. Dank seiner Form hat das Tier bessere Aussichten, das spärliche Plankton einzufangen. Da das Wasser sehr ruhig ist, laufen seine dünnen Verzweigungen nicht Gefahr zu zerbrechen. *Reniera viscosa* bildet feine weiche Fäden, die ebenfalls aufgrund des Mangels an Hydrodynamik überleben können. Der Schwamm *Aplysina cavernicola* lebt ausschließlich in Höhlen. Er ist ein pigmentloser naher Verwandter von *A. aerophoba,* den wir auf steinigen Böden gesehen haben und dessen gelbe Färbung bei Luftkontakt ins Schwarze übergeht. *Diplastrella bistellata* ist ein weiterer ausschließlicher Höhlenbewohner: Dieser Schwamm kommt in weißen Krusten vor, die von einem beachtlichen Geflecht wasserführender Kanäle durchzogen werden. Französische Forscher haben in Höhlen in der Region um Marseille einen kleinen, steinharten Schwamm entdeckt, den sie *Petrobiona massiliana* nennen.

Eine große Steinschwammkolonie (Petrosia ficiformis) zwischen blaßgelben Reniera fulva-Krusten an einer vollkommen dunklen Höhlendecke. Außerhalb von Höhlen ist Petrosia kompakter geformt und hat aufgrund von Cyanobakterien eine braunviolette Färbung.

Es ist eine weiße Art, die ein echtes lebendes Fossil darstellt: Diese Schwämme hatte man bisher nur in 150 Millionen Jahre alten Erdschichten gefunden! Später wurde dieselbe Art in Tiefseegräben entdeckt. Dieses Biotop hat noch andere Gemeinsamkeiten mit Tiefseegräben. In den Höhlen des Mittelmeeres lebt ein bläulicher Fisch von ungefähr 10 cm Länge mit dem Namen *Oligopus ater.* Er hat einen schlanken Körper, und seine Rücken-, Schwanz- und Afterflosse sind zu einem zusammenhängenden Flossensaum verschmolzen. Dieses Tier gehört zur Familie der Brotulidae („Fische mit Rattenschwänzen"), die in großen ozeanischen Tiefen leben. Es ist übrigens bemerkenswert, daß dieser Fisch das Licht so sehr fürchtet, daß er sogar in Höhlen nur nachts zum Vorschein kommt; tagsüber versteckt er sich in Spalten! Der Höhlenboden ist oft mit einer sehr feinen Sedimentschicht bedeckt, die sich in diesem stehenden Wasser ablagern konnte. Wir müssen aufpassen, daß wir uns nur sehr langsam und vorsichtig bewegen, damit wir keine Schlammwolken aufwirbeln. Aus dieser Sedimentschicht kommen manchmal die violetten Tentakel der rätselhaften Zylinderrose *Arachnanthus oligopodus* zum Vorschein. Die Fauna verarmt in Richtung Höhlengrund in dramatischer Weise. Auf den ersten zehn oder zwanzig Metern waren die Höhlenwände noch vollkommen von tierischem Leben bedeckt. Jetzt werden Lebensformen immer seltener. Die Dunkelheit und die Ruhe währen hier ewiglich; die Temperatur verändert sich nur geringfügig im Laufe des Jahres. Diese Verhältnisse sind mit denen der Tiefsee absolut vergleichbar. Es gibt hier nicht einmal einen Konkurrenzkampf um das zur Verfügung stehende Substrat, der normalerweise den Unterwasser-Dschungel kennzeichnet. Die Anschwemmung von Nährstoffen ist hier nur sehr gering, und es gibt nur wenige Organismen, die unter diesen Bedingungen überleben können. Das Felsgestein ist von einer schwarzen Eisenoxyd- oder Manganschicht bedeckt, von der sich einige kleine Röhrenwürmer oder Moostierchen abheben, die hier nur mit Mühe überleben können.

Eine Wolke aus Schwebegarnelen

Dennoch kann es vorkommen, daß in dieser düsteren Umgebung eine blendende Wolke im Lichtstrahl der Lampe auftaucht. Es handelt sich um einen Schwarm von Tausenden von Schwebegarnelen *(Hemimysis speluncola)*. Diese kleinen Krebstiere flüchten sich tagsüber auf den Höhlengrund und wandern bei Einbruch der Nacht zum Eingang, um dort nach Nahrung zu suchen. Sie selbst werden von Drachenköpfen oder gefräßigen Zylinderrosen gefressen. Die tägliche Wanderung der Schwebegarnelen erinnert stark an die Wanderung zahlreicher Tiefseeorganismen, die nachts zur Wasseroberfläche aufsteigen und bei Tagesanbruch wieder in den Tiefen verschwinden.

Der Schwarze Faufre (Oligopus ater) ist ein etwa 10 cm langer Fisch, der normalerweise in Tiefen zwischen 500 und 700 m lebt. Man kann ihn aber auch in dunklen Höhlen ab 10 m Tiefe antreffen.

(Foto: Emnico und Rosario Gargiulo)

Zurück ins Leben

Bei Höhlentauchgängen ist es noch wichtiger als bei anderen Tauchgängen, daß sie nach einer strengen Planung verlaufen. Wir kehren um, wenn wir ein Drittel unseres gesamten Luftvorrates aufgebraucht haben. So haben wir für den Rückweg noch ausreichend Luft in den Flaschen. Nach einiger Zeit kündigt uns ein schwacher blauer Schimmer das Herannahen des Ausgangs an. Wir machen unsere Lampen aus und schwimmen in Richtung Tag. Man sieht durch den schwarzen Rahmen aus unregelmäßig geformten Felsen ein Licht strahlen, das so blau ist wie ein Saphir. Das ist der Ausgang! Noch nie haben wir ein solches Azurblau gesehen! Jetzt liegt die Welt der Finsternis hinter uns. Mit wiedergewonnener Kraft schwimmen wir Richtung Ausgang. Wir fühlen uns befreit, wie neugeboren. Über uns schillert die Oberfläche im goldenen Sonnenlicht. Wir steigen in die Wärme auf. Als wir auftauchen, bekommt das Sonnenlicht eine noch tiefere Bedeutung. Dieses Mal kehren wir aus einer sehr weit entfernten Welt zurück: Wir haben die dunkelsten Schlupfwinkel des Meeres erforscht.

Dahintreibende und Schwimmer

Bewohner des offenen Meeres

Wer die Küsten verläßt, hat so mancherlei Begegnungen... der dritten Art! Vor dem Bug des Kreuzfahrtschiffes kann man vielleicht das laute Atmen der großen Meeressäugetiere hören. Und wenn man die Gelegenheit (und den Mut!) zu einem Tauchgang auf offener See hat, wird man sogleich von einer Welt wie im Film verschlungen. Das hier ist „Le Grand Bleu – Im Rausch der Tiefe"! Sie fühlen die Anziehungskraft dieser indigoblauen Tiefe unter ihren Flossen. Das Wasser ist so wunderbar kristallklar. Vergessen Sie aber nicht, ein Auge auf Ihren Tiefenmesser zu werfen. Und wenn sich Ihr Blick an diese grenzenlose Weite gewöhnt hat und Ihr Herz seinen normalen Rhythmus wiedergefunden hat, werden Sie bemerken, daß Sie nicht allein in diesem flüssigen Universum treiben. Um Sie herum tauchen seltsame, durchsichtige Wesen auf, die direkt aus einem Science Fiction-Film zu kommen scheinen. Das ist nicht das tote Wasser aus dem Film „Im Rausch der Tiefe", sondern das mit bizarren Wesen besiedelte Wasser aus dem Film „Abyss"; auch die riesigen Raumschiffe aus dem Film „Krieg der Sterne" scheinen von einem wahnsinnig gewordenen Glasbläser verändert worden und zurückgekehrt zu sein!

Das Plankton

Die Klarheit des Wassers im offenen Meer gibt über zwei Dinge Aufschluß: Es sind nur geringe Land-Anteile vorhanden (was logisch ist), und infolgedessen gibt es weniger Plankton. Das ist ebenso logisch, bedarf aber trotzdem einer kurzen Erklärung. Pflanzliches Plankton oder *Phytoplankton* braucht für seine Entwicklung Mineralsalze. Nun besteht aber abgesehen vom allgegenwärtigen (ungefähr 4 Gramm pro Liter Meerwasser) Natriumchlorid (NaCl) ein Mangel an anderen lebensnotwendigen Salzen, wie den Phosphaten. Während Phytoplankton schon spärlich vorhanden ist, ist das tierische Plankton oder *Zooplankton* noch dünner gesät. Der Ertrag der Nahrungsketten beträgt im großen und ganzen ungefähr 10 % auf jeder Stufe. Folglich ernährt 1 Kilo Phytoplankton nur 100 Gramm Zooplankton. Die Mehrzahl dieser Lebewesen ist so klein, daß Sie sie nicht sehen können. Nur die wirklich makroskopischen

Im Gegensatz zur üblichen Meinung sind Wale wie dieser Finnwal (Balaenoptera physalus) im Mittelmeer nicht selten.

Formen ziehen den Blick auf sich. Und dennoch... da die meisten durchsichtig oder durchscheinend sind, muß man wirklich zweimal hinsehen, um sie zu bemerken! Kleine Krebstiere, darunter viele Ruderfüßer *(Copepoda),* hüpfen unter der Oberfläche hin und her.

Die an kleine Fische erinnernden Pfeilwürmer gehören einem gesonderten, rätselhaften Tierstamm an. Sie jagen eifrig die kleinen Krebstiere. Und dann gibt es noch Medusen... pulsierende, blasenförmige Gebilde durchqueren die vollkommene Stille. Tentakel hängen von Schwimmern herab, die in den Regenbogenfarben schillern. Es gibt *Hydromedusen, Schirmquallen* und *Staatsquallen.* Die kleinsten sind kaum 1 Millimeter groß, während die Tentakel der Staatsquallen länger als 20 m werden können! Die *Rippenquallen* ähneln den Medusen. Im Gegensatz zu diesen ist ihre Symmetrie jedoch nicht strahlenförmig (radiär), sondern zweiseitig (bilateral); außerdem sind sie durch acht Wimperplattenreihen gekennzeichnet. Wenn sie sich bewegen, vollzieht sich ein Phänomen der Lichtbrechung. Man könnte glauben, daß sich Reihen von kleinen roten, grünen und blauen Lichtern auf dem Tier bewegen!

Sagten Sie: Groß?

Das Plankton ist auch für andere Tiere eine Nahrungsquelle. Pfeilwürmer werden von kleinen Fischen wie Sardinen oder Sardellen gefressen. Diese enden ihrerseits oft in den Mägen großer Raubfische wie Barrakudas, Makrelen, Thunfische und Haie; und davon gibt es einige im Mittelmeer! Es sind alle Haiarten vertreten, angefangen beim Blauhai, über den Hammerhai bis hin zum Weißen Hai. Sie halten sich jedoch gewöhnlich weit entfernt von der Küste auf, so daß kein Grund zur Unruhe besteht. Angriffe von Haien sind im Mittelmeer äußerst selten. Wir finden auch zahlreiche Delphine unter den Fischjägern. Die häufigsten Arten sind der Blauweiße Delphin *(Stenella coeruleoalba)*, der Gewöhnliche Delphin *(Delphinus delphis)* und der Tümmler *(Tursiops truncatus)*. Medusen gehören zur Nahrung der sonderbaren Mondfische *(Mola mola)* und der Meeresschildkröten. Letztere gehören leider zu den bedrohten Arten. Nicht nur der Tourismus bedroht die letzten ruhigen Strände, an denen sie ihre Eier ablegen, sondern auch die Umweltverschmutzung.

Zahlreiche Schildkröten ersticken jedes Jahr, weil sie durchsichtige Plastikbeutel für Medusen halten... Die drei geläufigsten (wenn man das überhaupt so sagen kann!) Arten im Mittelmeer sind die Unechte Karette *(Caretta caretta)*, die Lederschildkröte *(Dermochelys coriacea)* und die Suppenschildkröte *(Chelonia mydas)*. Zu den Bewohnern des offenen Meeres zählen noch zwei Riesen (ein Fisch und ein

Offenes Meer, das unbekannteste Tauchgebiet.

Säugetier), die das Zooplankton filtrieren. Es handelt sich um den friedfertigen und harmlosen Riesenhai *(Cetorhinus maximus)*, der maximal 15 Meter lang und 8 Tonnen schwer werden kann! Der andere gutmütige Kerl ist der Finnwal *(Balaenoptera physalus)*, der 23 Meter lang und 80 Tonnen schwer werden kann. Er gehört zu den Bartenwalen. Diese Art ist im Mittelmeer sehr häufig: Man jagte sie in der Nähe von Gibraltar, und jeden Sommer sieht man Herden zwischen der Côte d'Azur und Korsika. Lassen Sie uns nun von diesen Kolossen Abschied nehmen; vielleicht haben Sie das Glück, ihnen eines Tages zu begegnen. Jetzt ist es an der Zeit, die verschiedenen Pflanzen- und Tierarten des Mittelmeeres näher zu betrachten.

Die Pflanzen

Ohne Pflanzen gäbe es kein Leben auf der Erde! Die meisten von ihnen sind *autotroph.* Das bedeutet, daß sie selbst organische Materie produzieren können. Die überwiegende Mehrheit der Pflanzen nutzt dafür die Sonnenenergie, in einem Prozeß, den man *Photosynthese* nennt. Das erklärt, warum man Pflanzen sowohl im Meer als auch an Land immer nur dort vorfindet, wo es ausreichend Licht gibt. Im Mittelmeer, wo das Wasser relativ klar ist, endet dies in ungefähr 200 m Tiefe. Die autotrophen Pflanzen fangen die Sonnenenergie mit Hilfe spezialisierter Pigmente ein, von denen *Chlorophyll* das bekannteste ist. Manche Bakterien sind jedoch in der Lage, die Produktion organischer Materie mit Hilfe von Energie durchzuführen, die sie aus der Umwandlung anorganischer Substanzen gewinnen: Man nennt dies Chemosynthese. Dieser Vorgang ist der Anfang der erstaunlichen Unterwasser-Oasen, die man kürzlich in Spalten („rifts“) in großen ozeanischen Tiefen entdeckt hat. Und schließlich gibt es noch *heterotrophe* Pflanzen, von den die meisten *Saprophyten* sind, die die Überreste toter Organismen zerlegen.

Das Pflanzenreich in wenigen Worten

Im Rahmen dieses Buches ist es unmöglich, die botanische Systematik detailliert darzustellen. Es gibt primitive Pflanzen, sogenannte *Prokaryonten,* deren Zellen keinen echten Kern mit Chromosomen haben (im Gegensatz zu *Eukaryonten),* sondern nur ein „Knäuel“ mit der Erbmaterie DNA. Hierzu zählen *Bakterien* und *Cyanobakterien* („Blaualgen“). Sie sind mit dem bloßen Auge nicht sichtbar, und wir werden sie in diesem Buch nicht besprechen. Von den „niederen“ (wegen ihrer relativ einfachen anatomischen Beschaffenheit durch ihr gefäßloses Gewebe) Pflanzen oder *Thallophyten* möchte ich einerseits die heterotrophen Pilze erwähnen (die in diesem Buch ebenfalls nicht besprochen werden) und andererseits die autotrophen Algen. Einen besonderen Platz nehmen die Flechten *(Lichenes)* ein: Sie stellen Symbiosen zwischen einem Pilz und einer Alge dar. Zu den „höheren“ (weil anatomisch in Blatt, Sproßachse und Wurzel differenziert) Pflanzen gehören Moose, Farne und Blütenpflanzen *(Spermatophyta).* Wir werden nur die letzte Gruppe besprechen.

Algen (Phycophyta)

Ich unterscheide hier, ein wenig künstlich, einzellige und mehrzellige Algen. Einzellige Algen sind so klein, daß man sie mit dem bloßen Auge nicht erkennen kann. Sie sind jedoch sehr zahlreich vorhanden und haben eine so große trophische Bedeutung (im Hinblick auf den Nährstoffhaushalt), daß man sie nicht schweigend übergehen kann. Wir wollen hier die wichtigsten Klassen nennen: Panzeralgen *(Dinophyceae, Dinoflagellata),* Goldalgen oder *Chrysophyceae* (mit den berühmten *Coccolithineen)* und Kieselalgen *(Diatomeen).* All diese einzelligen Algen kennen sowohl planktonische als auch benthische Formen.

Vegetative, mehrzellige Algensprosse werden Thallus genannt und besitzen im Gegensatz zu Blütenpflanzen weder Blatt noch Stiel noch Wurzel. Dieser Thallus hat oft eine artspezifische Form und ist ein der Photosynthese dienender Assimilationsapparat. Daher enthält er photosynthetische Pigmente: Chlorophyll, Karotinoide und (manchmal) Phycobilline. Entsprechend ihrer Pigmentzusammensetzung werden die Algen in Chlorophyceae (Grünalgen), Phaeophyceae (Braunalgen) und Rhodophyceae (Rotalgen) unterteilt. Aber Vorsicht: Die wirkliche Farbe einer Alge stimmt nicht immer mit der Bezeichnung ihrer Klasse überein. Die Vermehrung kann ungeschlechtlich (durch Zellteilung, Thallusbruchstücke oder Sporen) oder geschlechtlich erfolgen. Die geschlechtliche Vermehrung ist oft sehr kompliziert; sie erfolgt manchmal mit einem Wechsel aus diploiden Phasen, d. h. mit doppelter Chromosomenzahl *(Sporophyten)* und haploiden Phasen, d. h. mit einfacher Chromosomenzahl *(Gametophyten).*

Eine mit einem Raster-Elektronenmikroskop fotografierte Kieselalge (Rhaphoneis sp.?) zeigt ihre Microskulpturen.

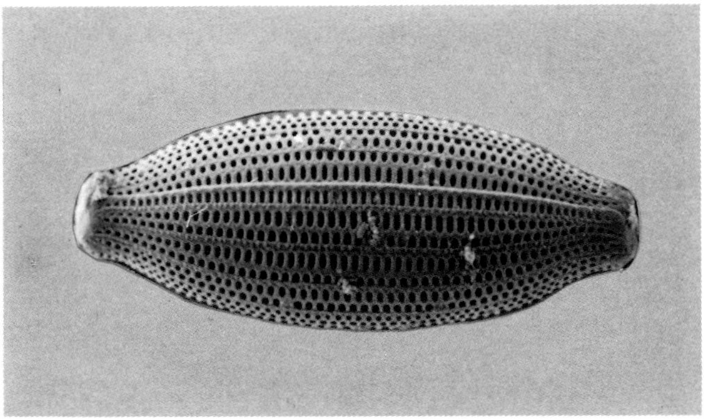

(Bild Alain Couté & Steven Weinberg, MNHN.)

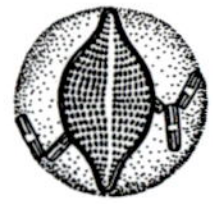

Einzellige Algen

Costa Brava, Ostern 1971: Ein warmer Frühlingstag. Plötzlich verfärbt sich das küstennahe Wasser innerhalb einiger Stunden rot: Dies ist die explosionsartige Entwicklung einzelliger Algen – der Dinoflagellaten.

Dinoflagellata

Dinoflagellata (D, I, NL), Dinoflagellates (GB), Dinoflagellées, péridiniens (F), Dinoflageladas (E)

Die Größe dieser einzelligen Algen variiert zwischen 5 µm und 2 mm. Die meisten Arten leben planktonisch, aber auch symbiontische Formen benthischer Organismen sind nicht selten. Unter den niederen Algen sind sicherlich die Dinoflagellata (Hauptgattungen: Peridinium, Ceratium) eine der bestrepräsentiertesten Gruppen. Neben vielfältigen planktonisch lebenden Formen, von denen sich manche während sogenannter „Algenblüten" rasch vermehren, das Wasser verfärben und mit ihren Stoffwechselprodukten ein starkes Fischsterben (Gattungen Gymnodinium und Goniaulax) verursachen, existieren auch die berühmten Zooxanthellen (Symbiodinium microadriaticum), die im Gewebe zahlreicher Hohltiere wie z. B. Seeanemonen, Octocorallia und einer Vielzahl von Steinkorallen leben. Und schließlich möchte ich noch Noctiluca miliaris erwähnen, eine phosphoreszierende Art, die das Wasser „funkeln" läßt und Taucher oder nächtliche Schwimmer verzaubert.

Diatomeae

Diatomeen, Kieselalgen (D), Diatoms (GB), Diatomées (F), Diatomea (I), Diatomeas (E), Diatomeeën, kiezelwieren (NL)

Einzellige Algen, deren Größe zwischen 2 µm und 2 mm variiert und in Ausnahmefällen 4 mm erreicht. Es gibt

etwa 500 Arten im Mittelmeer, von denen eine große Zahl planktonisch lebt; die Mehrzahl lebt jedoch benthisch. Sie leben von der Oberfläche bis in 200 m Tiefe (Licht!). Die meisten Kieselalgen sind autotroph und bilden den Ausgangspunkt für zahlreiche Nahrungsketten.
Die Photosyntheseprodukte sind Öle und nicht Zuckerverbindungen wie bei den meisten Pflanzen – daher ihre trophische Bedeutung. Wenn sie sterben, trägt ihr kieselhaltiges Skelett zur Sedimentbildung bei. Weil sie so klein sind, kann man sie mit dem bloßen Auge nicht erkennen. Deshalb untersucht man sie mit dem Mikroskop oder besser noch mit einem Raster-Elektronenmikroskop (REM), das die Skelettdetails erkennen läßt.

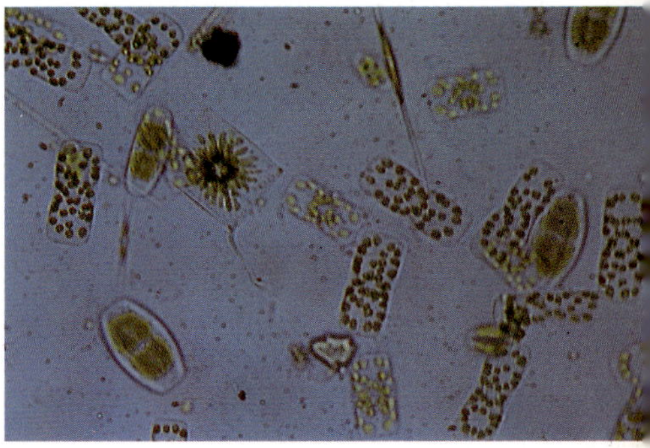

Vielfältige Kieselalgenformen wurden dank des Mikoroskops enthüllt. Die „Fässer" gehören wahrscheinlich zur Gattung Amphora.

Grünalgen (Chlorophyceae)

Enteromorpha compressa

Darmtang (D), Grass-kelp (GB), Entéromorphe (F), Enteromorfa (I), Enteromorpha (E), Groen darmwier (NL)

Grünalge. Röhrenartiger Bau, 5 bis 20 cm hoch und 0,5 bis 1 cm breit. Diese Art lebt auf felsigen Böden, von der Oberfläche bis in einige Meter Tiefe. Häufig in ruhigen Buchten und Häfen. Jahreszeitabhängige Alge, die man vor allem im Frühling sieht. Hauptwachstum: Frühling–Sommer.

Auf diesem wellenumspülten Felsgestein erkennt man außer den hellgrünen, weichen Thalli des Darmtangs die olivgrünen, gekräuselten Thalli der Braunalge Rissoella verruculosa, die schwarze Kruste von Ralfsia verrucosa (Braunalge) und einige Napfschnecken.

Meersalatthalli, auf denen kleine (1 bis 2 cm) rotbraune, ringförmige Thalli der Rotalge Ceramium ciliatum (rubrum) epiphytisch wachsen, die in „Stierhörnern“ enden. Die Seeanemone ist wahrscheinlich Paranemonia cinerea.

Ulva rigida

Meersalat (D), Sea lettuce, green laver (GB), Ulve, laitue de mer (F), Lattuga marina (I), Lechuga de mar (E), Zeesla (NL)

Grünalge. Sehr dünne Lamellenstruktur (weniger als ein Zehntel Millimeter!), durchscheinend, kann 10 bis 40 cm breit werden. Diese Art lebt im lichtdurchfluteten, seichten Wasser. Da der Meersalat eine mäßige Verschmutzung erträgt, ist er oft in Häfen reichlich vorhanden. Es gibt zwei Arten im Mittelmeer: Die häufigere Ulva rigida besitzt einen leicht gezackten Thallus, während Ulva lactuca sehr häufig im Atlantik vorkommt und einen glatteren Rand hat. Hauptvegetationszeit: Frühling–Sommer.

Die Schirmalge besteht aus einer einzigen riesigen Zelle. Deshalb wurde in der Zellbiologie daraus ein Studienobjekt, insbesondere für genetische Versuche. Der nur jahreszeitliche vorhandene „Schirm“ enthält die Geschlechtsorgane.

Acetabularia acetabulum (mediterranea)

Schirmalge (D), Mermaid's cup, acetabularia (GB), Acétabulaire (F), Acetabularia (I, E), Parasolwier (NL)

Grünalge. Der „Stiel“ ist eine riesige Zelle von 1 mm Durchmesser und 20 bis 60 mm Höhe, der mit Rhizoiden am Boden festhaftet. Der Schirmdurchmesser variiert zwischen 5 und 12 mm. Photophile Alge, die man auf kleinen Steinen oder Felsen in ruhigem Wasser in Tiefen zwischen 2 und 5 m, selten bis zu 30 m antrifft. Endemische Mittelmeerart. Die Schirme enthalten die Geschlechtsorgane, die sich im Sommer entwickeln.

Halimeda tuna

Meerkette, Pfennigalge, Opuntien-Alge (D), Calcareous green alga (GB), Halimède (F), Monetine di mare (I), Halimeda (E), Schijfjeswier (NL)

Grünalge. Auf einem Rhizoidengeflecht richten sich 3 bis 20 cm hohe Thalli auf, die sich aus etwa 1 mm dicken, scheibenförmigen Abschnitten zusammensetzen. Der Durchmesser jeder „Scheibe" beträgt 5 bis 25 mm. Eher sciaphile Alge, häufig unter Überhängen in geringer Tiefe und an felsigen Standorten bis 50 m Tiefe. Verbreitung: in allen warmen Meeren der Welt zu Hause. Die Thalli sind dank eines hohen Kalkgehalts sehr hart und mit einer Vielzahl von Epibionten überwuchert: Rote Kalkalgen, Serpuliden und die bemerkenswerte Schnecke Bosellia mimetica, die so grün und flach ist wie die „Scheiben" der Alge.

Pfennigalgen leben gewöhnlich recht verstreut, können aber manchmal auch eindrucksvolle Populationen bilden.

Caulerpa ist nur eine Alge, auch wenn sie wie eine höhere Pflanze aussieht. Beachten Sie auch die toten Neptunsgrasblätter zwischen den „Blättchen" von Caulerpa prolifera.

Caulerpa prolifera

Caulerpa (D, GB, I, E, NL), Caulerpe (F)

Grünalge. Die Stolonen (Cauloide) haben einen Gesamtdurchmesser von 1 bis 2 mm und werden nicht länger als 1 m. Die lanzenförmigen „Blättchen" (Phylloide) sind zwischen 1 und 25 cm lang und 0,5 bis 2 cm breit. Photophile Art, die auf Sand- und Schlammgründen in 1 bis 30 m Tiefe lebt. Geographische Verbreitung: tropischer und subtropischer Atlantik, Mittelmeer. Thermophile Alge, die nur dort anzutreffen ist, wo die Temperatur nicht unter 13°C sinkt. Außerdem scheint sie auf bestimmte Verschmutzungen empfindlich zu reagieren.

Filzige Codium bursa-Kugeln zwischen Schwämmen und anderen Algen.

Codium bursa

Ballalge, Meerball (D), Ball alga (GB), Algue feutrée en boule, codium en boule, „béret basque" (F), Palla di mare, palla marina (I), Codio sferico (E), Balwier (NL)

Grünalge. Der Thallus hat die Form einer hohlen Kugel mit einem Durchmesser zwischen 5 und 35 cm. Photophile Art, die in Tiefen zwischen 1 und 50 m lebt. Die großen Exemplare sind oft abgeflacht und mit Sediment verkrustet. Das Kugelinnere ist reich an rötlich gefärbten Cyanobakterien.

Codium vermilara

Grüne Gabelalge, Gegabelte Felt-Alge (D), Forked felt-alga (GB), Algue feutrée dichotome (F), Funicella stretta (I), Codio fragil (E), Vertakt viltwier (NL)

Grünalge. Der Thallus sieht wie runde Kordeln aus (Durchmesser 4 bis 7 mm), die sich gabelförmig verzweigen und 30 cm hoch werden. Die Art lebt auf hellen Steinböden in Tiefen zwischen 2 und 50 m. Geographische Verbreitung: Es handelt sich um eine Atlantikart, die in den westlichen Teil des Mittelmeeres, ungefähr bis zur französisch-italienischen Grenze vorgedrungen ist. Sie ist die häufigste Art in diesem Gebiet. Es gibt noch eine sehr ähnliche Art im Mittelmeer: Codium fragile. Man kann beide nur mit Hilfe eines Mikroskops voneinander unterscheiden. Vegetationszeit: Frühjahr–Sommer.

Diese sehr häufige Alge kann leicht anhand ihres filzigen Aussehens, der flaschengrünen Farbe, des runden Thallus und der gabelförmigen Verzweigung erkannt werden.

Udotea petiolata

Udotea (D, GB, I, E, NL), Udotée (F)

Grünalge. Die fächerförmigen, oft eingekerbten 1 bis 10 cm hohen Phylloide („Blättchen") richten sich über einem dünnen, kriechenden Rhizoid auf. Diese eher sciaphile Art hat ein erstaunliches Photosynthesevermögen; man kann sie in Tiefen bis zu 120 m finden! Man sieht sie vor allem unter Überhängen oder im Unterwuchs von Seegraswiesen.

Geographische Verbreitung: Mittelmeer und angrenzender Atlantik.

Udotea haben eine charakteristische Blättchenform. Beachten Sie auch die kleinen weißen Serpuliden, die sich auf der Alge niedergelassen haben.

Man muß Anadyomene-Thalli aus der Nähe betrachten, um die riesigen, aneinander gereihten Zellen zu erkennen, die eine prächtige sternförmige Spitze bilden.

Anadyomene stellata

Anadyomene (D, GB, I, E, NL), Anadyomène (F)

Grünalge. Der blattartige Thallus besteht aus einer einzelligen Schicht. Die Zellen der sternförmig angeordneten „Adern" werden bis zu 1 mm lang. Die Thalli bilden durchscheinende, wellige, bis zu 4 cm hohe Lappen und ähneln denen des Meersalats, dessen „Blättchen" aber größer sind. Photophile Art, die im flachen Wasser auf Felsgestein, aber auch an Cystosiren oder anderen Braunalgen lebt. Endemische Mittelmeerart. Trotz ihrer oberflächlichen Ähnlichkeit kann man Anadyomene und Ulva nicht verwechseln: Aus der Nähe betrachtet, hat die außergewöhnliche sternförmige Anordnung der Zellen bei Anadyomene keinerlei Ähnlichkeit mit dem durchscheinenden, strukturlosen „Blatt" des Meersalats.

Braunalgen (Phaeophyceae)

Cystoseira mediterranea

Mittelmeer-Cystoseira (D), Mediterranean Cystoseira (GB), Cystoseire méditerranéenne (F), Cistoseira iridescente, cistoseira dorata (I), Cystoseira mediterranea (E), Middellandse Zee-Cystoseira (NL)

Braunalge. Ihr Thallus kann 40 cm hoch werden. Diese photophile Alge lebt im Einfluß der Brandung dicht an der Oberfläche: In Tiefen über 50 cm ist sie nicht mehr anzutreffen. Mittelmeerart. Braun oder olivgrün, bläulich irisierend. Die Art fühlt sich rauh, fast dornig an und reagiert sehr empfindlich auf Verschmutzung: Im Golf von Marseille findet man sie immer seltener. Es gibt eine eng verwandte Art: Cystoseira stricta. Maximale Entfaltung: Frühjahr–Frühsommer.

Ausschnitt einer Cystoseira. Im Hinblick auf den dornigen Thallus handelt es sich wahrscheinlich um Cystoseira mediterranea oder C. stricta.

Scytosiphon lomentaria

Geschnürter Schlauchtang (D), Banded Scytosiphon (GB), Scytosiphon (F, E), Scitosifo (I), Gebandeerd bruinwier (NL)

Braunalge. Jeder hohle Faden hat einen Durchmesser von 2 bis 6 mm und eine Länge von 10 bis 40 cm. Photophile, im Brandungsbereich lebende Alge, die man dicht an der Oberfläche oder ein wenig tiefer an ruhigen Standorten (Häfen!) findet. Die Thalli bestehen aus hohlen, darmförmigen, regelmäßig zusammengeschnürten Fäden. Vegetationszeit: Dezember-Mai.

Ein großes Büschel des Geschnürten Schlauchtangs an seinem typischen Standort: am Rande der Felsküste, genau unter der Wasseroberfläche.

Padina pavonica (pavonia)

Trichteralge, Pfauenalge (D), Peacock alga (GB), Padine (F), Coda di pavone (I), Padina (E), Pauwier (NL)

Braunalge. Die Höhe dieser blattartigen, tütenförmig eingerollten Alge variiert zwischen 5 und 10 cm. An besonnten und etwas geschützten Standorten, von der Oberfläche bis in 20 m Tiefe. Weißliche Thalli aufgrund von Kalkeinschlüssen, die die charakteristischen konzentrischen Zonen darstellen.

Die Pfauenalge ähnelt im Aussehen den Baumpilzen in unseren Wäldern und ist deshalb sehr leicht zu erkennen.

Chrysimenia ventricosa

Chrysimenia (D, GB, F, E, NL), Crisimenia (I)

Braunalge. Diese Alge kann 15 bis 20 cm hoch werden. Da die Art mäßige Lichtverhältnisse und niedrige Temperaturen erträgt, findet man sie im Sommer unter der Sprungschicht, meistens auf koralligenen Böden.

Chrysimenia ist eine große aufrechte Alge, die für koralligene Böden typisch ist.

Dictyota linearis

Gelbe Dictyota (D), Yellow dictyota (GB), Dictyote jaune (F), Dictiota gialla (I), Dyctiota amarilla (E), Gele Dictyota (NL)

Braunalge. Die Thalli bestehen aus verzweigten Bändern, die 0,5 bis 2 mm breit und 10 bis 20 cm lang sind. Infralitorale Art, zwischen 2 und 15 m Tiefe reichlich vorhanden, besonders im Frühjahr. Lebt oft epiphytisch auf anderen Algen.

Eine typische Felslandschaft einige Meter unter der Wasseroberfläche: Die gelblichen Büschel gehören Dictyota linearis, die weißen Trichter Padina pavonica und die dunklen „Besen“ Stypocaulon scoparium (Halopteris scoparia). All diese Arten sind Braunalgen.

Dictyota dichotoma

Gabelzunge (D), Forkweed (GB), Dictyote, algue fourchue (F), Cornicella (I), Dictyota (E), Gaffelwier (NL)

Braunalge. Die Breite der flachen, dichotom verzweigten Bänder beträgt 2 bis 8 mm, die Thalli erreichen eine Höhe von 10 bis 15 cm. Man findet diese Alge von der Oberfläche bis in 30 m Tiefe, in Ausnahmefällen bis 80 m. Oberflächlich betrachtet ähnelt Dictyota dichotoma einer anderen Braunalge, der Dictyopteris membranacea. Letztere hat jedoch gut sichtbare, dicke Mittelnerven, die der Gabelzunge fehlen. Die Thalli haben einen typischen bläulichen Schimmer.

Thalli einer Gabelzunge mit ihrem typischen blauen Schimmer. Die kleinen gelben „Federn“ gehören Aglaophenia kirchenpaueri.

Beerentange sind große Algen, die man an ihren kleinen Schwimmblasen erkennt; diese sehen zwischen den lanzettförmigen „Blättchen" wie Beeren aus.

Sargassum vulgare

Beerentang (D), Sargasso weed (GB), Sargasse (F), Sargasso (I), Sargazo (E), Sargassowier (NL)

Braunalge. Die Höhe dieser Alge variiert zwischen 15 und 30 cm. Man findet sie auf Felsböden zwischen 5 und 30 m. Es gibt noch mehrere andere Beerentangarten. Diese Algen sind aufgrund ihrer Massenbestände mitten im Atlantik („Sargasso-See") berühmt, wo sie wahre schwimmende Inseln bilden, die früher die Segelschiffe auf ihrem Weg in die Neue Welt behinderten.

Ein großes Sphaerococcus-Exemplar. Auf den Verzweigungen erkennt man kleine Kugeln: Das sind Zystokarpien, die sich nach der Befruchtung auf den weiblichen Thalli entwickeln und in denen sich dann die Sporen bilden.

Rotalgen (Rhodophyceae)

Sphaerococcus coronopifolius

Sphaerococcus (D, GB, E, NL), Sphérocoque (F), Sferococco (I)

Rotalge. Fein geteilter Thallus von 20 bis 30 cm Größe. Lebt von der Oberfläche bis in 70 m Tiefe, vor allem aber in mittleren Tiefen von 5 bis 20 m. Veränderliche Farbe von gelb bis dunkelrot. Knorpelige Konsistenz.

Asparagopsis armata

Harpunen-Alge (D), Harpoon-alga (GB), Algue à crochets (F), Asparagopsis (I, E), Harpoenwier (NL)

Asparagopsis lebt dicht an der Oberfläche. Zahlreiche Taucher und Schwimmer hatten diese Alge bereits an ihrem Tauch- oder Badeanzug hängen!

Rotalge. Die Thalli werden 10 bis 15 cm hoch. Diese Alge lebt auf den ersten Metern unter der Oberfläche. Geographische Verbreitung: Die Art kommt ursprünglich aus Neuseeland und wurde 1925 zufällig eingeschleppt; seitdem bevölkert sie die europäischen Atlantik- und Mittelmeerküsten. Die charakteristischen „Harpunen" verankern die Thalli an anderen Algen. Die sehr komplizierte Vermehrung dieser Art vollzieht sich in drei Stadien. Asparagopsis bildet den Gametophyt, der Geschlechtszellen produziert; aus diesen entwickeln sich Carposporophyten (weiße Punkte), die auf ersterem parasitieren. Das dritte Stadium ist schließlich ein kleiner, rötlicher „Troddel" (2 cm Durchmesser), den man oft auf anderen Algen festgeklammert oder im freien Wasser treiben sieht und aus dessen Sporen wiederum Gametophyten hervorgehen. Diese Tetrasporophyten wurden früher aufgrund ihres völlig anderen Aussehens mit einem anderen Namen bezeichnet: Falkenbergia rufolanosa.

Porphyra leucosticta

Porphyra (D, GB, E, NL), Porphyre (F), Porfira (I)

Rotalge. Dünne, einzellige Lamelle; der Thallus kann eine Höhe von 30 cm erreichen. Da diese Alge schwaches Licht verträgt, findet man sie in der Gezeitenzone eher ab 10 cm Tiefe als darüber. Vegetationszeit zwischen Dezember und Mai.

Die Porphyra ist nichts anderes als ein Thallus, der die Form einer eiförmigen, nicht strukturierten, braunen und durchscheinenden Lamelle hat.

Halymenia floresia

Halymenia (D, GB, E, NL), Halymène (F), Halimenia (I)

Rotalge. Der Thallus kann eine Höhe von 30 cm erreichen. Die Art lebt auf Fels- und Detritus-Böden zwischen 5 und 40 m Tiefe.

Halymenia besitzt einen fein verästelten Thallus.

Halymenia trigona (?)

Gegabelte Halymenia (D), Forked Halymenia (GB), Halymène fourchue (F), Halimenia forcata (I), Halymenia bifida (E), Gevorkte Halymenia (NL)

Rotalge. Diese gallertartige Alge kann 20 cm hoch werden. Photophile, dicht an der Oberfläche lebende Art.

Ein Foto reicht zur Bestimmung der meisten Algen nicht aus: Man muß sie mit dem Mikroskop untersuchen. Auch wenn es sich hier um eine Halymenia handelt, könnte die Art eine trigona, oder dichotoma, oder...? sein.

Peyssonnelia squamaria

Peyssonnelia (D, GB, F, E), Rosa di mare (I), Rood korstwier (NL)

Rotalge. Die Thalli können 5 cm groß und 0,5 mm dick werden. Sciaphile Alge, die man nahe der Oberfläche an beschatteten Standorten (Spalten, Höhlen, Überhänge) und bis in 60 m Tiefe im Koralligen findet. Die kleinen, runden „Fächer" dieser Alge sind dunkelrot, derb und haften nur partiell am Boden fest.

Man findet die kleinen, weinroten Fächer von Peysonnelia besonders an beschatteten Stellen: Überhänge, Höhleneingänge, Koralligen.

Ein typischer Busch der Rentiermoosalge: Beachten Sie die weiße Farbe und die dichotome Verzweigung der dünnen Fäden. Im Hintergrund sieht man einige Trichteralgen.

Liagora viscida

Rentiermoosalge (D), Liagora (GB, E), Liagore (F), Alga viscida (I), Rendiermos-wier (NL)

Rotalge. Dünne Fäden (1 mm Durchmesser) bilden hohe Büsche von ungefähr 5 bis 12 cm. Diese photophile Alge bevorzugt ruhiges Wasser. Man findet sie von der Oberfläche bis in 20 m Tiefe. Die Thalli sind aufgrund des im Gewebe enthaltenen Kalks weiß und starr. Wachstum vor allem im Sommer.

Es gibt im Mittelmeer zwei Amphiroa-Arten, die schwierig voneinander zu unterscheiden sind: A. rigida und A. cryptarthrodia. Nicht einmal Spezialisten mögen sich aufgrund eines einfachen Fotos entscheiden!

Amphiroa sp.

Amphiroa (D, GB, F, E, NL), Amfiroa (I)

Rotalge. Der Zweigdurchmesser variiert zwischen 0,2 und 0,8 mm, die Höhe der Büsche zwischen 2 und 6 cm. Beide Amphiroa-Arten leben in geringer Tiefe (gewöhnlich zwischen 0 und 5 m); A. rigida ist jedoch photophil, während A. cryptarthrodia eine sciaphile Art ist. Die stark verkalkten und zerbrechlichen Thalli haben eine weiße oder ins Violette spielende Färbung. Die Zweige sind durch eine gelenkartige Gliederung gekennzeichnet.

Corallina elongata (mediterranea)

Derbes Korallenmoos (D), Coral weed (GB), Coralline, Coralline allongée (F), Corallina (I, E), Koraalwier (NL)

Rotalge. Die Glieder sind 1 bis 4 mm lang und 1 bis 2 mm dick. Die Thalli können eine Höhe von 2 bis 6 cm erreichen. Streng infralitorale Art, die oft einen sehr kompakten Gürtel genau unter der Oberfläche bildet: Seine Obergrenze zeigt sehr genau den ständigen Wasserspiegel an. Seine Untergrenze liegt bei 5 m. Es handelt sich um eine duldsame Alge gegenüber verschiedenen Umweltbedingungen, Verschmutzung eingeschlossen! Verbreitung: Mittelmeer, Atlantik. Rosa Alge, die aufgrund des Kalks in ihrem Gewebe hart ist, aber dank ihrer Gelenkverbindungen nicht so leicht zerbricht. Verwandte Art: C. officinalis, die häufiger im Atlantik vorkommt.

Die abgeflachten, gegliederten und verzweigten Thalli sind für diese Alge typisch.

Mesophyllum lichenoides

Mesophyllum (D, GB, E, NL), Mésophylle (F), Mesofillo (I)

Rotalge. Dünne, scheibenförmige Thalli (wenige Millimeter), die mehr oder weniger gewellt sind und übereinanderliegen. Sciaphile Art, häufig unter Überhängen und an Steilwänden.

Die gewellten Krusten von Mesophyllum sind denen von Pseudolithophyllum sehr ähnlich: Nur Spezialisten können sie voneinander unterscheiden!

Wenn Thalli der Roten Krustenalge aufeinander treffen, versucht jeder, seinen Nachbarn wegzustoßen; dadurch entstehen Falten („Frontlinien"). Hier ist der Kampf um den Lebensraum verwirklicht!

Lithophyllum incrustans

Rote Krustenalge (D), Encrusting calcareous alga (GB), Algue calcaire encroûtante (F), Litofillo incrostante (I), Lithophyllum encrostante (E), Korstvormend kalkroodwier (NL)

Rotalge. Die Thalli sind nur wenige Millimeter dick, aber die Schicht kann manchmal mehrere hundert Quadratzentimeter bedecken! Infralitorale Art, die Felsen von 0 m bis in größere Tiefe überzieht. Der Felsen ist oft vollkommen von den grauen, rosa oder violetten Krusten bedeckt. Man findet sie ebenfalls in Fluttümpeln des Supralitorals. Das Gewebe ist völlig verkalkt, was dieser Alge ihre Härte und das Aussehen des Felsens verleiht, den sie verkrustet.

Lithophyllum tortuosum

Runde Steinalge, Geriffelte Kalkalge (D), Rough calcareous alga (GB), Algue calcaire du trottoir (F), Litofillo (I), Lithophyllum (E), Bolvormig steenwier, geribbeld kalkroodwier (NL)

Rotalge. Halbkugelförmige Thalli mit einem Durchmesser von 2 bis 15 cm. Die Oberfläche ist von einem Geflecht dünner, vernetzter, 3 bis 8 mm hoher Lamellen durchzogen. Typische Art des Eulitorals, d. h. sie ist mal überflutet und mal trocken. Das Verschmelzen mehrerer Thalli und die sehr begrenzte Zone, in der diese Alge gedeiht, können an manchen Orten zur Bildung eines echten Vorbaus der Küste führen, den man „Trottoir" nennt.

Das massive Wachstum von Lithophyllum tortuosum in der eulitoralen Zone ist die Basis des berühmten „Trottoir", das manche Felsküsten säumt.

Pseudolithophyllum expansum

Ausgebreitetes Steinblatt (D), Stone leaf (GB), Algue coralligène (F), Pseudolitofillo (I), Pseudolithophyllum (E), Elfenbank-vormig steenwier (NL)

Wenige Millimeter dünne, scheibenförmige Thalli bilden rundliche Fächer von einigen Zentimetern bis zu etwa 1 Dezimeter. Die koralligene Verfestigung kann bis zu 2 m hoch und Dutzende Meter lang werden. Sciaphile Art, die Anhäufungen von organischem Fels bildet und sich besonders auf Weichböden in 20 bis 60 m Tiefe entwickelt.

Die lebenden Thalli von Pseudolithophyllum haben eine hübsche rosa oder ins Violette spielende Farbe; die toten verfärben sich dann grau. Die neuen Thalli wachsen auf den alten: Aus dieser Überlagerung von Schichten entsteht ein organischer Fels, den man „Koralligen" nennt.

Das Ende eines Posidoniablattes mit zahlreichen Epibionten. Die Kalkscheiben gehören der Epiphytischen Krustenalge; man sieht übrigens auch Zooide von Moostierchen und einige Serpuliden-Röhren.

Fosliella farinosa

Epiphytische Krustenalge (D), Epiphytic calcareous alga (GB), Algue calcaire épiphyte (F), Litofillo epifito (I), Alga calcarea epifita (E), Epifytisch kalkwier (NL)

Rotalge. Kleine, unregelmäßige oder dünne, runde Thalli (einzellige Schicht) mit einem Durchmesser von einigen Millimetern. Epiphytisch auf zahlreichen Meerespflanzen: Posidonia, Zostera, Udotea, Halimeda, Cystoseira etc., wächst aber auch auf Felsgestein. Zwischen 0 und 30 m. Verwandte Art: Fosliella lejolisii.

Die kleinen, flaumigen Büschel, die sich periodisch an den zarten Thalli aufrichten, sind für Wrangelia charakteristisch.

Wrangelia sp.

Daunenalge (D), Fluff alga (GB), Algue duvet (F), Alga lanugine (I), Alga plumón (E), Donswier (NL)

Rotalge. Die Thalli können eine Höhe von 15 cm erreichen, wobei die flaumigen Büschel zwischen 5 und 10 mm messen. Die Alge sitzt auf Steinen oder Cystoseira-Arten, von der Oberfläche bis in 70 m Tiefe. Stark besonnte Stellen verträgt sie schlecht. Diese blaßrosafarbene Alge vermehrt sich zwischen März und August.

Jania rubens

Feines Korallenmoos (D),
Jania (GB, F, I, E, NL)

Die weißlichen Büschel sind typisch für Jania; der kleine, dunkelbraune „Besen" gehört zur Braunalge Stypocaulon scoparium (Halopteris scoparia).

Rotalge. Die Zweige sind sehr dünn (von 0,1 bis 0,2 mm), die Büschel haben einen Durchmesser von 2 bis 4 cm. Photophile Alge, auf den ersten Metern unter der Wasseroberfläche reichlich vorhanden, oft epiphytisch. Die Alge ist mit Kalk überzogen, dichotom verzweigt und hat eine weiße bis rosa Färbung. Ihre Glieder verleihen ihr eine gewisse Geschmeidigkeit. Man kann eine Verwechslung mit Amphiroa vermeiden, wenn man daran denkt, daß die Zweige von Jania dünner sind und daß diese vor allem epiphytisch lebt, während Amphiroa auf Felsböden wächst.

Posidoniablätter fangen direkt unter der Oberfläche das Sonnenlicht ein: die Quelle allen Lebens auf Erden. Posidoniawiesen sind wahre Unterwasseroasen.

(Foto: A. Meinesz, Nizza)

Nur wenige nehmen die unauffälligen Posidoniablüten wahr.

Blütenpflanzen (Spermatophyta)

Blütenpflanzen unter Wasser? Ja, auch wenn sie oft nicht gerade in Fülle blühen und ihre Blüten eher unauffällig sind. Der Blütenstaub wird mittels des allgegenwärtigen Wassers transportiert; so haben die Blütenpflanzen es nicht nötig, Exhibitionist zu spielen und ihre Geschlechtsorgane vor Insekten oder anderen Bestäubern sichtbar zur Schau zu stellen, wie es ihre „Kollegen“ an Land machen! Dennoch spielen diese höheren Pflanzen eine besondere Rolle im Ökosystem des Mittelmeeres. Sie bilden die äußerst wichtigen Posidonia-, Zostera- und Cymodocea-Seegraswiesen.

Posidonia oceanica

Neptunsgras (D), Neptune-grass, ocean grasswrack (GB), Posidonie, chiendent de mer, paille de mer (F), Alga marina maggiore, allega, aliga (I), Posidonia, alga marina (E), Neptunusgras (NL)

Blütenpflanze. Posidonia bestehen aus holzigen, braunen und struppigen, kriechenden Rhizomen (1 bis 2 cm dick); auf diesen wachsen aufrechte Rhizome, die in Bündeln mit 4 bis 8 bandförmigen Blättern von ungefähr 1 cm Breite und 20 bis 100 cm Länge enden. Diese endemische Mittelmeerart kann dicht an der Oberfläche wachsen. Lediglich ihr Bedarf an Licht begrenzt ihre Tiefenverbreitung auf ein Maximum von etwa 40 m. Die Blütezeit (zwischen August und November) ist nicht sehr eindrucksvoll, da die grünen Blütenstände zwischen den langen Blättern verborgen sind. Die Früchte

(„Meeroliven", die die gleiche Größe und Farbe wie schwarze Oliven haben) fallen zwischen Mai und Juli ab und verbreiten sich schwimmenderweise. Das Neptunsgras bildet ein Biotop für zahlreiche andere Organismen (siehe Kapitel über Seegraswiesen) und spielt auf sandigen Böden die Rolle eines Stabilisators. Deshalb sind Wissenschaftler angesichts der Bedrohungen, die gegenwärtig auf dem Seegras lasten, recht beunruhigt: Ohne das Neptunsgras würde aus dem Mittelmeer ein totes Meer werden! Posidonia ist eine geschützte Art.

Cymodocea nodosa

Tanggras (D), Slender sea-grass (GB), Cymodocée (F), Cimodocea (I), Cymodocea (E), Zeegras (NL)

Blütenpflanze. Dünne Rhizome (einige Millimeter), schmale (2 bis 4 mm), 10 bis 30 cm lange Blätter. Die Art lebt auf schlammig-sandigen Böden, zwischen der Oberfläche und 10 m Tiefe. Verbreitung: Mittelmeer und angrenzender Atlantik. Es gibt außer dem Neptunsgras und dem Tanggras noch drei andere Blütenpflanzen im Mittelmeer: Die Kleinen Seegräser Zostera marina und Zostera noltii ertragen leicht salziges, brackiges Wasser der Küstenteiche; gleiches gilt für Halophila stipulacea, ein Einwanderer aus dem Roten Meer, den man nur am äußersten östlichen Ende des Mittelmeeres findet.

Die Blätter des Tanggrases sind dünner und kürzer als die Blätter von Posidonia. Sie bilden zerstreute Bestände, deren Büschel oft in einer Reihe stehen – Zeugen der im Sand vergrabenen Rhizome.

Foraminiferen

Foraminiferen gehören zu den einzelligen Tieren oder Protozoa. Ich möchte einige Stämme der Protozoa nennen, sie aber nicht bis ins kleinste Detail besprechen, da man ein Mikroskop braucht, um die meisten von ihnen zu erkennen. Die Geißeltierchen *(Flagellata)* haben oft gleichzeitig tierische (Flagellen, die der Fortbewegung dienen) und pflanzliche (Autotrophie) Charakteristika. Die Wimpertiere *(Ciliata)* haben einen doppelten Kern und zahlreiche Wimpern. Und schließlich die Wurzelfüßer *(Rhizopoda),* die sich durch zelluläre Cytoplasmafäden *(Pseudopodien)* auszeichnen, die den Körper umgeben. Zu ihnen gehören die Sonnentierchen *(Heliozoa),* die *Acantharia* und die eindrucksvollen *Radiolaria,* deren kieselhaltige Skelette von seltener Schönheit sind. Die Foraminiferen gehören ebenfalls zum Stamm der Wurzelfüßer.

„Lochträger"

Wir wollen diese Klasse besprechen, weil sie zahlreiche marine Stellvertreter hat und manche Arten mit dem bloßen Auge erkennbar sind. Es sind mehr als 20 000 fossile und lebende Arten bekannt. Die Größe variiert zwischen ungefähr 50 µm und mehreren Millimetern. Die durchschnittliche Größe beträgt etwa 0,5 mm. Die meisten Foraminiferen führen ein benthisches Leben, vorzugsweise an geschützten Stellen in geringer Tiefe. Manche von ihnen sind an festen Unterlagen wie Felsen, Muschelschalen, Algen und Neptunsgras angeheftet (z.B. *Miniacina miniacea,* die spitze rosa Äste von mehreren Millimetern Höhe hat), andere kriechen mit Hilfe ihrer Pseudopodien auf dem Grund oder zwischen Sand und Kies umher. Von den kleinsten Arten führen einige ein pelagisches Leben und gehören zum Plankton.

Foraminiferen (wörtlich: Träger von Löchern) sind Einzeller, die Kalkgehäuse mit einer oder mehreren Kammern absondern. Eine junge Foraminifere ähnelt einer mit einem Gehäuse umgebenen Amöbe. Im gleichen Maße wie das Tier wächst, strömt das Cytoplasma aus der Behausung heraus und verteilt sich auf dieser, um eine neue Schale zu bilden. Dieser Vorgang wiederholt sich im Verlauf des gesamten Lebens, bis eine Vielzahl von miteinander in Verbindung stehenden Kammern entstanden ist. Bei vielen Arten sind diese Kammern spiralförmig angeordnet, so daß sie wie kleine Schnecken aussehen. Das Tier füllt all diese Kammern aus und streckt seine fadenförmigen Pseudopodien durch die Poren der Kalkwände heraus. Diese Pseudopodien sind immer in Bewegung, um sich zu öffnen und eine Art Netz zu bilden, mit dem Nahrung gefangen und verdaut werden kann. Manche Arten sind so groß, daß man sie mit dem bloßen Auge erkennen kann, andere wiederum sind mikroskopisch klein. Die fossilen Arten *(Nummuliten)* können die Größe eines Geldstückes erreichen (daher ihr Name). Die Foraminiferen verwundern außer durch ihre für einzellige Tiere erstaunliche Architektur durch ihre große Anzahl. Mancher Küstensand besteht zu einem großen Teil aus Skeletten dieser Tiere. Besonders auf dem Grund der Ozeane lagern sich (mit einer Dicke von 6 cm pro Jahrhundert) Foraminiferenskelette ab; vorwiegend diejenigen der Gattung *Globigerina* bilden dort dicke Schichten. Man schätzt, daß 30 % der ozeanischen Gründe (100 Millionen km^2, ein Viertel der Erdoberfläche!) mit diesem Globigerinenschlamm bedeckt sind. Bestimmte Felsen, wie die berühmten Kalkklippen der Normandie, sind ehemalige, aus Globigerinenkalk bestehende Meeresgründe.

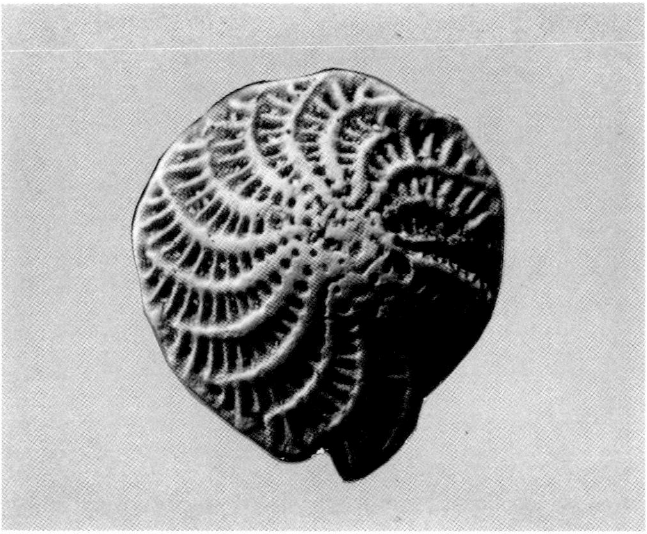

(Foto Alain Couté & Steven Weinberg, MNHN.)

Elektronenmikroskopische Aufnahme der Foraminifere Elphidium crispum.

Foraminifera

Foraminiferen (D, NL), Foraminifera (GB, I, E), Foraminifères (F)

Winzige Schneckengehäuse (1) von großen, mit bloßem Auge sichtbaren Foraminiferen (von 1 bis 2 mm). Hier sieht man die grauen oder weißen Scheiben von Amphisorus hemprichi (2), die „Jakobinermützen" von Peneroplis sp. (3), die zweifarbigen Schiffchen von Spiroculina sp. (4) und die gewundenen Formen von Quinqueloculina sp. (5).

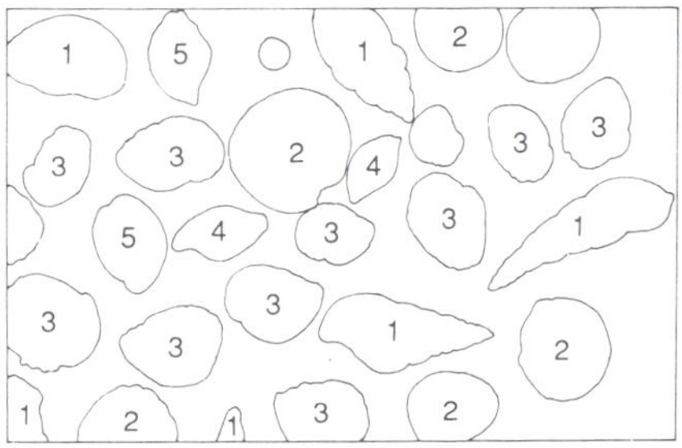

Einige Exemplare der Roten Foraminifere Miniacina miniacea neben dem Moostierchen Lichenopora radiata auf einem Posidoniablatt.

Miniacina miniacea

Rote Foraminifere (D), Red foraminiferan (GB), Foraminifère rouge (F), Foraminifera rossa (I), Foraminifera roja (E), Rode foraminifeer (NL)

Bei jungen Organismen sind die Schalen gewunden, später baumförmig und 1 bis 10 mm groß. Diese großen einzelligen Tiere heften sich auf Kiesel, Gehäuse und Posidoniarhizome, von der Oberfläche bis in beachtliche Tiefen. Die verzweigte Form, die rote Farbe und das perforierte Gewebe sind charakteristisch. An bestimmten Orten sind diese Protozoa so zahlreich, daß ihre Kalkreste Sandstrände rosa färben können.

Schwämme (Porifera)

Schwämme

Schwämme sind mehrzellige Tiere, deren Zellen wenig differenziert sind. Man kann kaum ein echtes Gewebe erkennen, so daß ein Schwamm praktisch nichts anderes ist als eine Zellmasse. Trotzdem kann man in der Anatomie eines Schwammes einige Charakteristika erkennen. In seiner einfachsten Form besitzt der Schwamm einen becherförmigen oder einen röhrenförmigen Körper (A). Die Wände sind mit *Einfuhröffnungen* oder *Poren* (1) durchsetzt; durch diese tritt sauerstoff- und nahrungsreiches Wasser (kleine Pfeile) in den *zentralen Hohlraum* (2). Das verbrauchte Wasser strömt durch *Ausfuhröffnungen* oder *Oscula* (3) wieder aus (großer Pfeil). Ein Ausschnitt der *Körperwand* (B) zeigt Zellen, die diese von außen bedecken, sogenannte *Pinacocyten* (4), die ebenfalls die *Poren* (5) bekleiden.

Die charakteristischsten Zellen sind die *Choanocyten* oder *Kragengeißelzellen* (6), die mit Geißeln *(Flagellen)* ausgestattet sind. Da sie unaufhörlich in Bewegung sind, ist ein permanter, den Schwamm durchquerender Wasserstrom gewährleistet: Die Choanocyten sind die „Pumpe“ dieses *aktiven Filtrierers.* Zwischen den Zellen befindet sich eine gallertartige Masse, die *Mesogloea* (7), in der sich freie Zellen *(Amoebocyten)* bewegen. Sie transportieren die von den Choanocyten eingefangenen Nahrungspartikel durch den ganzen Schwamm hindurch. Bestimmte spezialisierte Amoebocyten fehlen bei einigen Schwämmen. Es gibt Amoebocyten, die *Spongin* (eine zähe, hornartige Substanz) absondern. Sie „weben“ das Spongingerüst, aus dem die berühmten Badeschwämme bestehen. *Spiculoblasten* sind spezialisierte Zellen, die kleine harte Skelettelemente absondern. Die Nadeln *(Spiculi)* (9) bestehen aus Kalziumcarbonat oder Siliziumdioxydcarbonat (Kieselerde). Ihre Größe und Form kann bei den einzelnen Arten sehr unterschiedlich sein; dadurch sind sie ein bedeutender taxonomischer Faktor für die systematische Einteilung. Der hier beschriebene einfache Schwamm ist in der Natur allerdings eher selten. Nur einige Kalkschwämme (z. B. die Gattungen *Leucosolenia* und *Clathrina*) entsprechen diesem in Abbildung C schematisch dargestellten *Ascon*-Typus; die dicke Linie zeigt den Sitz der Chonaocyten. Schauen Sie zum Vergleich noch einmal Abbildung (A) an. Die meisten Schwämme sind viel komplizierter gebaut. So unterscheidet man den *Sycon*-Typus (D), der eine wesentlich dickere Wand hat. Die Poren führen zu *Geißelkammern,* in denen sich die Choanocyten befinden. Die Kammern münden in einen zentralen Hohlraum, der nicht mit Choanocyten, sondern mit Pinacocyten ausgekleidet ist.

Dieser Schwammtyp (z. B. die Gattung *Scypha*) ist ebenfalls nicht sehr häufig. Die meisten Schwämme gehören zum *Leucon*-Typus (E); sie haben viele Geißelkammern, die durch ein komplexes Kanalsystem verbunden sind. Der zentrale Hohlraum kann sich ebenfalls verzweigen, so daß der Schwamm dann mehrere Oscula hat. Das sind die großen, oft ganz runden Öffnungen, die wir bei den meisten Schwämmen außen beobachten können. Die Poren sind im allgemeinen zu klein, um mit bloßem Auge wahrgenommen werden zu können. Die äußere Form des Schwammes ist ausgesprochen veränderlich, aber oft spezifisch. Man kann sowohl unförmige Massen beobachten als auch Schwämme, die das Substrat mit einer dünnen Schicht überziehen (Krustenschwämme). Entsprechend ihrer jeweiligen Gestalt unterscheidet man Röhrenschwämme, die becher- oder vasenförmig sind, und verzweigte Schwämme. Eine besondere Gruppe stellen die *Bohrschwämme* dar, die Kalk zersetzen und auf diese Weise in Felsen oder Gehäusen in ausgehöhlten Gängen leben können.

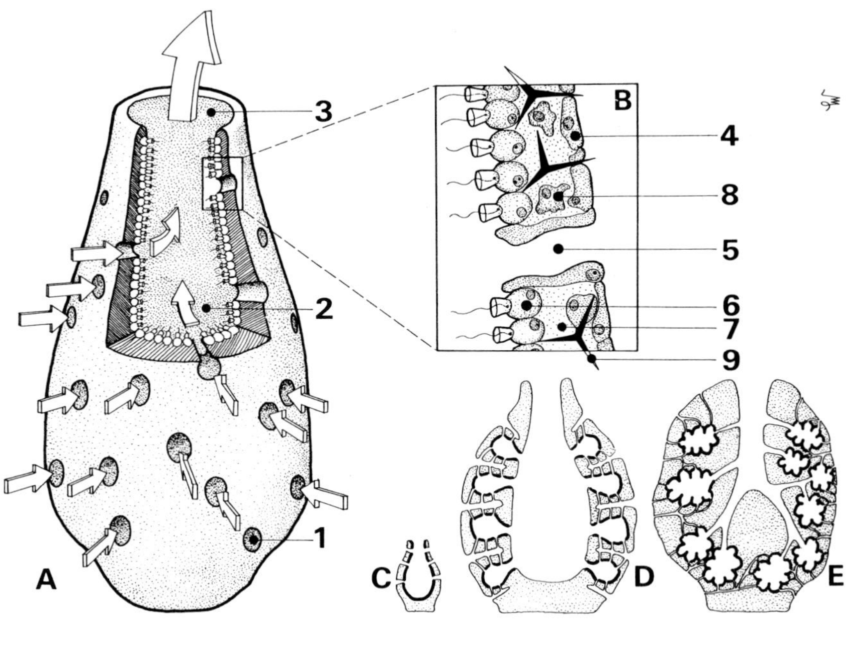

Crambe crambe

Orangeroter Krustenschwamm (D), Orange-red encrusting sponge (GB), Éponge encroûtante orange-rouge (F), Spugna incrostante arancia-rossa (I), spugna dello spondilo (I), Esponja encrostante anaranjada-roja (E), Oranjerode korstspons (NL)

Die dünnen Krusten der Kolonien haben gewöhnlich einen Durchmesser von 10 bis 20 cm, sie können aber auch Flächen von bis zu 1 m^2 bedecken. Man findet diese Art hauptsächlich auf schattigen Steinflächen (Steilwände, Überhänge, Spalten, Unterseiten von Steinen, Höhlen, Nordwände), aber auch auf Seegrasrhizomen und Stachelaustern (Spondylus gaederopus). Der Schwamm ist von der Oberfläche bis in etwa 30 m Tiefe zu finden. Er lebt ausschließlich im Mittelmeer. Man weiß nicht sehr viel über diesen Kieselschwamm, obwohl er recht häufig ist. Nur Spezialisten können ihn mit Hilfe mikroskopischer Untersuchungen der Skelettnadeln, von einer ähnlichen Art (Spirastrella cunctatrix, siehe Seite 140), unterscheiden.

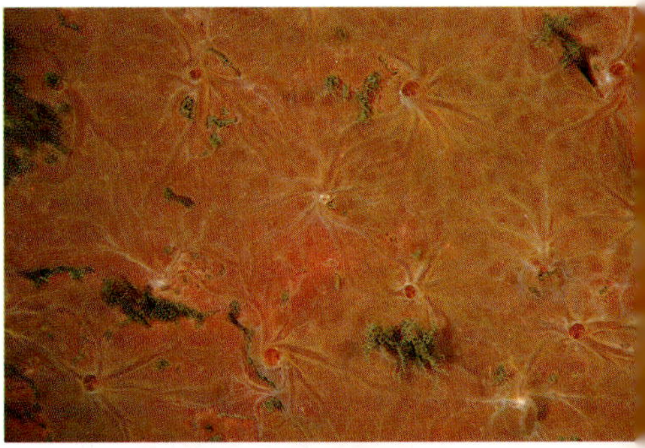

Beschattete Flächen, insbesondere Überhänge, sind oft von Orangeroten Krustenschwämmen bedeckt. Man erkennt die wasserführenden Kanäle, die in die Ausfuhröffnungen (Oscula) münden. Es handelt sich hier um Crambe crambe, eine sehr häufige Art, die aber mit Spirastrella cunctarix verwechselt werden kann; beide ähneln einander wie ein Ei dem anderen!

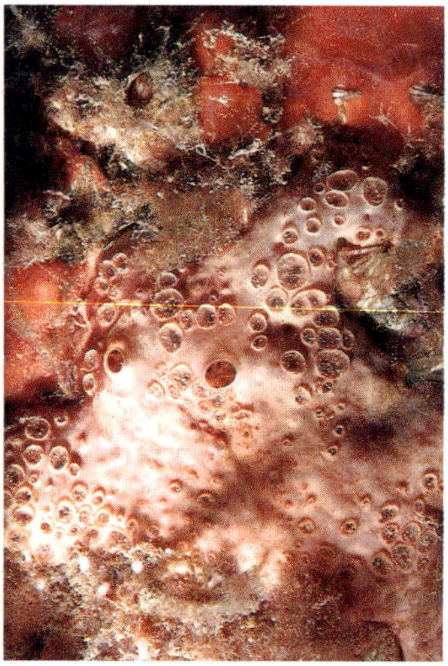

Ausschnitt einer Hemimycale columella-Kolonie mit ihren erhöhten Einfuhröffnungen, die der Art den Namen gaben. Wie bei der vorhergehenden Art sind diese Öffnungen durch einen „Filter" verschlossen. In der Mitte kann man durch zwei Ausfuhröffnungen die wasserführenden Kanäle im Innern des Tieres erkennen. Oben rechts sieht man eine Kolonie des Orangeroten Krustenschwamms (Crambe crambe) und eine Seepocke (wahrscheinlich Balanus tintinnabulum).

Hemimycale columella

Kraterschwamm (D), Crater sponge (GB), Éponge à cratères (F), Spugna cratera (I), Esponja cratera (E), Kraterspons (NL)

Die dicken, fleischigen Krusten dieser Art haben im allgemeinen einen Durchmesser von 10 bis 30 cm. Dieser Kieselschwamm lebt an Steilwänden, in Spalten und Höhlen dicht an der Oberfläche, aber auch auf Seegrasrhizomen und im Koralligen bis in eine Tiefe von 30 m. Er hat eine rosa oder blaß orangene Farbe und charakteristische erhöhte Krater an den Öffnungen. Dieser Schwamm entfaltet an der Luft einen typischen Chlorgeruch. Die Vermehrung findet im Juli statt.

Anchinoe tenacior

Blauer Krustenschwamm (D), Bluish encrusting sponge (GB), Éponge encroûtante bleuâtre (F), Spugna incrostante blu (I), Esponja encrostante azul (E), Blauwige korstspons (NL)

Die dicken, weichen Krusten haben einen Durchmesser von mehreren Zentimetern bis zu einigen Dezimetern. Die geöffneten Oscula haben einen Durchmesser von über 1 Zentimeter. Typische Art von Steilwänden, Überhängen, Höhlen und Unterseiten großer Steine. Von der Oberfläche bis in 40 m Tiefe. Die Kolonien dieses Kieselschwamms sind durchscheinend blau bis dunkelblau gefärbt. Unter Wasser wird diese Farbe durch das vorherrschende blaue Licht verstärkt. Bemerkenswert sind die kleinen (1 bis 5 mm Durchmesser) Einfuhröffnungen. Sie werden von einer mit winzigen Löchern (Durchmesser ~75 µm) durchsiebten Membran verschlossen, die als Filter grobe Sedimentteile zurückhalten soll. Die großen Ausfuhröffnungen (Oscula), von denen jede in der Mitte eines wasserführenden Kanalsystems sitzt, haben einen Durchmesser von etwa 8 bis 15 mm.

Ausschnitt einer Kolonie des Blauen Krustenschwamms. Man erkennt die Einfuhröffnungen, von denen jede von einer mit kleinen Löchern durchsiebten Membran verschlossen ist. Diese Löcher lassen das Wasser hindurch und filtern die groben, ungelösten Teilchen heraus. Oben links sieht man eine große Ausfuhröffnung (Osculum). Die kommensalen Scyphopolypen gehören einer Schirmqualle, Nausithoe punctata (Stephanoscyphus mirabilis), deren Polypen stockbildend sind.

Hamigera hamigera

Roter Krustenschwamm (D), Red encrusting sponge (GB), Éponge encroûtante rouge (F), Spugna incrostante rossa (I), Esponja encrostante roja (E), Donkerrode korstspons (NL)

Die dicken, fleischigen Krusten dieser Art haben gewöhnlich einen Durchmesser von 10 bis 30 cm. Wie die vorhergehende Art lebt dieser Schwamm an Steilwänden, in Spalten und an Höhlenwänden dicht an der Oberfläche. Man findet ihn aber auch auf Seegraswurzelstöcken und im Koralligen bis in 30 m Tiefe. Wie bei den meisten Schwämmen ist auch die Biologie dieser Art noch wenig bekannt. Dank seiner dunkelroten Farbe und der Vielzahl seiner Öffnungen, die alle eine kleine Einfassung haben, ist dieser Kieselschwamm jedoch leicht zu erkennen.

Bis auf die dunkelrote Farbe und die größere Dichte der Öffnungen ähnelt dieser Schwamm sehr stark Hemimycale columella. Beachten Sie auch die rot-orangene Kruste der kolonialen Seescheide (Polysyncraton lacazei) oben links, die leicht mit einem Schwamm verwechselt werden kann!

Typisches Beispiel einer grau-braun marmorierten Nierenschwammkolonie. Es sind auch ein orangener (wahrscheinlich Crambe crambe) und ein gelber (Crella mollior?) Krustenschwamm und zwei Röhrenwürmer (Serpula vermicularis) zu sehen.

Chondrosia reniformis

Nierenschwamm, Lederschwamm (D), Kidney sponge (GB), Éponge-rognon, éponge-cuir (F), Rognone di mare (I), Riñon de mar (E), Nierspons (NL)

Die fleischigen Massen dieser Art erreichen eine Größe von 10 bis 40 cm. Man findet sie auf allen felsigen Substraten von der Oberfläche bis in 30 m Tiefe, vorzugsweise an schattigen Stellen. Die Kolonien dieses Kieselschwamms haben die Form einer glatten, manchmal nierenförmigen Masse (daher der Name), zum Teil mit zahlreichen Lappen. Ohne Licht haben sie eine weiße Farbe; wenn sie jedoch dem Licht ausgesetzt sind, ist ihre Oberfläche oft braun oder grau marmoriert. Diese Art besitzt kein Skelett, deshalb können die unter einem Überhang hängenden Kolonien wie eine zähe Masse ausströmen. Die Gewebemasse, die auf diese Weise an einem Fadenende abwärts gelangt, gründet bei Kontakt mit dem Felsen eine neue Kolonie – ein perfektes Beispiel für ungeschlechtliche Vermehrung.

Typische Kolonie des Gelben Höhlenschwamms, den man von Aplysina aerophoba durch seinen Standort (sciaphile Art) und seine blassere Färbung unterscheiden kann.

Aplysina (Verongia) cavernicola

Gelber Höhlenschwamm (D), Yellow cave-sponge (GB), Éponge cavernicole jaune (F), Spugna cavernicola gialla (I), Esponja cavernicola amarilla (E), Gele grottenspons (NL)

Die Schlote haben einen Durchmesser von 1 bis 2 cm und eine Höhe zwischen 2 und 6 cm. Die Kolonien haben eine

Größe von 10 bis 30 cm. Schattenliebende Art, die man in Tiefen zwischen 5 und 25 m insbesondere in Höhlen, aber auch unter Überhängen und in Spalten findet. Dieser Kieselschwamm ist der folgenden Art sehr ähnlich, unterscheidet sich aber von ihr durch etwas geringere Ausmaße, eine blassere Farbe und vor allem durch sein sciaphiles Verhalten (Fehlen von Cyanobakterien!) und deshalb durch entsprechend andere Standorte.

Aplysina (Verongia) aerophoba

Goldschwamm, Farbwechselnder Zylinderschwamm (D), Gold-sponge (GB), Vérongia (F), Verongia (I, E), Goudspons (NL)

Die Schlote haben einen Durchmesser von 1 bis 3 cm und erreichen eine Höhe zwischen 3 und 8 cm. Die Kolonien sind gewöhnlich 10 bis 20 cm groß, erreichen manchmal aber auch 60 cm. Man findet diese photophile Art auf sandbedeckten Felsböden und zwischen Zostera von der Oberfläche bis in 30 m Tiefe. In etwa 10 m Tiefe ist die Art sehr häufig. Dieser Kieselschwamm ist an seiner gelben Farbe und an den in einem Osculum endenden „Schloten" leicht zu erkennen. Die Art liebt das Licht, was ihr reichliches Vorkommen in geringen Tiefen erklärt. Diese Tatsache ist auf eine photosynthetische Cyanobakterie (früher Cyanophyceen oder Blaualgen genannt) im Schwammgewebe zurückzuführen. Diese Cyanobakterie verursacht das Schwarzwerden des Schwamms an der Luft; daher auch der Name dieser Art. Im Kolonieinnern befindet sich ein Geflecht aus Skelettfasern. Die Oberfläche ist jedoch frei davon und kann deshalb von einer Hinterkiemer-Schnecke (Tylodina perversa) abgeweidet werden, die auf diese Weise helle, gelbe Spuren hinterläßt.

Dieser Goldschwamm richtet seine charakteristischen Schlote in einem Algenbestand, zwischen Hornkorallen auf. Die Schlote werden von einigen Wärzchen überragt, die man vor allem auf älteren Kolonien findet.

Eine Steinschwamm-Kolonie unter einem Überhang. Sie verdankt ihren Namen ihrer harten Konsistenz. Charakteristisch sind die ganz runden Oscula. Die dem Licht zugewandte Seite ist braun. Diese Farbe wird von einer photosynthetisch aktiven Cyanobakterie verursacht. Die Schattenseite ist weiß. Links sieht man zwei gelbe Reniera mucosa-Kolonien und oben zwei kugelförmige Schwämme mit einer für Chondrosia reniformis charakteristischen Marmorierung. Die gelben Polypen gehören dem sechsstrahligen Blumentier Leptosammia pruvoti, und der Zweig (rechts) ist das Moostierchen Adeonella calveti.

Petrosia ficiformis (dura)

Steinschwamm (D), Stony sponge (GB), Éponge-pierre (F), Spugna pietra (I), Esponja de piedra (E), Steenspons (NL)

Die Kolonien sind gewöhnlich etwa 20 cm groß, ihre Größe kann aber zwischen 5 und 50 cm variieren. Man findet diese sciaphile Art unter Überhängen und in Höhlen in Tiefen zwischen 5 und 50 m. Dieser Kieselschwamm ist vor allem durch seine harte Konsistenz und seine rauhe Oberfläche charakterisiert; er fühlt sich „trocken“ an. Unter Überhängen hat er eine mehr oder weniger rundliche Form; in Höhlen bildet er zylindrische Geflechte. Im Licht wird das Oberflächengewebe braun oder violett. Dies ist auf eine symbiontische, photosynthetisch aktive Cyanobakterie („Blaualge“) zurückzuführen, von der sich der Schwamm ernährt. Die Hinterkiemer-Schnecke Peltodoris atromaculata ernährt sich ihrerseits von dem Oberflächengewebe des Schwamms.

Axinella polypoides

Gemeiner Geweihschwamm (D), Common antlers sponge (GB), Axinelle commune (F), Spugna alberello (I), Axinella común (E), Gewone geweispons (NL)

Die Verzweigungen dieser Art können 60 bis 100 cm erreichen. Man findet die Art in Tiefen zwischen 15 und 100 m, oft an sedimentreichen Steilwandterrassen oder unter Überhängen angesiedelt. Die gelben Kolonien dieses Kieselschwamms haben glatte, runde Verzweigungen mit sternförmig angeordneten Oscula. Diese Art kann mit Axinella verrucosa verwechselt werden, der aber eine rauhere Oberfläche hat.

Eine schöne Kolonie des Gemeinen Geweihschwamms richtet sich an einer kleinen Steilwand des Koralligens auf. Dicht an seinem Befestigungspunkt sieht man eine Rote Seescheide (Halocynthia papillosa); ihre Unterseite, die normalerweise kein Licht bekommt, ist weiß. Unten eine kleine Parazoanthus axinellae-Kolonie und an der Wand einige weiße Kalkkolonien des Röhrenwurms Salmacina.

Axinella damicornis

Flacher Geweihschwamm (D), Flat antlers sponge (GB), Axinelle plate (F), Spugna corne di daino (I), Axinella plana (E), Platte geweispons (NL)

Er ist der kleinste der Geweihschwämme: Er wird gewöhnlich nicht größer als 10 bis 15 cm. Man findet diese Art in oberflächennahen Höhlen, d. h. in Tiefen zwischen 2 und 10 m oder auf etwas tiefer gelegenen (bis zu 30 m) Hartböden, vorzugweise auf Schlamm und Fels. Die Kolonien dieses Kieselschwamms sind gelb und sehen gewöhnlich wie ein fleischiger, leicht gelappter Fächer aus. Das Gewebe dieses Schwamms wird häufig von der Krustenanemone Parazoanthus axinellae überwuchert (daher deren Name!).

Auf einem sedimentreichen Felsgrund richtet sich ein Flacher Geweihschwamm auf, der seinerseits von der Krustenanemone Parazoanthus axinellae besiedelt ist.

Pleraplysilla spinifera

Weißer Stachelschwamm (D), White prickly sponge (GB), Éponge épineuse blanche (F), Spugna spinosa bianca (I), Esponja espinosa blanca (E), Witte stekelspons (NL)

Die kleinen Kolonien messen nur einige Zentimeter. Die Conuli sind kaum 5 mm groß. Diese Art lebt in Tiefen zwischen 5 und 50 m, im allgemeinen an Stellen, die vor direktem Licht geschützt sind. Man weiß nicht sehr viel über den Weißen Stachelschwamm, dessen Haut mit großen Conuli gespickt ist. Er ähnelt ein wenig der Art Dysidea fragilis, die aber gedrungener ist, kleinere Conuli besitzt und deren Haut ein wenig durchscheinend ist, was bei Pleraplysilla spinifera nicht der Fall ist.

Das Skelett des Weißen Stachelschwamms hebt die Haut der Kolonie in die Höhe, die so durch ihre Conuli charakterisiert ist.

Acanthella acuta

Orangener Stachelschwamm (D), Orange spiny sponge (GB), Éponge épineuse orange (F), Spugna spinosa arancia, acantella (I), Esponja espinosa anaranjada (E), Oranje stekelspons (NL)

Kleiner Schwamm von maximal 10 cm Größe.
Man findet diese Art auf Felsgestein und korallinen Böden, gewöhnlich an Wänden in Tiefen zwischen 5 und 40 m. Die aufrechten orangenen Kolonien dieses Kieselschwamms verdanken ihre typische Form den großen Spiculi in ihrem Gewebe. Dadurch ähneln sie ein wenig der Art Pleraplysilla spinifera; diese ist jedoch weiß und bildet Krusten, so daß eine Verwechslung kaum möglich ist.

Dieser Ausschnitt des Orangenen Stachelschwamms zeigt die charakteristische Gestalt mit kegelförmigen Auswüchsen, die an einen Kaktus erinnern. Dazwischen erkennt man die Fäden einer Rotalge und unten rechts die durchscheinenden Tentakel des Wurms Eupolymnia nebulosa.

Cliona viridis

Grüner Bohrschwamm (D), Green boring sponge (GB), Clione verte (F), Cliona verde (I, E), Groene boorspons (NL)

Die großen, an massige Kissen erinnernde Kolonien können 20 bis 50 cm groß werden. Man findet diese Art auf Fels und im Koralligen, insbesondere auf horizontalen, sedimentreichen Gründen. Sie ist ebenfalls auf Seegrasrhizomen anzutreffen. Tiefe: 10 bis 50 m. Es handelt sich um einen Kalk durchbohrenden Kieselschwamm; daher findet man ihn vor allem auf Kalkfelsen und korallinen Böden, die von Kalkalgen erbaut wurden. Aufgrund seiner bohrenden Lebensweise sieht man nur die Poren auf den Warzen und die aus dem Boden herausragenden Oscula; der Schwamm gibt seine endolithische Lebensweise jedoch unter bestimmten Bedingungen auf (z. B. Verschmutzung) und bildet charakteristische massige Kolonien, deren Farben von braun bis olivgrün variieren. Typisch sind die hellen Ränder der Oscula. Im Innern der Kolonien stößt man auf seltsame Materialien: Sand, Geröll, Schalenreste. Aufgrund der Größe dieses Schwamms können sehr viele Symbionten mit ihm leben, darunter auch der Festsitzende Einsiedler Calcinus ornatus.

Trotz seines Namens ist der Grüne Bohrschwamm meistens braun (wie auf diesem Foto). Auf seiner Oberfläche befinden sich die typischen Wärzchen (sie zeigen die Einfuhröffnungen an), während die blaßgelben Oscula auf den kegelförmigen Röhren sitzen, die sich über die massige flache Kolonie erheben.

Cliona celata

Gelber Bohrschwamm (D), Yellow boring sponge (GB), Clione jaune (F), Cliona gialla (I), Cliona amarilla (E), Gele boorspons (NL)

Ausschnitt einer vom Gelben Bohrschwamm durchbohrten Roten Krustenalge (Lithophyllum incrustans); man kann nur seine gelben Öffnungen erkennen. Die Kolonien sind nicht zu sehen, da sie endolithisch Gänge bilden.

Die Öffnungen haben einen Durchmesser von 1 bis 3 mm. Es handelt sich um einen Kalk durchbohrenden Schwamm. Deshalb findet man ihn vor allem auf Kalkfelsen, Kalkalgen und Gehäusen („Lebkuchen"-Krankheit der Austern). Tiefe: 0 bis 80 m. Im Mittelmeer ist einzig die durchbohrende Form bekannt (Form α). Man sieht nur die gelben Öffnungen aus dem Substrat hervorkommen. Die Einfuhröffnungen sind perforiert, und die Oscula bilden ganz runde Röhren. Dieses Tier ist ein wichtiger Faktor für die Meereserosion. Im Atlantik ist ebenfalls eine große (bis zu 60 cm) massige Form (Form β) bekannt, bei der die Oscula die lappenförmigen Kämme säumen.

Clathrina coriacea

Weißer Gitterkalkschwamm (D), White clathrina (GB), Clathrine blanche (F), Clatrina bianca (I), Clatrina blanca (E), Witte Clathrina (NL)

An einer Höhlenwand dicht an der Oberfläche hängen weiche Massen des Weißen Gitterkalkschwamms.

Die Kolonien haben gewöhnlich kleinere Ausmaße, d. h. bis etwa 10 cm. An manchen Stellen sind sie jedoch so zahlreich, daß beträchtliche Felsflächen von ihnen bedeckt werden. Diese Art lebt an dunklen Orten (Überhänge, Höhlen) von der Oberfläche bis in ungefähr 20 m Tiefe. Sie bevorzugt das bewegte Wasser dicht an der Oberfläche. Weicher Schwamm mit Netzen aus weißen, durchscheinenden Röhren. Vergleichen Sie den Gelben Gitterkalkschwamm (Clathrina clathrus).

Clathrina (Leucosolenia) clathrus (coriacea)

Gelber Gitterkalkschwamm (D), Yellow Clathrina (GB), Clathrine jaune (F), Clatrina gialla, Clatrina gregaria (I), Clatrina amarilla (E), Gele Clathrina (NL)

Die Kolonien sind klein (5 bis 10 cm), während die Röhren einen Durchmesser von 0,5 bis 3 mm haben. Diese Art lebt unter Überhängen und in Spalten in Tiefen zwischen 5 und 25 m. Im Schutz von Höhlen nahe der Oberfläche, wo das Wasser ruhig ist, kann der Schwamm in 1 m Tiefe aufsteigen! Gelber Kalkschwamm, der ein Geflecht aus durchscheinenden, miteinander verschlungenen Röhren bildet. Die Röhren können eine unter Überhängen sitzende Masse formen, oder ein flaches, Felsen überwucherndes Geflecht. Die Röhren sind sehr weich. Die Bezeichnung „Kalkschwamm" basiert auf dem Material der Skelettnadeln, die nicht kieselhaltig sind wie bei den Kieselschwämmen. Zu Unrecht hat man diese Art als coriacea bezeichnet. Clathrina coriacea unterscheidet sich von Clathrina clathrus durch die weiße Farbe. Im Atlantik ist die Art übrigens häufiger als im Mittelmeer.

Dieser Ausschnitt von Clathrina clathrus zeigt sehr schön das Geflecht aus weichen, durchscheinenden Röhren dieses Kalkschwamms. Der Schwamm bildet eine kleine Masse verschlungener Röhren, die an einem Felsen hängt.

Ein Röhrengeflecht von Leucosolenia direkt unter der Wasseroberfläche.

Leucosolenia variabilis

Röhrenkalkschwamm (D), Calcareous tube-sponge (GB), Éponge calcaire tubulaire (F), Spugna calcarea tubulare (I), Esponja calcárea tubular (E), Buisjeskalkspons (NL)

Der Röhrendurchmesser beträgt etwa 1 bis 2 mm, die Kolonie bedeckt mehrere Zentimeter. Eher sciaphile Art, die unter Überhängen dicht an der Oberfläche lebt.

Die runden, sehr weichen Lappen sind für diese Art ebenso charakteristisch wie die blaue Farbe, obwohl diese veränderlich ist und unter bestimmten Umständen ins Violette, Rote oder sogar Gelbe spielen kann. Unten im Bild kann man sehr schön die hellen Oscula von Cliona viridis erkennen.

Oscarella lobularis

Blauer Fleischschwamm (D), Blue sponge (GB), Éponge bleue (F), Spugna blu (I), Esponja azul (E), Blauwe vleesspons (NL)

Die Kolonien messen zwischen 5 und 15 cm. Man findet diese Art vor allem in Höhlen und unter Überhängen, aber auch auf exponierten Felsen und zwischen Seegrasrhizomen. Dieser Kieselschwamm hat kein Skelett und ist deshalb sehr weich (er fühlt sich gallertartig an). Dadurch kann er sich ungeschlechtlich fortpflanzen, genau wie Chondrosia reniformis, indem er Gewebefäden „fließen“ läßt. Charakteristisch sind die runden Lappen. Die typischste Farbe ist blau, sie kann aber auch ins Violette, Braune, Rote oder sogar Gelbe variieren. Manchmal sieht man in derselben Kolonie Übergänge von einer Farbe in eine andere.

Guancha lacunosa (Clathrina primordialis)

Gestielter Kalkgitterschwamm (D), Pedunculate Clathrina (GB), Clathrine pédonculée (F), Clatrina peduncolata (I), Clatrina pedunculada (E), Gesteelde Clathrina (NL)

Weicher Kalkschwamm, der aus einer Masse weißer, durchscheinender Röhren besteht, die mit einem charakteristischen Stiel am Substrat befestigt sind. Nicht mit der vorhergehenden Art zu verwechseln. Die Kugel hat einen Durchmesser von 3 bis 5 cm. Der Stiel hat nur einen Durchmesser von wenigen Millimetern und ist einige Zentimeter lang. Diese Art heftet sich an einen stabilen Halt, vorzugsweise an Felsgestein oder Hornkrallen. Man findet sie gewöhnlich nur in ruhigem Wasser ab ungefähr 10 m Tiefe.

Der Gestielte Kalkgitterschwamm ist ein kleiner Schwamm, der mit einem kurzen Stiel am Substrat (Felsen oder Hornkorallen) haftet.

Haliclona (Reniera) aquaeductus

Brauner Schlauchschwamm (D), Brown tube sponge (GB), Éponge tubulaire brune (F), Spugna tubolare bruna (I), Esponja tubular marron (E), Bruine buisspons (NL)

Die einzelnen Röhren haben einen Durchmesser von ungefähr 2 cm bei einer Höhe von 4 bis 8 cm; die Kolonien können 25 cm groß werden. Man findet diese Art im Koralligen. Bathymetrische Verbreitung (Tiefenverbreitung), vermutlich handelt es sich aber um eine circalitorale Art. Rosa-brauner, eher weicher Kieselschwamm.

Eine große Haliclona aquaeductus-Kolonie unter einem kleinen, felsigen Überhang. Sie befindet sich in Gesellschaft des Blauen Krustenschwamms Anchinoe tenacior (rechts) und eines Gelben Krustenschwamms, wahrscheinlich Crella mollior.

Eine Haliclona mediterranea-Kolonie unter einem Überhang. Die rosa Schlote, die jeweils in einem Osculum enden, sind charakteristisch für diese Art. Beachten Sie auch die Gelbe Krustenanemone (Parazoanthus axinellae) und die roten Krusten des Schwamms Crambe crambe.

Haliclona mediterranea (rosea)

Rosa Schlauchschwamm (D), Pink tube sponge (GB), Éponge tubulaire rose (F), Haliclona rosea (I), Haliclona rosada (E), Rose buisspons (NL)

Die röhrenförmigen Schlote haben einen Durchmesser von 1 bis 2 cm und eine Höhe von 4 bis 10 cm; die Kolonien können Flächen mit einem Durchmesser von etwa 20 cm bedecken. Man findet diese Art vor allem unter Überhängen, aber auch im Koralligen, in Tiefen zwischen 10 und 50 m. Zu Unrecht wurde dieser elastische Kieselschwamm lange Zeit rosea genannt. Haliclona rosea ist ein arktisches und kaltgemäßigtes (boreales) Tier und unterscheidet sich von der hier besprochenen endemischen Mittelmeerart durch mehrere Merkmale.

Haliclona simulans (?)

Schlauchschwamm (D), Tube sponge (GB), Éponge tubulaire (F), Spugna tubolare (I), Esponja tubular (E), Buisspons (NL)

Die einzelnen Schlote haben einen Durchmesser von 2 bis 4 cm und eine Höhe von ungefähr 10 cm; die Kolonien können Flächen mit einem Durchmesser von etwa 15 cm bedecken. Diese Art ist unter Steinen und auf felsigen Wänden anzutreffen, von der Oberfläche bis in 30 m Tiefe. Ein Kieselschwamm von fester, an Kork erinnernde Konsistenz; er hat eine glatte Oberfläche und eine veränderliche Farbe von braun bis gelb, orange oder grau. Man sieht oft mehrere Farben, in gut abgegrenzten Zonen in ein und derselben Kolonie. Die Form ist ebenfalls veränderlich: von wenig erhobenen Krusten unter Steinen bis zu hoch erhobenen Schloten.

Schlauchschwämme der Unterklasse Haplosclerida sind anhand eines einfachen Fotos schwierig zu bestimmen. Zwei Spezialisten für diese Tiergruppe haben dieses Tier völlig unterschiedlichen Gattungen und Arten zugeordnet. Für den einen handelt es sich um Siphonochalina subcornea und für den anderen um Haliclona simulans. Biologe, enthalte Dich der Stimme, wenn Du im Zweifel bist!

Haliclona (Reniera) cratera

Orangener Schleimschwamm (D), Orange slimy sponge (GB), Éponge orange muqueuse (F), Spugna mucosa arancia (I), Esponja mucosa anaranjada (E), Oranje slijmspons (NL)

Die dicken Krusten können beachtliche Flächen bedecken (bis zu 50 cm); der Durchmesser der Oscula beträgt ungefähr 2 mm, die Poren sind winzig. Die Art lebt an Steilwänden und felsigen Überhängen in Tiefen zwischen 5 und 40 m. Dieser Kieselschwamm hat eine eher weiche Konsistenz und eine orangene Färbung. Die Oscula sitzen auf kleinen, kegelförmigen Erhebungen ohne Poren. Dieser Schwamm produziert beträchtliche Mengen an Schleim wenn man ihn aus dem Wasser herausnimmt (aus Achtung vor der Natur sollten Sie es nicht ausprobieren!).

Eine Haliclona cratera-Kolonie bedeckt das Felsgestein unter einem Überhang. Oben links sind die rötlichen Krusten von Crambe crambe zu sehen und unten die bläulichen Kolonien von Anchinoe tenacior. Der weiße Röhrenwurm (oben) ist Bispira voluticornis, und die rosafarbene Tentakelkrone (unten rechts) gehört dem Kalkröhrenwurm Serpula vermicularis.

Eine Orangefarbige Agelas-Kolonie mit ihren terminalen Oscula auf etwa 5 cm hohen Lappen.

Agelas oroides

Orangefarbige Agelas (D), Orange Agelas (GB), Agélas orangé (F), Agelas aranciata (I), Agelas anaranjada (E), Oranje Agelas (NL)

Die Kolonie kann einen Durchmesser von etwa 20 cm erreichen, die Lappen sind einige Zentimeter hoch. Liebt dunkle Plätze: Überhänge und Höhlenböden. Die charakteristische Farbe ist Orange oder Ocker. Die Art hat eher glatte, an der Spitze mit Oscula versehene Lappen. Sehr zäh.

Spongia (Euspongia) officinalis

Badeschwamm, Tafelschwamm (D), Bath sponge (GB), Éponge de toilette, éponge fine (F), Spugna da bagno (I), Esponja de baño (E), Badspons (NL)

Dieser Schwamm bildet unregelmäßige Massen, die einen Durchmesser von mehreren Dezimetern erreichen können. Die gut sichtbaren Oscula messen 3 bis 8 mm, die Conuli haben eine Höhe von 0,2 bis 0,4 mm und einen Abstand von 1,5 bis 2 mm. An Schattenstandorten findet man dieser Art bereits wenige Meter unter der Oberfläche, hauptsächlich ist sie jedoch zwischen 10 und 40 m Tiefe auf Felsen oder auf isolierten Steinen der Weichböden anzutreffen. Graue oder schwarze Farbe. Die Conuli verleihen der Oberfläche eine Struktur, die einer Gänsehaut ähnelt. Das Skelett dieses hornartigen Schwamms besteht einzig und allein aus Spongin, einem äußerst elastischen Material, das diesem Tier außergewöhnliche kosmetische Qualitäten verleiht. Dieser Schwamm wird insbesondere in Tunesien, Griechenland und in der Türkei von Tauchern abgeerntet. Man kann die Art leicht mit Vertretern der Gattung Ircinia verwechseln. Ircinia hat allerdings eine sehr zähe, feste Oberfläche, während Spongia eine wesentlich weichere Oberfläche hat.

Der Badeschwamm ist grau oder schwarz und äußerst elastisch. Er hat runde Oscula mit einem Durchmesser von 3 bis 8 mm.

Ircinia variabilis

Veränderliche Ircinia (D), Variable Ircinia (GB), Ircinie variable (F), Ircinia variabile (I), Ircinia variable (E), Veranderlijke Ircinia (NL)

Dieser Schwamm kann 1 Dezimeter und mehr erreichen. Er lebt im lichtdurchfluteten Flachwasser, aber auch an Höhleneingängen. Die kastanienbraune bis violette Färbung ist auf symbiontische Cyanobakterien zurückzuführen: Die an dunklen Standorten lebenden Exemplare sind weißlich. Wie der Name schon sagt, hat die Art im allgemeinen eine unregelmäßige Form: krustenförmig, massig oder verzweigt. In den warmen Teilen des Mittelmeeres besitzen die Schwämme oft eine plateauförmige Gestalt (siehe Foto).

Eine recht fleischige Kolonie der Veränderlichen Ircinia in einem Algenbestand dicht an der Oberfläche; man erkennt unter anderem Trichteralgen.

Eine große Schwarze Ircinia, bedeckt mit Braunalgen (Cystoseira und Padina).

Ircinia (Sarcotragus) spinosula

Schwarze Ircinia (D), Black Ircinia (GB), Ircinia noire (F), Ircinia nera (I), Ircinia negra (E), Zwarte Ircinia (NL)

Sehr großer, massiger und zäher Schwamm, der eine Größe von 1 m und mehr erreichen kann. Vor allem in den warmen Teilen des Mittelmeeres häufig und schon in Tiefen von wenigen Metern anzutreffen.

Eine Faserige Ircinia unter einem Überhang. Die violette Färbung ist auf symbiontische Cyanobakterien zurückzuführen. Beachten Sie auch die kleinen roten, stacheligen Knötchen der Roten Foraminifere (Miniacina miniacea), die sich um den Schwamm herum befinden.

Ircinia fasciculata

Faserige Ircinia (D), Fibrous Ircinia (GB), Ircinia fibreuse (F), Ircinia fibrosa (I, E), Vezelige Ircinia (NL)

Großer Schwamm, bis etwa 30 cm. Sciaphile Art, die unter Steinen und im Schutz vor direktem Licht als Unterwuchs von Algen lebt. Von der Oberfläche bis in circa 30 m Tiefe. Wie die meisten Ircinia ist auch diese Art dank eines dichten Geflechts aus Sponginfäden sehr zäh. Krustenförmig oder massig. Die Färbung variiert aufgrund symbiontischer Cyanobakterien von braun bis violett.

Cacospongia scalaris (?)

Schwarzer Hornschwamm (D), Black horny sponge (GB), Éponge cornée noire (F), Spugna cornea nera (I), Esponja cornea negra (E), Zwarte hoornspons (NL)

Diese Schwämme sind manchmal sehr groß und können einen halben Meter und mehr erreichen. Die Art lebt dicht an der Oberfläche (bis in etwa 10 m Tiefe). Bevorzugt die Nordwände von Felsen. Es gibt sehr viele schwärzliche Schwämme: Spongia officinalis, Ircinia dendroides, Sarcotragus spinosula, Cacospongia scalaris... Es ist nicht einfach, sich zurechtzufinden, wenn man sich einzig auf das allgemeine Aussehen einer Kolonie stützt; denn dieses ist bei allen Schwämmen sehr veränderlich. Wir haben Jean Vacelet, einen der großen Spezialisten für Mittelmeerschwämme, um Rat gefragt und haben uns hier für Cacospongia scalaris entschieden, haben aber dennoch vorsichtshalber ein Fragezeichen gesetzt.

Eine Ircinia fasciculata mit anderer Form und Farbe. Wahrscheinlich handelt es sich um verschiedene Arten: Diese Gruppe ist in der Tat noch wenig bekannt.

Ausschnitt eines großen, hornartigen Schwamms. Aber welche Art könnte es sein? Wenn er sich leicht zerreißen läßt, handelt es sich wahrscheinlich um Cacospongia scalaris. Ist er hingegen sehr zäh, wird es sich eher um Sarcotragus (Ircinia) spinosula handeln.
Es ist nicht einfach, einen Schwamm zu bestimmen!

Eine typische Pinselschwamm-Kolonie hat sich auf einem sandbedeckten Felsen festgesetzt. Unten rechts die orangene Kruste von Crambe crambe und hinten weiße, stachelig aussehende Kolonien von Pleraplysilla spinifera.

Ciocalypta penicillus

Pinselschwamm (D), Brush sponge (GB), Éponge pinceau (F), Spugna pennello (I), Esponja pincel (E), Penseelspons (NL)

Die Kegel sind ungefähr 5 cm hoch. Dieser Schwamm setzt sich auf sandbedeckten Steinen in Tiefen zwischen 10 und 40 m fest. Durchscheinender Kieselschwamm von gelber oder blaßbeiger Färbung und knorpeliger Konsistenz. Aufgrund der Durchsichtigkeit der dünnen, kegelförmigen „Pinsel", die für diesen Schwamm charakteristisch sind, ist die faserige, zentrale Achse sichtbar. Man findet diese Art nur auf Hartböden, die von sandig-schlammigem Sediment bedeckt sind.

Ausschnitt von einem Osculum mit den wasserzuführenden Kanälen. Man sieht die leichte Granulation, die auf Spiculi in der Oberflächenschicht zurückzuführen ist. Die Art fühlt sich deshalb rauh an, wodurch man sie von Crambe crambe unterscheiden kann.

Spirastrella cunctatrix

Orangener Krustenschwamm (D), Orange encrusting sponge (GB), Éponge encroûtante orange (F), Spugna incrostante arancia (I), Esponja encrostante anaranjada (E), Oranjerode korstspons (NL)

Die dünnen Krusten können beträchtliche Flächen von bis zu $1 m^2$ bedecken. Diese Art ist nur unter Überhängen und in Höhlen anzutreffen. Man findet sie von der Oberfläche bis in 25 m Tiefe.

Hohltiere (Coelenterata) oder Nesseltiere (Cnidaria)

Der Name „Coelenterata“ kommt von griechisch *koilos* (hohl) und *enteron* (Inneres). Obwohl der Ausdruck „hohles Inneres“ ein Pleonasmus ist, beschreibt er sehr gut die gewöhnliche Anatomie des Hohltieres, das entweder *polypen*förmig (A) oder *medusen*förmig (B) ist. Beide Formen sind durch einen von *Tentakeln* (2) umgebenen *Mund* (1) charakterisiert. Die Mundöffnung mündet in einen *Magenraum* oder *Gastralraum* (3). Die Abfallstoffe werden zwangsläufig durch die einzige Öffnung ausgeschieden, die daher Mund und *After* zugleich ist. Auf der Abbildung kann man deutlich erkennen, daß der Polyp nichts anderes als eine auf den Kopf gestellte und am Boden haftende Meduse ist: Sie sehen, wie eine Seeanemone einer Meduse angenähert wird! Was bei der einen als *Fuß* (4) bezeichnet wird, ist bei der anderen die *Glocke* (5). Eine detaillierte Ansicht der Zellwand dieser Tiere (C) verdeutlicht die dreischichtige Struktur: Sie besteht aus einer äußeren Zellschicht, dem *Ektoderm* (6), einer gallertartigen mittleren Schicht, der *Mesogloea* (7) und einer inneren Zellschicht, dem *Entoderm* (8). Bei den Medusen stellt die Mesogloea die Hauptsubstanz des Tieres dar – daher

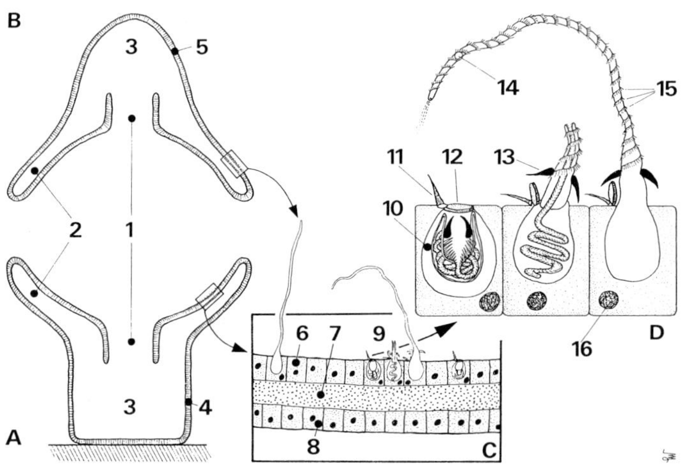

auch ihr gallertartiges Aussehen. Im Ektoderm befinden sich die Nesselzellen, auch *Nematocyten* oder *Cniden* (9) genannt. Sie charakterisieren diesen Tierstamm, der daher noch eine andere Bezeichnung trägt: Cnidaria (von griechisch knidé, Brennessel). Ausschnitt (D) zeigt ihre Wirkungsweise. Jede Nesselzelle enthält eine *Kapsel (Nematocyste)* (10), die von einem *Cnidocil* (11) und einem *Deckel* (12) überragt wird. Der *Nesselfaden* (14) ist in der mit Gift gefüllten Kapsel eingerollt. Wenn das Cnidocil von einem Fremdkörper berührt wird, explodiert die Kapsel: Der Deckel öffnet sich, der Nesselfaden wird herausgeschleudert und dringt in den Körper der Beute oder des Tieres ein, das das Hohltier in Unruhe versetzt hat. Der Nesselfaden trägt einige *Stilette* (13) und zahlreiche *Widerhaken* (15), die den Halt sichern, während das Gift durch eine Öffnung am Ende des Nesselfadens ausgestoßen wird. Man erkennt außerdem in jeder Zelle einen *Kern* (16).

Erste Hilfe

Glücklicherweise sind nicht alle Cnidaria für den Menschen gefährlich. Die Berührung der meisten Blumentiere *(Anthozoa)* und Hydrozoen ist harmlos, obwohl man sich vor einigen Hydroiden in acht nehmen sollte. Besonders unter den Medusen findet man einige stark nesselnde Arten, wie die Würfelquallen („Wespen des Meeres“) und die Portugiesischen Galeeren, die zu traurigem Ruhm gelangten, weil ihre Verbrennungen ernsthafte Probleme, in einigen Fällen sogar den Tod verursachen können. Was ist im Falle einer schmerzhaften Berührung zu tun? Erste Hilfe: Einnahme schmerzstillender Mittel (Aspirin, Paracetamol); die betroffenen Stellen mit Olivenöl oder einer Natriumbicarbonatlösung (Alka Seltzer) einreiben. Wenn das Opfer das Bewußtsein verliert, ist eine künstliche Beatmung erforderlich. Zögern Sie bei starken Beschwerden nicht, einen Arzt aufzusuchen, der Ihnen bei Bedarf starke Schmerzmittel, Antihistamine und herzunterstützende Medikamente verschreiben kann.

Systematik

Hohltiere sind in vier Klassen unterteilt: Hydrozoen *(Hydrozoa)*, Schirmquallen *(Scyphozoa)*, Blumen- oder Korallentiere *(Anthozoa)* und Würfel- oder Feuerquallen *(Cubozoa)*. Die Hydrozoa beinhalten die Hydroiden *(Hydroidea)*, die in einem gesonderten Kapitel besprochen werden sowie die Staats- oder Röhrenquallen *(Siphonophora)*, die ich aus praktischen Gründen gemeinsam mit den *Schirmquallen* zu den Medusen gruppiert habe. Die *Blumentiere* beinhalten zwei Unter-

klassen: Die *Hexacorallia* und die *Octocorallia.* Aufgrund der Wichtigkeit dieser beiden Gruppen für Ihre Unterwasserbeobachtungen habe ich jeder von ihnen ein Kapitel gewidmet. Manche Blumentiere haben in ihrem Gewebe einzellige, symbiontische Algen, sogenannte Zooxanthellen, die dem Gewebe ihres Wirtes eine bräunliche Färbung verleihen.
Die Symbiose ist perfekt: Das Tier profitiert von dem von der Alge produzierten Sauerstoff und der organischen Materie, während die Alge die Abfallprodukte des Polypen (Phosphate, Nitrate) weiterverwertet. Die Würfelquallen werden in diesem Buch nicht besprochen.

Hydroiden

Die Hydroiden oder *Hydroidea* kommen in Form von am Boden festsitzenden Kolonien, sogenannten *Hydropolypen* (A), oder als pelagisch lebende *Hydromedusen* (B) vor. Obwohl beide Formen innerhalb derselben Art wechseln („Generationswechsel"), tragen das Hydromedusen- und das Hydropolypenstadium oft unterschiedliche Namen, weil nicht immer eindeutig bestimmt werden kann, welche Meduse zu welchem Polypen gehört. Die Hydropolypen bilden meistens Kolonien mit unterschiedlichen Formen, was zu einer Unterteilung in Familien und Gattungen führt. Hier werden einige Beispiele typischer Vertreter gezeigt. Sie gehören zur Gattung *Bougainvillea* und *Eudendrium* (A), zur Gattung *Antenella* (C) und zu den Gattungen *Aglaophenia, Kirchenpaueria, Thecocaulus* und *Plumularia* (D). Die Kolonie besteht aus einem *Stolon* (oder einer *Hydrorhiza*) (1), der von einem aufgerichteten Teil, dem *Hydrocaulus* überragt wird. Hier erkennt man das aus Chitin bestehende *Periderm* (a), das den Gastralraum (Magenraum) (b) umgibt. Die Tentakel der *Freßpolypen* (2) tragen *Nematocysten* (c). Sie können *entfaltet* (2) oder *eingezogen* (3) sein. Hydroiden ernähren sich von Plankton. Die Kolonien wachsen durch *Knos-*

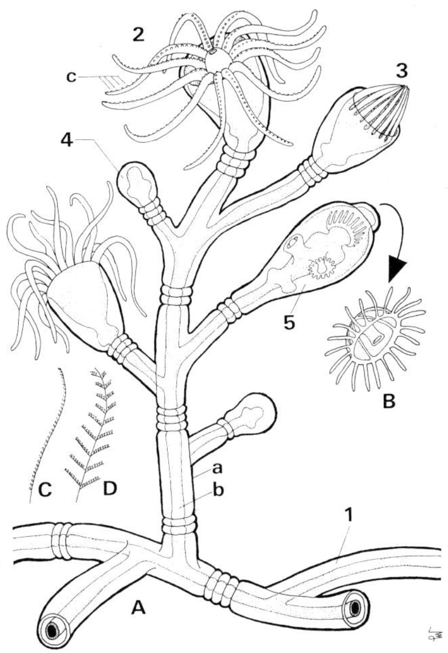

Manchmal ist es schwierig, eine Art oder sogar eine Gattung anhand eines Fotos zu bestimmen. Dieser Vertreter der Bougainvilliidae könnte Podocoryna carnea sein.

pung neuer Polypen (4). Besondere Geschlechtspolypen oder Gonotheken (5) können schließlich Medusen (B) hervorbringen. Diese scheiden ihre Geschlechtsprodukte ins Wasser aus: Aus der Befruchtung entsteht eine Planulalarve, die eine neue Kolonie (A) entstehen läßt, sobald sie sich am Boden festsetzt.

Bougainvilliidae

Bougainvilliiden (D), Bougainvilliids (GB), Bougainvilliidés (F), Bougainvilliide (I), Bougainvilliides (E), Bougainvilliiden (NL)

Manchmal ist es schwierig, eine Art oder sogar eine Gattung anhand eines Fotos zu bestimmen. Dieser Vertreter der Bougainvilliidae könnte Podocoryna carnea sein. Die Hydropolypen von Podocoryna carnea sind etwa 1 cm hoch und kommen aus einer Platte hervor, die den Untergrund verkrustet. Typische Art verschlammter Felsböden oder als Aufsitzer von Schneckenschalen, die von Einsiedlerkrebsen bewohnt sind.

Aglaophenia sp.

Federpolyp (D), Sea-fern (GB), Plumulaire (F), Plumularia (I, E), Veerhydroïd (NL)

Die „Federn" der verschiedenen Arten messen zwischen 2 und 15 cm. Die meisten Federpolypen leben bis in 10 m Tiefe, gewöhnlich an stark beströmten Stellen. Man kann sie aber auch in größeren Tiefen finden. Es gibt mehrere Aglaophenia-Arten, aber auch andere Federpolypen, die ihnen ähneln: Plumularia, Kirchenpaueria, Thecocaulus diaphanus und Lytocarpia myriophyllum, um nur einige zu nennen! Auch hier ist eine genaue Bestimmung schwierig und kann nur nach mikroskopischen Kriterien vorgenommen werden.

Eine kleine „Wiese" mit Federpolypen, wahrscheinlich Aglaophenia pluma oder A. kirchenpaueri (septifera). Die eiförmigen Strukturen sind Gonotheken. Sie entwickeln sich im Frühjahr und dienen der Fortpflanzung.

Sertularella sp.

Zwergmoos (D), Sea-oak (GB), Sertularelle (F), Sertularella (I, E), Zee-eik (NL)

Kolonien von nur wenigen Zentimetern; die Polypen stehen an den Ästen wechselständig. Diese Art lebt als Aufwuchs oder auf Hartböden.

Eine große Zwergmooskolonie auf einer Orangenen Fächerkoralle (Lophogorgia ceratophyta). Die an den Ästen wechselständigen Polypen sind charakteristisch.

Typischer Busch einer Eudendrium-Kolonie; wahrscheinlich ist es E. rameum.

Eudendrium sp.

Bäumchenpolyp (D), Tree-hydroid (GB), Hydraire dendriforme (F), Eudendrio (I), Eudendrium (E), Boompjeshydroïd (NL)

Die kleinen Eudendriumbäumchen sind zwischen 5 und 20 cm groß. Diese Hydroiden leben weder sehr dicht an der Oberfläche noch in großer Tiefe. Sie scheinen Tiefen zwischen 5 und 30 m zu bevorzugen und sind unter Überhängen und an Höhleneingängen zu finden. Sie sind wahrscheinlich auf der ganzen Welt zu Hause, nur Eudendrium racemosum könnte eine endemische Mittelmeerart sein. Wir haben es wieder einmal mit einer Hydroiden-Gattung zu tun, die schwierig an Ort und Stelle zu bestimmen ist. Eudendrium ramosum ist am wenigsten verzweigt, E. racemosum ist etwas buschiger und E. rameum ist gewöhnlich sehr verzweigt.

Eine Antenella-Kolonie; ihre Polypen entspringen nur auf einer Seite der Äste.

Antenella sp.

Antenella (D, GB, I, E, NL), Antenelle (F)

Die einzelnen Äste sind nur wenige Zentimeter groß. Die Polypen, die nur auf einer Seite der Äste entspringen, kann man mit dem bloßen Auge gerade noch erkennen. Diese Tiere leben auf Felsböden oder als Aufwuchsorganismen.

Halocordyle disticha

Seebrennessel (D), Sea-nettle (GB), Ortie de mer (F), Ortica di mare (I), Ortiga de mar (E), Zeebrandnetel (NL)

Die großen Kolonien von Halocordyle disticha können eine Größe von 10 bis 20 cm erreichen. Obwohl sie auf den ersten Blick den Federpolypen ähneln, kann eine Verwechselung leicht vermieden werden: Bei Halocordyle trägt jeder seitliche Ast nur ein halbes Dutzend großer, in Abständen stehender Polypen, während bei den Federpolypen jeder Ast eine Vielzahl winziger Einzeltiere trägt, die dicht aneinander gedrängt sind. Man findet diese Art an hellen Felskanten in wenigen Metern Tiefe, wo sie beträchtliche Populationen bilden kann. Die Polypen dieses Hydroiden nesseln sehr stark: Sie reizen die Haut genau wie eine Brennessel; daher stammt auch ihr Name.

Die Nacktschnecke Flabellina affinis ernährt sich von den Polypen der Seebrennessel.

Tubularia sp.

Röhrenpolyp (D), Flower-head, Organ pipe (GB), Tubulaire (F), Tubularia (I, E), Orgelpijppoliep, schrijfpen (NL)

Die Hydropolypen von Tubularia mesembryanthemum messen etwa 2 cm, die der Tubularia larynx können länger als 10 cm werden. Typische Art sedimentreicher Hartböden.

Tubularia-Polypen erkennt man an der doppelten Tentakelreihe um den Mund.

Sechsstrahlige Blumentiere (Hexacorallia)

Die Mehrzahl der Blumen- oder Korallentiere *(Anthozoa)* gehört zur Unterklasse der Sechsstrahligen Blumentiere *(Hexacorallia).* Sie haben glatte, meist sehr zahlreiche Tenkakel, im Prinzip (aber nicht immer!) ein Vielfaches von sechs, woher sie auch ihren Namen haben. Man unterscheidet fünf Ordnungen. Zylinderrosen *(Ceriantharia)* sind in länglichen Röhren lebende Seeanemonen. Dörnchenkorallen *(Anthipatharia)* bilden buschige Kolonien. Ihr hornartiges Skelett trägt winzige Dornen; zu ihnen gehört die berühmte „Schwarze Koralle" der tropischen Meere. Krustenanemonen *(Zoantharia)* sind *koloniebildende Seeanemonen,* die gewöhnlich krustenförmige Kolonien, seltener aufrechte Kolonien entwickeln. *Actiniaria* sind nichts anderes als solitäre *Seeanemonen.* Und schließlich die Steinkorallen *(Madreporaria* oder *Scleractinia);* sie sind solitäre oder koloniebildende Hexacorallia mit einem kompakten Kalkskelett. Sie bilden die Korallenriffe der tropischen Meere. Das Schaubild zeigt die Anatomie einer *Seeanemone* (A) und einer *solitären Steinkoralle* (B). Beide sind sich sehr ähnlich. Sie haben eine *Tentakelkrone* (1), die einer *Mundscheibe* oder *Peristom* (2) entspringen und den Mund umgeben. Ein Schlundrohr, das sogenannte *Stomadaeum* (4), führt zum *Magenraum* (5). Dieser hat mehrere dünne, *radiäre Scheidewände* (6), deren Ränder dicker werden und fadenförmige Nesselorgane *(Akontien)* (7) bilden. Die Seeanemone heftet sich mit ihrer *Fuß-Scheibe* (8) am Untergund fest.

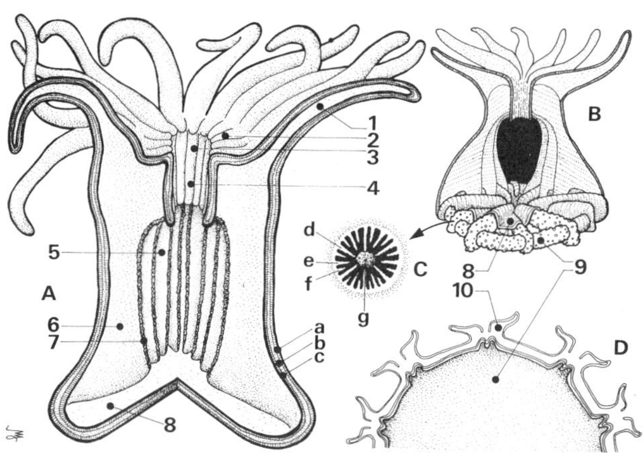

Die Körperwände des Tieres bestehen aus den drei für Hohltiere charakteristischen Schichten: *Ektoderm* (a), *Mesogloea* (b) und *Entoderm* (c). Bei den Steinkorallen sondert die *Fuß-Scheibe* (8) ein *Kalkskelett* (9) ab. Dieses besitzt *Septen* zwischen den Scheidewänden des Polypen. Wenn man das Skelett einer Steinkoralle (C) untersucht, entdeckt man in der Kalkbehausung, die den Polyp schützte, oft *primäre* (d), *sekundäre* (e) und *tertiäre Septen* (f) und eine zentrale *Columella* (g). Eine *Kolonie* (D) entsteht, wenn sich die *Polypen* (10) durch Knospung vermehren, ohne sich zu trennen.

Actinia equina

Pferdeaktinie, Purpurrose, Erdbeerrose (D), Beadlet anemone (GB), Actinie rouge, tomate de mer, cubasseau (F), Attinia rossa, pomodoro (fragole) di mare, cazzo rosso (I), Tomate marino (E), Paarde-anemoon (NL)

Die Pferdeaktinie wird bis zu 6 cm groß. Die Tentakelkrone kann an die 200 spitze und bis zu 2 cm lange Tentakel besitzen. Art der Gezeitenzone: supralitorale Fluttümpel, Eulitoral, bis in 8 m Tiefe. Geographische Verbreitung: Mittelmeer, Atlantik, Nordsee. Seeanemone mit veränderlicher Farbe: rot, braun oder grün, manchmal mit Linien oder Flecken. Dank ihres hohen Schleimgehalts (hält das Wasser zurück) kann sie bei Ebbe trockenfallen. Die Tentakel werden dann eingezogen, so daß das Tier einer kleinen, leuchtenden Tomate ähnelt.

Knapp unter der Oberfläche entfaltet eine Pferdeaktinie ihre Tentakel.

Auch wenn anhand dieses Fotos keine genaue Bestimmung vorgenommen werden kann, handelt es sich hier wahrscheinlich um eine Edelsteinrose oder eine verwandte Art.

Bunodactis verrucosa (?)

Edelsteinrose (D), Gem anemone (GB), Anémone verruqueuse (F), Rugola (I), Actinia verrucosa (E), Wrat-anemoon (NL)

Kleine Seeanemone von maximal 3 cm Durchmesser. Lebt im tiefen Wasser, vorzugsweise an geschützten Stellen: Spalten, Unterseite von Steinen, Wurzelstöcken von Posidonia etc. Geographische Verbreitung: Mittelmeer, Atlantik und Nordsee.

Anemonia viridis (sulcata)

Wachsrose, Grüne Seerose (D), Snake-locks anemone, opelet anemone (GB), Anémone de mer verte, ortique (F), Anemone capelli di serpe, matrona di mare, morosa (I), Actinia común (E), Wasroos (NL)

Der Körper kann 5 cm hoch werden und einen Durchmesser von 12 cm haben. Die 150 bis 200 nicht einziehbaren, langen Tentakel werden 15 cm lang. Diese Art lebt hauptsächlich nahe der Oberfläche. In Buchten und geschützten Häfen kann sie ganz dicht am Ufer Teppiche von mehreren Quadratmetern bilden. Man kann sie jedoch auch bis in ungefähr 20 m Tiefe antreffen. Die in der Tiefe lebenden Exemplare sind nicht so farbig wie diejenigen, die in Oberflächennähe leben. Geographische Verbreitung: Mittelmeer und Atlantik. Die Wachsrose ist ein Zufluchtsort für Tiere, die unempfindlich gegen ihre stark nesselnden Tentakel sind. In diesem Mikrokosmos trifft man kleine Schwebegarnelen (Leptomysis mediterranea), Widderkrebschen, Anemonen-Seespinnen (Inachus phalangium) und die Anemonengrundel, die der einzige „Anemonenfisch“ des Mittelmeeres ist. Diese Seeanemone wird von den südfranzösischen Fischern entweder mit Essig (zur „Entschärfung“ der Nesselkapseln) im Salat oder in Teigwaren gegessen.

Dicht an der Oberfläche werden die geschmeidigen Tentakel der Anemonia von symbiontischen Algen grün und rosa gefärbt. Die Farben verwischen sich mit der Tiefe, so daß man dort nur einfarbig graue Exemplare findet.

Cribrinopsis crassa

Fleischanemone (D), Fat anemone (GB), Anémone charnue (F), Attinia grossa (I), Actinia gorda (E), Dikke anemoon (NL)

Große Seeanemonen, deren Körperdurchmesser 7 cm und deren dicke Tentakel bis zu 5 cm erreichen können. Man findet diese Art in Felsspalten, wo sich Grobsediment angesammelt hat. Als solitär lebendes Tier bildet diese Seeanemone keine dichten Populationen.

Sie lebt von der Oberfläche bis in etwa hundert Meter Tiefe. Endemische Mittelmeerart. Nicht zu verwechseln mit der Goldrose (Condylactis aurantiaca), die eine ähnliche Farbe, aber dünnere und längere Tentakel hat. Letztere lebt im Sand vergraben, aus dem nur die sonnenförmige Tentakelkrone hervorragt.

Obwohl die Fleischanemone eine ähnliche Färbung wie die Wachsrose hat, kann sie aufgrund ihrer dicken, kurzen Tentakel nicht mit dieser verwechselt werden.

Die Grüne Aiptasie erkennt man an ihren durchsichtigen, marmorierten Tentakeln und deren charakteristischer Form. Sie ziehen sich bei Berührung ruckartig zusammen. Die Seeanemone kann sie jedoch nicht vollständig einziehen.

Aiptasia mutabilis

Grüne Aiptasie, Siebanemone (D), Green Aiptasia (GB), Aiptasie verte (F), Anemone bruno (I), Aiptasia verde (E), Groene Aiptasia (NL)

Kleinere Seeanemone als die vorhergehende Art: Körperdurchmesser 3 cm und spitze Tentakel von 6 cm Länge. Endemische Mittelmeerart, die auf Felsen zwischen der Oberfläche und 5 m Tiefe lebt.

Diese im flachen Wasser lebende Seeanemone kann leicht an ihrer gelblichen Farbe und den spitzen, relativ starren Tentakeln erkannt werden.

Aiptasia diaphana

Gelbe Aiptasie, Durchsichtige Anemone (D), Yellow Aiptasia (GB), Aiptasie jaune, anémone transparente (F), Aiptasia gialla, garofano di mare, tettina (I), Aiptasia amarilla (E), Gele Aiptasia (NL)

Kleine Seeanemone: Körperdurchmesser 1 cm bei einer Höhe von 5 cm, mit ungefähr 50 Tentakeln von 2 cm Länge. Endemische Mittelmeerart, die auf wellenumspülten Felsen zwischen der Oberfläche und 2 m Tiefe lebt. Dank einer ungeschlechtlichen Vermehrung durch Knospung können die Populationen sehr schnell wachsen und im Frühjahr und Sommer dicht an der Oberfläche regelrechte „Rasenflächen“ bilden.

Halcampoides purpurea

Halcampoides (D, GB, E, NL), Halcampoïde (F), Alcampoide (I)

Der zylindrische Körper hat einen Durchmesser von knapp 1 cm bei einer Höhe, die 10 cm übersteigen kann; die 12 sehr dünnen Tentakel sind zwischen 10 und 20 cm lang. Diese Seeanemone lebt auf sandig-schlammigen Böden oder zwischen Geröll in Tiefen zwischen 10 und 1 000 m. Diese Art kommt in den kalten und subpolaren Meeren beider Hemisphären vor; in Europa ist sie von Norwegen bis zum Mittelmeer bekannt. Möglicherweise ist die Art recht häufig, aber nur wenig beachtet. Es scheint, daß sich das Tier tagsüber in den Boden zurückzieht, um nur nachts aufzublühen. Das erklärt, warum man es so selten sieht und warum man es (tagsüber!) in manchen Höhlen antrifft.

(Foto:Enrico & Rosaria Gargiulo.)

Die Halcampoides ist eine zarte, durchsichtige Seeanemone der Sandböden, die man nur nachts oder in bestimmten Höhlen sieht. Bei Tageslicht zieht sie sich in den Sand zurück.

Cereus pedunculatus

Sonnenrose, Seemannsliebchen (D), Seadaisy (GB), Anémone solaire (F), Anemonia solare (I), Actinia solar (E), Zonneanemoon (NL)

Große Seeanemone, deren Durchmesser und Höhe an die 10 cm betragen. Die Tentakelkrone kann mehr als 700 Tentakel haben. Diese Art lebt befestigt auf Schalen oder Kieselsteinen; der Körper ist meistens im Weichboden vergraben: Detritus-, Sand- oder Schlammböden zwischen 0 und 90 m. Geographische Verbreitung: Mittelmeer, Atlantik und Nordsee.

Der 10 cm hohe Körper der Cereus pedunculatus ist hier vollkommen im Sediment verborgen: Man sieht nur die Mundscheibe mit ihren etwa 700 Tentakeln.

(Foto: Roberto Rinaldi.)

Die kleinen goldenen, blumenkohlartigen Blasen, die den Unterteil (Scapus) dieser großen Seeanemone schmücken, sind charakteristisch.

Alicia mirabilis

Alicia (D, GB, F, I, E, NL)

Diese große Seeanemone kann 40 cm und mehr erreichen und bis zu 96 Tentakel tragen. Sie lebt auf koralligenen Böden und in Seegraswiesen in Tiefen zwischen 10 und 40 m. Manchmal heftet sie sich auf Hornkorallen fest. Man kennt sie nur im Golf von Neapel und in der Umgebung von Gibraltar. Aber sie ist wahrscheinlich weniger selten als man glaubt, da sie nur nachts aufblüht. Tagsüber schrumpft sie ganz in sich zusammen, so daß nur noch ein bräunlicher, mit nesselnden Blasen bedeckter Kegel zurückbleibt.

Calliactis parasitica

Einsiedler-Seerose, Schmarotzerrose (D), Hermit-crab anemone, parasite anemone (GB), Anémone solitaire (F), Anemone parasita, ortica di mare, ciafroia (I), Actinia del ermitaño (E), Heremietanemoon (NL)

Diese Seeanemone wird bis zu 10 cm hoch, hat einen Durchmesser von 4 cm und trägt 300 bis 700 Tentakel. Man findet diese Art auf Detritus- und Sandböden, insbesondere auf von Einsiedlerkrebsen bewohnten Gehäusen. Geographische Verbreitung: Mittelmeer, Atlantik bis zum Ärmelkanal. Die Verbindung zwischen der Seeanemone und dem Krebs ist eine echte Symbiose und daher für beide Partner zum

Vorteil. Der Einsiedlerkrebs transportiert Calliactis bei seiner Nahrungssuche von einem Festessen zum anderen. Da er keine guten Tischmanieren hat, profitiert seine Partnerin von seinen Krümeln. Die Seeanemone schützt den Krebs bei unangenehmen Begegnungen mit ihrem Arsenal von violetten Nesselfäden (den Akontien), die schon bei geringer Reizung ausgestoßen werden.
Eine andere, ähnlich lebende Seeanemone ist Adamsia palliata.

Einige Exemplare von Calliactis parasitica auf einem Gehäuse, das von dem Krebs Dardanus arrosor bewohnt wird.

Corynactis viridis

Schmuckanemone (D), Jewel-anemone (GB), Anémone-bijou (F), Anemonia gioiello (I), Actinia piedra preciosa (E), Edelsteen-anemoon (NL)

Die Mundscheibe ist etwa 1 cm groß. Diese Art gedeiht unter widersprüchlichen Bedingungen: Bewegtes Wasser und relative Dunkelheit. Man muß sie deshalb immer in Oberflächennähe suchen, aber an schattigen Plätzen wie z. B. Grotteneingängen oder Überhängen. Sie ist im Mittelmeer nicht selten, kommt aber häufiger im Atlantik vor, wo sie Felsflächen von mehreren Quadratmetern bedecken kann. Corynactis ist aufgrund ihrer inneren Anatomie keine echte Seeanemone. Sie ist vielmehr eine Steinkoralle ohne Skelett.

Die Schmuckanemone verdient ihren Namen! Die Farben dieses Tieres sind manchmal großartig: violett, orange, gelb, grün und braun. Die geschwollenen Enden der Tentakel sind charakteristisch.

Zylinderrosen sind eindrucksvolle Tiere, denen man sich vorsichtig nähern muß: Sie ziehen sich bei der geringsten Gefahr in ihre weiche Röhre zurück.

Cerianthus membranaceus

Zylinderrose (D), Cylinder-anemone (GB), Cérianthe (F), Cerianto, ardichella, fiore di mare (I), Cerianto (E), Kokeranemoon (NL)

Der Körper befindet sich in einer geschmeidigen Röhre und wird bis zu 35 cm lang. Der Mund ist von zwei konzentrischen Tentakelreihen umgeben. Die inneren Mundtentakel sind nur einige Zentimeter groß, die Tentakel der äußeren Krone erreichen hingegen 20 cm. Die Art lebt auf sandig-schlammigen Böden und erträgt geringe Verschmutzung. Sie lebt in Tiefen zwischen 1 und 40 m. Endemische Mittelmeerart. Die Zylinderrose hat eine sehr veränderliche Färbung: von weiß über gelb, grün, braun, violett bis hin zu schwarz oder buntgemischte Farben.

Parazoanthus axinellae

Gelbe Krustenanemone (D), Yellow encrusting anemone (GB), Anémone encroûtante jaune (F), Margherita di mare (I), Actinia encrostante amarilla (E), Gele korstanemoon (NL)

Die Polypen dieser Krustenanemone sind maximal 1 cm groß, die Kolonien können jedoch mehrere Quadratdezimeter Fels bedecken und die Populationen sogar einige Quadratmeter.
Diese Art lebt an Felsüberhängen, Höhleneingängen oder anderen dunklen, sedimentfreien Stellen, wo jedoch eine beständige Strömung die Erneuerung der Nahrungszufuhr gewährlei-

stet. Die Art lebt auch als Aufwuchs auf Seescheiden (Microcosmus) und Schwämmen der Gattung Axinella (daher auch ihr Name). Sie lebt in Tiefen von 1 m bis über 200 m. Man unterscheidet zwei Formen Parazoanthus axinellae: Die eine hat schlanke, die andere gedrungene Polypen. Es könnte sich um zwei Arten handeln; die Ordnung der Krustenanemonen (Zoantharia) ist jedoch noch relativ schlecht erforscht.

Ausschnitt einer mit Gelben Krustenanemonen bedeckten Wand.

Epizoanthus paxi

Braune Krustenanemone (D), Brown encrusting anemone (GB), Anémone encroûtante brune (F), Epizoanto (I), Actinia encrostante marrón (E), Bruine korstanemoon (NL)

Die Polypen dieser Krustenanemone sind ungefähr 1 cm groß. Man findet diese Art an Höhleneingängen nahe der Oberfläche, zwischen 0 und 5 m Tiefe. Nicht selten trifft man diese Krustenanemone – die eine gewisse vorübergehende Sedimentfracht erträgt – auf sedimentreichen Felsböden an.

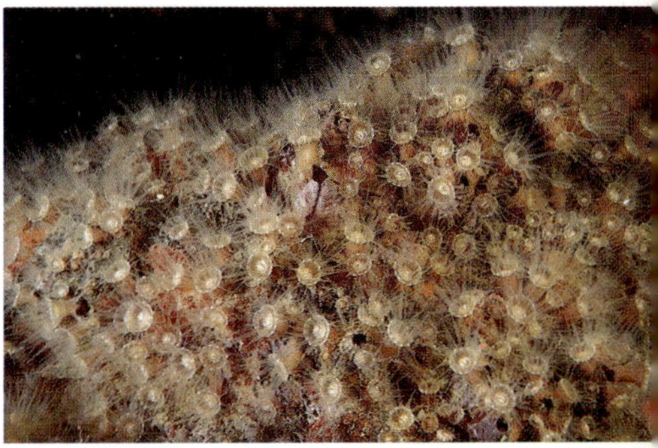

Ein Rasen Brauner Krustenanemonen auf einem Höhlenboden.

(Foto: Enrico & Rosaria Gargiulo.)

Eine außergewöhnlich dichte Population von Gerardia auf einer Steilwand mit Paramuricea clavata. Die Kolonien dieser Krustenanemone entstehen durch Krustenbildung auf Hornkorallenachsen, bevor sie selbst ein Hornskelett absondern.

Gerardia savaglia

Strauchanemone (D), Bushy anemone (GB), Anémone buissonnante (F), Anemonia arborescente (I), Actinia arbol (E), Struikanemoon (NL)

Die Polypen dieser Krustenanemone sind bis zu 3 cm groß, die Kolonie kann höher als 1 m werden. Man weiß sehr wenig über diese seltenen Kolonien. Die Strauchanemone lebt im allgemeinen in Tiefen über 40 m. In gewissen, derzeit noch wenig erforschten Teilen des Mittelmeeres (Golf von Korinth, Marmarameer) könnte sie häufiger vorkommen. Obwohl sie selbst in der Lage ist, ein Hornskelett abzusondern, kommt es vor, daß das weiche Gewebe die Achsen toter Hornkorallen überwuchert. Manche Forscher glauben sogar, daß die Kolonien immer an Hornkorallenachsen entstehen.

Ausschnitt einer solitären Steinkoralle Balanophyllia europaea. Diese sehr häufige Art lebt dicht an der Oberfläche.

Balanophyllia europaea (verrucaria, italica)

Warzenkoralle (D), Scarlet coral, pig-tooth coral (GB), Dent de cochon (F), Madrepora solitaria (I, E), Varkenstandkoraal (NL)

Die Skelette dieser Koralle werden zwischen 1 und 2,5 cm groß. Die großen Exemplare haben einen ovalen, in der Mitte eingedrückten Umriß. Diese Steinkoralle heftet sich auf harten Untergründen fest: Felsen, Steine, Gehäuse. Von der Oberfläche bis in etwa 50 m Tiefe. Verbreitung: Endemische Art des Mittelmeeres.

Leptosammia pruvoti

Gelbe Nelkenkoralle (D), Yellow solitary coral (GB), Corail solitaire jaune (F), Corallo solitario giallo (I), Coral solitario amarillo (E), Geel solitair koraal (NL)

Die Skelette werden bis zu 17 mm breit und bis zu 60 mm hoch. Man findet diese Art von der Oberfläche an. Unter Überhängen und in Höhlen können sich dichte Populationen bilden. Mittelmeer und Atlantikküsten bis zu den Britischen Inseln.

Typisch für schattige oder dunkle Standorte: eine Population Gelber Nelkenkorallen.

Caryophyllia inornata (Coenocyathus dohrni)

Nelkenkoralle (D), Carnation coral (GB), Madrépore œillet (F), Madrepora garofano (I), Madrepora clavel (E), Anjelierkoraal (NL)

Die Skelette werden zwischen 15 und 20 mm hoch, bei einem Durchmesser von 10 bis 12 mm. Man findet Caryophyllia zwischen der Oberfläche und 100 m Tiefe, insbesondere unter Überhängen. Es gibt im Mittelmeer noch andere Caryophyllia-Arten, darunter C. smithii.

Eine kleine Nelkenkorallen-Kolonie unter einem Überhang.

Ausschnitt kleiner Madraciskolonien. Typisch ist die vieleckige Form der Kelche; die Polypen haben nur einen Durchmesser von etwa 2 bis 3 mm.

Madracis pharensis

Madracis (D, GB, F, I, E, NL)

Die kleinen Kolonien sind zwischen 1 und 5 cm groß. Sie bestehen aus 10 bis 50 Polypen. Die vieleckigen Kelche haben einen Durchmesser von ungefähr 2 bis 3 mm. Schattenliebende Art, die man an Höhleneingängen und unter Überhängen ab einigen Metern Tiefe antrifft. Geographische Verbreitung: Mittelmeer, tropischer und subtropischer Atlantik bis zu den Antillen. Im westlichen Mittelmeer kommen insbesondere die sciaphilen Formen ohne Zooxanthellen vor. Im östlichen Becken gibt es mehr Formen mit Zooxanthellen, die eher photophil sind.

Im Schatten eines Überhangs und im Schutz des Sediments hat sich eine kleine sciaphile Gemeinschaft gebildet: Einige Zwergkorallen-Kolonien (Hoplangia durotrix), zwei Nelkenkorallen-Polypen (Caryophyllia inornata) und Schwämme (Petrosia ficiformis und Crambe crambe).

Hoplangia durotrix

Zwergkoralle (D), Dwarf coral (GB), Corail nain (F), Corallo nano (I), Coral enano (E), Dwergkoraal (NL)

Die Kolonien sind zwischen 10 und 40 mm groß und können sich aus 100 bis 200 Polypen zusammensetzen. Der Durchmesser der Kelche beträgt einige Millimeter (in Ausnahmefällen 6 mm); sie können eine Höhe von 30 mm erreichen. Sciaphile Art, die sich besonders unter Überhängen entwickelt, wo man sie häufig mit Leptosammia pruvoti und Corallium rubrum trifft. An Höhlendecken kann man große Flächen finden, die größtenteils von Hoplangia durotrix bedeckt sind.

Polycyathus muellerae

Polycyathus (D, GB, F, I, E, NL)

Kelchdurchmesser: 6 mm (in Ausnahmefällen 12 mm). Länge der Tentakel: 3 bis 4 mm. Die Kolonien messen im allgemeinen 3 bis 5 cm; es gibt jedoch auch krustenbildende Exemplare, die sich flächiger ausbreiten. Lebt an Überhängen und in Höhlen, vom flachen Wasser bis in 30 m Tiefe. Mittelmeer und angrenzender Atlantik.

Polycyathus ähnelt Hoplangia; die Kolonien und die Polypen sind allerdings größer und die Tentakel länger. Diese an Überhängen und in Höhlen lebende Art meidet sedimentreiche Plätze, toleriert aber Helligkeit.

Dendrophyllia ramea

Gelbe Baumkoralle (D), Yellow tree-coral (GB), Madréporaire arborescent (F), Madrepora arborescente (I, E), Bloomkoraal (NL)

Die verzweigten Kolonien messen im allgemeinen zwischen 30 und 50 cm, können aber auch größer als 1 m werden. Der Kelchdurchmesser beträgt ungefähr 1 cm, der Durchmesser der entfalteten Polypen etwa 2 bis 4 cm. Die Art lebt auf Hartböden ab 30 m Tiefe. Geographische Verbreitung: nordwestafrikanische Küsten, Sizilien, italienische Küsten bis Neapel und östlicher Atlantik. Es gibt zwei unterschiedliche Färbungen: Eine gelbe mit weißen oder gelben Polypen und eine braune mit weißen Polypen.

Die großen Kolonien der Gelben Baumkoralle werden selten von Tauchern gesehen, weil sie gewöhnlich in Tiefen über 100 m leben; sie bieten einen herrlichen Anblick. Diese Dendrophyllia wurde in nur 40 m Tiefe entdeckt.

Orangene Kolonien von Astroides calycularis zwischen violetten Kalkalgen (Pseudolithophyllum expansum), Ästen einer Edelkoralle (Corallium rubrum), weißen Salmacina-Büschen (Filograna sp.) und einer Roten Gorgonie (Paramuricea clavata) an einer Steilwand.

Astroides calycularis

Sternkoralle, Kelchkoralle (D), Star-coral (GB), Corail stelliforme, madréporaire orange (F), Madrepora arancione, corallo russo (I), Madrepora anaranjada (E), Oranje sterkoraal (NL)

Die halbkugelförmigen Kolonien können etwa 10 cm groß werden. Die Kelche der Polypen sind im allgemeinen aneinander gepreßt; jeder von ihnen hat einen Durchmesser von etwa 1 cm. Diese Art lebt an Steilwänden, Überhängen und in Höhlen, von der Oberfläche (an Stellen, die vor starker Hydrodynamik geschützt sind) bis in ungefähr 30 m Tiefe. Man findet sie nur in den südlichen Teilen des westlichen Mittelmeerbeckens, von Gibraltar bis Neapel, an den nordwestafrikanischen Küsten und in Spanien bis Cabo de Palos. Astroides calycularis ähnelt aufgrund ihrer lebhaften Färbung und ihrer Skelettform tropischen Arten der Gattung Tubastrea.

Cladocora caespitosa

Rasenkoralle (D), Cladocora (GB), Cladocore (F), Cespuglio di mare (I), Madrepora mediterranea (E), Zodenkoraal, polkoraal (NL)

Halbkugelförmig verkrustete Kolonien, manchmal aber auch verzweigt (in ruhigem Wasser!). Die Kolonie kann größer als 50 cm werden. Durchmesser der Kelche: 4 bis 5 mm. Im ganzen

Mittelmeer häufig, auf allen Hartsubstraten: Felsen, Geröll, Gehäuse. Man hat auch schon große Kolonien in Posidoniawiesen gefunden. Photophile Art, die von der Oberfläche – wo sie große Fläche bedecken kann – bis in eine Tiefe von ungefähr 50 m zu finden ist. Die Kolonien sind bräunlich gefärbt und besitzen manchmal grüne Partien.
Dies ist auf symbiontische Algen in ihrem Gewebe, bzw. Zooxanthellen und Zoochlorellen, zurückzuführen.

Eine typische Kolonie von Cladocora caespitosa, umgeben von Algen (vor allem Dictyota sp., links, und Lithophyllum incrustans, rechts) und von dem orangenen Schwamm Crambe crambe. Beachten Sie auch die Kalkröhren von Serpula vermicularis auf der Kolonie.

Phyllangia mouchezii

Phyllangia (D, GB, F, I, E, NL)

Krustenbildende oder aufgerichtete Kolonien, die etwa 10 cm groß werden können. Der Durchmesser der Kelche beträgt etwa 1 cm, die Tentakel sind ebenfalls 1 cm lang. Im Norden des westlichen Beckens selten, in den wärmeren Teilen des Mittelmeeres jedoch häufiger. Sie bevorzugt schattige Standorte.

Phyllangia hat wesentlich größere und kräftigere Kelche als Polycyathus und Hoplangia. Die braune Färbung des Polypenstocks und die grünlichen Tentakel sind charakteristisch.

Achtstrahlige Blumentiere (Octocorallia)

Die Vertreter der achtstrahligen Blumentiere *(Octocorallia)* bilden Kolonien mit zwei Charakteristika: Jeder Polyp hat acht Tentakel (nicht leicht zu erkennen!) und das Gewebe hat fast immer feine Skelettelemente (außer bei einigen tropischen Arten ist es fast unmöglich, sie mit dem bloßen Auge zu erkennen). Man unterteilt sie in vier Ordnungen, die sich durch ihre allgemeine Morphologie unterscheiden. Die *Stolonifera* (A) werden von Polypen gebildet, die aus am Boden festgewachsenen *Stolonen* hervorkommen. Die Lederkorallen *(Alcyonacea)* (B) bilden *fleischige,* aufrechte Kolonien. Sie haben ein *Hydroskelett,* d.h. sie saugen sich mit Wasser voll. Die Hornkorallen *(Gorgonacea)* (C) sind baumförmig verzweigt und haben ein zentrales Achsenskelett, welches von einer Rinde umgeben ist. Diese Achse besteht aus *Horn* oder aus Kalk (bei der Edelkoralle). Die Form der Seefedern *(Pennatulacea)* ist auf der Abbildung nicht dargestellt. Man sieht diese Bewohner der tiefgelegenen Weichböden nur selten. Der Ausschnitt eines Hornkorallenzweiges (D) zeigt die *Polypen* (1), die aus dem *Coenenchym* (2) hervorkommen. Die Seitenansicht zweier Polypen (E), von denen einer entfaltet und einer zurückgezogen ist und ein von oben gesehener Polyp (F) zeigen einige für Octocorallia charakteristische Details: Die *acht Tentakel* (a), die selbst seitliche *Fiedern* (b) tragen, und die *Sklerite* (c), Skelettelemente des Coenenchym, die sich allerdings auch auf den Polypen befinden können. Spezialisten stützen sich zur Unterscheidung der Arten auf die Morphologie der Sklerite. Abbildung (G) zeigt die typischen Formen einiger Mittelmeerarten.

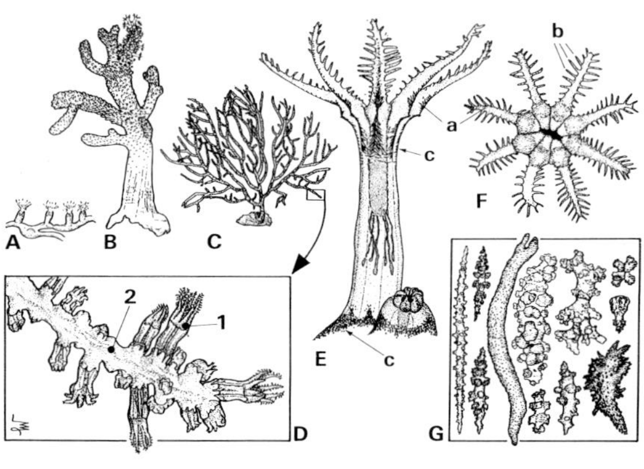

Cornularia cornucopiae

Füllhornkoralle (D), Horn of Plenty coral (GB), Corail corne d'abondance (F), Cornucopia (I, E), Hoorn-des-overvloeds koraal (NL)

Ordnung: Stolonifera. Die Breite der Stolonen beträgt 0,2 mm; die Polypen werden gewöhnlich nicht höher als 8 mm. Man findet diese sciaphile Art auf Felsen, Kieselsteinen oder Neptunsgras zwischen der Oberfläche und 18 m Tiefe. Als kleinster Vertreter der Octocorallia besitzt diese Koralle eine eigenartige Besonderheit: Sie hat keine Sklerite. Der obere Teil der Polypen kann sich in einen hornartigen Kelch zurückziehen; die Bezeichnung „Kelch" ist vielleicht ein wenig übertrieben.

Einige Polypen der Cornularia zwischen Moostierchen und Hydroiden. Beachten Sie die Stolonen, die die Polypen verbinden.

Clavularia crassa (ochracea)

Gemeine Clavularia (D), Common Clavularia (GB), Clavulaire commune (F), Clavularia comune (I), Clavularia común (E), Gewoon kruipkoraal (NL)

Ordnung: Stolonifera. Die Breite der abgeflachten Stolonen beträgt 0,5 bis 2 mm; die Höhe der Polypen beträgt 4 bis 10 mm, bei einer Breite von 1,5 mm. Die Tentakel sind bis zu 6 mm lang, so daß die Tentakelkrone (Mundscheibe inbegriffen) 15 mm erreichen kann. Diese Art lebt auf Felsen, Corallinenböden, Seescheiden (Microcosmus) und an Posidoniarhizomen in Tiefen zwischen 0 und 25 m. Im Gegensatz zu den meisten Octocorallia stößt Clavularia keine Planulalarven aus, sondern orangefarbene Eier, die unter der Tentakelkrone ausgebrütet werden.

Einige Polypen von Clavularia in einem Bestand von Schwämmen. Beachtenswert ist der starre, mit Skleriten angefüllte Polypenkörper und die acht gefiederten Tentakel. Da die Fiedern eine weiße Basis besitzen, erscheinen die Tentakel wie mit einer Doppelreihe weißer Punkte geschmückt; dies ist charakteristisch für die Art.

Clavularia carpediem

Große Clavularia (D), Greater clavularia (GB), Grande clavulaire (F), Clavularia grande (I, E), Groot kruipkoraal (NL)

Eine Kolonie der Großen Clavularia mit der typischen Form büschelartig angeordneter Polypen. Das Foto wurde in etwa 15 m Tiefe bei Cabo Negro (M'diq, Marokko) aufgenommen. Es ist bisher der einzige Fundort dieser Art.

Ordnung: Stolonifera. Die Kolonien bestehen aus 35 bis 150 eng aneinander gerückten Polypen, die dichte Büschel bilden. Die Stolonen bilden Flächen von 2 bis 20 mm Breite. Die Polypen erreichen eine Größe von 24 mm. Man hat diese Art bis jetzt auf Felsgestein, mit Kalkalgen bedeckten Felsen und auf Resten von Hornkorallenachsen in Tiefen zwischen 15 und 22 m gefunden. Sie scheint sedimentlose Untergründe zu bevorzugen. Die noch wenig bekannte Art wurde 1982 vom Autor entdeckt.

Sarcodictyon (Rolandia) roseum (catenata)

Ziegelkoralle (D), Brick coral (GB), Corail brique (F), Baksteenkoraal, rose korstkoraal (NL)

Eine Sarcodictyon roseum-Kolonie hat einen Stein überwuchert. Beachten Sie das im Vergleich zu den kleinen Polypen beträchtliche Coenenchym.

Ordnung: Stolonifera. Die Stolonen sind relativ breit (2,5 mm), während die Polypen eher klein sind (2,5 bis 3 mm im Mittelmeer, bis zu 6 mm im Atlantik). Diese Art lebt auf Felsgestein und Hornkorallenachsen, von der Oberfläche bis in 200 m Tiefe. Sie hat eine ziegelrote Farbe (um die Britischen Inseln herum findet man manchmal weiße Kolonien). Die durchscheinenden weißlichen Polypen tragen keine Sklerite. Die krustenbildenden Kolonien fühlen sich glatt an, wodurch man Sarcodictyon von der ihr ähnlichen Alcyonium coralloides unterscheiden kann.

Veretillum cynomorium

Gelbe Seefeder (D), Round sea-pen (GB), Vérétille (F), Veretillo (I, E), Ronde zeeveer (NL)

Eine Gelbe Seefeder richtet sich über einem Schlammboden auf.

Ordnung: Pennatulacea. Wenn die Kolonie mit Wasser vollgesogen ist, kann sie eine Höhe von 40 bis 50 cm erreichen. Sie besteht aus einem polypenfreien Fußteil und einem zentralen Skelettstab, auf dem sich bis zu 500 oder 600 Autozooiden (Polypen mit acht Tentakeln) von 4 bis 6 cm Höhe aufrichten. Unter ihnen befinden sich Tausende kleiner Polypen ohne Tentakel, sogenannte Siphonozooiden, die der Kolonie ein körniges Aussehen verleihen. Die Gelbe Seefeder lebt auf sandig-schlammigen Böden zwischen 15 und 100 m Tiefe. Geographische Verbreitung: Westliches Mittelmeer, Atlantik von Südafrika bis zum Golf von Biscaya. Die Kolonie kann zusammengezogen und wurmförmig sein oder aufgepumpt mit entfalteten Polypen. Das Tier kann sich von einer Beschaffenheit in die andere versetzen, indem es entweder Wasser abläßt oder sich mit Wasser vollsaugt (Hydroskelett). Bestimmte Bewegungen von Fuß und Achse führen zur Verankerung der Kolonie im Sandboden. Es scheint, daß sich die Kontraktionen eher tagsüber vollziehen und die Entfaltungen typischer für die nächtliche Phase sind. Man findet hingegen nicht selten entfaltete Tiere auch am hellen Tage.

Eine Rote Seefeder über einem Sandboden. Der Fuß sitzt im Weichboden fest; die Achse ragt auf der Seite heraus, auf der sich die polypentragenden Blätter befinden.

Pennatula rubra (+ phosphorea)

Rote Seefeder (D), Red sea-pen (GB), Pennatule rouge (F), Pennachiera rossa (I), Pennatula roja (E), Rode zeeveer (NL)

Ordnung: Pennatulacea. Die Kolonien können eine Höhe von 20 cm erreichen. Diese Tiere leben ausschließlich auf sandig-schlammigen Böden in Tiefen zwischen 20 und 100 m, von wo sie häufig von Schleppnetzfischern mitgebracht werden. Seefedern können sich über dem Sandboden aufrichten und zur Stabilisierung mit Wasser vollsaugen. Pennatula rubra ist eine endemische Mittelmeerart, während die sehr ähnliche P. phosphorea weltweit verbreitet ist.

Zwei verschiedenfarbige Krustenbildende Lederkorallen haben eine Edelkoralle überwuchert.

Alcyonium (Parerythropodium) coralloides

Krustenbildende Lederkoralle (D), Encrusting alcyonarian (GB), Alcyon encroûtant (F), Corallo incrostante (I), Coral encrostante (E), Korstvormende dodemansduim (NL)

Ordnung: Alcyonacea. Die krustenbildenden Kolonien können Hornkorallen vollständig überwuchern und auf diese Weise eine Größe von 50 cm erreichen; oft sind die Kolonien jedoch kleiner. Diese Art überwuchert vor allem Hornkorallen, man kann sie aber auch auf Felsgestein und der Seescheide Microcosmus antreffen. Die auf Fels lebenden Tiere verlieren oft ein wenig von ihrem krustenförmigen Aussehen und

bilden echte kleine Lederkorallen mit einem oder mehreren Lappen von 1 bis 4 cm.
Die Lederkoralle ist ein verblüffender Raumparasit: Sobald es einer Larve gelingt, sich auch nur an der kleinsten entblößten Stelle einer Hornkoralle festzuheften, ist deren Todesurteil quasi besiegelt. Das Gewebe der Hornkoralle wird ganz schnell von der Lederkoralle, die die gesamte Achse überdecken wird, zurückgeschoben. Die Krustenform mit unregelmäßigen Auswüchsen ist charakteristisch. Die Krustenbildende Lederkoralle fühlt sich „trocken" und rauh an; dadurch kann sie von Sarcodictyon roseum (Stolonifera) unterschieden werden, die ebenfalls Hornkorallen überwuchert, sich aber gallertartig anfühlt. Die Farbe der Kolonien ist äußerst veränderlich: weiß, rosa oder dunkelrot. Im Mittelmeer findet man meistens die dunklen Kolonien, während im Atlantik die rosafarbenen Spielarten häufiger sind.

Alcyonium acaule

Mittelmeer-Meerhand (D), Mediterranean sea-finger (GB), Alcyon méditerranéen, magnotte (F), Mano di San Piero mediterraneo (I), Mano de muerte mediterráneo (E), Middellandse Zee-dodemansduim (NL)

Ordnung: Alcyonacea. Die Kolonie erreicht eine maximale Größe von 15 bis 20 cm. Diese Art lebt auf Felsgestein und im Koralligen in Tiefen zwischen 12 und 135 m. Alcyonium ist eine schattenliebende Art. Alcyonium acaule kann nicht mit der sehr ähnlichen A. glomeratum verwechselt werden: Erstere ist eine endemische Mittelmeerart, während die zweite nur im Atlantik vorkommt. Die Farbe der A. acaule ist sehr veränderlich: blaßgelb, rosa, rot-orange, rotbraun und weinrot. Die beiden letzten Farben sind die häufigsten. Lederkorallen haben ein Hydroskelett, d. h. sie verdanken ihre Konsistenz dem Wasser, mit dem sie ihr Gewebe aufpumpen. Wenn man eine Kolonie bei entfalteten Polypen berühren würde, würden sich die ersten Polypen zurückziehen und die „Botschaft" von Polyp zu Polyp weiterleiten, bis alle eingezogen sind.

Eine große Alcyonium acaule-Kolonie richtet ihre mit Wasser vollgepumpten Lappen in der Strömung auf. Die zahlreichen Polypen gehen fast bis zum Fuß herunter, mit dem das Tier am Boden haftet. Dadurch kann diese Art von Alcyonium palmatum unterschieden werden, die einen hohen polypenfreien Fuß hat. A. palmatum lebt übrigens nur auf Weichböden, auf Steinen oder Schalentrümmern.

Eine kleine Kolonie der Braunen Lederkoralle. Die Farbe ist auf Zooxanthellen zurückzuführen; das sind einzellige Algen, die im Gewebe der Koralle leben. Weiße Sklerite und grünes Peristom sind ebenso charakteristisch wie die büschelförmige Anordnung der Polypen.

Maasella edwardsii

Braune Lederkoralle (D), Brown alcyonarian (GB), Alcyon brun (F), Maasella bruna (I), Maasella marrón (E), Bruine dodemansduim (NL)

Ordnung: Alcyonacea. Die 1 bis 2 cm hohen Kolonien bilden kleine Büschel mit 5 bis 15 Polypen. Diese Art lebt auf Felsgestein und insbesondere auf koralligenen Böden mit einer Vorliebe für horizontale, sedimentreiche Flächen. Man findet Maasella in Tiefen zwischen 2 und 35 m, vor allem aber um die 20 m. Sie ist aufgrund ihrer braunen Färbung und den bescheidenen Ausmaßen schwierig zu entdecken. Man muß den Grund wirklich ganz aus der Nähe untersuchen, um sie zu sehen... Dennoch hat man in der Region um Banyuls-sur-Mer bis zu 32 Kolonien pro Quadratmeter gezählt! Diese Kolonien werden von kleinen Polypen-Gruppen gebildet. Mehrere dieser Gruppen können von Stolonen (die gewöhnlich nicht sichtbar sind) miteinander verbunden sein: Nur wenn man eine Gruppe berührt, sieht man, daß sich andere, benachbarte Gruppen einziehen; das ist ein Beweis dafür, daß eine Verbindung zwischen ihnen besteht. Die Grundfärbung verdanken sie Zooxanthellen, während die grüne Farbe des Mundfeldes (Peristom) von anderen symbiontischen, einzelligen Algen, den Zoochlorellen herrührt.

Paralcyonium spinulosum (elegans)

Durchscheinende Lederkoralle (D), Translucent soft-coral (GB), Alcyon translucide (F), Alcionio translucido (I), Alcyon transluciente (E), Doorschijnende dodemansduim (NL)

Ordnung: Alcyonacea. Die Kolonien erreichen gewöhnlich eine Höhe von 2 bis 4 cm, können jedoch in großen Tiefen bis zu 10 cm groß werden. Sciaphile Art: In geringer Tiefe findet man sie nur in Spalten des Koralligens oder zwischen Wurzelstöcken von Posidonia. In größeren Tiefen, insbesondere auf Detritus-Böden, befestigt sich die Art auf stabilen Substraten wie Gehäusen oder Seescheiden.

Tiefe: Von 15 bis 250 m. Die Kolonien bestehen aus einer rosa durchscheinenden Polypenpartie und einem kräftigen braunen Fuß; dieser wird von Kalkskleriten verstärkt, die eine Länge von 3,5 mm (!) erreichen können. Kleine Exemplare geringer Tiefen sind durchsichtiger als große Kolonien, die aus größeren Tiefen stammen. Durch Sprossung wachsen sekundäre, manchmal sogar tertiäre Polypen, die den Kolonien ein ganz besonderes Aussehen verleihen und die alte Bezeichnung „elegans" erklären.

Eine Kolonie der Durchscheinenden Lederkoralle. Diese hübsche Art würde in einem tropischen Meer auch nicht schlecht aussehen. Sie lebt jedoch im Mittelmeer, ist allerdings nicht so leicht zu finden!

Eunicella verrucosa

Warzige Fächerkoralle (D), Warty gorgonian (GB), Gorgone verruqueuse (F), Gorgonia verrucosa (I), Gorgonia verrugosa (E), Wrattig hoornkoraal (NL)

Ordnung: Gorgonacea. Die Kolonien erreichen eine Höhe von 25 bis 80 cm. Diese Art lebt auf Felsgestein und fürchtet auch Sedimentböden nicht. Im Mittelmeer findet man sie selten in Tiefen unter 100 m; im Atlantik (wo sie häufig vorkommt) findet man sie ab 10 m Tiefe. Die Farbe variiert zwischen weiß, schmutzig-weiß und lachsrosa. Die Kelche der Polypen ragen stark hervor, daher das warzenartige Aussehen, dem die Art ihren Namen verdankt.

Eine Kolonie der Warzigen Fächerkoralle, deren Polypen aus stark erhabenen, für die Art charakteristischen Kelchen hervorkommen.

Die Weißen Fächerkorallen erkennt man an ihrer Farbe, aber auch an der Parallelität der Zweige; sie sind mit kleinen „Warzen" bedeckt, aus denen die Polypen hervortreten. Letztere sind dank ihrer Zooxanthellen braun gefärbt. Man kann außerdem einen Steinseeigel (Paracentrotus lividus), einen Orangeroten Krustenschwamm (Crambe crambe) und einen massigen braunen Schwamm der Gattung Ircinia sp. erkennen.

Eunicella singularis (stricta)

Weiße Fächerkoralle (D), White Gorgonian (GB), Gorgone blanche (F), Gorgonia bianca (I), Gorgonia blanca (E), Wit hoornkoraal (NL)

Ordnung: Gorgonacea. Die Kolonien erreichen eine Höhe von 20 bis 50 cm, der Durchmesser der Endzweige beträgt 2 bis 3 mm. Die entfalteten Polypen messen 3 mm. Diese Art bevorzugt horizontale, felsige Gründe und Weichböden mit Steinen und Schalentrümmern in Tiefen zwischen 5 und 60 m. Sie liebt das Licht und fürchtet Sedimentation nicht. Man findet sie daher vor allem auf Gründen mit schwachem Gefälle, oft in Gesellschaft mit der Braunen Lederkoralle. Zwischen Ende Juni und Ende Juli stoßen die Polypen der weiblichen Kolonien riesige Mengen von rosafarbenen, tropfenförmigen Planulalarven aus, die eine Länge von etwa 2,5 mm haben. Die Verluste sind erheblich: Nur eine von 60 000 Larven überlebt das erste Jahr. Nach wenigen Monaten findet man bereits junge Kolonien von einigen Millimetern Größe. Sie wachsen mit einer Geschwindigkeit von 1,5 bis 4,5 cm pro Jahr.

Eunicella cavolinii

Gelbe Fächerkoralle (D), Yellow gorgonian (GB), Gorgone jaune (F), Gorgonia gialla, Ventaglio di mare giallo (I), Gorgonia amarilla (E), Geel hoornkoraal (NL)

Ordnung: Gorgonacea. Die Kolonien erreichen eine Höhe von 20 bis 40 cm, der Durchmesser der Endzweige beträgt 1 bis 3 mm. Die entfalteten Polypen messen etwa 2 mm. Die Wachstumsgeschwindigket beträgt 0,5 bis 2 cm pro Jahr. Diese sciaphile Art bevorzugt felsige Gründe mit starkem Gefälle: Steilwände und Überhänge, in Tiefen zwischen 5 und 150 m. Man findet sie dort häufig in Gesellschaft der Hornkoralle Paramuricea clavata. Die Kolonien

besitzen unregelmäßig verzweigte Äste, bilden aber meistens einen vollkommen ebenen Fächer, der sich senkrecht zur vorherrschenden Strömung aufrichtet.
Sie ist die häufigste Hornkoralle im Mittelmeer, obwohl sie seltsamerweise in manchen Regionen (z. B. Côte Vermeille) nicht vorkommt. Diese schattenliebende Art meidet Sediment. Wie alle Hornkorallen ist auch diese Art ein bevorzugter Untergrund für eine ganze Epifauna.

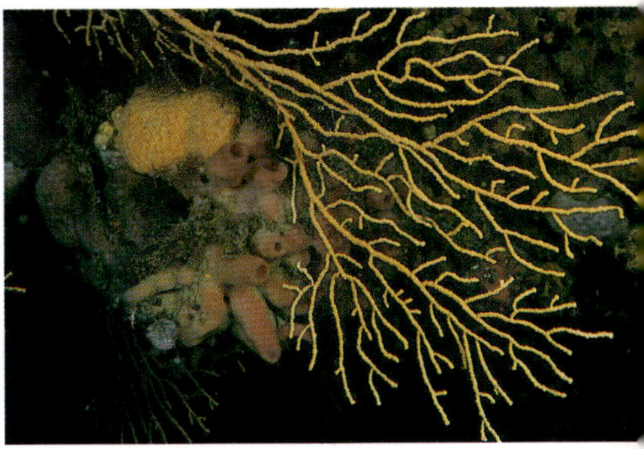

Gelbe Fächerkorallen bilden Fächer mit unregelmäßigen Verzweigungen, die man hauptsächlich an Steilwänden und Überhängen antrifft.

Lophogorgia ceratophyta (sarmentosa)

Orangene Fächerkoralle (D), Orange Gorgonian (GB), Gorgone orange (F), Gorgonia russa (I), Gorgonia anaranjada (E), Oranje hoornkoraal (NL)

Ordnung: Gorgonacea. Die Kolonien erreichen eine Höhe von 20 bis 60 cm, die Endverzweigungen haben einen Durchmesser von 1 mm. Die Polypen sind sehr klein (1 bis 1,5 mm). Diese Art lebt vor allem auf sedimentbedecktem Felsgestein. Sie kommt in Tiefen zwischen 10 und 250 m vor. Die Färbung variiert zwischen zitronengelb bis ziegelrot und rosa-violett, aber die häufigste Farbe ist sicherlich orange. Die Art ist aufgrund der Feinheit und Vielzahl ihrer Verzweigungen leicht zu erkennen. Ihre Äste sind im Gegensatz zu anderen Hornkorallen im Mittelmeer gerade und zugespitzt. Sie wächst mit einer Geschwindigkeit von 2,5 bis 5 cm pro Jahr.

Eine typische Kolonie der Orangenen Fächerkoralle. Beachten Sie die feinen, geraden Verzweigungen und die sehr kleinen Polypen. Im Hintergrund ist eine Weiße Fächerkoralle (Eunicella singularis) zu sehen.

Große Kolonien der Roten Gorgonie bedecken einen Steilhang.

Eine zweifarbige Kolonie von Paramuricea clavata.

Paramuricea clavata (chamaeleon)

Rote Gorgonie, Violette Fächerkoralle (D), Purple gorgonian (GB), Gorgone rouge, gorgone pourpre (F), Gorgonia rossa (I), Gorgonia roja (E), Roodpaars hoornkoraal (NL)

Ordnung: Gorgonacea. Die verschlungenen Kolonien sind groß (30 bis 100 cm) und stämmig. Die Äste haben einen Durchmesser von 6 mm, und die Polypen erreichen eine Größe von 8 mm. Die Wachstumsgeschwindigkeit beträgt etwa 1 bis 6 cm pro Jahr. Endemische Mittelmeerart, die auf Felsen, insbesondere an Steilwänden und Überhängen lebt. Man findet diese eher schattenliebende Art in Tiefen zwischen 7 und 110 m. Die Kolonie hat eine rot-violette Färbung, die Astenden sind manchmal gelb. Das erklärt möglicherweise den alten Namen: Chamäleon; ausgenommen, daß diese Bezeichnung nicht von der Tatsache herrührt, daß die Äste ganz schnell ihre Farbe verlieren und aschgrau werden, wenn man sie an die Oberfläche bringt. Ich möchte diese anekdotische Tatsache nutzen, um die Lust am Einsammeln von Meerestieren (das übrigens manchmal verboten ist) zu nehmen: Nehmen Sie von Ihren Tauchgängen lieber gute Erinnerungen oder schöne Fotos mit statt übelriechende Tiere, die ihre ganze Pracht verlieren!

Corallium rubrum

Edelkoralle, Blutkoralle (D), Red coral, precious coral (GB), Corail rouge (F), Corallo rosso (I), Coral rojo (E), Bloedkoraal (NL)

Ordnung: Gorgonacea. Die Kolonien sind im allgemeinen zwischen 5 und 20 cm groß. Früher gab es Kolonien von 1 m Größe und 30 kg (!) Gewicht. Diese „Monster" sind jedoch durch rücksichtslose Ausbeutung für immer verschwunden. Die Endzweige sind 3 bis 5 mm dick. Diese ausgesprochen sciaphile Art findet man in Spalten, in Höhlen und unter Überhängen, außer in großen Tiefen, wo sie sich auf Felsen vorwagt, die (schwachem) Licht ausgesetzt sind. Sie lebt in Tiefen zwischen 2 und 280 m. Die Kolonien sind unregelmäßig verzweigt. Das zinnoberrote Coenenchym umschließt eine feste, dunkelrote Kalkachse, die durch Verschmelzung der Sklerite entsteht. Diese Achse wird für Schmuck verwendet, und jedes Jahr riskieren Korallenfischer – Profis und Amateure – ihr Leben für dieses „rote Gold". Die Zentren hierfür sind Korsika, Sardinien und Tunesien, während sich die Korallenindustrie besonders in Torre del Greco, in der Nähe von Neapel, konzentriert. Man findet diese äußerst schattenliebende Art vor allem in der Tiefe. Im Schutze dunkler Standorte (Nordseiten, Höhlen) kann dieses Tier jedoch dicht an die Oberfläche wandern. An Standorten mit hoher Hydrodynamik können die Kolonien Krusten bilden. Obwohl die Kolonien normalerweise rot sind, wurden schon einige weiße Kolonien dieser Art gefunden. Corallium wächst sehr langsam: etwa 2 bis 8 mm pro Jahr.

Ein Überhang mit Kolonien der Edelkoralle. Die „Koralle" zählt zu den meist gesuchtesten Tieren im Mittelmeer. Kenner sind der Ansicht, daß der aus ihrer Kalkachse hergestellte Schmuck nicht die Schönheit des lebenden Tieres mit seinen weißen Polypen, die sich von zinnoberroten Ästen abheben, aufwiegt.

Medusen, Rippenquallen und Salpen

Ich habe in diesem Kapitel Tiere zusammengefaßt, die zoologisch gesehen sehr unterschiedlich sind, deren Gemeinsamkeit aber darin besteht, daß sie alle große, durchscheinende, planktonisch lebende Organismen sind. Die *Hydromedusen* gehören zur Klasse der *Hydrozoa,* Ordnung der *Hydroidea.* Die Arten der Ordnung *Hydroidea* können als Medusengeneration wie auch als Polypengeneration auftreten. Sie haben gewöhnlich die Form einer Glocke oder einer kleinen Scheibe (zwischen 2 und 100 mm). Die Staatsquallen *(Siphonophora)* gehören ebenfalls zur Klasse der Hydrozoa. Es sind Kolonien von mehreren, miteinander verbundenen Einzeltieren, von denen sich manche im Polypenstadium und andere im Medusenstadium befinden. Einige Arten bilden manchmal Ketten von mehreren Metern Länge (z. B. Apolemia uvaria); manche Arten werden von einem gasgefüllten Schwimmkörper *(Pneumatophor)* überragt (z. B. *Physalia physalis).* Andere bilden kleine Blasen oder ein wenige Zentimeter großes „Floß", das manchmal ein Segel trägt (z. B. *Velella velella).* Schirmquallen *(Scyphozoa)* bilden eine eigene Klasse innerhalb der Hohltiere. Es handelt sich um scheibenförmige „echte Medusen" mit Randlappen am Glockensaum. Rippenquallen *(Ctenophora)* sind ein eigener Stamm. Es sind keine Nesseltiere *(Cnidaria),* d. h. sie haben keine Nesselkapselzellen, auch wenn sie den Medusen ähneln. Sie haben eine bilaterale Symmetrie (keine Radiärsymmetrie wie die Nesseltiere). Sie sind nur schwer zu sehen, und man erkennt kaum die acht Wimpernreihen, die die Oberfläche des durchsichtigen Körpers durchqueren und in denen sich das Licht in vielen Farben bricht. Die Rippenquallen dienten in vergrößerter Form als Modell für die außerirdischen Wesen in dem Film Abyss. Oft ähneln sie einem kleinen Rugbyball, manchmal haben sie zwei „Flügel" oder ziehen lange, sich verzweigende, einziehbare Fäden hinter sich her. Der „Venusgürtel" *(Cestus veneris),* ein gallertartiges Band, kann länger als 1 m werden und ist die spektakulärste Rippenqualle. Die Salpen stehen dem Menschen zweifellos näher als die Medusen. Wie die Seescheiden gehören auch sie zum hoch entwickelten Stamm der Manteltiere *(Tunicata).*

Neoturris pileata

Neoturrisqualle (D), Neoturris jellyfish (GB), Méduse Néoturris (F), Medusa Neoturris (I, E), Neoturriskwal (NL)

Kleine Qualle von 3 bis 4 cm Größe. Planktonisch lebende Art, die man in Oberflächennähe antrifft. Geographische Verbreitung: Mittelmeer, Atlantik, Nordsee.

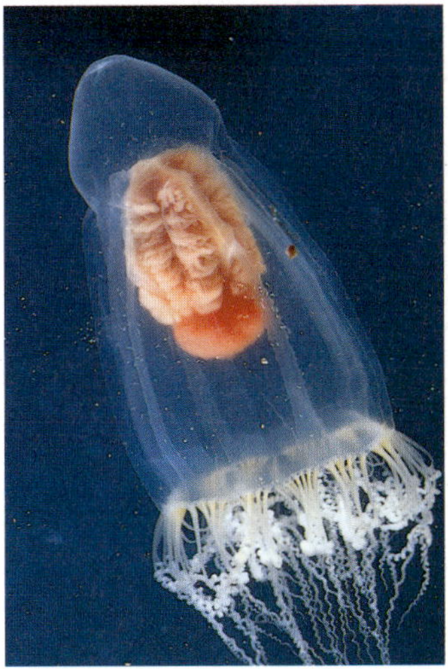

Die schöne Hydromeduse Neoturris pilaeta ist recht häufig im Plankton zu finden, besonders im Frühling. Die roten Organe sind Gonaden, die die Geschlechtsprodukte bilden.

Bolinopsis infundibulum (?)

Bolinopsis (D, GB, F, I, E, NL)

Ungefähr 5 cm große Rippenqualle. Planktonisch lebendes Tier.

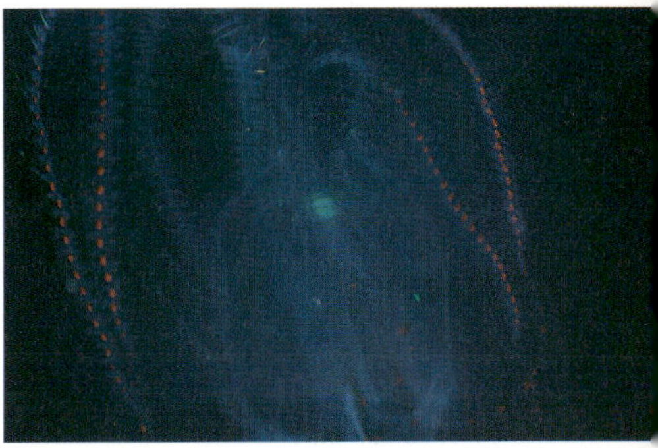

„Rote Lichter" beleben die Seiten dieser großen Rippenqualle, die man nicht mit Gewißheit bestimmen kann.

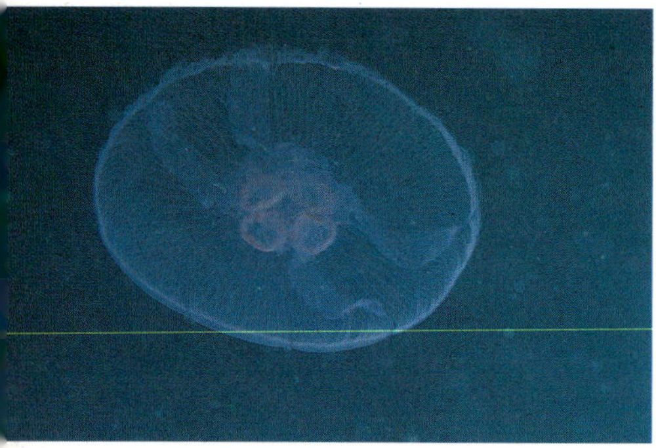

Diese recht harmlose Meduse kann man anhand der vier undurchsichtigen, hufeisenförmigen „Ohren“ (die in Wirklichkeit Geschlechtsorgane sind) und der vier Mundtentakel ganz sicher erkennen.

Aurelia aurita

Ohrenqualle (D), Moon jellyfish, common jellyfish (GB), Aurélie (F), Pota marina, Medusa quadrifoglio (I), Aurelia (E), Oorkwal (NL)

Der Schirm kann einen Durchmesser von 40 cm erreichen. Pelagisch lebende Form, die man in Küstennähe antreffen kann. Manchmal sehr zahlreich. In allen Meeren der Welt zu finden. Die Ohrenqualle ist in Lehrbüchern das klassische Beispiel zur Erklärung des Generationswechsels bei den Schirmquallen (Scyphozoa). Die getrenntgeschlechtlichen Medusen geben ihre Geschlechtsprodukte ins Wasser ab. Wenn der Samen eine Eizelle befruchtet, entwickelt sich eine pelagische lebende Planulalarve, die schließlich zum Grund wandert, um sich dort in einen Scyphopolypen zu verwandeln. Dieser bildet dann durch eine Serie von aufeinander folgenden „Verengungen“ (Strobilation) eine Aufschichtung scheibenförmiger Segmente. Diese Scheiben lösen sich nacheinander ab: Es sind junge Medusen, die sich wieder zu erwachsenen Scyphomedusen entwickeln.

Rhizostoma pulmo

Blumenkohlqualle, Gelbe Lungenqualle (D), Rhizostome (GB, F), Polmone di mare, botte di mare (I), Aguamar (E), Longkwal (NL)

Massige Meduse, die einen Durchmesser von 20 bis 60 cm (manchmal 100 cm!) erreichen kann. Der Schirm wird von 80 bläulichen Lappen gesäumt.

Unter dem Schirm befinden sich acht derbe Klöppel, die Enden der Mundarme. Pelagisch lebendes Tier, dessen Entwicklung in Küstengewässern besonders stark ist. Häufige Art im Mittelmeer, im Atlantik und in der Nordsee. Diese Qualle hat keine echten Tentakel: Sie saugt das Plankton durch die acht Klöppel an. Oft flüchten sich junge Fische (Trachurus, Boops, Seriola) unter die Schirme.

Rhizostoma stellt trotz ihrer eindrucksvollen Ausmaße keine Gefahr für den Menschen dar; sie verursacht nur ein leichtes Brennen.

(Foto: Enrico & Rosaria Gargiulo)

Lungenquallen sind große Medusen, die unter günstigen Bedingungen dichte Schwärme bilden können.

Cotylorhiza tuberculata

Knollenqualle, Wurzelmundqualle (D), Fried-egg jellyfish (GB), Méduse „œuf au plat" (F), Cassiopea (I), Aguacuajada (E), Spiegeleikwal (NL)

Diese stämmige Qualle kann einen Durchmesser von 35 cm erreichen. Sie ist im Mittelmeer sehr häufig. Obwohl sie nicht sehr stark nesselt, kann sie in Badeorten zu einer echten Plage werden, weil sie sich manchmal in Massen entwickelt (Adria, Ägäis). Sie ist die bunteste Qualle im Mittelmeer. Unter der weiß-gelben Knollenqualle hängen bräunliche Fransen, die sich in eine Vielzahl von Tentakeln mit violetten Enden teilen. Die Farben werden von einzelligen symbiontischen Algen (Zooxanthellen) verursacht. Oft suchen kleine Fische zwischen den Tentakeln Zuflucht (insbesondere Trachurus, Boops und Seriola).

(Foto: Ruud Rozendaal)

Cotylorhiza hat eine verblüffende Ähnlichkeit mit einem Spiegelei! Jungfische flüchten sich zwischen ihre Tentakel.

Der rosa-blaue Schimmer ist charakteristisch für die Leuchtqualle. Vorsicht (!), hinter ihrer Schönheit verbergen sich furchtbare Tentakel.

Pelagia noctiluca

Leuchtqualle (D), Luminescent jellyfish (GB), Pélagie, acalèphe brillante (F), Medusa luminosa, pelagia (I), Pelagia (E), Parelkwal (NL)

Der pilzförmige Schirm wird nicht größer als 7 cm, und die vier großen Mundarme erreichen eine Länge von 10 bis 15 cm, während die acht Tentakel am Schirmrand 50 cm lang werden können. Mittelmeerqualle, die aber auch im Atlantik bis zum Ärmelkanal vorkommt. Wie der Name sagt, ist sie in der Lage, zu leuchten. Die langen Tentakel haben sehr wirksame Nesselkapseln, die starke Verbrennungen verursachen. Sie können Brandblasen und sogar Fieberanfälle hervorrufen. Es gibt jedoch noch giftigere Arten im Mittelmeer, z. B. die Meerwespe (Charybdea marsupialis) oder die Portugiesische Galeere (Physalia physalis). (Erste-Hilfe-Maßnahmen: siehe Einführung zu den Hohltieren Seite 142).

Apolemia uvaria

Draht-Siphonophore (D), Thread-siphonophore (GB), Siphonophore filiforme (F), Sifonofora filiforme, lana (I), Sifonofora filiforme (E), Draad-sifonofoor (NL)

Staatsquallen (Siphonophora) sind koloniebildende Nesseltiere, die den Hydroiden nahe stehen. Sie können sich dank ihrer Schwimmkörper auf hoher See behaupten. Die Apolemia uvaria-Ketten bestehen manchmal aus Tausenden von Einzeltieren und können eine Länge von etwa 20 m erreichen! Häufige Art in Küstengewässern, die sich in verschmutzten Gebieten gut entwickelt. Manchmal hängt sie sich an Hornkorallen.

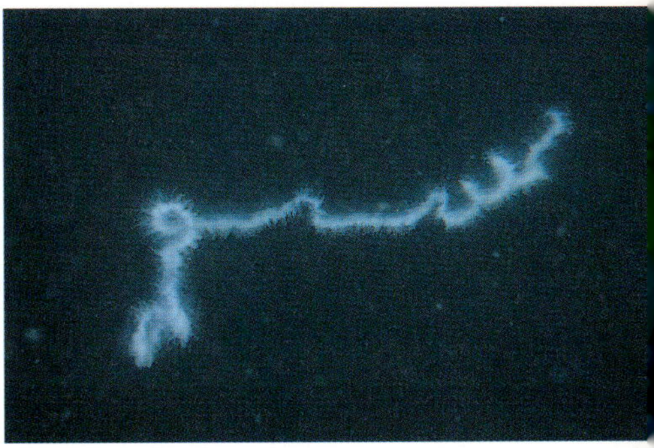

Die langen flauschigen Fäden der Staatsqualle Apolemia uvaria findet man besonders in verschmutzten Küstengewässern.

Physalia physalis

Portugiesische Galeere (D), Portuguese man-o'-war, bluebottle (GB), Physalie, galiote portugaise, vaisseau portugais, vessie de mer (F), Caravella portoghese, physalia (I), Fragata, physalia portuguese (E), Portugees oorlogsschip (NL)

Der Schwimmkörper (Pneumatophor) ist zwischen 10 und 20 cm lang, die Tentakel können eine Länge von 30 m erreichen! Pelagisch lebendes Tier des tropischen Atlantik, das manchmal bis ins westliche Mittelmeer vordringt. Diese Staatsqualle kann schlimme Verbrennungen verursachen: Es sind sogar Todesfälle bekannt! Falls Sie in schmerzhaften Kontakt mit diesem Tier kommen, sollten Sie unbedingt einen Arzt aufsuchen. (Erste Hilfe: Siehe Einleitung Hohltiere auf Seite 142).

(Foto: John Neuschwander)

Der typische, ins Violette spielende Schimmer des Schwimmkörpers einer Portugiesischen Galeere. Hier sind die langen Tentakel unter der Wasseroberfläche zusammengezogen.

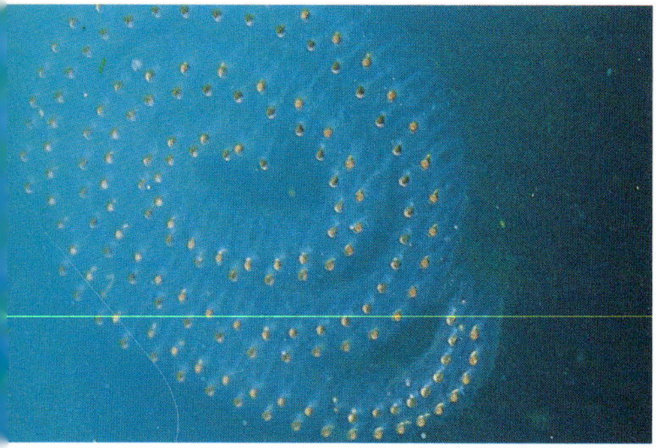

Eine doppelte Salpenkette treibt im offenen Meer. Sie ist das Ergebnis einer ungeschlechtlichen Vermehrung. In gewisser Weise ist jedes Einzeltier eine pelagisch lebende Seescheide. Obwohl dieses Foto im Roten Meer aufgenommen wurde, ist das Tier im Mittelmeer recht häufig zu sehen.

Thalia democratica

Salpe (D, GB, NL), Salpe (F), Salpa (I, E)

Die Zooidengröße variiert zwischen 2 und 18 mm. Die Ketten aneinanderhängender Einzeltiere können mehrere Meter lang werden. Pelagische Art, die man in allen warmen und gemäßigten Meeren der Welt antrifft. Diese planktonisch lebenden Tiere sind fast durchsichtig. Im Winter können sie örtlich in großer Anzahl auftauchen. Es gibt im Mittelmeer noch andere Salpenarten und -gattungen: Ihre systematische Ordnung ist eine Aufgabe für Spezialisten.

Würmer

Sie werden wahrscheinlich nicht in die Verlegenheit geraten, ständig „Weg mit Euch, Ihr Würmer!“ zu rufen; und dennoch fehlt es nicht an Würmern, auch wenn man sie meistens nicht sieht. Es wimmelt von ihnen im Sand, sie tummeln sich in Löchern, bauen biegsame und starre Behausungen, leben als Parasiten auf Seeigeln, Krabben und Fischen… Für den „Normalbürger“ sind Würmer weiche, längliche Tiere. Wenn es doch nur so einfach wäre… Unter der Bezeichnung „Wurm“ verbirgt sich für den Zoologen eine Vielzahl von Tieren, die sehr unterschiedlichen Gruppen angehören. Wir wollen versuchen, uns ein wenig Klarheit zu verschaffen! Würmer unterteilen sich in acht verschiedene Stämme: Plattwürmer *(Plathelminthes)*, Schnurwürmer *(Nemertini)*, Schlauchwürmer *(Aschelminthes)*, Priapswürmer *(Priapulida)*, Igelwürmer *(Echiurida)*, Spritzwürmer *(Sipunculida)*, Ringelwürmer *(Annelida)* und Hemichordata. Die Plathelminthes oder Plattwürmer werden weiter hinten, in einem gesonderten Kapitel besprochen. Schnurwürmer sind weiche, längliche Tiere mit einem abgerundeten oder abgeflachten Querschnitt. Folglich sind sie die echten Würmer. Sie haben einen Rüssel und einen Darm, der den ganzen Körper durchläuft und in einem After endet. Ihr Körper ist mit Wimpern bedeckt. Die Größe der ungefähr sechzig Mittelmeerarten kann zwischen 1 cm und 80 cm variieren! Sie verstecken sich besonders gern in den Löchern des Trottoirs oder Koralligens, im Grobsediment, unter Steinen, in Algen und zwischen den Wurzelstöcken des Seegrases. Und sie verstecken sich wirklich gut! Sie müssen richtig suchen, um sie zu finden... Schnurwürmer sind äußerst zerbrechlich. Jedes Stück kann einen neuen Wurm hervorbringen. In diesem Buch sind sie nicht dargestellt. Schlauchwürmer *(Aschelminthes* oder *Nemathelminthes)* sind sehr klein (gewöhnlich von 0,1 bis 5 mm) und haben sehr unterschiedliche Formen. Diese Tiere sind deshalb eine Aufgabe für Spezialisten. Wir wollen sie unbeachtet lassen! Priapswürmer sind stämmige, muskulöse Tiere, die 20 cm lang werden können. Sie leben auf Schlammböden, wo sie nicht gerade reichlich vorhanden sind. Wir werden sie nicht besprechen. Igelwürmer sind im Mittelmeer nur durch wenige Arten repräsentiert; zu ihnen gehört die bemerkenswerte *Bonellia,* die weiter hinten beschrieben ist. *Spritzwürmer* sind kräftige Tiere (von 1 bis 40 cm Größe), die sich in den Vertiefungen von Felsen oder Kalkalgen oder im Sand verstecken. Da Sie sie wahrscheinlich nicht sehen, werden wir sie schweigend übergehen. Am häufigsten finden wir Ringelwürmer, insbesondere diejenigen, die zur Klasse der Vielborster *(Polychaeta)* gehören.

Ringelwürmer haben einen Körper, der sich aus mehreren ringförmigen Segmenten zusammensetzt. Jedes Segment trägt sehr harte Haare oder „Borsten". Man unterscheidet *Errantia* (Umherirrende) wie die Nereis, die sich aktiv bewegen und *Sedentaria* (Festsitzende), die in Röhren leben, wie die *Schrauben-Sabelle.* Diese Würmer werden hauptsächlich in diesem Buch dargestellt. *Hemichordata* schließlich umfassen Eichelwürmer und andere ähnliche Würmer; sie haben ein eichelförmiges Organ, mit dem sie den Boden umgraben. Wenn Sie diese Tiere sehen möchten, dann müssen Sie ebenfalls buddeln! Die Bartträger *(Pogonophora),* eine andere Hemichordata-Gruppe, findet man gewöhnlich nur in großen Tiefen, insbesondere in der Nähe heißer Quellen von ozeanischen Gräben.

(Foto: John Neuschwander)

Zahlreiche Feuerwürmer versammeln sich zum Laichen.

Hermodice carunculata

Feuerwurm (D), Fire-worm (GB), Ver de feu (F), Vermocane (I), Verme fuego (E), Vuurworm (NL)

Dieser Wurm ist zwischen 5 und 30 cm lang. Man findet ihn auf allen Böden von der Oberfläche bis in etwa 30 m Tiefe. Im östlichen Mittelmeer ist er sehr häufig; im westlichen Becken ist er sehr selten, weil das Wasser zu kalt ist. Man findet diese Art in allen warmen Meeren der Welt. Es handelt sich um einen saprophilen Wurm, der sich von Fischkadavern und anderen verwesten Tieren ernährt. Dieser Vielborster besitzt weiße, harte und zerbrechliche Borsten. Sie dringen in die Haut ein und können brennende Schmerzen hervorrufen. Vermeiden Sie deshalb Berührungen mit diesem Tier! Zur Zeit der Vermehrung findet man ganze Ansammlungen dieser Würmer.

Pomatoceros triqueter

Dreikantwurm (D), Keelworm, three-face tubeworm (GB), Serpule angulaire, ver tubicole triangulaire (F), Verme crestato (I), Pomatoceros (E), Driekantige kokerworm (NL)

Die Röhre kann eine Länge von 25 mm erreichen. Man findet den Dreikantwurm von der Oberfläche an. Es handelt sich um einen Pionier, der unberührte Flächen schnell besiedelt (Bojen, Schiffsrümpfe, Molen etc.). Man findet ihn auch häufig unter Steinen.

Eine Pomatoceros triqueter-Population unter einem Stein zwischen Seepocken und krustenbildenden Moostieren. Die glattwandige, außen fast dreieckige Röhre ist ebenso charakteristisch wie die doppelte Tentakelkrone.

Lanice conchilega

Sandröhrenwurm, Bäumchen-Röhrenwurm (D), Sand-mason (GB), Ver tubicole du sable (F), Lanice (I, E), Schelpkokerworm (NL)

Der Wurm selbst kann 15 bis 30 cm groß werden; aber der Teil, der sich über dem Sand aufrichtet, ist gewöhnlich nicht größer als 5 cm. Weltweit verbreitete Art, die man von der Oberfläche an auf sandigen Böden findet. Dieser Wurm baut seine Röhre aus Sandkörnern und Schleim. Der verzweigte Teil der Röhre hält Nahrungspartikel fest, die dann von den Tentakeln wegtransportiert werden. Dieses Tier kann dichte Populationen – sogenannte „Lanice-Rasen“ – bilden.

Der Körper dieses Röhrenwurmes ist im Sand vergraben. Es ist nur ein Teil der Röhre (sie besteht aus Sandkörnern und zusammengehäuften Gehäusebruchstücken) mit ihren charakteristischen Verzweigungen sichtbar.

Auf diesem Ausschnitt erkennt man sehr gut die feinen Borsten; sie dienen als Netz zum Fang von Nahrungspartikeln.

Sabella pavonina

Pfauenfederwurm (D), Peacock worm (GB), Sabelle (F), Sabella (I), Sabela (E), Pauwkokerworm (NL)

Der Wurm selbst ist zwischen 10 und 25 cm groß; der Teil jedoch, der sich über dem Sand aufrichtet, ist gewöhnlich nicht größer als 5 bis 10 cm. Man findet diese sandige und schlammige Böden liebende Art im Mittelmeer, im Atlantik und in der Nordsee von der Oberfläche an. Es gibt mehrere ähnliche Röhrenwürmer mit sehr variabler Färbung. Eine einfache Tentakelkrone, manchmal in zwei halbkreisförmige Partien geteilt, charakterisiert den Pfauenfederwurm. Branchiomma vesiculosum unterscheidet sich durch große Augen am Ende der Strahlen des Siebapparates. Myxicola infundibulum hat eine aus dicken Schleimwänden bestehende Röhre. Spirographis spallanzanii hat einen schneckenförmigen, aus mehreren „Etagen" bestehenden Siebapparat, und Bispira volutacornis besitzt zwei spiralförmige Siebapparate.

Spirographis spallanzanii

Schrauben-Sabelle (D), Spiral tube-worm (GB), Spirographe (F), Verme fiocco, ombrella di mare (I), Plumero de mar (E), Spiraalkokerworm (NL)

Der größte Röhrenwurm des Mittelmeeres. Er kann bis zu 35 cm groß werden. Die geschmeidige Röhre ist nicht vergraben und deshalb oft in voller Länge sichtbar. Der Durchmesser der Tentakelkrone bewegt sich in einer Größenordnung von 10 bis 15 cm. Diese Art lebt von der Oberfläche bis in etwa 40 m Tiefe. Sie befestigt sich auf Pontons, in Felsspalten und anderen Hartböden. Sie kommt im Mittelmeer, im Atlantik und in der Nordsee vor. Wie die meisten Röhrenwürmer reagieren auch die Schrauben-Sabellen äußerst empfindlich auf Schwingungen. Sie ziehen sich bei der geringsten Gefahr blitzschnell in ihre Röhre zurück.

Die Schrauben-Sabelle, mit ihrer eleganten Tentakelkrone, gehört zu den spektakulärsten Arten im Mittelmeer.

Mercierella enigmatica

Geriffelter Röhrenwurm (D), Striated tubicolous worm (GB), Ver tubicole strié (F), Mercierella (I, E), Langsgeribbelde kalkkokerworm (NL)

Die Röhre kann eine Länge von 25 mm erreichen. Man findet Mercierella von der Oberfläche an. Er bevorzugt schattige, geschützte Plätze, z. B. unter Steinen. Diese Art erträgt brackiges Wasser.

Geriffelte Mercierella-Röhren unter einem Stein. Typisch ist, daß die jungen Röhren weiß sind, während die älteren Exemplare dunkel werden. Beachten Sie auch die krustenbildenden Schwämme und die Moostierchen (es sind mindestens sieben Arten auf diesem Foto!).

Protula mit seiner großen Kalkröhre, in einer Höhle entdeckt. Er haftet typischerweise mit der Basis am Untergrund; der distale Teil steht jedoch frei. Beachten Sie auch die kleinen Pomatoceros triqueter-Röhrenwürmer an den Wänden.

Protula sp.

Glatter Kalkröhrenwurm (D), Smooth calcareous tube-worm (GB), Protule lisse (F), Protula liscia (I), Protula lisa (E), Gladde kalkkokerworm (NL)

Die Länge der Kalkröhre beträgt 10 bis 15 cm, ihr Kreisdurchmesser 8 bis 10 mm. Dieses Tier lebt im Mittelmeer, im Atlantik und in der Nordsee auf Felsböden von der Oberfläche bis in 100 m Tiefe. Es gibt mehrere Arten, darunter auch Protula tubularia und P. intestinum. Letztere ist ein wenig größer als die erste Art, mit ausschließlich rotem Kiemenapparat; sie ist eine endemische Mittelmeerart.

Eine Gruppe von drei Kleinen Kalkröhrenwürmern. Die Farbe und die doppelte Tentakelkrone sind ebenso charakteristisch wie der kleine Deckel, mit dem der Wurm seine Röhre beim Zurückziehen verschließen kann.

Serpula vermicularis

Kleiner Kalkröhrenwurm, Roter Kalkröhrenwurm (D), Red tubicolous worm (GB), Serpule, petite serpule (F), Serpula rossa (I), Serpula roja (E), Rode kalkkokerworm (NL)

Die Kalkröhre ist 5 bis 12 cm groß, ihr Kreisdurchmesser beträgt 5 mm. Der Kiemenapparat hat eine Breite von 2 cm. Diese Art lebt auf Felsböden, insbesondere an Wänden und Überhängen. Man findet sie von der Oberfläche an, im Mittelmeer, im Atlantik und in der Nordsee. Wie bei allen Röhrenwürmern kann man sich auch Kleinen Kalkröhrenwürmern nur sehr schwer nähern. Sie ziehen sich bei der geringsten Schwingung im Wasser (Blasen!) blitzschnell in ihre Kalkröhre zurück.

Filograna (Salmacina) sp.

Salmacina (D, GB, E, NL), Salmacine (F), Filigrana di mare (I)

Der Durchmesser der Röhren beträgt etwa 0,5 mm, die Röhrenansammlungen können jedoch 20 cm oder mehr erreichen. Man findet Salmacina an gleichmäßig durchströmten, nicht turbulenten Stellen, da er sehr zerbrechlich ist. Er ist erst ab 5 m Tiefe anzutreffen und hat eine Vorliebe für Felswände. Er ist auch als Aufwuchs von Hornkorallen zu finden.

Die Kalkröhren von Salmacina sind lang und sehr zart. Sie bilden ein weißes, äußerst zerbrechliches Geflecht. Die Kiemenapparate sind aufgrund ihrer geringen Größe kaum zu sehen.

Eupolymnia nebulosa

Polymnia (D, GB, I, E, NL), Polymnie (F)

Großer Wurm, der in einer gallertartigen, mit Sandkörnern und Muschelresten überzogenen Röhre lebt. Diese ist 10 bis 30 cm lang und fast 1 cm breit. Die fadenförmigen, weißen oder roten Tentakel können länger als 25 cm werden. Man findet Eupolymnia unter Steinen, in Felslöchern, aber auch in den Hohlräumen großer Schwämme. Er kommt im Mittelmeer, im Atlantik und in der Nordsee von der Oberfläche bis in größere Tiefe vor. Lebt das Tier in Hohlräumen verborgen, sieht man nur seine sehr langen, vom selben Punkt ausgehenden Tentakel. Dreht man hingegen Steine um, dann sieht man seine mit verschiedenen Resten überzogene Röhre, die auf ihrer ganzen Länge am Untergrund festhaftet.

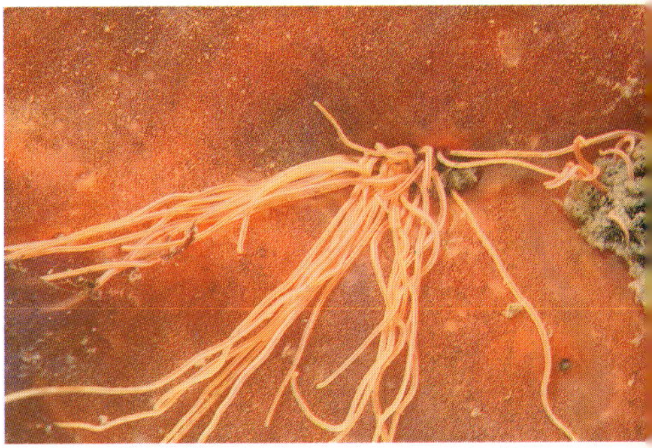

Polymnia-Tentakel kommen aus einem Felsloch hervor, das vom Schwamm Crambe crambe bedeckt ist.

Bonellia sucht mit ihrem gabelförmigen Kopflappen im Sand nach Nahrung. Mit Hilfe von Wimpern transportiert sie ihre Nahrungspartikel zum Mund. Dieser sitzt auf dem eiförmigen, nicht sichtbaren Körper: Er ist in einer Felsmulde versteckt.

Bonellia viridis

Bonellia (D, GB, I, E, NL, Bonellie (F)

Der eiförmige, dunkelgrüne Körper ist zwischen 7 und 15 cm groß. Der einziehbare Kopflappen kann bis auf 150 cm ausgestreckt werden! Dieses im Mittelmeer und angrenzenden Atlantik vorkommende Tier lebt in Felslöchern von der Oberfläche bis in 100 m Tiefe, gewöhnlich in der Nähe von sandig-schlammigen Böden. Man sieht nur die weiblichen Tiere, da die Männchen winzig sind (1 bis 2 mm) und als Parasiten auf dem Körper der Weibchen leben. Sie sind auf die Hoden reduziert und dienen nur der Vermehrung. Das Geschlecht der Larven ist nicht erblich bestimmt. Wenn eine Larve auf den Grund fällt, wird sie zu einer großen weiblichen Bonnellia. Fällt sie hingegen auf den Kopflappen eines Weibchens, wird sie durch die Hormone, die das Weibchen wie ein Parfum trägt, in ein Zwergmännchen verwandelt.

Moostiere und Hufeisenwürmer (Bryozoa und Phoronidea)

Moostiere (Bryozoa) sind Kolonialtiere, die aus einer Vielzahl von Individuen, sogenannten *Zooiden* bestehen. Die Kolonie (oder das *Zoarium)* kann einige Millimeter bis einige Dezimeter groß werden. Die Einzeltiere sind im allgemeinen kleiner als 1 mm: Man kann sie nur unter einer Lupe erkennen. Jeder Zooid (A) besteht aus einer Hülle (Cystid) und einem lebendigen Innenteil (Polypid). Jedes Individuum ist ein aktiver Filtrierer, der eine Tentakelkrone (1), *Lophophor* genannt, im Wasser aufstellt. Die bewimperten Tentakel transportieren kleine Planktonorganismen zum Mund (2), um den sie kreisbogenförmig angesiedelt sind. Ein *Pharynx* führt zum Magen (3). Der After (4) befindet sich außerhalb des Tentakelkranzes. Die Hülle oder *Cystid* (5) besteht aus einer Chitin- oder Kalkwand. Ein *Retraktormuskel* (6) kann das Polypid in das Cystid zurückziehen. Die Kolonien (B) bestehen aus Anlagerungen zahlreicher Zooiden, die meistens in sehr regelmäßigen Reihen angeordnet sind. Man erkennt Cystidwand (5), Lophophor (1) und *Deckel* (7); dieser verschließt die Cystidöffnung, wenn sich das Polypid zurückzieht. Außer den hier dargestellten Autozooiden gibt es gestaltlich und funktionell stark abgewandelte Individuen, welchen Darm und Tentakelkro-

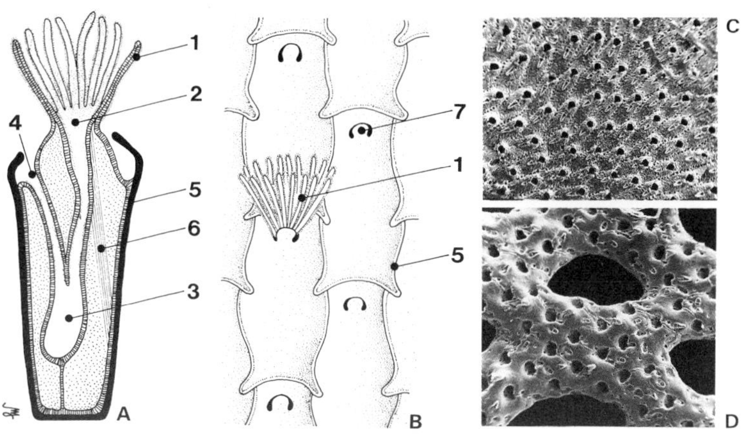

ne fehlt. So unterscheidet man die speziellen Geschlechtstiere *(Gonozooide)*, schnabelähnliche Greifapparate *(Avicularien)* und Brutkapseln *(Ooecien)*, in denen sich die Larven entwickeln.
Die Avicularien haben die Aufgabe, die Kolonie zu verteidigen und zu reinigen; sie fangen aber auch große Planktonorganismen, von deren Abfallprodukten sich die benachbarten Autozooide ernähren. Die Bilder C und D zeigen einige Moostierkolonien im Detail (Bilder: Gérard Breton). Wenn sich eine Larve auf einem Untergrund festsetzt, verwandelt sie sich in einen Primärzooiden (Ancestrula). Die anderen Einzeltiere entstehen durch Knospung. Individuen derselben Kolonie stehen durch Poren in den Cystidwänden miteinander in Verbindung. Feinde der Moostierchen sind einige Nacktschnecken, Seeigel und einige kleine Krebstiere (Gespensterkrebse und Asselspinnen). Die Moostierchen fürchten die räumliche Konkurrenz mit Algen, da sie Gefahr laufen, von diesen erstickt zu werden. Aus diesem Grund sind die meisten von ihnen sciaphil.
Die Hufeisenwürmer *(Phoronidea)* bilden eine getrennte Klasse; ich habe sie hier eingeordnet, weil ihr Lophophor dem der Moostiere sehr ähnlich ist. Die Einzeltiere sind allerdings wesentlich größer (mehrere Zentimeter!), haben eine längliche Form und leben in Röhren, die an diejenigen der Röhrenwürmer erinnern.

Anreihungen winziger Kalkhüllen von Neptunsgras-Moostierchen (Electra posidoniae) auf den bandförmigen Posidoniablättern.

Electra posidoniae

Neptunsgras-Moostierchen (D), Neptunegrass bryozoan (GB), Bryozoaire des posidonies (F), Briozoo dell' alga marina (I), Briozoo de las Posidonias (E), Neptunusgrasmosdiertje (NL)

Obwohl jeder Zooid weniger als 1 mm groß wird, können die krustenbildenden, länglichen Kolonien mehrere Zentimeter erreichen. Diese Moostierchen findet man hauptsächlich als Aufwuchs (Epizoon) auf den Blättern großer Meeresblütenpflanzen: Posidonia und Zostera.

Sertella septentrionalis (beaniana) (Retepora cellulosa)

Neptunschleier (D), Neptunes' lace (GB), Dentelle de Neptune (F), Trina di mare (I), Retepora (E), Neptunuskant (NL)

Die Kolonien werden bis zu 10 cm groß. Man findet diese Art von der Oberfläche bis in etwa 50 m Tiefe. Der Neptunschleier ist eine schattenliebende Art. Es gibt mehrere ähnliche Arten, Sertella septentrionalis ist jedoch die häufigste im Mittelmeer.

Der „Neptunschleier" bildet zarte Kalkkolonien, die bei Tauchern sehr begehrt sind. Im Hintergrund erkennt man die Hornkoralle Lophogorgia ceratophyta.

Margaretta cereoides

Margaretta (D, GB, F, I, E, NL)

Die Kolonien werden zwischen 2 und 10 cm groß, die entfalteten Lophophoren erreichen durchschnittlich 2 mm. Margaretta ist auf Felsen oder Seegrasrhizomen zu finden. Sciaphile Art.

Die Verengungen an der Basis der Zweige von Margaretta cereoides-Kolonien sind typisch. Man sieht übrigens noch ein weiteres Moostierchen (die Trugkoralle) und Hydrozoen der Gattung Sertularella.

Rote krustenförmige Moostierchen, wahrscheinlich Schizobrachiella sanguinea, wenn es nicht eine Art von Schizoporella oder Schizomavella ist! Diese Moostierchen können nur mit Hilfe eines Mikroskops mit Sicherheit bestimmt werden.

Schizobrachiella sanguinea (?)

Rote krustenförmige Moostierchen (D), Red encrusting bryozoans (GB), Bryozoaire encroûtants rouges (F), Briozoi rossi encrostantes (I), Briozoos rojos incrustantes (E), Rode korstvormende mosdiertjes (NL)

Die Zooide sind etwa 0,5 mm groß. Die Kolonien bilden rauhe runde oder ovale Krusten von mehreren Zentimetern bis zu einigen Dezimetern. Die Art kommt im Mittelmeer und im Atlantik bis zum Ärmelkanal vor. Sie bildet Krusten auf harten Untergründen: Felsen, Gehäuse, andere Moostierchen, Ketten, Bojen und Schiffe. Lebt von der Oberfläche bis in 50 m Tiefe. Diese Tiere sind Pioniere, die einen unberührten Grund sehr schnell überdecken. Rasantes Wachstum: Man findet Kolonien, die nach drei Monaten eine Fläche von etwa 10 Quadratzentimetern bedecken.

Eine Scrupocellariakolonie (Scrupocellaria reptans?) unter einem schattigen Überhang zwischen Seepocken und der Seescheide Polysyncraton lacazei.

Scrupocellaria sp.

Scrupocellaria (D, GB, I, E, NL), Scrupocellaire (F)

Kleine Kolonie mit dichotomen Verzweigungen von 2 bis 5 cm Größe. Diese Art findet man häufig zwischen Algen oder an Steilwänden in Tiefen zwischen 0 und 30 m.

Lichenopora radiata

Lichenopora (D, GB, I, E, NL), Lichénopore (F)

Kleine runde Kolonien von weißer Färbung und ungefähr 1 cm Durchmesser. Ein Pionier, der sich von Posidoniarhizomen bis Felsen schnell auf verschiedenartigen Substraten festsetzen kann. Schattenliebende Art, die man von der Oberfläche bis in 50 m Tiefe antrifft. Geographische Verbreitung: Mittelmeer, Atlantik bis zum Süden der Britischen Inseln. Ähnliche Art: Disporella hispida.

Typisches Moostierchen Lichenopora auf einem vor kurzem besiedeltem Grund zwischen anderen Pionieren: Rosa Krusten von Lithophyllum incrustans, junge orangene Schwämme (Crambe crambe?) und zahlreiche winzige weiße Kalkröhren junger Röhrenwürmer. Es sind auch noch andere Moostierchen zu sehen: Eine blasse orangene Kruste (Schizomavella?), verschmolzene Kalkröhren (Idmonea?) und röhrenförmige braune Gebilde (Aetea?).

Porella cervicornis

Geweih-Moostierchen (D), Antler-bryozoan (GB), Bryozoaire bois-de-cerf (F), Briozoo corna del cervo (I), Briozoo ramazón (E), Hertshoornmosdiertje (NL)

Kolonien von 5 bis 10 cm Größe. Man findet diese Art recht selten in Tiefen über 20 m.

Geweih-Moostierchenkolonien bilden kräftige Verzweigungen, die sich rauh anfühlen.

Die flachen, geschmeidigen und sich verzweigenden Kolonien sind charakteristisch.

Flustra foliacea

Blätter-Moostierchen (D), Hornwrack (GB), Flustre feuillu (F), Briozoo fogliuto (I), Briozoo foliáceo (E), Bladachtig hoornwier (NL)

Die geschmeidige Kolonie wird zwischen 5 und 20 cm groß. Sciaphile Art, die man in Höhlen und unter Überhängen findet, von der Oberfläche bis in mehr als 100 m Tiefe. Sie ist grau gefärbt und trägt auf beiden Blattseiten Zooide. Es gibt zwei ähnliche Arten: Flustra (Securiflustra) securifrons ist gelb und Carbasea (Flustra) papyrea hat nur auf einer einzigen Seite der Kolonie Zooide.

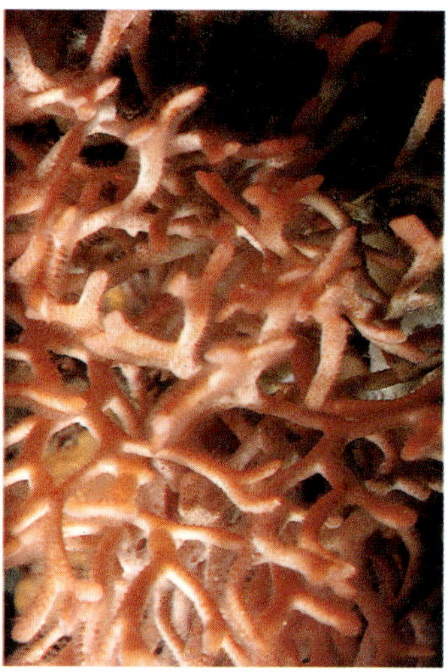

Die abgeflachten Kalkäste mit ihren dichotomen Verzweigungen sind für dieses an Wänden und Überhängen häufige Moostierchen charakteristisch.

Adeonella calveti

Adeonella (D, GB, I, E, NL), Adéonelle (F)

Kolonien von ungefähr 5 bis 15 cm Größe. Zerbrechliche sciaphile Art, die man ab 5 m Tiefe an schattigen und vor allzu starker Hydrodynamik geschützten Stellen findet.

Myriapora truncata (Myriozoum truncatum)

Trugkoralle, Falsche Koralle (D), False coral (GB), Faux corail (F), Falso corallo (I), Coral falso (E), Onecht koraal (NL)

Der Durchmesser dieser Kolonien beträgt mehr als 10 cm. Häufig an Felswänden ab 10 m Tiefe zu finden. Amateurtaucher sammeln diese „Falsche Koralle“ oft, weil sie diese für die Edelkoralle halten. Das Moostierchen Myriapora truncata ist leicht von dem Blumentier Corallium rubrum zu unterscheiden. Ersteres ist orangefarben, die Äste sind abgestumpft und die zahlreichen Zooide sind kaum sichtbar. Die echte Koralle ist rot, die Enden der Zweige sind abgerundet und die weißen Polypen sind deutlich sichtbar.

Eine Myriapora truncata-Kolonie. Im Hintergrund ist ein Schwamm (Axinella damicornis) zu sehen.

Phoronis hippocrepia

Kleiner Phoronide (D), Lesser phoronid (GB), Petit phoronidien (F), Phoronide piccolo (I), Phoronide pequeño (E), Kleine phoronide (NL)

Die länglichen Einzeltiere leben in Röhren von einigen Zentimetern Länge. Diese Röhren sind häufig zu einem Klumpen zusammengeballt, so daß es schwierig ist, die Einzelröhre zu erkennen. Man sieht die Tentakelkronen, die einen Durchmesser von ungefähr 1 cm haben. Der Kleine Phoronide ist ein Bewohner harter, sonniger Substrate, von der Oberfläche bis in etwa 10 m Tiefe. Die Phoroniden sind keine Moostiere, sie stehen ihnen aber nahe. Sie bilden eine eigene Klasse, die man zusammen mit den Moostieren und Armfüßern (Brachiopoda) in den Stamm der Tentakelträger (Tentaculata) einordnet.

Man erkennt den Kleinen Phoroniden an seinen zarten, hufeisenförmigen Tentakelkronen.

Großer Phoronide in Vereinigung mit der Röhre einer Zylinderrose. Beachten Sie auch die spiralförmigen Eier im Tentakelkranz.

Phoronis australis

Großer Phoronide (D), Greater phoronid (GB), Grand phoronidien (F), Foronide grande (I), Phoronide grande (E), Grote phoronide (NL)

Die Tentakelkrone kann einen Durchmesser von mehr als 2 cm erreichen. Es wurden oft Röhren von Großen Phoroniden gefunden, die mit den Röhren von Zylinderrosen vereinigt waren. Die Gründe für diese Vereinigung sind noch unbekannt. Man findet diese Art in Tiefen zwischen 10 und 30 m.

Pentapora (Hippodiplosia) fascialis (foliacea)

Blattzweig-Moostierchen (D), Ross coral (GB), Rose de mer, bryozoaire orange (F), Corna d'alce (I), Pentapora anaranjada (E), Oranje zeeroos (NL)

Größtes Moostierchen im Mittelmeer. Die Kolonien können einen Durchmesser von 30 cm und eine Höhe von 20 cm erreichen. Es existiert in 2 Formen: Eine recht stämmige, dichtgewachsene Form, die man ab 5 m Tiefe im Schutz von Überhängen findet; die andere ist verzweigter und zerbrechlicher und kommt erst in Tiefen über 15 m vor. Manche halten sie für zwei verschiedene Arten (foliacea und fascialis); für andere ist es das Beispiel eines Ökotyps, d. h. eine Form, die sich unterschiedlichen Umweltbedingungen anpaßt. Man findet dieses Moostierchen auf Felsböden im westlichen Mittelmeer und im Atlantik bis zu den Britischen Inseln.

Eine große Kolonie des Blattzweig-Moostierchens (Pentapora fascialis) mit ihrem charakteristischen dichtgewachsenen Aussehen. Die kleinen Hydrozoen sind Vertreter der Gattung Sertularella.

Seescheiden (Ascidiacea)

Die Klasse der Seescheiden gehört zum Stamm der Manteltiere *(Tunicata)*. Es handelt sich um Einzel- oder Kolonietiere. Wir wollen uns Anatomie und Funktion eines Einzeltieres anhand eines Längsschnittes (A) und eines Querschnittes (B) ansehen. Der Körper (1) ist von einer gallertartigen Hülle oder *Tunica* (2) umgeben. Auf der Spitze befindet sich eine *Einfuhröffnung* oder *Ansaugsiphon* (3), durch den das Wasser angesogen wird. Das Wasser wird dann im *Kiemenkorb* (4), auch *Filterschlund* (siehe Ausschnitt C) genannt, filtriert und durchläuft dann einen Raum, den man *Atrium* (5) nennt, bevor es durch die *Ausfuhröffnung* oder *Kloakensiphon* (6) wieder ausströmt. Die im Kiemenkorb zurückgehaltene Nahrung wird dann zum *Magen* (7) transportiert. Die Abfallstoffe werden durch einen in der Ausfuhröffnung befindlichen *After* (8) wieder ausgeschieden. Solch ein vereinfachtes Beispiel einer Seescheide ist schematisch in Abbildung (D) dargestellt, die die breite Basis verdeutlicht, mit der das Tier am Untergrund festhaftet (Beispiele: *Microcosmus, Halocynthia, Phallusia)*. Es gibt auch gestielte (E) Individuen (Beispiel: *Clavelina*) und in Gruppen (F) oder Kolonien lebende Tiere (Beispiele: *Clavelina, Diazona*). Und schließlich gibt es noch die echten *Koloniebildenden Seescheiden* oder *Synascidien* (G). Bei diesen Tieren sind die Einfuhröffnungen der Zooide (a) ganz regelmäßig um eine *gemeinsame Kloake* (b) gruppiert. Das ist bei den Gattungen *Botryllus, Aplidium* und *Didemnum* der Fall. Die letzte Gruppe besitzt in ihrem Gewebe die typischen *Sklerite* (c), die auf Abbildung (H) zu sehen sind. Seescheiden werden trotz ihres primitiven Anscheins von den Zoologen als die am höchsten entwickelten wirbellosen Tiere angesehen; sie sind sogar höher entwickelt als Krebstiere und Kraken!

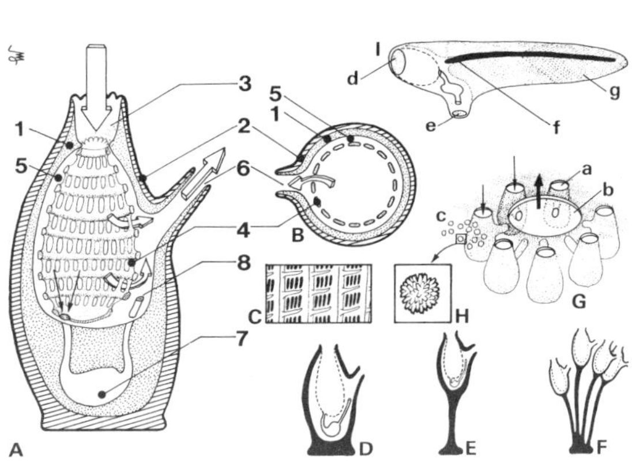

Das ist auf die Tatsache zurückzuführen, daß Seescheiden im *Larvenstadium* (I), in dem die Tiere noch mit Hilfe ihres Schwanzes schwimmen, eine *dorsale Chorda* (Rückenstützstab) haben, den Vorläufer der Wirbelsäule. Betrachtet man die *schwimmende Larve* mit ihrem „Mund“ (d), ihrem „After“ (e), ihrer Chorda (f) und ihrem muskulösen Schwanz (g), dann wird leicht verständlich, daß man nicht weit von einem primitiven Fisch und folglich nicht weit von den Vorfahren der Wirbeltiere entfernt ist!

Eine Gruppe Roter Seescheiden, umgeben von Schwämmen und Algen.

Halocynthia papillosa

Rote Seescheide (D), Red seasquirt (GB), Ascidie rouge, violet rouge, outre de mer (F), Ascidia rossa, patata di mare (I), Ascidia roja, pero de mar (E), Rode zakpijp (NL)

Durchschnittliche Höhe: 6 bis 10 cm, kann aber 20 cm groß werden. Die Rote Seescheide heftet sich auf harten Untergründen fest: Felsgestein, Koralligen, Wracks, Seegrasrhizomen, Muscheln etc. Die Art ist leicht sciaphil: Man findet sie in Vertiefungen und unter Überhängen dicht an der Oberfläche; in größeren Tiefen (bis zu 100 m) lebt sie weniger verborgen. Geographische Verbreitung: Typische Mittelmeerart, die man auch entlang der portugiesischen Küste antrifft. Sie ist sicherlich die Seescheide, die man dank ihrer roten Färbung (die auf der Schattenseite des Tieres in weiß übergeht) am leichtesten erkennt. Die Form ist typisch für eine solitäre Seescheide: ein Schlauch mit einer Einfuhröffnung (Ansaugsiphon) auf der Spitze und einer seitlichen Ausfuhröffnung (Ausfuhrsiphon) auf halber Höhe. Die Siphonen sind mit Borsten ausgestattet, um allzu große Partikel aus dem angesogenen Wasser herauszufiltern. Wenn sich ein Taucher nähert, schließen sich die Öffnungen ganz schnell, und der gesamte Körper zieht sich zusammen. Die körnige Tunica fühlt sich rauh an.

Microcosmus sabatieri

Mikrokosmos-Seescheide (D), Sea-fig, sea-egg, microcosm (GB), Violet, vioulé, biju, microcosme, figue de mer (F), Uovo di mare (I), Probecho (E), Mikrokosmos (NL)

Die Seescheiden tragen ihren Namen „Mikrokosmos" nicht umsonst: Eine ganze Flora und Fauna – die ein ungeübtes Auge kaum bemerkt – setzt sich auf ihrem starren Mantel fest. Die mit acht rötlich-violetten Streifen verzierten Einfuhröffnungen sind für diese eßbare Art charakteristisch.

Durchschnittliche Höhe: 15 bis 25 cm. Die Mikrokosmus-Seescheide lebt auf Felsen, insbesondere an Steilhängen in Tiefen zwischen 5 und 200 m (hauptsächlich zwischen 10 und 40 m). Endemische Mittelmeerart. Die starre, rauhe Tunica dieses Tieres bietet zahlreichen anderen Organismen einen guten Halt: Algen, Schwämmen, Blumentieren, anderen Seescheiden... daher stammt auch der wohlverdiente Name Mikrokosmos („kleine Welt"). Einzig anhand der mit acht charakteristischen violetten Streifen versehenen Siphonen kann man dieses Tier leicht erkennen, sofern die Siphonen nicht gerade eingezogen sind! Es gibt noch fünf weitere, der *M. sabatieri* sehr nahestehende und am selben Standort lebende Arten; zu diesen gehört *Microcosmus sulcatus,* die kleiner ist und deren Siphonen gleichförmig rosa sind. Diese „Felsseescheiden" sind sehr geschätzte Meeresfrüchte (man öffnet den Mantel und ißt den gelben Eingeweidesack). Angesichts der immer geringer werdenden Ausbeute konzentrieren sich die Fischer jedoch auf andere Arten, wie z. B. die „Sandseescheide", die sie im offenen Meer mit Schleppnetzen fangen. In den 80er Jahren wurden ganze Populationen geplündert. Während man um 1970 noch etwa 7 Tonnen Seescheiden jährlich aus dem Golf von Marseille holte, waren es um 1982 bereits 35 Tonnen jährlich; dann sanken die Zahlen aufgrund fehlender Quellen: 1986 wurden nur noch 3 Tonnen aus dem Meer geholt! Das Sammeln von Seescheiden müßte schnellstens gesetzlich geregelt werden (Fangzeiträume, Fangquoten). Professor Jean-Marie Pérès ist der Ansicht, daß der Fang auf 12–15 Tonnen jährlich limitiert werden müßte.

(Foto: Ruud Rozendaal.)

Eine große weiße Phallusia mit ihren charakteristischen Höckern.

Phallusia mammillata

Weiße Seescheide (D), White seasquirt (GB), Ascidie blanche (F), Pigna di mare (I), Ascidia blanca (E), Witte zakpijp (NL)

Dieses große Manteltier kann eine Größe von 15 bis 20 cm erreichen. Die Seescheide ist auf gut durchströmten Hartsubstraten anzutreffen: Steine auf Schlammgründen, Wracks, Molen und andere Hafenstrukturen, von der Oberfläche bis in 200 m Tiefe. Die Phallusia mammillata ist leicht mit einer anderen weißen Seescheide, der Ascidia mentula, zu verwechseln! Erstere hat einen dicken, knorpeligen Mantel mit charakteristischen Höckern, während die zweite Art dünn, weich und glatt ist.

Eine Gelbe Seescheide mit gezackten Siphonen im Koralligen, umgeben von Kalkalgen (Pseudolithophyllum expansum), Weichkorallen (Alcyonium acaule), Schwämmen und Moostierchen.

Pleurociona (Ciona) edwardsi

Gelbe Seescheide (D), Yellow seasquirt (GB), Ascidie jaune (F), Ascidia gialla (I), Ascidia amarilla (E), Gele zakpijp (NL)

Höhe: 10 bis 12 cm. Man findet diese Art in Felsspalten in Tiefen zwischen 5 und 500 m. Vorkommen: alle europäischen Küsten. Die Pleurociona edwardsi ist gelb und durchsichtig. Solitär lebend. Sie ist der Ciona intestinalis sehr ähnlich; diese häufig in der Nordsee vorkommende Art ist jedoch etwas größer, lebt in Gruppen und hat einen oft mit rötlichen Punkten verzierten Siphon.

Clavelina nana

Zwerg-Seescheide (D), Midget seasquirt (GB), Claveline naine (F), Clavelina nana (I), Clavelina enana (E), Dwergzakpijp (NL)

Kleine Einzeltiere von 8 bis 10 mm Höhe. Man findet die Zwerg-Seescheide auf Hartböden in Tiefen zwischen 1 und 40 m. Wahrscheinlich endemische Mittelmeerart. Tiere mit veränderlicher Farbe: durchsichtig, durchscheinend weiß oder gelb. Jedes Einzeltier ist mit einem Stiel auf dem Untergrund befestigt. Obwohl die Zwerg-Seescheiden so klein sind, kann man sie dennoch leicht erkennen, da sie gewöhnlich Kolonien bilden, die wie richtige Büschel aussehen.

Zwerg-Seescheiden.

Clavelina lepadiformis

Durchscheinende Seescheide, Keulen-Synascidie (D), Transparent seasquirt (GB), Claveline, claveline transparente (F), Clavelina (I, E), Doorzichtige zakpijp (NL)

Die Zooide sind im allgemeinen 10 bis 20 mm groß, können aber auch 30 mm erreichen. Die Kolonien bestehen aus 3 bis 300 Einzeltieren. Die Durchscheinende Seescheide lebt auf Hartböden von der Oberfläche bis in 50 m Tiefe. Sie heftet sich an Felsen, Hornkorallen, Algen und sogar unter Bojen fest. Geographische Verbreitung: Atlantische Küsten von Norwegen über Irland bis Portugal, Nordsee, Ärmelkanal und westliches Mittelmeer. Die Tiere sind durchsichtig wie Glas: Der Kiemendarm ist immer sichtbar. Die gestielten

Eine große Durchscheinende Seescheide.

Einzeltiere sind durch Stolonen miteinander verbunden und bilden manchmal Kolonien von beträchtlicher Größe. Ganzjährige Vermehrung, jedoch mit erhöhter Aktivität im Sommer. Lebendgebärende Tiere; die Larven werden im Innern der Zooide ausgebrütet.

Diazona violacea

Diazona (D, GB, I, E, NL), Diazone, estouffat, ascidie glauque (F)

Eine hübsche Diazona-Kolonie von mehr als hundert Einzeltieren, die alle an ihrer Basis zu einer gemeinsamen gallertartigen Masse verschmelzen.

Die Einzeltiere sind 10 bis 40 mm groß, die Kolonien können eine Höhe von 15 bis 20 cm und einen Durchmesser von 40 cm erreichen. Diese in Tiefen zwischen 30 und 200 m lebende Art setzt sich auf allen harten Substraten fest, oft auf Kieselsteinen in Sandnähe. Geographische Verbreitung: atlantische Küsten von den Britischen Inseln bis Portugal, Mittelmeer. Das Tier besteht aus einer gallertartigen, relativ harten Masse, aus der die Zooide hervortreten. Diese sind gelb-grünlich, ein wenig undurchsichtig und ähneln Clavelina. Charakteristisch ist jedoch, daß die Öffnungen der Siphonen von einer senkrechten weißen Linie und einem weißem Ring umgeben sind, während der Kiemendarm nicht sichtbar ist wie bei Clavelina.

Eine Gruppe Miniatur-Seescheiden an einem Steilhang.

Perophora herdmani

Miniatur-Seescheide (D), Miniature seasquirt (GB), Ascidie miniature (F), Ascidia miniatura (I, E), Miniatuurzakpijp (NL)

Sehr kleine Einzeltiere von 5 bis 7 mm Höhe. Bewohner von Hartsubstraten in Tiefen zwischen 5 und 30 m. Endemische (?) Art des Mittelmeeres. Diese durchscheinenden Tiere sind schwierig zu erkennen, weil sie so klein sind: Eine echte Belohnung für einen Taucher, der gut beobachten kann! Die Einzeltiere sind durch Stolonen miteinander verbunden. Man weiß übrigens sehr wenig über diese Art.

Polysyncraton lacazei

Rote Synascidie (D), Red synascidian (GB), Synascidie rouge (F), Sinascidia rossa (I), Sinascidia roja (E), Rode korstzakpijp (NL)

Die Kolonien bilden eine Kruste von nur 5 bis 10 mm Dicke, können aber einen Durchmesser von 30 cm erreichen. Die kleinen Einfuhröffnungen haben einen Durchmesser von 0,25 mm, und die Ausfuhröffnungen sind etwa 1 mm groß. Diese Tiere bedecken Felsen oder andere Hartböden von der Oberfläche bis in 40 m Tiefe. Verbreitung: Mittelmeer. Die Farbe dieser Seescheide aus der Familie der Didemnidae ist sehr veränderlich: schwarz, violett, bläulich, rot, orange, gelb. Die häufigste Form ist jedoch die rote.

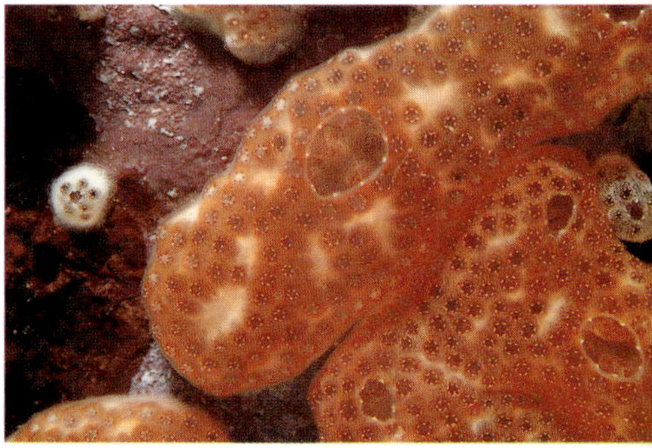

Ausschnitt einer Roten Synascidie. Die mit sechs weißen Punkten verzierten Einfuhröffnungen sind charakteristisch für eine Seescheide aus der Familie der Didemnidae und können nicht mit den Poren eines Schwammes verwechselt werden. Jeder Zooid hat seinen eigenen Einfuhrsiphon; die Ausfuhrsiphone münden jedoch in gemeinsame Kloaken, den großen Öffnungen auf diesem Bild. Man erkennt außerdem eine kleine Kolonie der Weißen Synascidie (Didemnum maculosum).

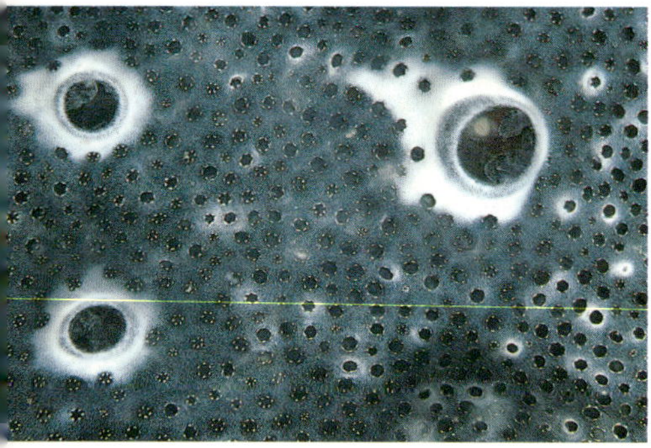

Ausschnitt einer Gallert-Synascidie. Bis auf die Durchsichtigkeit der Kolonie ähnelt sie in jeder Hinsicht der vorhergehenden Art.

Diplosoma listerianum

Gallert-Synascidie (D), Jelly-synascidian (GB), Synascidie gélatineuse (F), Sinascidia gelatinosa (I, E), Geleikorstzakpijp (NL)

Wie bei der vorhergehenden Art bilden auch hier die Kolonien eine Kruste, die nur wenige Millimeter dick ist, aber einen Durchmesser von 15 cm erreichen kann. Diese Tiere bedecken Felsen oder andere Hartböden, von der Oberfläche bis in 40 m Tiefe. Verbreitung: Mittelmeer. Es gibt mehrere Arten von Synascidien, die oft mit Schwämmen verwechselt werden.
Diese Art kann man jedoch nicht verwechseln: Es gibt keine so durchscheinenden Schwämme.

Amaroucium sp.

Koloniebildende Seescheide (D), Colonial ascidian, colonial seasquirt (GB), Ascidie coloniale (F), Pan di zucchero (I), Ascidia colonial (E), Kolonievormende zakpijp (NL)

Massige Kolonien, die eine Höhe von 5 bis 10 cm und einen Durchmesser von 20 bis 30 cm erreichen können. Diese Tiere leben auf Hartsubstraten in Tiefen zwischen 5 und 50 m. Verbreitung: Mittelmeer. Amaroucium sieht den massigen Schwämmen zum Verwechseln ähnlich. Die Einfuhröffnungen sind jedoch größer als die Poren der Schwämme und die Ausfuhröffnungen sind regelmäßiger verteilt als die Osculi der Schwämme.

Eine schöne Koloniebildende Seescheide an einem Steilhang. Es handelt sich wahrscheinlich um Amaroucium nordmani; nur aufgrund der Außenansicht der Kolonien kann sie nicht mit Gewißheit bestimmt werden. Wie in jeder Seescheide entsprechen die kleinen Öffnungen den Einfuhrsiphonen der einzelnen Zooide. Die großen Löcher entstehen durch die Vereinigung der Ausfuhrsiphone.

Polycitor crystallinum (?)

Synascidie (D, F, NL), Synascidia (GB), Sinascidia (I, E)

Die Kolonie erreicht einige Zentimeter, während die Zooide nur wenige Millimeter groß werden. Diese Art hat eine Vorliebe für Untergründe, die ein wenig sandig sind: Gehäuse, Kiesel, Seegrasrhizome.
Zwischen 10 und 40 m Tiefe.

Eine durchscheinende Koloniebildende Seescheide auf Neptunsgras-Rhizomen. Auch hier ist keine genaue Bestimmung anhand des Fotos möglich. Wahrscheinlich ist es Polycitor. Auf jeden Fall handelt es sich um eine Koloniebildende Seescheide.

(Foto: Géry Parent)

Die Anordnung in gewundenen Linien ist charakteristisch.

Botrylloides leachi

Botrylloid (D, GB), Botrylloïde (F), Botrilloide (I), Botrylloides (E, NL)

Jedes Einzeltier ist ungefähr 2 mm groß. Die Kolonie kann sich über eine Fläche von mehreren Zentimetern ausbreiten. Diese Art hat eine sehr veränderliche Färbung. Ihre ökologische und geographische Verbreitung ähnelt der von Botryllus schlosseri.

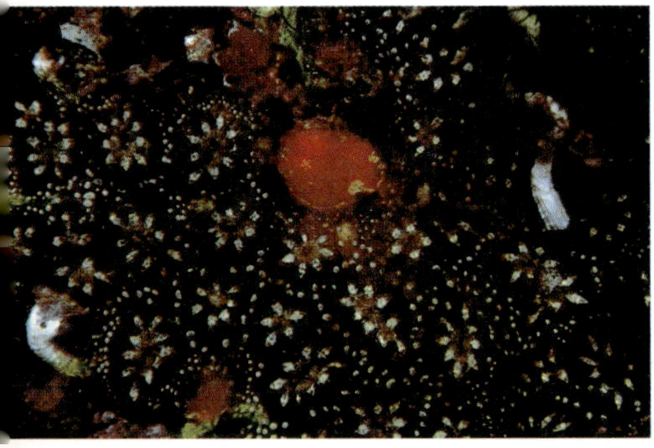

(Foto: Géry Parent)

Jeder dieser charakteristischen „Sterne" wird von den Einfuhröffnungen der Zooide gebildet, die um eine gemeinsame Ausfuhröffnung herum angeordnet sind.

Botryllus schlosseri

Stern-Seescheide (D), Star seasquirt (GB), Botrylle étoilé (F), Botrillo (I), Botryllus (E), Gesterde geleikorst (NL)

Jede Zooidengruppe mißt etwa 5 mm. Sehr variable Färbung. Häufige Art im Flachwasser; lebt unter Steinen oder als Aufwuchs von Algen oder Neptunsgras. Mittelmeer, Atlantik, Nordsee.

Stachelhäuter (Echinodermata)

Die *Stachelhäuter* sind durch eine fünfstrahlige Symmetrie *(Pentamerie)* und durch ein hoch entwickeltes Skelett unter der Haut, das oft Stacheln hervorbringt, charakterisiert. Obwohl in diesem Buch mehrere Klassen besprochen werden, beschränken sich unsere anatomischen Studien auf den Vergleich zwischen einem Seestern und einem Seeigel. Der typische Seestern (A) hat fünf Arme. Bei manchen Arten weicht die normale Anzahl der Arme aufgrund einer aus der Art schlagenden Entwicklung oder aufgrund von Neubildungen von fünf ab. Man erkennt einen *After* (1) auf der Oberseite und daneben eine exzentrisch liegende *Madreporenplatte* (2). Abbildung B zeigt das komplizierte *Wassergefäßsystem.* Das Wasser tritt durch die Madreporenplatte, einer mit kleinen Löchern durchsetzten Kalkplatte, ein. Es handelt sich um einen Filter, der Sandpartikel zurückhalten soll. Der *Steinkanal* (3) führt zum *Ringkanal* (4). Von dort münden die *Radiärkanäle* (5) in jeden Arm. Diese Kanäle haben auf beiden Seiten eine Reihe von Saugfüßchen *(Ambulakralfüßchen),* von denen jedes aus einer *Ampulle* (6) und einer *Saugscheibe* (7) besteht. Das Ganze bildet ein komplexes hydraulisches System, mit dem sich der Seestern bewegen oder eine furchterregende Kraft ausüben kann, z. B. auf die Schalen einer Muschel. Lassen Sie uns den Schnitt eines Seesterns (C) mit dem eines Seeigels (D) vergleichen.

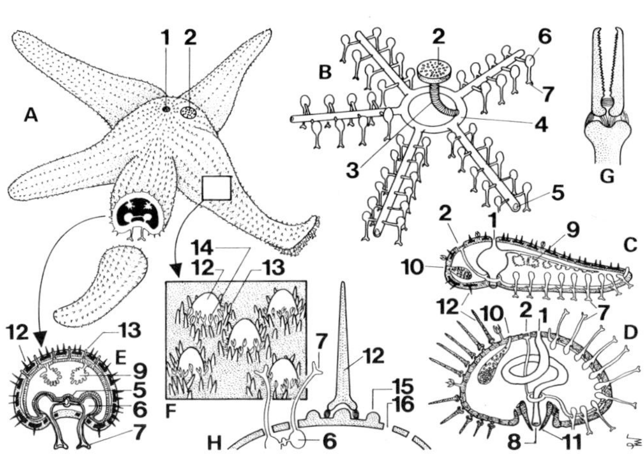

(Foto Gérard Breton)

Ausschnitt eines Eisseesterns. Beachten Sie, daß die charakteristischen großen Stacheln jeweils von einem Pedicellarienbüschel umgeben sind.

Beide haben auf der Oberseite einen After (1), die Madreporenplatte (2), Ambulakralfüßchen (7), den Mund auf der Unterseite (8), Geschlechtsorgane oder *Gonaden* (10) und Kalkstacheln (12). Der Seestern besitzt einen unbewaffneten Mund, an dem sich der sackförmige Magen mit seinen fünf *Pylorischen Schläuchen* (9) anschließt, während der Seeigel einen aus fünf Zähnen bestehenden Kauapparat, die berühmte *„Laterne des Aristoteles"* (11), hat.
Der Querschnitt eines Seesternarmes (E) zeigt nochmals die Anordnung der Radiärkanäle (5), die Ampullen (6) und die Saugfüßchen (7). Die Pylorischen Schläuche (9) und die Stacheln (12) sind deutlich erkennbar. Aus den kleinen Öffnungen kommen hohle Membranstrukturen, die *Papulae* (13), heraus. Diese Hautausstülpungen dienen der Atmung. Der Oberflächenausschnitt eines Seesterns (F) zeigt die großen Stacheln (12), die von Papulae und *Pedicellarien* (14) umgeben sind. Pedicellarien sind kleine Greifzangen, die der Reinigung der Stacheln dienen. Man findet sie auch bei Seeigeln. Eine Vergrößerung (G) zeigt diese Pedicellarien mit ihren Muskeln im Detail. Und schließlich zeigt ein Querschnitt durch die Seeigelschale (H) die Ampullen (6) und die Saugfüßchen (7), die durch die *Poren* (16) der *Ambulakralplatten* nach außen dringen. Man erkennt außerdem einen Stachel (12), der von Muskeln an seiner Basis bewegt werden kann. Die tiefer liegende Stachelbasis wird von den *Warzen* (15) der *Ambulakralplatte* eingerahmt. Wir werden die unterschiedlichen Klassen der Stachelhäuter getrennt betrachten: Haarsterne *(Crinoidea)*, Seegurken *(Holothurioidea)*, Seeigel *(Echinoidea)*, Seesterne *(Asteroidea)* und Schlangensterne *(Ophiuroidea)*.

Haarsterne (Crinoidea)

In manchen Meeren sind die Haarsterne sehr zahlreich vertreten; im Mittelmeer sind sie jedoch nicht sehr häufig. Die Arme verzweigen sich und sind gefiedert. Gewöhnlich heften sich die Tiere mit ihren *Cirren* am Untergrund fest. Sie sind aber auch in der Lage, mit Hilfe ihrer Arme zu schwimmen.

Antedon mediterranea

Mittelmeer-Haarstern, Mittelmeer-Federstern (D), Mediterranean feather-star (GB), Comatule, encrine (F), Giglio di mare (I), Antedon (E), Haarster (NL)

Das Tier kann etwa 15 bis 20 cm groß werden. Die Arme sind gefiedert. Mittelmeerart, die man im Flachwasser findet, die aber in Tiefen von 30 oder 40 m wesentlich häufiger vorkommt. Das Tier lebt auf dem Rücken (!) und klammert sich mit den Rückencirren am Untergrund (Algen, Hornkorallen, Moostiere etc.) fest; es kann sich aber auch mit Hilfe seiner Arme schwimmend fortbewegen. Das Tier hat fünf Arme, die sich aber dicht an der Basis teilen, so daß es scheinbar zehn Arme hat. Die Fiedern der Arme dienen als „Netz", das Nahrung in Form kleiner Teilchen oder Plankton einfängt. Die Nahrung wird dann entlang der Arme durch die stark bewimperten Ambulakralrinnen transportiert; diese befinden sich auf der Bauchseite und führen zum Mund. Tagsüber versteckt sich das Tier oft im Dunkeln (unter Steinen, in Schwämmen etc.). Die Befruchtung findet außerhalb des Körpers statt und die Eier werden bis zum Ausschlüpfen auf den Fiedern getragen. Es entwickelt sich eine planktonisch lebende Larve, die sich nach einigen Stunden mit Hilfe eines Stiels am Boden festheftet. In diesem Stadium (Pentacrinus-Stadium) erinnert das nur wenige Millimeter große Tier sehr stark an fossile Seelilien, die Vorfahren der Haarsterne. Nach einigen Monaten trennt sich *Antedon* von seinem Stiel und beginnt ein unabhängiges Leben. *Antedon* beherbergt zahlreiche Parasiten, darunter den Vielborster *Myzostomum cirriferum* (Größe: 5 mm), Ruderfüßer und Asseln. Seine Farbe kann von einem grellen Gelb über braun bis karminrot variieren. Eine ähnliche Art, *Leptometra phalangium,* lebt in großen Tiefen (mehr als 70 m).

Ein Mittelmeer-Haarstern hat sich ein Posidoniablatt als Wohnsitz auserwählt. Das Tier hat acht bewegliche Arme, die mit Fiedern besetzt sind. Beachten Sie auch die kleine getarnte Assel!

Seegurken (Holothurioidea)

Wurstförmige Tiere mit lederartiger Haut, von einem Kranz einziehbarer Tentakel umgebener Mundöffnung am Vorderende und Kloakenöffnung am Hinterende. Die Ambulakralfüßchen sind gewöhnlich in drei Bauchreihen und zwei Rückenreihen angeordnet. Die Haut ist mit zahlreichen Wärzchen *(Papillen)* gespickt. Das Hautskelett ist auf kleine Kalkplatten, sogenannte *Sklerite,* reduziert, die auf der Haut verstreut sind. Einige Arten besitzen baumförmig verzweigte Wasserlungen (Kiemen) am Enddarm, die im Dienst der Atmung stehen.

Die Größe der einzelnen Arten ist sehr unterschiedlich (2 mm bis 30 cm). Zahlreiche Parasiten leben in den Eingeweiden einiger großer Seegurken, darunter die Schnecke *Entoconcha mirabilis* und der Fisch *Carapus (Fierasfer)* acus.

Holothuria forskali

Schwarze Seegurke (D), Black sea-cucumber, Niggerspinner (GB), Holothurie noire, bêche de mer (F), Cetriolo di mare nero (I), Cohombro de mar negro (E), Zwarte zeekomkommer, Gestippelde zeekomkommer (NL)

Die Schwarze Seegurke kann sich (wie auf diesem Bild) in untypischen Farben zeigen. Vergleichen Sie das Foto auf Seite 74.

Das Tier wird 15 bis 40 cm lang. Die Schwarze Seegurke ist eine häufige Art, die man auf sandig-schlammigen Böden, zwischen Seegras und im Koralligen antrifft. Man findet sie in Tiefen von 5 m bis über 100 m. Dieses Tier ernährt sich von organischem Detritus, welcher mit dem Sediment aufgenommen wird. Charakteristisch ist der Besitz von klebrigen weißen Fäden (Cuviersche Schläuche) im Inneren des Tieres, die zur Verteidigung durch die Kloakenöffnung ausgestoßen werden und sich innerhalb eines Monats neu bilden. Sie unterscheiden H. forskali von anderen ähnlichen Arten. Die Schwarze Seegurke kann bis zu fünf Jahre alt werden.

Holothuria stellati

Braune Seegurke (D), Brown sea-cucumber (GB), Holothurie brune (F), Cetrolo di mare bruno (I), Cohombro de mar marròn (E), Bruine zeekomkommer (NL)

Das Tier wird 15 bis 40 cm lang. Diese Art ist ausgesprochen häufig auf sandig-schlammigen Böden anzutreffen, wo sie dichte Populationen bilden kann. Man findet sie von der Oberfläche bis in 100 m Tiefe, insbesondere zwischen 5 und 40 m. Bis auf das Fehlen der Cuvierschen Schläuche ähnelt dieses Tier Holothuria forskali. Man erkennt es an seiner braunen Färbung. Die Rückenwärzchen sind im allgemeinen ein wenig dunkler als der Rest des Körpers. Sehr ähnliche Arten: H. tubulosa und H. polii.

Eine Braune Seegurke nimmt mit ihrem Mund (links auf dem Foto) das an Nahrungspartikeln reiche Sediment auf. Die organische Materie wird verdaut und der Sand wird als Kot durch die Kloakenöffnung (rechts) wieder ausgeschieden.

Holothuria tubulosa

Schlauch-Seegurke (D), Hollow sea-cucumber (GB), Holothurie tubuleuse (F), Cetriolo di mare tuboloso (I), Cohombro de mar tubuloso (E), Holle zeekomkommer (NL)

Zwischen 20 und 50 cm lange Seegurke. Ähnelt H. stellati, die vor allem eine Sandbodenart ist; H. tubulosa ist zwischen Algen und in Seegraswiesen häufiger zu finden.

Eine männliche Seegurke hat sich senkrecht zwischen Neptunsgras aufgerichtet, um sein Sperma abzugeben. Dieses Verhalten findet massenweise statt: Alle Tiere einer Population richten sich zur selben Zeit in gleicher Weise auf. Dieses sehr gut aufeinander abgestimmte Phänomen findet nur an ein oder zwei Tagen Ende Juli oder Anfang August, insbesondere am Ende des Tages, statt.

Eine Königsholothurie auf einem Detritus-Boden in 30 m Tiefe vor Cap Béar. Gewöhnlich trifft man sie auf schlammigen Böden in größeren Tiefen an.

Stichopus regalis

Königsholothurie, Goldgelbe Seewalze (D), King sea-cucumber (GB), Holothurie jaune, holothurie royale, sandale de mer (F), Lingua di mare (I), Cohombro de mar real (E), Koningszeekomkommer (NL)

20 bis 30 cm lang und 6 bis 8 cm breit. Diese Art lebt auf sandig-schlammigen Gründen oder auf Detritus-Böden, in Tiefen zwischen 5 und 400 m, meistens jedoch zwischen 20 und 100 m. Verbreitung: Dieses Tier kommt hauptsächlich im Mittelmeer vor, man trifft es aber auch im Atlantik. Große abgeflachte Seegurke mit heller Färbung und charakteristischen weißen Papillen. Die Bauchseite ist weiß und rot. Wie alle Seegurken ist auch die Königsholothurie ein Detritusfresser. Die Nahrung wird mit Hilfe abgeflachter Tentakel zum Mund geführt. Die organische Materie wird verdaut und der restliche Sand als Kot wieder ausgeschieden. Stichopus kann sich den Darm zwei- oder dreimal am Tag „vollstopfen"! Diese Seegurke ist ebenso wie Holothuria tubulosa in der Lage, bei Bedrohung ihren Darm und die Wasserlungen auszustoßen, die sich innerhalb weniger Wochen neu bilden. In einigen Regionen des Mittelmeeres werden die Wasserlungen gebraten verzehrt.

Seeigel (Echinoidea)

Tiere, deren Skelettplatten einen kugelförmigen hohlen Panzer – das Gehäuse – bilden. Dieser trägt auf den Interambulakralplatten bewegliche Stacheln und auf den Ambulakralplatten Saugfüßchen. Fünf mit kleinen Poren durchlöcherte Ambulakralplatten wechseln sich mit fünf Interambulakralplatten ab, die halbkugelförmige Stachelwarzen tragen. Da das Gehäuse rund ist, die Platten sich regelmäßig abwechseln und sich Mund (Bauchseite) und After (Rückenseite) in der Mitte befinden, spricht man von einem regulären Seeigel (insbesondere Seeigel an Felsen). Bei den irregulären Seeigeln ist der Gehäuseumriß hingegen langgestreckt; der Mund befindet sich am Körperanfang und der After am Körperende (das gilt für die meisten Sandseeigel).

Psammechinus microtuberculatus

Kletterseeigel (D), Green sea-urchin (GB), Oursin grimpeur (F), Riccio verde (I), Ericillo de mar verde (E), Groene zeeëgel (NL)

Kleiner Seeigel, den man leicht für ein Jungtier halten kann. Gehäusedurchmesser: maximal 4 cm; die Stacheln werden nicht länger als 1,5 cm. Die durchschnittliche Größe des gesamten Tieres beträgt 3 bis 4 cm. Psammechinus microtuberculatus ist ein sciaphiles Tier, das man unter Steinen und zwischen Posidoniarhizomen antrifft. Man findet es von der Oberfläche bis in 100 m Tiefe. Allesfresser, der sowohl Algen als auch Wirbellose verspeist. Das Gehäuse ist grün und abgeflacht und hat eine ganz kleine Öffnung für den Mundapparat.

Gut geschützt unter einem Stein kriecht ein kleiner Kletterseeigel zwischen krustenbildenden Kalkalgen (Lithophyllum incrustans) und Röhrenwürmern (großen Mercierella enigmatica und kleinen, spiralförmig zusammengerollten Spirorbis pagenstecheri) entlang.

Arbacia lixula

Schwarzer Seeigel (D), Black sea-urchin (GB), Oursin noir, oursin mâle (F), Riccio nero, riccio maschio (I), Erizo negro (E), Zwarte zeeëgel (NL)

Der Durchmesser des Gehäuses kann 5 cm und die Länge der Stacheln 3 cm erreichen, so daß der Gesamtdurchmesser 8 bis 11 cm betragen kann. Arbacia lebt auf Felsböden, vorzugsweise auf senkrechten Flächen, in Tiefen zwischen 0 und 50 m (hauptsächlich zwischen 2 bis 15 m). Die Art scheint von den südlichen Küsten des Mittelmeeres zu stammen. Sie ist im 19. Jahrhundert an die französischen Küsten vorgedrungen. Marion und Koehler vermerken 1883, daß diese Art entlang der nördlichen Küsten des Mittelmeeres „selten" sei. Heutzutage ist sie dort extrem häufig anzutreffen und ist oft an den Platz der endemischen Art Paracentrotus lividus getreten, die in der gleichen Biocönose lebt. Arbacia hat sich sehr gut an starke Turbulenzen auf den Felsen dicht an der Oberfläche angepaßt. Er bevorzugt vertikale Flächen. Das Gehäuse ist abgeflacht und bietet dem Wasser wenig Widerstand. Die zahlreichen spitzen Stacheln sind bläulich schwarz. Die Ambulakralfüßchen der mundabgewandten (aboralen) Seite haben keine Saugnäpfe, so daß Arbacia nicht in der Lage ist, sich unter diversen Dingen (z. B. Algen, Schalenreste etc.) zu verbergen. Das Tier ernährt sich hauptsächlich von Kalkalgen (Felsen mit Lithophyllum incrustans); wenn diese Nahrung jedoch rar wird, kann er auch organische Substanzen in Form von Schwebepartikeln im Wasser zu sich nehmen. Aus diesem Grund überlebt Arbacia nur sehr schwer in einer stark verschmutzen Umwelt, wie in manchen Gebieten im Golf von Marseille oder im Golf von Neapel. Die Geschlechtsorgane dieses Seeigels sind nicht eßbar, da sie eine bittere Substanz enthalten. Bei Paracentrotus hingegen sind die Gonaden eßbar. Einen detaillierten Vergleich beider Arten finden Sie auf einer Tabelle im Anschluß an die folgende Art.

Ein Schwarzer Seeigel weidet Algen eines Felsens dicht an der Oberfläche ab.

Paracentrotus lividus

Steinseeigel (D), Brown sea-urchin, rock-urchin (GB), Oursin pierre, oursin femelle (F), Riccio di mare comune, riccio femmina (I), Erizio marrón (E), Bruine zeëgel (NL)

Ein Steinseeigel weidet auf einem Felsen nahe der Oberfläche Algen ab. Beachten Sie die Algenreste, die er auf der dorsalen Seite mit den Saugnäpfen seiner Ambulakralfüße festhält; dadurch unterscheidet sich Paracentrotus von Arbacia, der nicht in der Lage ist, irgendwelche Materialien festzuhalten.

Der Schalendurchmesser kann 6 cm erreichen; die Stacheln werden bis zu 3 cm lang, so daß der Gesamtdurchmesser 12 cm betragen kann. Die durchschnittliche Größe des Tieres beträgt 8 cm. Man findet Paracentrotus in Tiefen zwischen 0 und 30 m. Er lebt auf felsigen Böden (manchmal in Fluttümpeln) und in Seegraswiesen, vorzugsweise auf (sub)horizontalen Flächen. Der Steinseeigel weidet Algen ab; wenn die Algen jedoch knapp werden, kann er auch zum Allesfresser werden (Nahrung in Form von Detritus!). Die Längsrillen der Stacheln spielen beim Transport der Nahrungspartikel eine Rolle. Das Tier bohrt mit Hilfe seiner Stacheln und Drehungen um die eigene Achse kreisrunde Wohnhöhlen in den Fels (besonders in Kalkfelsen). Tagsüber hält er sich in dieser Behausung auf und kommt nachts zum Weiden heraus. Der Steinseeigel kehrt immer wieder in seine Wohnhöhle zurück (engl. homing). Er maskiert sich mit Hilfe seiner mit Saugnäpfen ausgestatteten Ambulakralfüßchen häufig mit verschiedenen Materialien (Algen, Schalen, kleine Steine). Diese Tiere werden seit dem Altertum zum Verzehr gesammelt. Die Mittelmeeranwohner essen die weiblichen Gonaden, die in fünf orangefarbenen Reihen im Schaleninnern angeordnet sind. Die weißen, männlichen Gonaden schmecken hingegen recht fade. Überdies sind die Eier dieses Tieres seit dem letzten Jahrhundert Gegenstand zahlreicher entwicklungsbiologischer Untersuchungen. Die Art ist deshalb in der Nähe der Mittelmeerhäfen und besonders in der Nähe von Meeresstationen (z. B. Neapel, Genua, Marseille, Banyuls-sur-Mer, Barcelona!) seltener geworden. Paracentrotus-Populationen wurden zweifellos vom Menschen dezimiert, und vielerorts nahm die Art Arbacia lixula ihren Platz ein.

Vergleich zwischen Paracentrotus und Arbacia

Art	**Paracentrotus lividus**	**Arbacia lixula**
Gehäuse	abgerundete Form kleine Mundöffnung grünliche Farbe	abgeflachte Form große Mundöffnung rosa mit dunklen Streifen
Farbe	braun, violett, grünlich	schwarz-violett
Mundfeld	rötlich	grünlich
Ambulakral-füßchen	zahlreich: Das Tier bedeckt sich mit verschiedenen Materialien und kann sich in weniger als 5 Min. wenden, wenn man es auf den Rücken legt	wenige Saugfüßchen auf der aboralen Seite, etwas zahlreicher an den Seiten; bedeckt sich nicht mit Materialien und kann sich nicht wenden, wenn er auf den Rücken gelegt wird
Stacheln	nicht sehr zahlreich ein blauer Ring umgibt die Basis	sehr zahlreich, kein blauer Ring an der Basis

Sphaerechinus granularis

Violetter Seeigel (D), Purple sea-urchin (GB), Oursin violet (F), Riccio granulare, riccio di pratera (I), Erizo violado (E), Paarse zeeëgel (NL)

Großer Seeigel, dessen Durchmesser 13 cm erreichen kann. Der Gehäusedurchmesser beträgt im allgemeinen 6 bis 7 cm. Die recht dicken Stacheln sind ungefähr 2 cm lang. Dieses Tier ist in Tiefen zwischen 0 und 100 m auf Felsen oder im Koralligen, aber auch in Posidoniawiesen anzutreffen. Es scheint grobe Sandflächen zu lieben. Jungtiere findet man hauptsächlich auf tiefgelegenen Detritus-Böden. Der Violette Seeigel hat kurze stumpfe Stacheln, die oft eine weiße Spitze haben. In einigen seltenen Fällen sind die Stacheln vollkommen weiß. Er ist genau wie andere Seeigel ein Weidegänger, der sich von Algen ernährt. Im flachen Wasser trifft man nur selten junge Tiere an. Das liegt daran, daß diese weißen oder rötlichen Tiere auf Küstendetritus-Böden (oft in großen Tiefen) aufwachsen. Sie verstecken sich dort tagsüber und kommen nur nachts hervor. Wenn sie die Größe eines erwachsenen Tieres erreicht haben, wandern sie, oft in Gruppen, in Richtung Küstenfelsen. Unterwegs werden viele Tiere von Seesternen wie Luidia ciliaris oder Mathasterias glacialis gefressen. Dieser große Seeigel bedeckt sich oft mit verschiedenen Materialien, ein Verhalten, das häufig als Schutz gegen das Licht fehlinterpretiert wurde. Der Violette Seeigel ist eßbar, aber nicht so schmackhaft wie Paracentrotus lividus. Das Gehäuse dieses großen Seeigels ist leicht an den zehn kleinen Auskerbungen (etwa 2 mm) im Umkreis der Mundöffnung zu erkennen.

Dieser große Seeigel hat sich teilweise mit Algen bedeckt. Rechts vom Tier befindet sich eine Weichkoralle (Alcyonium acaule), auf der das Gelege einer Schnecke zu sehen ist (kleine weiße Spirale).

Echinus acutus

Gelber Seeigel (D), Yellow sea-urchin (GB), Oursin jaune (F), Riccio giallo (I), Erizo amarillo (E), Gele zeeëgel (NL)

Großer Seeigel, dessen Durchmesser gewöhnlich 10 bis 12 cm, manchmal sogar bis zu 16 cm beträgt. Dieser Seeigel lebt hauptsächlich auf schlammigen Böden in 20 bis 1 300 m Tiefe; man trifft ihn aber auch sporadisch auf Felsböden an. Fischer finden ihn oft in ihren Netzen. Geographische Verbreitung: Ostatlantik, von der Barents-See bis zur marokkanischen Küste, Mittelmeer. Die Schale hat eine rötliche Farbe, die Stacheln sind weiß-grün gefärbt mit weißen, z. T. ein wenig rot gefärbten Spitzen. Die Art hat insgesamt ein grün-gelbliches Aussehen. Abgesehen von der Bauchseite sind die Stacheln nicht sehr zahlreich und nicht sehr dicht gedrängt. Seitlich betrachtet ist das Gehäuse kegelförmig, von oben sieht es rund aus. Man kann diese Art sehr leicht mit einem anderen großen, weißlichen Seeigel verwechseln, dem Melonenseeigel (Echinus melo). Er hat mehr Stacheln und seitlich betrachtet eine abgerundete Schale; von oben gesehen ist sie fünfeckig.

Ein Gelber Seeigel neben einer Alcyonium acaule-Kolonie.

Stylocidaris affinis

Roter Lanzenseeigel (D), Red lance-urchin (GB), Oursin-lance rouge (F), Riccio saetta rosso (I), Erizo lanza rojo (E), Rode lanszeeëgel (NL)

Der Schalendurchmesser beträgt 4 bis 5 cm. Die dicken Stacheln erreichen leicht eine Länge, die den Schalendurchmesser übertrifft. Man findet diese Art sowohl auf Hart- als auch auf Weichböden in Tiefen zwischen 30 und 1 000 m. Geographische Verbreitung: Mittelmeer und angrenzender Atlantik. Die dicken Primärstacheln haben braune Längsstreifen mit Querbinden; diese Färbung ist allerdings schwierig zu erkennen, da die Stacheln von krustenbildenden Organismen bedeckt werden. Die kleinen Sekundärstacheln, die den ganzen Körper bedecken, sind rötlich gefärbt. Das Tier ernährt sich von

Moostieren und Weichtieren. Vermehrung im Mai-Juni.
Leicht mit dem Lanzenseeigel (Cidaris cidaris) zu verwechseln, der ihm sehr stark ähnelt, dessen Färbung aber nicht so lebhaft ist und dessen Primärstacheln fast doppelt so lang wie der Schalendurchmesser (der bis zu 7 cm erreichen kann) werden.

Ein Lanzenseeigel auf einem Sandboden in 5 m Tiefe (möglicherweise von einem Fischer zurückgeworfen).

Spatangus purpureus

Violetter Herzigel (D), Violet heart-urchin (GB), Spatangue pourpre (F), Spatango, peto di dolfin (I), Erizo de corazón purpúreo (E), Purperen zeeklit, paarse hartegel (NL)

Das Gehäuse kann 12 cm lang werden. Das Tier lebt auf groben Sandgründen oder auf sandig-schlammigen Böden zwischen 5 und 900 m Tiefe. Dieses Tier, bei dem die radiale Symmetrie in eine bilaterale Symmetrie umgewandelt ist, gehört zu den „irregulären" Seeigeln. Der Violette Herzigel ist auf der Oberseite mit kurzen, biegsamen Stacheln bedeckt, die an Haare erinnern; vorne hat er einen schaufelförmigen Mund und hinten einen After. Er frißt den organischen Detritus aus dem Sediment, indem er nachts die Sandoberfläche abschöpft; dabei bewegt er sich langsam voran und hinterläßt eine charakteristische Spur. Tagsüber vergräbt sich dieses sciaphile Tier. Wenn man es ausgräbt, taucht es sofort wieder in den Sand ein. Das zerbrechliche Gehäuse hat eine graue Färbung.

Herzigel sind „irreguläre" Seeigel mit bilateraler statt strahlenförmiger Symmetrie. Dieses Tier wurde tagsüber vom Fotografen ausgegraben und tauchte sofort wieder in den Sand ein, um dem Licht zu entfliehen.

Seesterne (Asteroidea)

Sternförmige Tiere, die charakteristischerweise fünf Arme ringsum eine zentrale Scheibe haben. Es gibt auch untypische Formen, z. B. Luidia ciliaris (er hat sieben Arme) und Coscinasterias tenuispina (er hat zehn Arme). Großes Regenerationsvermögen. Die Saugfüßchen befinden sich auf der Bauchseite.

Mit Hilfe seiner Saugfüßchen kriecht ein Roter Seestern langsam über den Grund. Seine Nahrung besteht hauptsächlich aus organischer Materie, obwohl der Seestern manchmal auch Schwämme angreift, genau wie die Nacktschnecke (Peltodoris atromaculata), die rechts zu sehen ist.

Echinaster sepositus

Roter Seestern, Purpurstern (D), Red starfish (GB), Étoile de mer rouge (F), Stella rossa (I), Estrella espinosa roja (E), Oranjerode zeester (NL)

Der Durchmesser dieses Tieres liegt in einer Größenordnung zwischen 10 und 20 cm. Der Rote Seestern ist von der Oberfläche bis in 250 m Tiefe auf allen Hartböden und auch in Posidoniawiesen anzutreffen. Man erkennt diesen häufig vorkommenden Seestern schon von weitem an seiner auffälligen Färbung. Er hat normalerweise fünf runde Arme, die kleine Vertiefungen haben. Diese stehen mit unter der Haut befindlichen Skelettplatten in Verbindung. Echinaster sepositus ernährt sich hauptsächlich von organischer Materie, die er auf dem Grund findet; gelegentlich frißt er aber auch Schwämme. Manchmal wird er seinerseits von dem großen Tritonshorn (Charonia lampas) angegriffen.

Hacelia attenuata

Glatter Seestern (D), Smooth starfish (GB), Étoile de mer lisse (F), Stella liscia (I), Estrella de mar lisa (E), Gladde zeester (NL)

Er kann einen Durchmesser von 20 bis 30 cm erreichen. Diese Art lebt auf felsigen und koralligenen Böden, in Tiefen zwischen 1 und 150 m (insbesondere zwischen 20 und 50 m). Da dieser Seestern eher den Schatten liebt, findet man ihn häufig unter Überhängen und sogar in Höhlen. Geographische Verbreitung: Mittelmeer und angrenzender Atlantik, Azoren. Rote oder orangene Färbung. In manchen Werken ist zu lesen, daß die Färbung vom Alter abhängt; dies ist jedoch nicht der Fall. Die Scheibe ist klein, die kegelförmigen Arme laufen spitz zusammen. Die sich recht glatt anfühlende Oberfläche ist durch deutlich sichtbare Reihen von Vertiefungen gekennzeichnet. Vermehrung von Juni bis September.

Typisches Exemplar eines Glatten Seesterns mit seinen kegelförmigen Armen und den Reihen von Vertiefungen. Er haftet unter einem Überhang in einem Bestand von schattenliebenden roten Kalkalgen und Schwämmen (das große gelbe Exemplar ist Agelas oroides).

Ein Purpurroter Seestern schützt sich in einer Spalte. Die Form der Arme ist charakteristisch.

Ophidiaster ophidianus

Purpurroter Seestern (D), Purple starfish (GB), Étoile de mer pourpre (F), Stella serpente, stella porpora (I), Estrella de mar purpura (E), Purpuren zeester (NL)

Lebt auf felsigen Böden von der Oberfläche bis in 100 m Tiefe, seltener in Posidoniawiesen. Verbreitung: vorzugsweise im Mittelmeer, aber auch im Atlantik von Portugal bis Sankt Helena. Sein Vorkommen im Mittelmeer ist sehr unregelmäßig: An den nördlichen Küsten ist er selten; er hält sich vorzugsweise in den warmen Regionen auf: Balearen, Sizilien, nordwestafrikanische Küsten, östliches Mittelmeerbecken. Großer Seestern (Durchmesser von 15 bis 40 cm) mit kleiner zentraler Scheibe und veränderlicher Färbung; überwiegend purpur, manchmal mit violetten oder gelben Flecken. Die drehrunden Arme sind lang und glatt mit einer leichten Verengung an der Basis. Der Durchmesser der Arme bleibt praktisch konstant bis zu den abgerundeten Enden, die oft nach oben gebogen sind, so daß die gelblichen Saugfüßchen sichtbar werden.

Eisseestern, den man trotz seines Namens recht häufig im Mittelmeer antrifft.

Marthasterias glacialis

Eisseestern, Warzenstern (D), Spiny starfish (GB), Étoile de mer glaciaire (F), Martasterias (I), Estrella de mar espinosa (E), Ijszeester (NL)

Der Durchmesser beträgt im allgemeinen 30 bis 40 cm, kann aber auch 80 cm erreichen. Marthasterias ist von der

Oberfläche bis in 150 m Tiefe vor allem auf Hartböden, in Spalten, unter Steinen und auf Felsen anzutreffen, aber auch auf groben Sandgründen. Der Eisseestern hat fünf starre Arme, die mit Stachelreihen gespickt sind. Jeder Stachel ist von einem Büschel Greifzangen (Pedicellarien) umgeben, die an Warzen erinnern. Die Farbe ist veränderlich, sie kann rosa, violett, braun, grün und bläulich sein. Gefräßiger Seestern, der sich von lebenden Tieren oder Kadavern ernährt: Muscheln, Krebstiere, Fische und sogar andere Stachelhäuter.
Für die Austern- und Muschelzucht ist er manchmal eine echte Plage.

Coscinasterias tenuispina

Dornenstern, Blauer Dornenstern (D), Blue spiny starfish (GB), Étoile de mer épineuse, étoile de mer bleue (F), Stella pungente minore (I), Estrella espinosa azul (E), Blauwe stekelster (NL)

Recht kleiner Seestern (Durchmesser von 2,5 bis 10 cm). Dennoch wird von 20 cm großen Exemplaren berichtet. Diese Art lebt dicht an der Oberfläche (von 0 bis maximal 50 m), zwischen Algen oder unter Steinen. Verbreitung: Mittelmeer, Ostatlantik von den Kapverdischen Inseln bis zum Golf von Biscaya, Westatlantik von Brasilien bis zu den Bermudas (vom Menschen importiert?). Veränderliche Färbung von braun bis grau, oft mit vorherrschendem Blau. Er hat immer mehr als fünf Arme; dadurch kann man diese Art nicht mit Marthasterias glacialis verwechseln, der ebenfalls zahlreiche mit Büscheln von Greifzangen umgebene Stacheln hat. Sehr hohes Regenerationsvermögen. Die Vermehrung vollzieht sich manchmal ungeschlechtlich, durch einfaches Ablösen eines Armes, der dann in der Lage ist, ein ganzes Tier hervorzubringen.

Der Laie kann den Dornenstern mit seinen großen, von einem Büschel Greifzangen umgebenen Stacheln leicht für einen kleinen Eisseestern halten. Dieser hat jedoch immer fünf Arme, während die Anzahl der Arme des Dornensterns zwischen sieben und zehn variieren kann. Hier sehen Sie ein Exemplar in einem Rotalgenbestand von Pterocladia capillacea.

Astropecten johnstoni (spinulosus)

Dorniger Kammstern, Kleiner Kammstern (D), Small comb-star, spiny comb-star (GB), Petite étoile peigne (F), Stella pettine minore (I), Estrella de arena pequeña (E), Kleine kamster (NL)

Der Durchmesser eines erwachsenen Tieres kann 7 bis 10 cm erreichen. Man findet dieses Tier vor allem auf Sand und in Seegraswiesen, in Tiefen zwischen 2 und 50 m. Der Kleine Kammstern lebt genau wie sein großer Artgenosse (siehe folgende Art) tagsüber im Sand vergraben und verläßt sein Versteck nur nachts. Seine bevorzugte Nahrung besteht ebenfalls aus Weichtieren. Man sieht ihn recht häufig während seiner nächtlichen Ausflüge auf Pflanzen klettern.

Ein Kleiner Kammstern, der auf der Suche nach Nahrung einen groben Sandboden überquert.

Man sollte vorzugsweise nachts über Sandgründen tauchen, wenn man einen Roten Kamm-Seestern sehen möchte, da sich das Tier tagsüber vergräbt und kaum sichtbar ist.

Astropecten aurantiacus (aranciacus)

Roter Kamm-Seestern (D), Red comb-star (GB), Astropecten, étoile peigne (F), Stella pettine maggiore (I), Estrella de arena anaranjada (E), Oranje kamster (NL)

Der Durchmesser dieses größten Seesterns im Mittelmeer kann 60 cm erreichen. Man findet dieses Tier auf Sandgründen zwischen 1 und 100 m Tiefe, meistens jedoch in Tiefen zwischen 10 und 30 m. Der Rote Kamm-Seestern ist ein großes, gefräßiges Tier, das sich tagsüber im Sand versteckt, um bei Anbruch der Nacht (manchmal auch einige Stunden vor Sonnenuntergang) wieder herauszukommen. Nachts überbrückt er Distanzen zwischen 3 und 25 m auf der Suche nach Beute, wie Seeigel (Echinocardium mediterraneum) oder Muscheln (Venus gallina, Cardium tuberculatum, Donax venustus). Nach einigen Nächten kehrt er zu seinem Ausgangspunkt zurück (engl.: homing). In Astropecten-Gebieten besetzt jedes Tier ein Territorium von etwa 10 m^2.

Asterina gibbosa

Fünfeckstern, Kleiner Buckelstern (D), Cushion-star, starlet (GB), Astérie pentagonale, astérie bossue (F), Stella cuscinetto (I), Asterina (E), Vijhoekige zeester (NL)

Der Durchmesser dieses Tieres beträgt 4 bis 7 cm. Man findet es vor allem auf Felsböden dicht an der Oberfläche, unter Steinblöcken und in Seegraswiesen. Es ist im allgemeinen nicht in Tiefen über 20 m anzutreffen, obwohl es bis in 100 m Tiefe leben kann. Der Fünfeckstern hat so kurze Arme, daß er einem kleinen fünfeckigen Kissen ähnelt, das dick und starr ist und eine gelbe oder grünliche Färbung hat. Besonders bei jungen Tieren fehlen die Arme ganz. Der Fünfeckstern ist ein Zwitter. Von April bis Juni werden die Eier gelegt. Am Ende des ersten Jahres erreicht er einen Durchmesser von 9 mm und 20 mm am Ende des zweiten Jahres. Asterina gibbosa verträgt einen geringen Salzgehalt gut und ernährt sich hauptsächlich von Muscheln, Schnecken und Schlangensternen. Im östlichen Becken des Mittelmeeres wird er von Ceramaster placenta vertreten, der eine ähnliche Form hat, aber braun gefärbt und größer ist (bis zu 15 cm).

Ein Fünfeckstern auf Nahrungssuche in einem Algenbestand dicht an der Oberfläche.

Luidia ist ein Seestern, den man gewöhnlich auf tiefen Sandgründen findet.

Luidia ciliaris

Schmalarmiger Großplattenstern, Siebenarmiger Großplattenstern (D), Seven-armed starfish (GB), Luidia, étoile de mer à sept bras (F), Stella fragile (I), Estrella de mar de siete brazos (E), Zevenarmige zeester (NL)

Er kann einen Durchmesser von 40 bis 50 cm erreichen. Dieser Seestern lebt in schlammigen Sandböden vergraben, im Prinzip von der Oberfläche bis in 400 m Tiefe, scheint aber die Zone von 50 bis 100 m zu bevorzugen. Manchmal findet man ihn in Seegraswiesen oder (selten) auf Felsen. Diese Art kommt im Atlantik häufig vor, ist jedoch im Mittelmeer recht selten. Es ist ein großes gefräßiges Tier, das genau wie Astropecten Sandseeigel (Brissus unicolor) und Muscheln angreift. Sein Hauptmerkmal sind die sieben Arme. Sie sind abgeflacht und oft ungleichmäßig lang, weil sich Luidia der Autotomie (reflexartiges Abwerfen von Gliedmaßen) bedient, um seinen Feinden zu entkommen: Die Arme brechen sehr leicht ab, regenerieren aber schnell wieder. Diese Art kann drei bis vier Jahre alt werden. Die orangefarbenen Arme haben lange Stacheln an den Seiten.

Schlangensterne (Ophiuroidea)

Fünf schlanke, schlangenförmige Arme (mit oder ohne Stacheln) sind um eine Körperscheibe herum verwurzelt. Diese Arme verzweigen sich im allgemeinen nicht (mit Ausnahme des bemerkenswerten Gorgonenhauptes). Sehr bewegliche Tiere und zugleich die schnellsten Stachelhäuter.

Ein Zerbrechlicher Schlangenstern kriecht schnell über die Oberfläche eines gerade umgedrehten Steins, um dem Licht zu entfliehen. Die Unterseite des Steins ist mit verschiedenen Moostieren und den Kalkröhren des Wurmes Mercierella enigmatica bedeckt.

Ophiothrix fragilis

Zerbrechlicher Schlangenstern (D), Common brittle-star (GB), Ophiure fragile, ophiure à piquants, singe (F), Stella serpentina spinosa, stella serpentina fina (I), Ofiura de espinas finas (E), Brokkelster (NL)

Der Scheibendurchmesser beträgt etwa 2 cm, die Arme können 7 cm lang werden. Junge Ophiothrix findet man in Atemöffnungen (Osculi) von Schwämmen und zwischen den Algen des Sublitorals; erwachsene Tiere halten sich eher unter Steinen, zwischen Wurzelstöcken von Neptunsgras, in Spalten oder Löchern des Koralligens, aber auch auf sandig-schlammigen Böden auf. In manchen Gebieten findet man sehr dichte Populationen. Das Tier ist von der Oberfläche bis in 500 m Tiefe (in Ausnahmefällen 4 000 m) anzutreffen, meistens jedoch zwischen 20 und 50 m. Die Farbe variiert von gelbbraun über rosa bis rot. Oft ist die Färbung bunt, während die langen Stacheln durchsichtig sind. Diese Schlangensterne sind passive Filtrierer. Sie fangen Teilchen organischer Materie mit Hilfe der zahlreichen Stacheln ihrer fünf Arme, die sie senkrecht im Wasser aufstellen. Diese Stückchen werden dann von den beweglichen Saugfüßchen zum zentralen Mund transportiert.

Ophiocomina nigra

Schwarzer Schlangenstern (D), Black brittlestar (GB), Ophiure noire (F), Stella serpentina nera (I), Ofiura negra (E), Zwarte brokkelster (NL)

Ein großer Schwarzer Schlangenstern neben einem roten Zerbrechlichen Schlangenstern (oben rechts von Ophiocomina nigra) unter einem Stein. Die Unterseite dieses Steins ist außerdem mit kleinen weißen Punkten bedeckt: Das sind die eingerollten Kalkröhren des Wurmes Spirorbis pagenstecheri. Weiterhin sieht man die blassen orangenen Krusten der kolonialen Seescheide Diplosoma gelatinosum.

Der Scheibendurchmesser beträgt etwa 2 bis 3 cm, die Arme können 10 cm lang werden. Man findet ihn unter Steinen und auf koralligenen Gründen, aber auch auf Weichböden, besonders in verschmutztem Wasser. Dieser Schlangenstern ist Ophiothrix sehr ähnlich, ist jedoch schwarz gefärbt. Seine schwarzen (nicht durchsichtigen!) Stacheln sind kürzer als die des Zerbrechlichen Schlangensterns. Filtrierer, der Verschmutzungen gut verträgt. In der Region um Marseille haben sich extrem dichte Populationen gebildet, insbesondere in der Nähe des Abwasserkanals vom Cap Sicié.

Ophioderma longicauda

Glatter Schlangenstern (D), Smooth brittlestar (GB), Ophiure lisse (F), Stella serpentina liscia (I), Ofiura lisa (E), Gladde slangster (NL)

Ophioderma ist ein sehr schneller Seestern, der sich sofort unter dem gerade umgedrehten Stein versteckt. Beachten Sie auch die krustenbildende rote Kalkalge (Lithophyllum incrustans), die eine rosa Schicht unter dem Stein bildet.

Der Scheibendurchmesser beträgt etwa 2 bis 3 cm, die Arme können 12 cm lang werden. Dieses Tier lebt unter Steinen und im Koralligen, von der Oberfläche bis in 70 m Tiefe. Die große Körperscheibe hat die Festigkeit von derbem Leder. Die beweglichen runden Arme erscheinen glatt, weil die Stacheln kurz sind und anliegen. Das Tier hat eine braune oder schwarze Färbung und ist oft gefleckt. Die Bauchseite ist heller. Es handelt sich um eine schattenliebende Art, die sofort flüchtet, wenn man sie dem Licht aussetzt.

Astrospartus mediterraneus (arborescens)

Gorgonenhaupt (D), Basket star, Gorgon's head (GB), Gorgonocéphale, tête de méduse (F), Gorgonocefalo (I, E), Medusahoofd (NL)

Der Körperdurchmesser beträgt etwa 8 cm, während die Arme 20 cm lang werden können, so daß das Tier ein Ausmaß von maximal 50 cm erreichen kann. Astrospartus heftet sich an Hornkorallen oder Schwämme, ist aber auch auf sandigen oder schlammigen Böden zu finden; er lebt im allgemeinen in Tiefen zwischen 50 und 800 m, seltener um die 30 m. Dieses Tier ist entlang der nördlichen Mittelmeerküsten eher selten; man trifft es häufiger entlang der marokkanischen und algerischen Küsten an. Die sehr beweglichen Arme verzweigen sich so zahlreich, daß sie wie ein hellgraues Gebüsch aussehen. Dieses Tier ist ein lichtscheuer Filtrierer, der tagsüber seine Arme einrollt und sie nachts wieder entfaltet, wenn er Schwebestoffe oder kleine planktonisch lebende Tiere einfängt.

Dieses an einer Hornkoralle (Lophogorgia ceratophyta) festsitzende Gebüsch bewegt sich beim Licht der Unterwasserlampen; das Gorgonenhaupt scheint einem Science-fiction-Film entsprungen zu sein.

Plattwürmer (Plathelminthes)

Die Bandplanarie ist trotz ihres Aussehens keine Schnecke! Sie ist ein Strudelwurm oder Plattwurm. Sie hat weder Kiemen oder Körperanhänge wie die Nacktschnecken, noch ein Gehäuse wie die Vorderkiemerschnecken.

Plattwürmer sind extrem abgeflachte Würmer, die im allgemeinen keinen After haben, da sie alles, was sie fressen, verdauen. Abgesehen von zahlreichen parasitären Formen, gibt es einige große, spektakuläre Formen, die zur Ordnung der Polycladida innerhalb der Klasse der Strudelwürmer (Turbellaria) gehören. Aufgrund ihrer lebhaften Färbungen kann man sie leicht mit Nacktschnecken verwechseln. Diese haben jedoch einen massigen Körper, während Plattwürmer im allgemeinen nicht dicker als 1 Millimeter sind!

Prostheceraeus giesbrechtii (roseus)

Rosa Bandplanarie (D), Pink flatworm (GB), Planaire rose (F), Planaria rosea (I), Planaria rosada (E), Rozepaarse platworm (NL)

Farbvariante des Prostheceraeus giesbrechtii mit gelber Mittellinie.

Extrem flaches Tier von ungefähr 3 cm Länge. Man findet es auf felsigen Böden in Tiefen zwischen 5 und 50 m. Mittelmeerart. Es ist nicht genau bekannt, wovon sich diese Bandplanarien ernähren: Seescheiden, Schwämme oder Moostiere. Sie gleiten mit Hilfe ihrer Wimperhärchen über den Grund und sind aufgrund ihrer lebhaften Färbungen leicht zu erkennen. Es gibt zwei Varianten: Eine rosa-weiße (Foto) und eine blau-weiße mit einer gelben Mittellinie. Manche Autoren behandeln sie als zwei getrennte Arten: Die erste als Prostheceraeus roseus und die zweite als P. giesbrechtii.

Prostheceraeus vittatus

Weiße Bandplanarie (D), White flatworm (GB), Planaire blanche (F), Planaria bianca (I), Planaria blanca (E), Witte platworm (NL)

Das Tier kann aufgrund seiner Form und Farbe sicher bestimmt werden.

Dieser Strudelwurm wird 3 cm lang und 1 cm breit. Man findet diese Art im Mittelmeer und im Atlantik unter Steinen und auf verschlammten Felsböden von der Oberfläche bis in 50 m Tiefe.

Dieser große orangene Plattwurm, in etwa 15 m Tiefe vor der marokkanischen Küste überrascht, gehört wahrscheinlich zur Gattung Pseudoceros. Was den Namen der Art betrifft...?

Pseudoceros sp. (?)

Orangene Bandplanarie (D), Orange flatworm (GB), Planaire orange (F), Planaria arancia (I), Planaria anaranjada (E), Oranje platworm (NL)

Große Planarie von 6 cm Länge. Man findet sie auf leicht verschlammten Felsböden.

Diesen mit Hautanhängen gespickten Plattwurm bemerkt man erst, wenn er sich bewegt. Beachten Sie seine Tentakel (rechts) und die kleine weiße Seescheide (Didemnum sp.) genau vor seinem Kopf.

Thysanozoon brocchii

Zottenplanarie (D), Papillose flatworm (GB), Planaire à papilles (F), Planaria papillosa (I), Platelminto papiloso (E), Vlokkige platworm (NL)

Großer Plattwurm von 5 cm Länge. Man findet ihn von der Oberfläche bis in 80 m Tiefe unter Steinen und zwischen krustenbildenden Tieren, von denen er sich auch ernährt (Moostiere, Schwämme, Seescheiden). Er kommt im Mittelmeer und Atlantik vor.

Stylochus pilidium

Gefleckte Bandplanarie (D), Spotted flatworm (GB), Planaire tachetée (F), Planaria maculata (I, E), Gevlekte platworm (NL)

Sie kann 35 mm groß werden. Dieses Tier lebt insbesondere auf felsigen Böden zwischen der Oberfläche und 20 m Tiefe. Es ernährt sich von Weichtieren und wird von Austernzüchtern gefürchtet, weil es in den Austernkulturen beträchtliche Schäden anrichten kann.

(Foto: Géry Parent.)

Eine Gefleckte Bandplanarie auf der Suche nach Weichtieren, von denen sie sich ernährt.

Leptoplana alcinoi

Durchscheinende Bandplanarie (D), Translucent flatworm (GB), Planaire translucide (F), Planaria translucida (I), Planaria transluciente (E), Doorschijnende platworm (NL)

Plattwurm von veränderlicher Größe; er kann 50 mm lang werden. Dieses Tier lebt insbesondere unter Steinen und zwischen Algen von der Oberfläche bis in 20 m Tiefe. Aufgrund seiner Durchsichtigkeit schwierig zu erkennen. Dieses flinke Tier schiebt sich mit Hilfe seiner Wimperhärchen schnell über den Boden.

Eine Durchscheinende Bandplanarie schiebt sich über die Unterseite eines Steins.

Weichtiere (Mollusca)

Weichtiere sind weiche Wesen. Sowohl im eigentlichen als auch im übertragenen Sinn. Die echten Weichtiere, von denen dieses Kapitel handelt, bilden oft ein Gehäuse aus, um sich zu schützen. Es gibt aber auch Weichtiere ohne Gehäuse, wie Nacktschnecken und Kraken. Die Gehäuse sind von einer einzigartigen architektonischen Schönheit und von unvergleichlicher Vielfalt. Und sie halten sich gut. Man kann sie unbegrenzt aufbewahren, da sie aus Kalk bestehen. Das führt dazu, daß Gehäuse bevorzugte Sammelobjekte sind. Deshalb gibt es bereits zahlreiche hervorragende Werke über mediterrane Gehäuse. In diesem Buch sollen insbesondere die „weichen" Tiere besprochen werden, die in den Konchyliologie-Büchern fehlen und die beim Tauchen am spannendsten zu entdecken sind. Ich werde trotzdem einige „Gehäuse" vorstellen, die man häufig findet. Die unterschiedlichen Weichtierklassen weisen trotz ihrer enormen Vielfalt anatomische Homologien auf. Dies ist darauf zurückzuführen, daß sich im Laufe der Evolution alle aus demselben Vorfahren entwickelten, den die Biologen liebevoll *Archimollusken* (A) nennen. Dieses Tier hatte einen *Mantel* (punktiert) und einen *muskulären Fuß* (schraffiert). Ein *Verdauungskanal* durchquerte den Mantel, vorne mit einem *Mund,* einem *Magen* und hinten mit einem *After. Kiemen* (farblos) vergrößerten die Atmungsoberfläche des Tieres. Und schließlich schützte es sich mit einem kegelförmigen Gehäuse (schwarz). Dieses Basisprinzip findet man mit einigen Abwandlungen bei den einzelnen Vertretern der verschiedenen Weichtierklassen wieder.

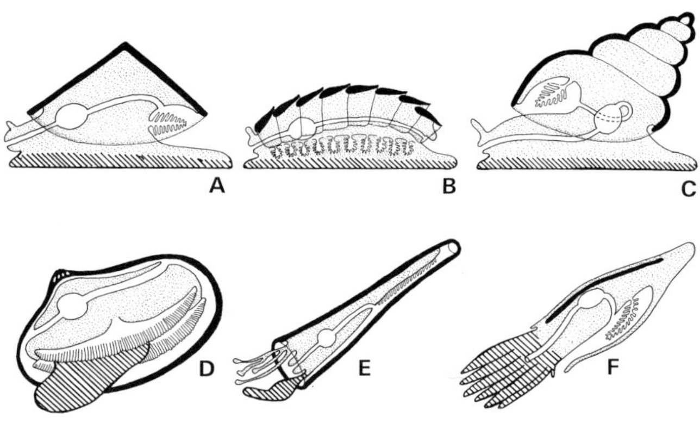

Bei den Käferschnecken *(Placophora)* (B) besteht das *Gehäuse* aus acht Kalkplatten, die wie Dachziegel ineinander greifen. Die Kiemen bilden einen Saum um den ganzen Mantel herum. Bei den Schnecken *(Gastropoda)* (C) hat der Mantel eine Drehung durchgemacht, die den After und die Mantelhöhle nach vorne führte. Oft ist das Gehäuse spiralförmig. Dies trifft auf die Vorderkiemer-Schnecken *(Prosobranchia)* zu. Sie haben die Kiemen vorne. Bei den Hinterkiemer-Schnecken *(Opisthobranchia)* befinden sich die Kiemen hinten. Für uns unterscheiden sich allerdings die meisten Tiere der letzteren Unterklasse durch das Fehlen des Gehäuses: Es sind die vielfarbigen „Nacktschnecken". Das Gehäuse der Muscheln *(Bivalvia, Lamellibranchiata)* (D) besteht aus *zwei Schalen*. Diese Schalen fügen sich um ein Gelenk (Schloß) herum mit kleinen *Haken* ineinander und sind durch ein elastisches Band *(Ligament)* verbunden. Kräftige *Schließmuskeln* schließen die Schalen. Die Kiemen sind hier sehr gut entwickelt. Der Fuß ist häufig verkümmert, da er eher selten der Fortbewegung dient. Bei manchen Arten dient er noch zum Graben im Sand. Die Grabfüßer *(Scaphopoda)* haben ein röhrenförmiges Gehäuse, das einem Elefantenstoßzahn von einigen Zentimetern Länge ähnelt. Man findet sie am Strand und auf manchen sandig-schlammigen Böden. Die Kopffüßer *(Cephalopoda)* sind die am weitesten entwickelten Weichtiere. Ihr Fuß hat sich in Tentakel verwandelt, die mit *Saugnäpfen* versehen sind. *Kalmare* und *Sepien* (Tintenfische) besitzen acht kurze und zwei lange *Tentakel* und haben eine unentwickelte innere Schale. Kraken *(Octopoda)* besitzen dagegen nur acht Tentakel und haben überhaupt keine Schale.

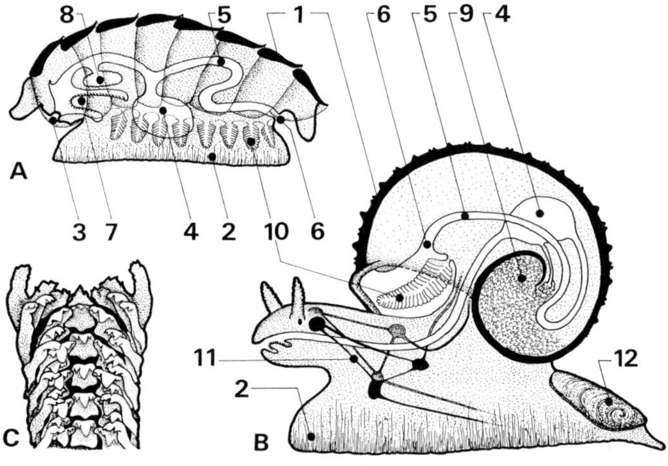

Käferschnecken (Placophora)

Die Zeichnung vergleicht die Anatomie einer *Käferschnecke* (A) mit der einer *Vorderkiemer-Schnecke* (B), die im folgenden Abschnitt besprochen wird. Beide sind durch ein *Gehäuse* (1) geschützt; bei den Käferschnecken besteht dieses aus acht Platten, bei den Schnecken aus einem (oft zusammengerollten) Trichter. Sie kriechen auf einem *Muskelfuß* (2). Das Verdauungssystem besteht aus *Mund* (3), *Magen* (4), *Darm* (5) und *After* (6). Im Mund befindet sich eine Raspelzunge oder *Radula* (7), die mit kleinen Chitinzähnen ausgestattet ist; die Abbildung C zeigt deren Details. Sie kann eine *Speicheldrüse* (8) besitzen. Die *Mitteldarmdrüse* (9) kann einen beträchtlichen Raum einnehmen.

Die *Kiemen* (10) brauchen wenig Platz, bieten aber dank ihrer Lamellenstruktur eine sehr große Gasaustauschfläche. Desweiteren findet man ein *Nervensystem* (11). Manche Vorderkiemer besitzen einen *Deckel* (12), mit dem sie die Öffnung ihres Gehäuses verschließen können.

Zwei Graue Käferschnecken zwischen Rotalgen und krustenbildenden Moostieren.

Lepidochitona cinerea

Graue Käferschnecke (D), Grey chiton (GB), Chiton cendré, chiton gris (F), Chitone grigio (I), Chiton gris (E), Asgrauwekeverslak (NL)

Größe: 10 bis 15 mm, in Ausnahmefällen 25 mm lang. Eulitorale oder sublitorale Art, die man auf Felsen oder unter Steinen findet. Sie ist die häufigste Käferschnecke: Man findet sie an allen europäischen Küsten.

Chiton olivaceus

Grüne Käferschnecke (D), Green chiton (GB), Chiton vert (F), Chitone verde (I), Chiton verde (E), Groene keverslak (NL)

20 bis 40 mm großes Tier, mit äußerst veränderlicher Färbung. Diese Art findet sich von der Oberfläche bis in 25 m Tiefe. Häufig unter Steinen in 0 bis 10 m Tiefe. Endemische Mittelmeerart, die man auch im angrenzenden Atlantik (Tanger, Algarve) antrifft.

Eine Grüne Käferschnecke und die Röhre des Wurmes Eupolymnia nebulosa unter einem Stein.

Vorderkiemer-Schnecken (Prosobranchia)

(Anatomie siehe Seite 237). Es gibt ungefähr 700 Vorderkiemer-Arten im Mittelmeer; zehn davon werden im folgenden Abschnitt besprochen.

Haliotis lamellosa

Seeohr, Meerohr (D), Ear-shell, common ormer, abalone (GB), Ormeau, oreille de Neptune, oreille de mer (F), Orecchia di mare, orecchia di San Pietro (I), Oreja de mar, grexera, peneira (E), Zeeoor (NL)

Das Gehäuse kann 70 mm groß werden. Das Tier heftet sich an Steinen fest, besonders an deren Unterseite. Endemische Mittelmeerart. Das Gehäuse ist braun mit rötlichen Flecken. Der mit hübschem Perlmutt bedeckte Innenraum des Gehäuses macht dieses zu einem der sehenswertesten des Mittelmeeres. Eßbares Tier.

Ein Seeohr, das auf der Unterseite eines Steines überrascht wurde; rechts sind die Augen und Tentakel zu sehen. Das Gehäuse ist mit einer Reihe der Atmung dienender Löcher durchbohrt. Der Mantel ragt weit heraus.

Ein Bunter Kreisel auf der Hornkoralle *Lophogorgia ceratophyta.*

Calliostoma zizyphinum

Bunter Kreisel, Spitzkreisschnecke (D), Painted topshell, common topshell (GB), Troque-jujube (F), Trottola zizifina (I), Trompo (E), Priktolhoorn (NL)

Das Gehäuse wird bis zu 25 mm groß. Diese Art lebt auf Hartsubstraten von der Oberfläche bis in 100 m Tiefe. Mittelmeer, Atlantik und Ärmelkanal. Ernährt sich von Hydrozoen.

Die kleine Gerippte Kauri *Trivia monacha* zwischen Moostieren und den Röhrenwürmern *Spirorbis pagenstecheri*, die die Unterseite eines Steines schmücken.

Trivia monacha (europaea)

Gerippte Kauri, Gerippte Porzellanschnecke (D), Ribbed cowrie, European cowrie, coffee bean (GB), Porcelaine puce, grain de café, pucelage (F), Trivia (I), Porcelanita (E), Koffieboontje (NL)

Kleines Gehäuse von 8 bis 12 mm; charakteristische Form. Man findet sie im Mittelmeer und im Atlantik auf Felsen und unter Steinen, von der Oberfläche bis in einige Meter Tiefe. Dieses Weichtier ernährt sich wahrscheinlich von kolonialen Seescheiden (Synascidien).

Neosimnia spelta

Weiße Spelzenschnecke (D), White Simnia (GB), Simnie blanche (F), Conchiglia delle gorgonie bianca (I), gorgoonslakje (NL)

Das sehr schlanke Gehäuse ist etwa 15 mm lang. Das Tier lebt auf Hornkorallen (Eunicella, Lophogorgia, Paramuricea), ab 15 m Tiefe. Ausschließlich mediterrane Art. Die Weiße Spelzenschnecke ernährt sich von den Polypen der Hornkorallen. Das Gehäuse ist weiß oder lachsrosa, der Mantel nimmt die Farbe der Hornkoralle an. Die Eigelege haben ebenfalls eine Schutzfärbung. Ähnliche Art: Die Rote Spelzenschnecke (Ovula carnea), die ein gedrungeneres, rotbraunes Gehäuse hat.

Eine Weiße Spelzenschnecke kriecht über die Äste der Hornkoralle Eunicella singularis, deren Polypen sie frißt. Der gefleckte Mantel hat sich um das weiße Gehäuse gewunden.

Charonia tritonis

Tritonshorn, Trompetenschnecke (D), Triton's horn, trumpet shell (GB), Triton, trompe des dieux (F), Tritone, buccina, tromba di mare (I), Triton, bocina, caracola (E), Tritonshoorn (NL)

Das Gehäuse kann bis zu 40 cm groß werden. Diese Art lebt auf felsigen und sandigen Böden bis in 50 m Tiefe. Es handelt sich um ein mediterranes Tier, das man insbesondere im östlichen Becken antrifft. Es ernährt sich von Muscheln und Krebstieren. Charonia lampas – eine verwandte Art des westlichen Mittelmeeres und des Atlantik – ernährt sich ebenfalls von Muscheln und von dem Roten Seestern Echinaster sepositus. Wenn man die Spitze des Gehäuses entfernt und hineinbläst, entsteht ein tiefer Ton. Die Mittelmeerbewohner benutzen es seit dem Altertum als Musikinstrument oder Kommunikationsmittel.

Ein großes Tritonshorn auf der Suche nach Beute. Am Ende der schwarzgestreiften Fühler erkennt man sein Auge.

Murex brandaris

Brandhorn, Stachelschnecke, Herkuleskeule (D), Spinous murex (GB), Rocher épineux, rocher massue (F), Murice spinoso, murice comune, garusolo (I), Cañadilla, busano (E), Gestekelde purperslak, gedoornde purperslak (NL)

Ein Brandhorn läuft auf der Suche nach Nahrung über den Sand. Beachten Sie den schwarzen Siphon, der aus dem sehr langen Siphonalkanal herausragt. Dieser mit Stacheln versehene Kanal ist charakteristisch für die Art.

Das Gehäuse wird bis zu 9 cm groß. Ausschließlich mediterrane Art, die auf Sandböden zwischen 10 und 40 m Tiefe lebt. Im Sommer legen die Tiere Massen von Eiern, die ein schwammartiges Knäuel bilden, das bis zu 80 cm groß werden kann; manchmal ist das Tier darin gefangen. Eßbare Art. Es gibt eine verwandte Art, die Purpurschnecke (Truncularíopsis trunculus), deren Stacheln und Siphonalkanal kürzer sind; sie ist grau mit braunen Querstreifen. Diese beiden Murex-Arten lieferten im Altertum den Rohstoff für Purpur, ein äußerst geschätzter Farbstoff für Stoffe. Im Griechischen heißt dieser Farbstoff „foinix". Das Wort hat seinen Ursprung im Namen „Phönizier", die die unbestrittenen Meister der Purpurgewinnung waren. Man sammelte die Tiere in großen Mengen, zertrümmerte die Gehäuse und weichte sie drei Tage lang im Meerwasser ein. Dann wurde diese Masse in Gefäßen aus Zinn oder Blei gekocht. Unter dem Einfluß von Sonnenlicht tönte sich die entstandene Flüssigkeit zunächst grün und dann blau, bevor sie zu Purpur wurde. Die zu färbende Wolle oder Baumwolle wurde nun für fünf Stunden in die Flüssigkeit getaucht. Die Qualität des Farbstoffes war hervorragend: In einigen Museen kann man Stoffe bewundern, die ihre Farbe über Tausende von Jahren bewahrt haben!

Cantharidus (Jujubinus) striatus

Gestreifte Kreiselschnecke (D), Grooved topshell (GB), Troque strié (F), Trottola striata (I), Trompo estriado (E), Gestreepte tolhoorn (NL)

Tier von ungefähr 10 mm Größe. Man findet es auf Felsen und großen Pflanzen, von der Oberfläche bis in 100 m Tiefe. Mittelmeer, Atlantik und Nordsee.

Eine Gestreifte Kreiselschnecke frißt kleine, epiphytische Algen, die auf einem Posidoniablatt wachsen.

Vermetus gigas

Große Wurmschnecke, Riesenwurmschnecke (D), Giant worm-shell (GB), Grand vermet, vermet géant (F), Vermetide grande (I), Caracol vermiforme (E), Grote wormslak (NL)

Die unregelmäßige Röhre kann 200 mm lang werden und einen Durchmesser von 10 bis 15 mm erreichen. Das Gehäuse wächst auf Hartsubstraten fest. Häufige Art unter dem Trottoir von Lithophyllum tortuosum. Ähnliche Art: Die kleinere Vermetus triqueter. An manchen Stellen gibt es so viele Wurmschnecken, daß diese ein Miniaturriff bilden.

Die Röhren der Wurmschnecken erinnern an die Serpuliden unter den Vielborstern, von denen sie ihren Namen haben. Es handelt sich trotzdem um Schnecken; hier sieht man den Fuß, der die Röhrenöffnung verschließt.

Diese Flügelschnecke mit ihren charakteristischen großen Augen trifft man recht häufig am östlichen Ende des Mittelmeeres.

Strombus (Conomurex) decorus

Mittelmeer-Flügelschnecke (D), Mediterranean conch (GB), Strombus méditerraneén (F), Strombo mediterraneo (I, E), Middellandsezee Strombus (NL)

Das Gehäuse mißt 40 bis 60 mm. Dieses Tier ist im Flachwasser auf Weichböden des östlichen Mittelmeeres zu finden. Es kann sich mit seinem großen Fuß im Sand vergraben. Die Herkunft dieses Tieres bleibt ein Geheimnis. Handelt es sich um eine endemische Art, einen Zeugen des alten Tethys-Meeres? Oder ist es ein Tier, das zufällig aus dem Persischen Golf importiert wurde, wo es eine sehr ähnliche Art gibt?

Zwischen jungen Seepocken (Balanus perforatus?) und Serpuliden (Pomatoceros triqueter) raspeln einige Netzhornschnecken die Mikroflora eines Felsens dicht an der Oberfläche ab.

Bittium reticulatum

Netzhornschnecke, Mäusedreck (D), Needle shell (GB), Cérithe réticulé (F), Cerito reticolado (E), Naaldslak (NL)

Länge: 10 bis 15 mm. Dicht an der Oberfläche lebende Schnecke; manchmal in großer Anzahl vorhanden, besonders auf der Braunalge Padina pavonica. Mittelmeer, Atlantik, Nordsee. Weidegänger von mikroskopisch kleinen Algen.

Hinterkiemer-Schnecken (Nacktschnecken)

Es gibt im Mittelmeer wahrhafte Kleinode, die es wert sind, aufgespürt zu werden: Gemeint sind die Hinterkiemer *(Opisthobranchia)*, die häufig kein Gehäuse haben; daher der Name *„Nacktschnecke"* oder *„Nudibranchia"*. Man kann vor allem drei morphologische „Typen" von Hinterkiemern unterscheiden: Den *Anaspidea-Typ* (A), den *Aeolidacea-Typ* (B), den *Doridacea-Typ* (C) und die *Dendronotacea* (Baumschnecken) mit ihren baumartigen Kiemen zu beiden Seiten des Körpers. Die *Vorderantennen* (1) und die *Hinterantennen* (2) sind Tastorgane. Die *Rhinophoren* (3) dienen dem Geruchssinn, und der sehr muskulöse *Fuß* (4) dient der Fortbewegung. Der dorsale *After* (5) ist bei den Aeolidacea (Fadenschnecken) leicht seitlich gelegen. Der *Mantel* (6) ist bei den Doridacea (Sternschnecken) besonders ausgeprägt, während die Anaspidea durch „segelartige" *Parapodien* (7) gekennzeichnet sind, mit denen sie manchmal schwimmen können. Diese Tiere sind *Zwitter* und besitzen eine *weibliche* (8) und eine *männliche Genitalöffnung* (10). Ein Schlitz kann als *Spermaductus* (9) dienen. Die Aeolidacea erkennt man vor allem an ihren *Rückenanhängen* (11); sie sind allerdings nicht die einzigen Tiere mit Rückenanhängen. Die Doridacea haben gefiederte *Kiemen* (12), die den After säumen. Die *Augen* (13) sind einfach und die *Tentakelfortsätze* (14) fehlen manchmal.

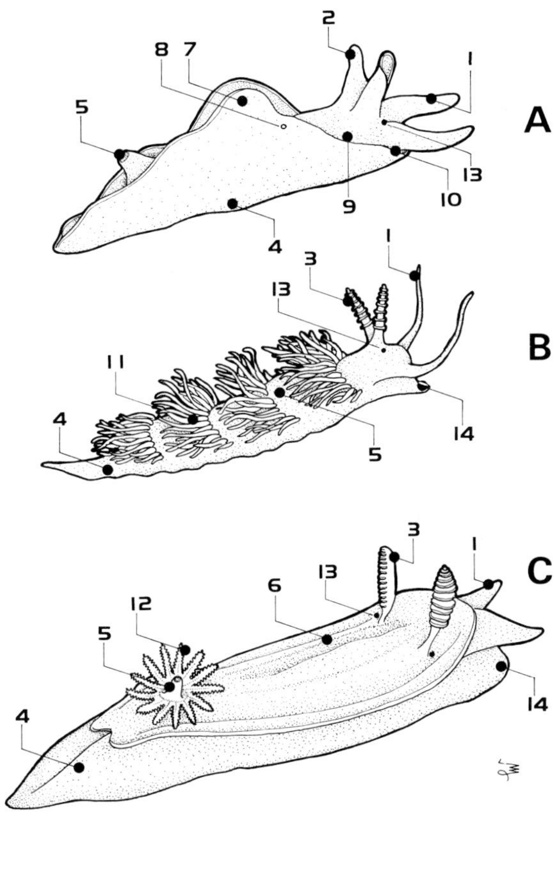

(Foto: Ruud Rozendaal)

Ein Seehase kriecht über einen Sandboden. Seine Parapodien sind auf dem Rücken zusammengerollt. Er ist der größte Hinterkiemer: Er kann 30 cm groß und 1 kg schwer werden! Im allgemeinen mißt er 10 bis 15 cm.

Aplysia depilans

Seehase (D), Sea-hare (GB), Lièvre de mer aplysie (F), Lepre di asino mare (I), Liebre de mar vinagrera (E), Gestippelde zeehaas (NL)

Diesen Pflanzenfresser findet man in geringen Tiefen zwischen Algen oder in Seegraswiesen. Das Tier verdankt seinen Namen den löffelförmig eingerollten Fühlern, die an Hasenohren erinnern. Ein in Unruhe versetzter Seehase kann eine purpurfarbene „Tinte" absondern, um Feinde zu verwirren. Er besitzt eine zerbrechliche dünne Schale. Während der Vermehrung kann er lange Tierketten bilden, die sich gemeinsam befruchten.

Die Thuridilla ernährt sich von Grünalgen.

Thuridilla hopei

Thuridilla (D, GB, E, NL), Thuridille (F), Farfalla di mare (I)

Diese Schlundsackschnecke (maximale Größe: 25 mm) lebt zwischen Algen, von denen sie sich auch ernährt. Sie verteidigt sich mit Hilfe von Rückendrüsen, die eine Säure absondern. Diese Art kommt ausschließlich im Mittelmeer vor.

Placida cremoniana

Placida (D, GB, F, I, E, NL)

Die Rückenanhänge dieses Algenfressers erinnern an eine Aeolidacea. Es handelt sich aber um eine Schlundsackschnecke (Saccoglossa).

(Foto: John Neuschwander)

Eine kleine Placida gleitet über den Panzer des Seeigels Paracentrotus lividus, dessen Stachelwarzen deutlich zu sehen sind. Dieses 5 bis 15 mm große Tier lebt dicht an der Oberfläche.

Tylodina perversa

Gelbe Tylodina (D), Yellow Tylodina (GB), Tylodine jaune (F), Tilodina gialla (I), Tylodina amarilla (E), Gele Tylodina (NL)

Diesen Flankenkiemer (maximale Größe: 50 mm) findet man ausschließlich im Mittelmeer auf dem Schwamm Aplysina aerophoba. Dieses Weichtier ist aber aufgrund seiner Mimese schwierig zu entdecken. Sein gestreiftes Gehäuse ist charakteristisch.

Eine Gelbe Tylodina legt ihre Eier auf dem Schwamm Aplysina aerophoba ab, von dem sie sich auch ernährt. Rechts einige Hydrozoen der Gattung Aglaophenia. Das wie ein Chinesenhut aussehende Gehäuse ist deutlich zu erkennen.

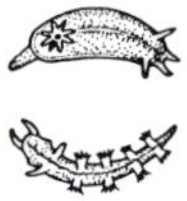

(Foto: Géry Parent)

Dieser durchsichtige Flankenkiemer (maximale Größe: 40 mm) besitzt eine kleine innere Schale.

Berthella aurantiaca

Orangener Berthella (D), Orange Berthella (GB), Berthelle orange (F), Bertella arancione (I), Berthella anaranjada (E), Oranje Berthella (NL)

Diese Art findet man auf Weichböden und Algen im Mittelmeer und im Atlantik.

Das Tier verdankt seinen Namen den rotbräunlichen Buckeln, die durch Linien eckig eingefaßt sind.

Susania testudinaria

Schildkrötenschnecke (D), Turtle snail (GB), Pleurobranche tortue (F), Lumacone tartaruga (I), Babosa tortuga (E), Schildpadslak (NL)

Man findet diese große Schildkrötenschnecke (maximale Größe: 20 cm) im Koralligen und in Posidoniawiesen im Mittelmeer und im angrenzenden Atlantik. Sie ernährt sich wahrscheinlich von Schwämmen und Seescheiden.

Tritonia manicata

Gefleckte Tritonia (D), Spotted Tritonia (GB), Tritonia tachetée (F), Tritonia maculata (I, E), Gevlekte Tritonia (NL)

Kleine (maximal 13 mm) Baumschnecke (Dendronotacea) mit braunen Flecken. Man bemerkt sie kaum zwischen den Hohltieren, von denen sie sich ernährt. Ihre Lieblingsspeise sind die Polypen der achtstrahligen Blumentiere Cornularia cornucopiae und Clavularia crassa. Mittelmeer, Atlantik und Nordsee.

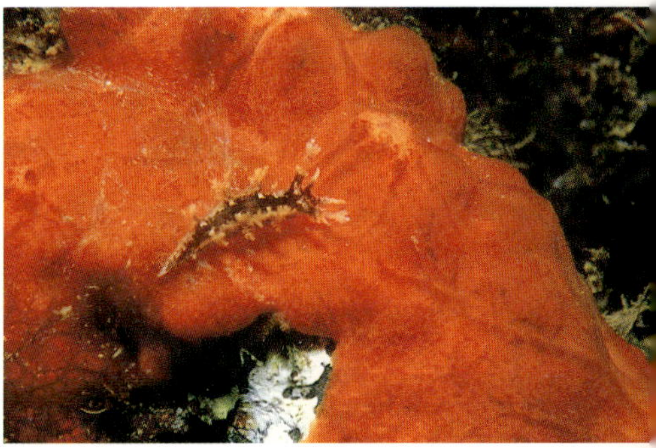

(Foto: Géry Parent)

Eine Gefleckte Tritonia kriecht über den Schwamm Crambe crambe.

Tritonia lineata

Durchscheinende Tritonia (D), Translucent Tritonia (GB), Tritonia translucide (F), Tritonia translucida (I), Tritonia translúcida (E), Doorschijnende Tritonia (NL)

Man findet die Art im Atlantik und bei den Britischen Inseln, seltener im Mittelmeer.

Eine Durchscheinende Tritonia auf einer orangenen Hornkoralle (Lophogorgia viminalis), nahe der Straße von Gibraltar fotografiert. Diese Baumschnecke ernährt sich von Octocorallia-Polypen. Sie ist 15 bis 35 mm lang und hat vier bis sechs Paar verzweigter Kiemenanhänge.

Tritonia striata

Gestreifte Tritonia (D), Striped Tritonia (GB), Tritonia rayée (F), Tritonia striata (I), Tritonia rayada (E), Gestreepte Tritonia (NL)

Diese Art kommt ausschließlich im Mittelmeer vor, und zwar in Algenbeständen dicht an der Oberfläche. Nach der Literatur ernährt sich diese Baumschnecke (maximale Größe: 20 mm) von Paralcyonium spinulosum-Polypen. Der helle Standort, an dem ich dieses Tier immer angetroffen habe, scheint dieser Annahme zu widersprechen.

(Foto: Géry Parent)

Marionia blainvillea

Marionia (D, GB, F, E, NL), Lumaca a rete (I)

Eine Marionia bewegt sich auf einem von Kalkalgen bedeckten Felsen. Diese Baumschnecke (maximal 50 mm) ernährt sich von Weichkorallen. Endemische Art des Mittelmeeres, die meist auf koralligenen Böden lebt.

Armina maculata (= Phyllidia flava?)

Armina (D, GB, I, E, NL),
Armine (F)

(Foto: Géry Parent)

Eine Armina auf einem koralligenen Grund.

Großer (maximale Größe: 15 cm) Vertreter der Furchenschnecken (Arminacea), der sich von achtstrahligen Blumentiere ernährt: Alcyonium palmatum, Veretillum cynomorium, Pteroides griseum. Die Kiemen sind nicht sichtbar, befinden sich aber zwischen Mantel und Fuß auf den Flanken. Diese Art lebt auf schlammigen oder sandig-schlammigen Böden. Mittelmeer und Atlantik.

Antiopella cristata

Antiopella (D, GB, I, E),
Antiopelle (F),
Blauwtipje (NL)

Eine Antiopella auf einer Rotalge.

Dieser Vertreter der Furchenschnecken (Arminacea) kann eine maximale Größe von 30 mm erreichen. Er ernährt sich von Moostieren. Die Art kommt im Atlantik und im Mittelmeer vor.

Eine Rosa Coryphella in einem Algenbestand.

Coryphella pedata

Rosa Coryphella (D), Pink Coryphella (GB), Coryphelle mauve (F), Corifella rosea, corifella porpora (I), Coryphella rosada (E), Roze Coryphella (NL)

Die Mittelmeerexemplare dieses Vertreters der Fadenschnecken (Aeolidacea) erreichen 20 mm, die des Atlantik 50 mm. Man findet sie im Mittelmeer, im Atlantik und in der Nordsee. Die Art ernährt sich von Hydrozoen in geringen Tiefen. Außer der Rosa Flabellina ist sie die einzige rosa gefärbte Fadenschnecke. Wenn Sie eine Verwechselung vermeiden wollen, achten Sie auf die Rhinophoren, die bei Coryphella glatt sind und bei Flabellina affinis ringförmige Lamellen besitzen.

Eine Weiße Coryphella auf einem koralligenen Grund.

Coryphella lineata

Weiße Coryphella (D), White Coryphella (GB), Coryphelle blanche (F), Corifella bianca, corifella a linea d'argento (I), Coryphella blanca (E), Witte Coryphella (NL)

Diese Fadenschnecke (maximale Größe: 50 mm) ernährt sich von Hydrozoen. Verbreitung: Mittelmeer, Atlantik und Nordsee.

Flabellina affinis

Rosa Flabellina (D), Pink Flabellina (GB), Flabelline mauve (F), Flabellina rosea, flabellina lilla (I), Flabellina rosada (E), Paarsroze Flabellina (NL)

Fadenschnecke von 30 mm Größe, sehr häufig in Tiefen zwischen 5 und 20 m; hebt sich dank ihrer Färbung leicht hervor. Sie ernährt sich hauptsächlich von Hydrozoen.

Eine Rosa Flabellina auf einer Eudendrium-Kolonie. Aufgrund ihrer Durchsichtigkeit kann man die Eier erkennen.

Flabellina babai

Weiße Flabellina (D), White Flabellina (GB), Flabelline blanche (F), Flabellina bianca (I), Flabellina blanca (E), Witte Flabellina (NL)

Große Fadenschnecke (40 mm), die sich wahrscheinlich von Hydrozoen ernährt. Endemische Art des Mittelmeeres.

(Foto: Géry Parent)

Eine Weiße Flabellina auf einem koralligenen Grund.

Eine Orangene Godiva auf einem Algengrund überrascht. Die Gabelung des linken Fühlers ist eine Mißbildung.

Godiva (Dondice) banyulensis

Orangene Godiva (D), Orange Godiva (GB), Godive orange (F), Godiva arancia (I), Godiva anaranjada (E), Oranje Godiva (NL)

Die größte Fadenschnecke des Mittelmeeres: Sie kann 70 mm groß werden. Endemische Mittelmeerart, die man in Tiefen zwischen 10 und 30 m antrifft. Godiva ernährt sich wahrscheinlich von Hydrozoen und Moostieren. Wenn sie angegriffen wird, richtet sie ihre Rückenanhänge auf (so wie ein Igel seine Stacheln aufrichtet).

(Foto: Géry Parent)

Eine Große Facelina auf einer Grünalge (Codium sp.).

Facelina coronata

Große Facelina (D), Facelina (GB), Grande facéline (F), Facelina grande (I), Gran Facelina (E), Grote Facelina (NL)

Sie ist mit ihren 40 mm größer als F. marioni (12 mm) und hat eine sehr veränderliche Färbung. Man findet diese Art auf Hydrozoen (Tubularia, Obelia, Laomedea) und Algen (Codium, Laminaria) im Mittelmeer und im Atlantik.

Calma glaucoides

Calma (D, GB, F, I, E, NL)

25 mm große Nacktschnecke, die sich von Fischeiern (Blennius, Lepadogaster) und anderen Schnecken ernährt. Die Zähne der Radula sind deshalb unentwickelt. Das Tier hat keinen After: Alles was es frißt ist verdaulich! Flachwasserart. Mittelmeer, Atlantik, Nordsee.

Eine Calma zwischen Hydrozoen und dem Schwamm Anchinoe tenacior.

Cratera peregrina (Hervia costai)

Hervia (D, GB, F, I, E, NL)

30 mm großer Vertreter der Fadenschnecken (Aeolidacea); endemische Mittelmeerart. Ernährt sich von Hydrozoen, insbesondere von Eudendrium spp.

Eine Hervia auf einer Hydrozoenkolonie, von deren Polypen sie sich ernährt.

Limacia clavigera

Limacia (D, GB, F, I, E, NL)

Man findet diese 40 mm große Sternschnecke zwischen Moostieren, von denen sie sich auch ernährt. Mittelmeer und Atlantik.

Eine Limacia kriecht über einen Felsen, der mit jungen Serpuliden und Moostieren bedeckt ist.

(Foto: Géry Parent.)

Eine Berghia auf dem Schwamm Crambe crambe. Fadenschnecke von maximal 40 mm Größe.

Berghia coerulescens

Berghia (D, GB, F, I, E, NL)

Ein nahezu unendliches Beobachtungs- und Forschungsfeld bieten auch noch heute die meisten Tierarten der Meere. Gerade wirtschaftlich nicht genutzte Arten sind noch kaum untersucht und in ihrem Verhalten erforscht.

(Foto: Géry Parent)

Eine Cuthona auf der Hornkoralle Lophogorgia ceratophyta.

Cuthona caerulea

Cuthona (D, GB, F, I, E, NL)

Fadenschnecke von etwa 25 mm Größe, die sich von Hydrozoen ernährt. Mittelmeer- und Atlantikart.

Crimora papillata

Crimora (D, GB, F, I, E, NL)

Diese maximal 35 mm große Sternschnecke (Doridacea) ist in Tiefen zwischen 5 und 40 m anzutreffen. Sie ernährt sich hauptsächlich von Moostieren. Mittelmeer, Atlantik, Nordsee.

Eine Crimora auf einer Rotalge.

Trapania maculata

Trapania (D, GB, F, I, E, NL)

Diese ungefähr 20 mm große Sternschnecke (Doridacea) ernährt sich von Moostieren. Mittelmeer, Atlantik und Nordsee.

Eine Trapania auf einer Rotalge.

Die weißen Linien auf dem braun-orangenen Körper sind charakteristisch.

Doriopsilla areolata

Doriopsilla (D, GB, I, E, NL), Doriopsille (F)

Diese Sternschnecke ernährt sich von Schwämmen. Da sie keine Radula besitzt, streckt sie einen Teil ihres Verdauungskanals heraus und sondert Säfte ab, die den Schwamm verdauen. Dann wird dieser „Schwammsaft“ angesogen. Recht großes Tier (40 mm), aber aufgrund seiner Farbe nicht sehr auffällig. Lebt in Oberflächennähe. Mittelmeer und Atlantik.

Ein Diaphorodoris-Pärchen mit roten Rückenanhängen auf einem von Roten Kalkalgen, Röhrenwürmern (Pomatoceros triqueter) und Seepocken neu besiedeltem Grund.

Diaphorodoris papillata

Diaphorodoris papillata (D,GB, F, I, E, NL)

Diese ungefähr 10 mm große Sternschnecke ernährt sich von Moostieren. Es gibt noch zwei verwandte Arten. Alle haben einen weißen Körper mit einem gelben Mantelsaum. Die Rückenanhänge von D. papillata sind rot. Die Rückenanhänge von D. reticulata sind weiß mit roten Linien, während die Rückenanhänge von D. luteocincta die gleiche weiße Farbe haben wie der Mantel. Sublitorales Tier. Mittelmeer, Atlantik und Nordsee.

Chromodoris (Glossodoris) purpurea

Rosa Doris (D), Pink Doris (GB), Doris rose (F), Doride rosea, glossodoride purpureo (I), Doris rosada (E), Roze Doris (NL)

Tier von maximal 30 mm Größe, das sich ausschließlich von Schwämmen der Gattung Ircinia ernährt. Felsböden und Koralligen. Mittelmeer und Atlantik.

Diese Doris hat ihren Kiemenbüschel eingezogen.

Chromodoris (Glossodoris) luteorosea

Lilagelbgefleckte Doris (D), Purple-yellow spotted Doris (GB), Doris tacheté mauve (F), Doride lilla-e-gialla, glossodoride a bordo giallo (I), Doris violeta-con-amarilla (E), Paarsgeelgevlekte Doris (NL)

Eine der schönsten Nacktschnecken des Mittelmeeres; endemische Art. Dieses maximal 50 mm große Tier ernährt sich von Schwämmen.

Eine Lilagelbgefleckte Doris bewegt sich zwischen einer einsamen Steinkoralle (Caryophyllia inornata) und einigen Schwämmen hindurch.

(Foto: Géry Parent)

Zwei Krohn-Doris in umgekehrter Stellung; die typische Paarungshaltung bei diesen Zwittern.

Chromodoris (Glossodoris) krohni

Krohn-Doris (D), Krohn's Doris (GB), Doris de Krohn (F), Doride de Krohn (I), Doris de Krohn (E), Doris van Krohn (NL)

Kleine Sternschnecke (Doridacea) von maximal 15 mm Größe, die sich von Schwämmen der Gattung Ircinia ernährt. Endemische Mittelmeerart.

Eine Fontandrau-Doris auf der Hornkoralle Lophogorgia ceratophyta.

Hypselodoris (Glossodoris) fontandraui

Fontandrau-Doris (D), Fontandrau's Doris (GB), Doris de Fontandrau (F), Doride de Fontandrau (I), Doris de Fontandrau (E), Fontandrau's Doris (NL)

Diese große Sternschnecke (maximale Größe: 150 mm) findet man in Tiefen bis zu 40 m. Endemische Mittelmeerart, die sich von Schwämmen und möglicherweise auch von Hornkorallen-Polypen ernährt.

Hypselodoris cantabrica

Kantabrische Doris (D), Cantabric Doris (GB), Doris cantabrique (F), Doride cantabrico (I), Doris cantábrico (E), Cantabrische Doris (NL)

Ein Schwammfresser, der 50 bis 100 mm groß werden kann. Man findet ihn am westlichen Ende des Mittelmeeres. Es handelt sich um eine Art, die häufiger im Atlantik vorkommt.

Eine Kantabrische Doris auf einem Schwamm.

Hypselodoris coelestis

Himmelsdoris (D), Celestial Doris (GB), Doris céleste (F), Doride celeste (I), Doris celeste (E), Hemeldoris (NL)

Diese maximal 20 mm große Sternschnecke ist eine endemische Mittelmeerart.

Eine Himmelsdoris auf der Rotalge Sphaerococcus coronopifolius.

Eine zierliche Doris auf der Grünalge Codium sp. Ein Tier von ungefähr 30 mm Größe, das man insbesondere auf den ersten zehn Metern unter der Oberfläche antrifft. Es ernährt sich von Schwämmen, möglicherweise ausschließlich von denjenigen der Gattung Dysidea. Mittelmeer und Atlantik.

Hypselodoris (Glossodoris) gracilis

Zierliche Doris (D), Graceful Doris (GB), Doris gracieux (F), Doride grazioso, doride minuto (I), Doris gracioso (E), Sierlijke Doris (NL)

Hypselodoris elegans (Glossodoris valenciennesi)

Riesen-Doris (D), Giant Doris (GB), Doris géant (F), Doride maggiore (I), Doris gigante (E), Reuzendoris (NL)

Eine Riesen-Doris bahnt sich ihren Weg zwischen Algen, auf der Suche nach einem Schwamm der Gattung Ircinia, von dem sie sich ernährt. Sie kann 200 mm (!) groß werden und ist so die größte Sternschneckenart des Mittelmeeres. Endemische Mittelmeerart.

Hypselodoris sp.

Doris (D, GB, F, I, E, NL)

Es gibt viele blaue Doris mit gelben und weißen Mustern. Außer den bereits genannten Arten möchte ich noch Hypselodoris tricolor (maximale Größe: 30 mm) und H. messinensis (maximale Größe: 40 mm) erwähnen. H. tricolor hat einen blauen Mantel mit orangefarbenem Saum, eine gelbe Mittellinie und einige weiße Seitenlinien; H. messinensis hat einen blau-violetten Mantel mit einem dunkelgelben Saum und einer unregelmäßigen weißen Linie mit seitlichen Flecken. Manche Exemplare sind schwierig zu bestimmen, insbesondere die Jungtiere, deren Färbung beträchtlich von derjenigen der erwachsenen Tiere abweichen kann.

Eine nicht bestimmte Doris auf einem Grund aus Algen und Schwämmen.

Peltodoris atromaculata

Leopardenschnecke, Gefleckte Doris (D), Dotted sea-slug (GB), Doris dalmatien, Doris maculé (F), Lumaca maculata (I), Doris moteado (E), Luipaardslak, bruingevlekte zeenaaktslak (NL)

Große, massige Sternschnecke von harter, rauher Konsistenz; kann bis zu 70 mm groß werden. Endemische Mittelmeerart, die sich vom Schwamm Petrosia ficiformis ernährt.

Zwei Leopardenschnecken auf einem koralligenen Grund überrascht. Beachten Sie auch die Rotalge Peyssonnelia squamaria und die Seescheide Halocynthia papillosa.

Muscheln (Bivalvia)

Dieses Werk stellt von den vierhundert im Mittelmeer bekannten Arten weniger als zehn vor. Ebenso wie bei den Schnecken sollte derjenige, der sich näher für die Muscheln des Mittelmeeres interessiert, ein Spezialbuch zu diesem Thema konsultieren.

Miesmuscheln können dicht an der Oberfläche einen festen Gürtel bilden, dessen Obergrenze von der Trockenheit und dessen Untergrenze vom Konkurrenzkampf mit anderen Arten abhängt.

Mytilus galloprovincialis

Mittelmeer-Miesmuschel (D), Mediterranean mussel (GB), Moule de Méditerranée, moule de Provence (F), Mitilo commune, cozza, musculo (I), Mejillon, mocejone (E), Middellandse Zeemossel (NL)

Die Länge der Schalen variiert zwischen 2 und 10 cm. Diese im Eulitoral lebende Art kommt ausschließlich im Mittelmeer vor. Sie heftet sich mit ihren in einer klebrigen Scheibe endenden Byssusfäden am Grund fest und kann so der Kraft der Brandung sehr gut widerstehen. Diese in Küchen sehr geschätzte Muschel wird gezüchtet.

Manchmal entdeckt man sie erst, wenn der Schwamm Crambe crambe bei Annäherung eine ruckartige Bewegung macht. Dieser Schwamm bedeckt tatsächlich oft die Arche Noah, die sich schließt, wenn sie Sie wahrnimmt. Man erkennt sie leicht an dem geradlinigen Gelenk, das beide Schalen miteinander verbindet. Der braune Schwamm ist Cliona viridis.

Arca noae

Arche Noah, Archenmuschel (D), Noah's ark, turkey wing (GB), Arche de Noé (F), Arca di Noè, massolo (I), Arca de Noé (E), Noah's arkschelp (NL)

Die Schale mißt 50 bis 80 mm. Diese Muschel heftet sich mit ihren Byssusfäden an Felsen (Spalten!) oder Hornkorallen fest. Man findet sie im Mittelmeer, im Atlantik und in der Nordsee. Es handelt sich um eine eßbare Muschel, die roh verzehrt wird.

Ostrea edulis

Auster, Eßbare Auster, Speiseauster (D), Oyster, flat oyster, common oyster (GB), Huître comestible, huître plate (F), Ostrica, ostreca, ostrega (I), Ostra, ostra blanca (E), Oester (NL)

Eine Auster hat sich auf einem Felsen festgesetzt, der von einer rosa Kruste der Rotalge Litophyllum incrustans überzogen ist.

Die Schale kann 10 cm, in Ausnahmefällen 15 cm groß werden. Man findet sie von der Oberfläche bis in 50 m Tiefe, wobei sie turbulente Standorte bevorzugt. Verbreitung: Mittelmeer, Atlantik, Nordsee. Sehr geschätzte eßbare Art, die in Austernkulturen gezüchtet wird. Sammeln Sie keine Austern und Miesmuscheln im Meer. Im Sommer kommt es regelmäßig vor, daß diese aktiven Filtrierer giftige Algen in ihrem Gewebe anreichern. Außerdem möchten Sie sicherlich auch keine Fäkalien essen, die diese Weichtiere anreichern, wenn sie in der Nähe von Abwasserkanälen leben... Leider gibt es noch viele Orte, die kein Klärwerk besitzen. Vielleicht ist es deshalb günstiger, wenn Sie Ihre Meeresfrüchte in einem Restaurant verzehren, wo sie vom Gesundheitsamt kontrolliert werden. Das ist zwar teurer und weniger romantisch, aber wer hat schon Lust auf eine Lebensmittelvergiftung (Typhus, Hepatitis oder andere Krankheiten)?

Pinna nobilis (squamosa)

Steckmuschel, Edle Steckmuschel, Schinkenmuschel (D), Fan mussel, rough pen shell (GB), Nacre, grande nacre, jambonneau hérissé (F), Pinna, nacchera, astura (I), Nácar (E), Steekmossel (NL)

Größte Muschel im Mittelmeer: Sie kann 90 cm groß werden! Mittelmeerart, die in 3 bis 30 m Tiefe auf sandigen oder sandig-schlammigen Böden oder in Seegraswiesen lebt. Da die Steckmuschel zur Hälfte im Boden vergraben ist, ist sie einem konstanten „Regen“ aus Sand und anderen Teilchen ausgesetzt, der die Gefahr mit sich bringt, ihre Kiemen zu verstopfen oder die Schale zu verschütten. Sie besitzt einen fingerförmigen Muskelfuß, mit dem sie sich aller großen, störenden Teilchen entledigen kann. Ein Wasserstrom, der von zwei mit Flimmerhärchen versehenen Rinnen unterhalten wird, beseitigt die feineren Sinkstoffe. Die Schalen der Jungtiere sind mit feinen Stacheln gespickt, die bei den älteren Tieren dann verschwinden. Letztere wurden manchmal unter einem anderen Namen beschrieben: Pinna squamosa. Die sehr feinen Byssusfäden können zu einer Art goldenen Seide versponnen werden, die einst zu Strümpfen (für Papst Benedikt XV) und zu Handschuhen (für Königin Victoria) verarbeitet und sehr geschätzt wurde. Manche Historiker fragen sich, ob das berühmte „Goldene Vlies“ von Jason und den Argonauten nicht einfach ein Stoff aus den Byssusfäden von Pinna war. Dieses Weichtier, das früher entlang aller Mittelmeerküsten sehr häufig war, hat enorm unter der weiten Verbreitung des Tauchsports gelitten: Das leichtfertige Sammeln dieses schönen „Souvenirs“ hat ganze Bestände ausgelöscht; und das, obwohl sich diese zerbrechliche Schale nicht sehr gut hält und nach einer Weile zerbricht. Hinzu kommt die Umweltverschmutzung, der Rückgang der Seegraswiesen und der Raubfraß (insbesondere der zerbrechlichen Jungtiere) durch Goldbrassen (Sparus aurata) und

Eine große Steckmuschel ist dank ihrer Byssusfäden fest im Sandboden verankert. Beide Schalen sind mit Algen (Acetabularia acetabulum), Hydrozoen (Eudendrium sp.), Seescheiden (Halocynthia papillosa), Schwämmen und diversen Moostieren bedeckt.

Kraken (Octopus vulgaris). Die Art ist ernsthaft bedroht, und es wurden bereits Schutzmaßnahmen ergriffen. Sammeln Sie deshalb keinesfalls diese Muschel!

Eine Stachelige Steckmuschel hält sich zwischen koralligenem Gestein in einem kleinen Sandloch fest. Bei Pinna nobilis sind die Stacheln größer und weniger zahlreich.

Pinna rudis

Stachelige Steckmuschel (D), Spiny fan-mussel (GB), Nacre épineuse (F), Pinna spinosa (I), Nacar espinoso (E), Stekelige steekmossel (NL)

Muschel von ungefähr 25 cm Größe. Diese Art kommt ausschließlich im Mittelmeer vor und ist seltener als die zuvor genannte. Es gibt noch eine dritte Art, Pinna pectinata, deren Schale glatt ist. Sie lebt im allgemeinen recht tief (zwischen 50 und 600 m) auf schlammigen oder sandig-schlammigen Böden.

Lima hians

Klaffende Feilenmuschel (D), File scallop, gaping file shell (GB), Lime baillante (F), Lima di mare (I), Peinecillo escondido (E), Gapende vijlschelp (NL)

Muschel von 20 bis 25 mm Größe. Lebt im Mittelmeer und im Atlantik in Felsspalten und unter Steinen von der Oberfläche bis in 100 m Tiefe. Manchmal baut sie sich mit Hilfe ihrer Byssusfäden ein „Nest“ aus Kieselsteinen oder Algen. Sie kann flüchten, indem sie ihre zwei Schalen zusammenschlägt.

Lima hians unterscheidet sich durch ihre klebrigen orangefarbenen Tentakel von der Schuppigen Feilenmuschel (Lima lima), die ganz weiß ist.

Kopffüßer (Cephalopoda)

Es sind mehr als fünfzig Kopffüßerarten im Mittelmeer bekannt. Hier werden wir nur diejenigen zeigen, die man regelmäßig beim Tauchen oder auf den Märkten findet.

Octopus vulgaris

Oktopus, Gewöhnlicher Krake, Seepolyp (D), Common Octopus, poulp (GB), Pieuvre, poulpe (F), Polpo comune, purpo verace, folpo todero, folpi toti (I), Pulpo común (E), Octopus, achtarmige inktvis (NL)

Die größten Exemplare des Mittelmeeres haben eine Länge von 1 m und demzufolge eine Spannweite von fast 2 m! Die durchschnittliche Länge beträgt 20 bis 60 cm. Dieses Tier lebt auf Felsböden, im allgemeinen in einer Höhle mit mehreren Ausgängen. Im Sommer trifft man es von der Oberfläche bis in etwa 30 m Tiefe an. Im Winter steigt es in größere Tiefen hinab. Mittelmeer und Atlantik. Bei den Männchen dient ein Arm des dritten Armpaares als Befruchtungsorgan (Hektokotylus). Während der Befruchtung wird die Atmung des Weibchens schneller. Das ist wahrscheinlich das Signal für das Männchen, das Spermienpaket (Spermatophore) mit Hilfe seines Begattungsarmes (Hektokotylus) in das Weibchen hineinzuführen. Die Befruchtung ist im allgemeinen von kurzer Dauer (eine bis acht Minuten), aber einige Genießer lassen das Vergnügen bis zu drei Stunden dauern! Die Eier werden in Felslöcher gelegt, wo sie in Form von dicken, weißen, schwammigen Fäden aufgehängt werden, die vom Weibchen bewacht und befächelt werden. Es gibt mehrere ähnliche Arten. In der Gattung Octopus, die durch eine doppelte Reihe mit Saugnäpfen auf jedem Arm charakterisiert ist, gibt es den Langarmigen Kraken (O. macropus), der nicht größer ist als die vorhergehende Art, dessen Arme aber schlanker sind, und den Schirm-Kraken (O. salutii), dessen Arme mit einer Schirmhaut ausgestattet sind. Bei der Gattung Ozaena (Eledone) ist jeder Arm mit nur einer Saugnapfreihe besetzt. Man unterscheidet den Moschuspolyp (Ozaena moschata) und den Zirrenkraken (O. cirrhosa).

Ein Oktopus kriecht mit Hilfe seiner Arme voran.

Octopus macropus

Langarmiger Krake, Langarm-Oktopus, Großer Krake (D), Long-armed Octopus (GB), Poulpe à bras longs, grande pieuvre (F), Polpessa, purpessa (I), Pulpón (E), Langarmige Octopus (NL)

Dieser Krake mißt 50 bis 100 cm. Seine Arme sind länger und schlanker als die des Octopus vulgaris. Man findet diesen Oktopus im Mittelmeer und im Atlantik auf felsigen und sandigen Böden, von der Oberfläche bis in etwa 100 m Tiefe. Obwohl es dieses Tier weniger häufig gibt als den Gewöhnlichen Kraken, ist es dennoch in bestimmten Regionen, wie z. B. im Golf von Neapel, reichlich vorhanden.

(Foto: Enrico und Rosaria Gargiulo)

Die spitz zulaufenden Arme und die weißen Warzen sind für den Octopus macropus charakteristisch.

Loligo vulgaris

Gewöhnlicher Kalmar (D), Squid, long-finned squid (GB), Calmar, encornet (F), Calamaro comune (I), Calamar (E), Pijlinktvis (NL)

Der längliche Körper kann 50 cm groß werden. Dieses Tier hält sich im offenen Meer auf, nähert sich aber den Küsten, um zu jagen und seine Eier abzulegen. Mittelmeer und Atlantik. Die weißlichen Eier werden in langen, gallertartigen Fäden an Felsen, Hornkorallen oder Algen geheftet. Sehr geschätzte eßbare Art. Es gibt mehrere ähnliche Arten: Allotheutis media (15 cm), Ommastrephes sagittatus (60 cm), Illex coindeti (60 cm).

Flüchtiges Zusammentreffen während eines Nachttauchgangs: Im Licht der Lampe taucht ein Gewöhnlicher Kalmar auf, beschleunigt seine Geschwindigkeit mit Hilfe des Rückstoßprinzips und verschwindet dann in der Dunkelheit.

Typische Verteidigungshaltung eines Gemeinen Tintenfisches: Die beiden oberen Arme sind erhoben, während das Tier den Eindringling beobachtet.

Sepia officinalis

Gemeiner Tintenfisch, Sepia (D), Common cuttlefish (GB), Seiche (F), Seppia comune, seccia (I), Luda, Jibia, cachon, choco (E), Zeekat, sepia (NL)

Der Gemeine Tintenfisch kann 40 cm lang werden, wenn man von seinen beiden langen Armen absieht, die sein Ausmaß gewissermaßen verdoppeln würden. Diese Art lebt auf Weichböden, in die sie sich eingraben kann, insbesondere in der Nähe von Seegraswiesen. Man trifft sie aber auch auf Felsen im Mittelmeer, im Atlantik und in der Nordsee an. Das Gelege besteht aus Klumpen von schwarzen Eiern, wobei jedes Ei von einer hornartigen Hülle umgeben ist und in einer Spitze endet. Sehr geschätztes eßbares Tier. Die innere Schale, die zu Unrecht „Tintenfischknochen" genannt wird, ist eine Kalziumquelle für Vögel in Vogelkäfigen. Seine Tinte diente früher zum Schreiben. Es gibt noch andere ähnliche Arten, die aber kleiner sind: S. orbignyana und S. elegans.

Krebstiere (Crustacea)

Was sind die Krebstiere doch für eine komplizierte Tiergruppe! Angefangen beim Hummer oder der Languste über die seltsamen Seepocken, die an Felsen haften, die Einsiedlerkrebse in ihren Schneckengehäusen oder die parasitären Ruderfüßer, die eher Würmern oder Larven als gewöhnlichen Krabben ähneln, bis hin zu den Garnelen! Der Körperbau der Zehnfüßigen Krebse *(Crustacea, Decapoda)* ist am Beispiel einer Garnele (A) illustriert.

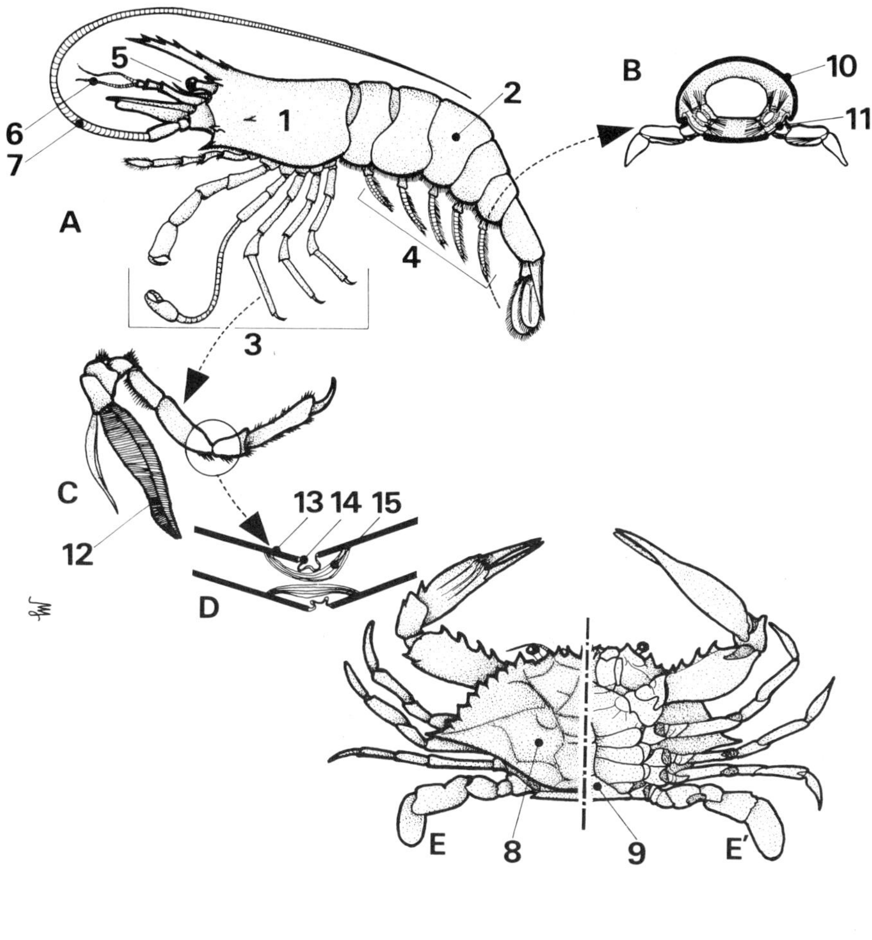

Man unterscheidet das Rückenschild (*Carapax* oder *Cephalothorax*) (1) und den Hinterleib *(Abdomen)* (2), der sich aus ringförmigen Segmenten zusammensetzt. Das Tier besitzt *Lauf-* und *Scherenbeine* (3) sowie *Schwimmbeine* (4). Die Sicht wird von *zusammengesetzten Augen* (5) gewährleistet. Die *erste Antenne* (6) ist Geruchsorgan, während die *zweite Antenne* (7) Tastorgan ist. Der Querschnitt eines *Segments* (B) zeigt die *starre Kutikula* (10) und das *elastische Ligament* (11), das die Beine bewegt. Die Beine bestehen aus mehreren Teilen (C). Beachtenswert ist, daß die *Kiemen* (12) an den Beinen befestigt sind. Die Bewegung der gepanzerten Laufbeine (D) wird von *Muskeln* (15) gewährleistet, die an der starren Kutikula (13) befestigt sind. Dieses Gelenk wird durch eine *elastische Verbindung* (14) ermöglicht. Die dorsale Ansicht (E) einer *Krabbe* zeigt ihren *Carapax* (8), während man auf der Bauchseite (E') das vollkommen zusammengerollte, *unterentwickelte Abdomen* (9) erkennt.

Dicht unter der Oberfläche lebt eine Population der seltsamen sessilen Seepocken zwischen den Krusten von Kalk-Rotalgen.

Balanus perforatus

Kerb-Seepocke (D), Commun barnacle (GB), Balane commune (F), Dente di cane, balano (I), Bellota de mar comun (E), Gekerfde zeepok (NL)

Diese Seepocken von wechselnder Größe können zwischen 15 und 30 mm groß werden. Die Art bevorzugt die Brandungszone nahe der Oberfläche (Felsen, Molen, Bojen, Schiffsrümpfe), man kann sie aber auch im Mittelmeer und im Atlantik in 20 m Tiefe finden. Die Rankenfüßer (Cirripedia), zu denen die Seepocken gehören, sind eine seltsame Gruppe festsitzender Krebstiere; ihr Körper wird von einem aus mehreren Kalkplatten bestehenden Gehäuse geschützt. Sie filtern das Wasser durch Bewegungen ihrer Beine, die wie „Harken" das Plankton einsammeln. Es gibt mehrere ähnliche Arten, darunter auch Balanus tintinnabulum.

Leptomysis mediterranea

Schwebegarnele (D), Mysid (GB), Crevette pélagique (F), Miside (I), Mysis (E), Aasgarnaal (NL)

Länge: 9 bis 12 mm. Sie lebt zwischen der Oberfläche und 100 m Tiefe. Eine im offenen Meer lebende Art, die im Sommer Gruppen von 100 bis 500 Tieren bilden kann. Die Tiere filtern kleines Plankton mit Hilfe ihrer zahlreichen behaarten Beinchen. Schwebegarnelen (Mysidacea) stellen eine bedeutende Nahrungsquelle für einige Fische dar. Es gibt mehrere ähnliche Arten, darunter die in Höhlen lebende Schwebegarnele Hemimysis speluncola.

In geschützten Spalten und besonders zwischen den Tentakeln der Wachsrose (Anemonia viridis) kann man diese Schwebegarnelen antreffen, die ein wenig an einen Schwarm junger Fische erinnern.

Anilocra physodes

Fisch-Floh, Fischassel (D), Anilocra, fish-flea (GB), Anilocra (I,E), Vissevlo, zeepissebed (NL)

Länge: etwa 20 mm. Es gibt mehrere ähnliche Arten, darunter A. mediterranea, die 50 mm groß werden kann, und Nerocila bivittata.

(Foto: Enrico und Rosaria Gargiulo)

Kopfausschnitt des Lippfisches Symphodus roissali (das rote Auge ist charakteristisch), der von einer großen Fischassel (Anilocra physodes) befallen ist.

Widderkrebschen auf den Tentakeln einer Wachsrose (Anemonia viridis).

Caprella sp.

Widderkrebschen (D), Skeleton-crab (GB), Caprelle (F), Caprella (I, E), Wandelend geraamte (NL)

Die maximale Größe der Weibchen beträgt 15 mm, die der Männchen 20 mm. Widderkrebschen sind Flohkrebse (Amphipoda), die im Mittelmeer und im Atlantik von der Oberfläche an auf Algen, Moostieren, Hydrozoen und Seeanemonen leben. Manche Autoren sind der Ansicht, daß sich diese Art von Hydrozoenpolypen ernährt; andere glauben, daß sie sich von Feinden der Polypen ernährt. Es gibt mehrere Widderkrebschenarten, darunter ähnliche Flohkrebse wie Phtisica marina, Pseudoprotella phasma, etc.

(Foto: Enrico und Rosaria Gargiulo)

Ein Großer Heuschreckenkrebs ist aus seiner Sandhöhle herausgekommen. Die Augenflecken auf dem Schwanz sind charakteristisch.

Squilla mantis

Großer Heuschreckenkrebs (D), Mantis shrimp (GB), Squille, galère (F), Spannocchia, canocchia (I), Castaneta, galera (E), Bidsprinkhaankreeft (NL)

Heuschreckenkrebs (Stomatopoda) von etwa 20 cm (maximale Größe: 25 cm). Lebt auf sandig-schlammigen Böden, in Tiefen zwischen 15 und 100 m. Endemische Art des Mittelmeeres. Die dem Beutefang dienenden Vorderbeine ähneln denen der Gottesanbeterin. Man erkennt den Großen Heuschreckenkrebs an seinen Augenflecken am Körperende. Es gibt noch andere Arten, die kleiner und seltener sind, darunter S. desmaresti.

Clibanarius erythropus

Felsküsten-Einsiedler (D), Rocky-shore hermit-crab (GB), Ermite de roche (F), Clibanario (I), Piada, pada (E), Rotsheremiet (NL)

Tier von ungefähr 20 mm Größe. Häufige Art felsiger Böden, die nur wenige Meter unter der Oberfläche lebt. Wie die meisten Einsiedlerkrebse bewohnt auch dieses Tier ein Schneckengehäuse.

Ein Felsküsten-Einsiedler in einem Gehäuse der Nadelschnecke (Cerithium vulgatum) auf der Rotalge Peyssonnelia squamaria.

Calcinus ornatus

Festsitzender Einsiedlerkrebs (D), Sedentary hermit-crab (GB), Ermite sédentaire (F), Ermite sedentario (I), Ermitaño sedentario (E), Honkvaste heremietkreeft (NL)

Kleiner Einsiedlerkrebs von ungefähr 10 bis 20 mm Größe. Lebt in den Röhren von Wurmschnecken und Serpuliden, seltener in Schwämmen oder Schneckengehäusen. Endemische Art des Mittelmeeres, die in Tiefen zwischen 2 und 20 m lebt. Bei dieser Art sind noch einige Geheimnisse zu klären. An manchen Orten ist sie im Sommer in festen Röhren reichlich vorhanden. Es handelt sich hier um eiertragende Weibchen. Im Winter verschwinden diese Tiere, möglicherweise in ihre Gehäuse und wahrscheinlich in die Tiefe. Aber wo sind die Männchen während all dieser Zeit?

Calcinus ornatus ist ein kleiner Krebs mit charakteristischer Färbung. Hier hat er sich in einer Atemöffnung des Schwammes Cliona viridis niedergelassen.

Dardanus (Eupagurus, Pagurus) arrosor

Großer Einsiedlerkrebs (D), Greater Hermit-crab (GB), Grand bernard-l'ermite (F), Paguro rugoso (I), Ermitaño grande (E), Grote heremietkreeft (NL)

Eine Großer Einsiedlerkrebs in seinem von einer Schmarotzerrose (Calliactis parasitica) gut geschützten Schneckengehäuse. Er ist für sein Gehäuse zu groß geworden und plant einen Umzug. Deshalb untersucht er ein gerade gefundenes, leeres Gehäuse.

Der größte Einsiedlerkrebs im Mittelmeer: Er kann die beachtliche Größe von 10 cm erreichen. Er ist ein Bewohner von Weichböden und felsigen Böden, den man im allgemeinen erst in Tiefen zwischen 20 und 80 m antrifft. Endemische Mittelmeerart. Er lebt oft in Gemeinschaft mit der Schmarotzerrose (Calliactis parasitica) oder dem Schwamm Suberites domuncula. Die Art und Weise, in der dieser zehnfüßige Krebs seine Behausung auswählt, ist bemerkenswert:

Er rollt das Schneckengehäuse, um dessen Masse abzuschätzen, geht dann mit seinen Beinen oder mit dem Hinterleib hinein, um den bewohnbaren Raum zu bewerten, und mißt anschließend mit seinen Zangen den Durchmesser des Eingangs aus. Wenn ihm alles zusagt, reinigt er den Innenraum des Gehäuses und zieht so schnell wie möglich um. Danach löst er seine symbiontischen Seeanemonen und pflanzt sie auf sein neues Zuhause! Es handelt sich hier um eine echte Symbiose: Im Falle eines Angriffes stößt die Seeanemone violette Fäden (Akontien) aus, die ein Brennen verursachen und dadurch mögliche Feinde entmutigen; was den Einsiedlerkrebs betrifft, so transportiert er die Seeanemone sehr beweglich (und sogar sehr schnell!) von einer Mahlzeit zur nächsten.

Eupagurus prideauxi

Anemonen-Einsiedler (D), Anemone hermit-crab (GB), Gonfaron, ermite de Prideaux (F), Ermite di anemone (I), Ermitaño de Prideaux (E), Anemoon-heremietkreeft (NL)

Dieser Einsiedlerkrebs mißt 2 bis 6 cm. Er bewohnt schlammige, sandige, detritusreiche und koralligene Böden zwischen 10 und 100 m Tiefe (vor allem zwischen 20 und 40 m). Mittelmeer und Atlantik. Die Symbiose mit Adamsia palliata ist perfekt: Die Seeanemone wächst gleichzeitig mit dem Krebs und hüllt ihn entsprechend ein, so daß dieser niemals umziehen muß.

Der Hinterleib dieses Einsiedlerkrebses ist von dem Fuß der Mantelaktinie (Adamsia palliata) vollkommen eingehüllt. Deren violette Punkte sind charakteristisch. Sie schleift ihren Mund und ihre Tentakel am Boden hinter sich her und sammelt die vom Krebstier zurückgelassenen Nahrungsreste ein.

Gnathophyllum (Drimo) elegans

Drimo (D, GB, F, I, E, NL)

Garnele von ungefähr 3 cm Länge. Recht seltene mediterrane Art, die zwischen Algen und in Posidoniawiesen von der Oberfläche bis in 40 m Tiefe lebt.

(Foto: Enrico und Rosaria Gargiulo)

Ein Drimo spaziert über einen von der Kalkalge Lithophyllum incrustans bedeckten Boden.

Mißtrauen Sie den Scheren der Gelben Krabbe... Die Scheren der großen Exemplare können einen Finger zerquetschen!

Eriphia verrucosa (spinifrons)

Gelbe Krabbe, Italienischer Taschenkrebs (D), Eriphia, yellow shore-crab (GB), Eriphie (F), Faone, favollo, granziporo (I), Cangrejo maruno (E), Behaarde kustkrab (NL)

Diese Krabbe kann 10 cm groß werden. Bewohner von Felsspalten, von der Oberfläche bis in 10 m Tiefe. Man kann sie auch in Fluttümpeln finden. Endemische Mittelmeerart. Das Tier wird manchmal im Winter zum Verzehr angeboten.

(Foto: Ruud Rozendaal)

Große Seespinne in einer charakteristischen Verteidigungsstellung.

Maia squinado

Große Seespinne, Teufelskrabbe (D), Greater spider crab, spiny spider crab (GB), Grande araignée de mer, esquinade (F), Granzeola, granzo (I), Centollo, cambara (E), Spinkrab, grote spinkrab (NL)

Krebstier von etwa 20 cm Länge, das man von der Oberfläche an zwischen Algen findet. Die Tiere sind schwierig zu erkennen, denn ihre mit Stacheln gespickten Panzer sind von Algen bedeckt. Mittelmeer und Atlantik bis zum Ärmelkanal. Die Kleine Seespinne (Maia verrucosa) sieht sehr ähnlich aus, wird aber nicht größer als 8 cm.

Dromia personata (vulgaris)

Wollkrabbe (D), Sponge crab (GB), Dromie velue (F), Granchio facchino, granzo del capotto (I), Dromia (E), Wolkrab (NL)

Krabbe von maximal 8 cm. Mittelmeerart, die auf felsigen und sandigen Böden lebt, von der Oberfläche bis in etwa 30 m Tiefe. Der gewölbte Körper ist vollkommen behaart. Das Tier tarnt sich oft mit Hilfe von Schwämmen oder Seescheiden, die es vom Felsen abreißt und mit seinen Hinterbeinen auf dem Rücken festhält.

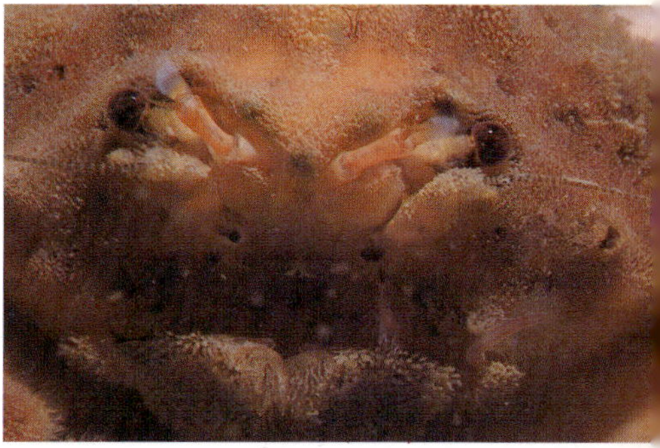

Wollkrabbe.

Homarus gammarus

Europäischer Hummer (D), European lobster (GB), Homard européen (F), Astice, Lupicante, Elefante di mare (I), Bogavante, Lubricante (E), Europese zeekreeft (NL)

Normalerweise 35 bis 45 cm groß, kann aber auch größer als 70 cm werden! Einzelgänger felsiger Böden, wo er sich oft in Löchern oder Spalten versteckt; man kann ihn aber überraschen, wenn er ungeschützt spazierengeht. Lebt in Tiefen zwischen 20 und 100 m. Mittelmeer, Atlantik und Nordsee. Der Hummer, der in Restaurants sehr geschätzt wird, hat eine blauschwarze Färbung auf orangenem Grund und wird erst rot, wenn man ihn kocht. Vorsicht vor den Scheren: Die großen Exemplare können einen Finger durchschneiden! Er ist ein nächtlicher Jäger, der sich von Weichtieren und Würmern ernährt, der aber auch einen Fischkadaver nicht verschmäht.

Ein Hummer versteckt sich in einer Spalte und schützt sich mit seinen kräftigen großen Scheren; man sollte sich vor deren fürchterlichen Kraft in acht nehmen!

Palinurus elephas (vulgaris)

Europäische Languste, Gemeine Languste (D), Spiny lobster, crawfish (GB), Langouste, langouste européenne (F), Aragosta, palinuro (I), Langosta, llagosta (E), Langoest (NL)

Gut geschützt in einer Höhle halten sich mehrere Langusten in einer Spalte auf.

Tier von 30 bis 50 cm Größe. Es versteckt sich in den Löchern und Spalten felsiger Böden und ist manchmal in Höhlen sehr zahlreich vertreten. Man findet diese Languste in Tiefen zwischen 0 und 70 m; sie ist aber erst ab 20 oder 30 m sehr häufig. Mittelmeer, Atlantik und Ärmelkanal. Herdentier, das oft in Gruppen lebt. Im Winter wandert es in tiefere Zonen. Die Languste ist ein Aasfresser, den man leicht mit Reusen fangen kann, wenn man tote Fische hineinlegt. Vom Fang beim Tauchen ist abzuraten: Oft erwischt man nur die Fühler, und dann ist das Tier bis zu seiner nächsten Häutung verstümmelt. Wenn die Languste gefangen wird, stößt sie durch Aneinanderreiben der Glieder ihrer Fühler Grunzlaute aus. Das Tier wird in Restaurants sehr geschätzt.

Der Kaiserhummer ist ein Bewohner sandig-schlammiger Böden. Besonders ab 50 m anzutreffen, steigt aber manchmal in weniger tiefe Regionen auf.

Nephrops norvegicus

Kaiserhummer, Schlankhummer, Norwegischer Hummer (D), Norway lobster, scampi (GB), Langoustine (F), Scampo, scampolo (I), Lagostino, cigala (E), Noorse kreeft, langoustine (NL)

Die erwachsenen Tiere messen 12 bis 20 cm. Der Kaiserhummer lebt auf Weichböden in Tiefen zwischen 30 und 200 m und steigt im Winter in seichtere Gewässer auf. Mittelmeer, Atlantik und Nordsee. Dieses Tier lebt tagsüber in selbstgegrabenen Gängen, die es im allgemeinen nur nachts verläßt. Geschätzte Delikatesse auf Fischmärkten (Schleppnetzfang).

Scyllarus arctus

Kleiner Bärenkrebs, Grillenkrebs (D), Lesser slipper lobster (GB), Petite cigale de mer (F), Cicada di mare, magnosella (I), Cigala pequeña (E), Kleine beerkreeft (NL)

Seine maximale Länge beträgt 15 cm. Diese Art lebt in Tiefen zwischen 0 und 25 m, auf felsigen Böden, in Höhlen, auf Detritus-Böden und in Posidoniawiesen. Mittelmeer und Atlantik bis zum Golf von Biscaya.

Ein kleiner Bärenkrebs unter einem Überhang überrascht. Oben links eine Moostierkolonie Myriapora truncata. Die Antennen haben sich in scheuklappenähnliche Platten umgewandelt.

Scyllarides latus

Großer Bärenkrebs (D), Greater slipper lobster (GB), Grande cigale de mer (F), Magnosa, manosa (I), Cigala de mar, cigarra de mar, toribio (E), Grote beerkreeft (NL)

Das Tier kann eine Größe von 35 bis 45 cm erreichen. Es ist auf allen Böden anzutreffen, insbesondere aber in Höhlen und auf Detritus-Böden ab 3 m Tiefe. Mittelmeer und angrenzender Atlantik bis Portugal. Wesentlich häufiger im östlichen Becken als im westlichen Bereich des Mittelmeeres. Es ist ein sich behäbig bewegendes Tier, das dennoch sehr schnell fliehen kann, indem es seinen Schwanz kräftig unter seinen Unterleib schlägt. Diese Art ist aufgrund von Überfischung selten geworden, und es wurden bereits Schutzmaßnahmen empfohlen.

(Foto: John Neuschwander)

Ein Großer Bärenkrebs spaziert zwischen Braunalgen (Cystoseira) entlang.

Schauen Sie genau zwischen die Tentakel der Seeanemone Anemonia viridis: In drei von vier Seeanemonen findet man Seespinnen, manchmal sogar mehrere in einer Seeanemone!

Inachus phalangium

Anemonen-Seespinne (D), Anemone spidercrab (GB), Araignée des anémones (F), Granzeola delle anemone (I), Araña de las actinias (E), Anemonen-spinkrab (NL)

Panzerlänge: maximal 35 mm. Lebt auf felsigen Böden ab 3 m Tiefe. Mittelmeer, Atlantik und Nordsee. Sie lebt zwischen Algen, bildet aber gerne eine lockere Symbiose mit der Wachsrose, in deren Tentakeln sie Zuflucht sucht. Die Bezeichnung „Spinne" ist falsch: Es handelt sich um eine Krabbe, die den Namen aufgrund ihrer langen Beine bekommen hat, mit denen sie sich an den Tentakeln der ihr als Wirt dienenden Seeanemone festklammert. Bei Herannahen einer Gefahr (Sie zum Beispiel!) sticht die Seespinne in die Tentakel der Seeanemone, die diese dann einzieht und dabei die kleine Krabbe in die Bereiche transportiert, die durch die Nesselkapseln gut geschützt sind.

Auch wenn die Garnele Periclimenes amethysteus sehr schwer wahrnehmbar ist, weil sie zu einem Großteil durchsichtig ist, braucht sie ihre tropischen Artgenossen trotzdem um nichts zu beneiden.

Periclimenes amethysteus

Periclimenes (D, GB, I, E, NL), Péricliménès (F)

Tier von 3 cm Länge, das zwischen Algen von der Oberfläche bis in etwa 80 m Tiefe lebt. Sucht oft Zuflucht in den Seeanemonen Aiptasia mutabilis und Cribrinopsis crassa.
Verwandte Art: P. scriptus.

Palaemon (Leander) serratus

Sägegarnele, Steingarnele, Felsgarnele (D), Common prawn, glass prawn (GB), Bouquet, chevrette, crevette rose (F), Gambara, gamberetto, gamberello, gambaro squilla (I), Quisquilla, camorón, calaron (E), Steurgarnaal, steurkrab (NL)

Garnele von 5 bis 10 cm Länge. Diese Art lebt auf Felsen des Eulitorals, in Häfen und in Fluttümpeln. Mittelmeer und Atlantik. Eßbares Tier, sehr beliebt. Es gibt mehrere verwandte Arten: Palaemon elegans, P. adspersus und P. xiphias. Alle sind durchsichtig wie P. serratus. Eine von der anderen zu unterscheiden ist eine Aufgabe für Spezialisten!

Die Sägegarnele ist eine häufige Art dicht an der Oberfläche, insbesondere an schattigen Stellen; sie ist aufgrund ihres durchsichtigen Körpers schwer zu erkennen. Hier bewegt sich ein Exemplar zwischen Seepocken (Balanus perforatus), die mit einer krustenbildenden Kalkalge (Lithophyllum incrustans) bedeckt sind. Beachten Sie auch die krustenbildende Braunalge (Ralfsia verrucosa) und die Gewöhnliche Napfschnecke (Patella coerulea).

Parapandalus narval

Gestreifte Höhlengarnele (D), Striped cave prawn (GB), Crevette cavernicole rayée (F), Cambera sega (I), Camarón cavernicola rayado (E), Gestreepte grottengarnaal (NL)

Der Körper dieser eleganten Garnele kann 10 cm groß werden, Rostrum und Antennen nicht mitgemessen. Diese Art lebt normalerweise in Tiefen zwischen 200 und 800 m. Dennoch kann man sie in dunklen oder halbdunklen Höhlen des Flachwassers antreffen. Mittelmeer, Atlantikküste Afrikas, Kanarische Inseln, Rotes Meer. Herdentier, kann Gruppen von Hunderten oder Tausenden von Tieren bilden. Eßbar, wird in großen Tiefen mit Reusen gefangen.

Tausende Gestreifter Höhlengarnelen in einer Höhle in 15 m Tiefe.

Wirbeltiere (Vertebrata)

Was für ein kleiner Stamm sind doch die Wirbeltiere... Mit nur 43 000 bekannten Arten stellen Fische, Lurche, Reptilien, Vögel und Säugetiere nur 4 % der Tierarten auf der ganzen Welt und nur 2 % der lebendigen Welt dar (Tierreich und Pflanzenreich). Dennoch widmen ihnen die Enzyklopädien im allgemeinen wesentlich mehr Seiten als den Wirbellosen und den Pflanzen. Das hängt damit zusammen, daß wir uns leichter mit einem Zackenbarsch oder einer Möwe identifizieren können als mit einer Seepocke oder einer Schnecke. Außerdem sind wir selbst auch Wirbeltiere! Die häufigsten Wirbeltiere unter Wasser sind die Fische. Es sind hoch entwickelte Tiere, und jede Art ist ihrer Lebensweise durch Gestalt, Größe und Färbung gut angepaßt. Die Biologen unterscheiden zwei Klassen: *Chondrichthyes* oder Knorpelfische, die keine Knochen in ihrem Skelett haben, und *Osteichthyes* oder Knochenfische. Die Knochenfische (A) sind die bekanntesten Fische; zu den Knorpelfischen gehören vor allem Haie (B) und Rochen (C). Die Fische mit hydrodynamischer Form bewegen sich hauptsächlich mit Hilfe ihrer *Schwanzflosse* (c) fort. Die anderen Flossen dienen vor allem der Steuerung und Stabilisation. Man unterscheidet *Rückenflossen* (d), *Brustflossen* (p), *Bauchflossen* (v) und *Afterflossen* (a). Fische haben meistens zwei Rückenflossen (d1 und d2), manche Arten haben jedoch nur eine, während andere drei Rückenflossen besitzen. Bei den Rochen ist die Brustflosse zu einem *Flügel* umgewandelt. Da Fische hoch entwickelte Tiere sind, verfügen sie über eine ganze Reihe von Sinnesorganen. Sie haben *Augen,* die zum Teil sehr leistungsfähig sind, und *Nasenlöcher* (1), mit denen sie bestimmte Moleküle in äußerst schwachen Konzentrationen aufspüren können. Die *Sinnesknospen* (2) auf dem Kopf und die *Seitenlinie* (3), die über die gesamte Länge der Körperseite verläuft, reagieren auf Schwingungen, die von den Bewegungen anderer Organismen hervorgerufen werden. Die Atmung geschieht mit Hilfe der *Kiemen* (dünne, gefäßreiche Lamellen), die die Gasaustauschfläche zwischen Blut und Wasser vergrößern. Diese *Kiemenlamellen* sind an Knochenelementen, sogenannten *Kiemenbogen,* befestigt. Die Kiemen der Knochenfische werden von einem *Kiemendeckel* (4) bedeckt, während sich bei den Knorpelfischen jeder Kiemenbogen hinter einem *Kiemenspalt* (6) befindet.

Das *Spritzloch* (5) dient ebenfalls dem Abtransport des Atemwassers. Fische vermehren sich auf unterschiedlichste

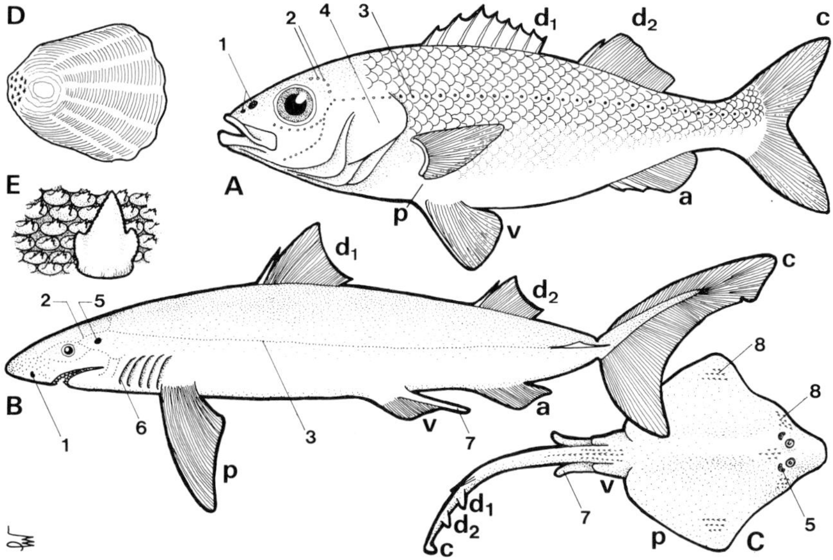

Ausschnitt einer Schuppe unter dem Elektronenmikroskop. Beachten Sie die konzentrischen Wachstumslinien.

Weise. Manche Arten (insbesondere Knorpelfische) sind *vivipar* oder *ovovivipar,* d. h. sie bringen lebendige Junge zur Welt; die meisten Arten sind jedoch *ovipar,* d. h. sie legen Eier. Ihr Gelege ist zumeist *pelagisch* (die Eier treiben im offenen Meer), manchmal aber auch *benthisch* (die Eier werden am Grund abgelegt). Bei den Fischen gibt es in der Regel männliche und weibliche Tiere, manchmal findet aber auch eine *Geschlechtsumwandlung* statt. Man unterscheidet *protogyne Zwitter* (zuerst Weibchen, dann Männchen), wie z. B. der Zackenbarsch und gewisse Lippfische, und *protandrische Zwitter* (zuerst Männchen, dann Weibchen) wie Goldstriemen. Bei manchen Arten, z. B. bei Säge- und Schriftbarschen, sind die Tiere Männchen und Weibchen zugleich *(synchrone Zwitter).* Die Befruchtung findet meistens äußerlich statt: Das Weibchen legt Eier, und diese werden dann im Wasser von der Milch (Sperma) des Männchens befruchtet. Es kommt aber auch innere Befruchtung vor. Die *Pterygopodien* (7) sind die Befruchtungsorgane der männlichen Knorpelfische. Sie entspringen aus den Bauchflossen und werden von einer Rinne durchzogen, die den Samen zu den paarigen Geschlechtsöffnungen des Weibchens leitet. Bei den meisten Fischen ist der Körper mit *Schuppen* (D) bedeckt. Auf dem Bildausschnitt sieht man die konzentrischen Wachstumslinien. Die Schuppen der Knorpelfische haben eine ähnliche Form wie Zähne.

Schaubild E zeigt einen Haizahn und einen Hautausschnitt vom Hai, der mit *Placoidschuppen* oder *Hautzähnchen* bedeckt ist. Bei den Rochen bilden manche dieser Zähnchen Dornen und Stacheln (8).

Knorpelfische (Haie und Rochen)

Scyliorhinus canicula (caniculus)

Kleingefleckter Katzenhai (D), Lesser spotted dogfish (GB), Petite roussette (F), Gattuccio, rosetta minore (I), Pintarroja (E), Hondshaai (NL)

Kleiner länglicher Hai von 40 bis 80 cm Größe. Die Eier sind von einer 5–7 cm langen und 2 cm breiten, hornartigen Hülle umgeben. Dieser kleine Hai lebt auf Weichböden in einer Tiefe zwischen 20 und 400 Metern. Zur Vermehrung sucht er felsige Gründe auf, wo die Eier häufig an Hornkorallen befestigt werden. Er lebt im Mittelmeer und im Atlantik (von den norwegischen Küsten bis zum Senegal). Katzenhaie sind nächtliche Jäger, die tagsüber schlafen. Sie ernähren sich hauptsächlich von Krebstieren, Würmern und Weichtieren, selten von kleinen Fischen. Während der Paarung rollt das Männchen seinen Schwanz um das Weibchen. Dieses legt ungefähr alle zwei Wochen seine Eier. Die rechteckigen, von einer durchsichtigen Hülle umgebenen Eier haben an allen vier Ecken Fäden. Während der Legezeit schleift das Weibchen am Boden entlang, wobei die Fäden bereits aus ihrem Körper heraushängen. Wenn sich diese in den Algen oder Hornkorallen verfangen, wird das Ei aus dem Mutterleib herausgezogen. Oft werden gleichzeitig zwei Eier herausgezogen. Man findet manchmal ganze Eibüschel an irgendwelchen Unterwasser-Hindernissen.

Der Katzenhai ist eßbar. Er wird allerdings in Frankreich unter dem Namen „saumonette", in Großbritannien als „rock salmon", in Katalonien als „gat", als „pisci d'infernu" in Palermo und als „perche de Chios" in Izmir verkauft, damit niemand merkt, daß es sich um einen Hai handelt.

Dieser Katzenhai ruht sich auf einem Sandboden aus. Beachten Sie die fünf Kiemenspalten. Sie sind ebenso charakteristisch für einen Hai wie die asymmetrische Schwanzflosse.

Dasyatis (Trygon) pastinaca

Gemeiner Stechrochen (D), Common stingray (GB), Pastenague (commune), raie pastenague, terre (F), Pastinaca, ferraccia pastinaca (I), Pastinaca, pastenaga, raja-vaca, serrata (E), Pijlstaartrog (NL)

Er wird normalerweise bis 1,5 m lang, manchmal sogar 2,5 m (!); davon sind 40 % Körper und 60 % Schwanz. Der Körper ist ebenso lang wie breit. Der Stechrochen lebt auf sandig-schlammigen Böden. Man findet ihn zwischen der Wasseroberfläche und einer Tiefe bis zu 60 m. Er liebt ruhige Gewässer und hält sich gern in geschützten kleinen Buchten auf. Da der Stechrochen einen schwachen Salzgehalt erträgt, trifft man ihn in leicht salzigen Gewässern und in der Nähe von Flußmündungen an. Verbreitung: Mittelmeer, östlicher Atlantik bis in den Norden der Britischen Inseln. Stechrochen graben sich gerne im Sand ein, bis nur noch Augen und Atemlöcher sichtbar sind. So können sie sich gut vor Feinden verstecken, aber auch aus der Lauerstellung angreifen. Ihre Beute sind Krebstiere, Würmer und Weichtiere, manchmal auch kleine Fische. Der peitschenartige Schwanz hat keine Flossen, aber einen gesägten Stachel, der mit Giftdrüsen in Verbindung steht. Der Fisch schlägt treffsicher zu; da er sich in die Nähe von Stränden vorwagt, kann er für Badende zur Gefahr werden. Der Stachel kann tiefe Wunden verursachen, die z.T. sogar genäht werden müssen. Der Stich ist äußerst schmerzhaft, aber selten tödlich. Wie bei allen giftigen Verwundungen reduzieren Warmwasser-Kompressen (bis zur Schmerzgrenze des Opfers!) die giftige Wirkung. Vergewissern Sie sich, daß kein Stachelrest in der Wunde zurückbleibt. Stechrochen bringen lebende Junge zur Welt; die Embryos werden von einem Sekret aus den Gebärmutterdrüsen ernährt, der sogenannten „Gebärmuttermilch“.

Der Stechrochen schwimmt mit den charakteristischen Bewegungen seiner „Flügel“ über einen Sandboden hinweg. Genau hinter dem Auge ist deutlich das Atemloch zu erkennen. Der Stachel ist eingezogen.

Myliobatis aquila

Adlerrochen (D), Eagle ray (GB), Aigle de mer, aigle commune, mourine (F), Aquila di mare (I), Aguila marina, cucho (E), Adelaarsrog (NL)

Im Sommer steigen die Adlerrochen oft zu flach gelegenen Böden auf, um sich zu vermehren. Taucher sind von dem „Flug" im freien Wasser fasziniert.

Länge: 80 bis 200 cm, ein Drittel davon ist Körper und zwei Drittel sind Schwanz. Der Adlerrochen ist ein ausgezeichneter Schwimmer, den man nicht selten im offenen Meer antrifft, zuweilen dicht an der Oberfläche. Wie die meisten Rochen lebt er jedoch auf Weichböden und ernährt sich von benthisch lebenden Tieren (Krebstiere, Weichtiere), die er ausgräbt, indem er mit seinen Flossen oder seiner Schnauze im Sand herumwühlt. Mit seinem ausgesprochen kräftigen Gebiß, das aus vieleckigen, dicht aneinander passenden Platten besteht, kann er Gehäuse zermalmen. Der Adlerrochen lebt in Tiefen bis zu 300 m. Verbreitung: Mittelmeer, Ostatlantik bis zur Nordsee.

Torpedo marmorata

Marmorrochen, Marmor-Zitterrochen (D), Marbled electric ray (GB), Raie torpille, torpille marbrée (F), Torpedine marezzata (I), Tembladera, tremolina (E), Gemarmerde sidderrog (NL)

Länge: 40 bis 100 cm. Der Marmorrochen ist ein Bewohner sandig-schlammiger Böden von 2 bis 100 m Tiefe. Verbreitung: Mittelmeer, Atlantik bis zur Nordsee. Zu beiden Seiten der Augen befinden sich modifizierte Muskeln als elektrische Organe, die Stromstöße von 45 bis 80 Volt und 5 bis 8 Ampère austeilen können. Diese Stromstöße dauern den Bruchteil einer Sekunde an und können für den Menschen sehr schmerzhaft sein; sie sind aber normalerweise ungefährlich. Früher bediente man sich dieser Stromstöße, um Epileptikern Schocktherapien zu verabreichen! Der Marmorrochen benutzt seine elektrischen Organe normalerweise für die nächtliche Jagd. Er vergräbt sich im Sand und lauert seiner Beute (kleine Fische oder Krebstiere) auf. Wenn sich das Opfer dem scheibenförmigen Körper auf weniger als 4 cm Entfernung genähert hat, wird es durch einen Stromstoß gelähmt. Dann bedeckt der Rochen seine Beute und verschlingt sie. Manchmal ist der Stromstoß so stark, daß ein kleiner Fisch einen Muskelkrampf erleidet, der ihm die Wirbelsäule brechen kann! Das elektrische Feld dient außerdem dazu, die Beute ausfindig zu machen. Experimente haben gezeigt, daß Marmorrochen ihre Opfer sogar mit verbundenen Augen immer zielsicher angreifen, ganz unabhängig von deren Geschwindigkeit und Schwimmrichtung. Der Torpedo marmorata bringt zwischen 5 und 36 lebende Junge auf einmal zur Welt.

Ein Marmorrochen, nachts auf einem Sandboden überrascht. Die stark gefransten Spritzlöcher genau hinter den dicht zusammenliegenden Augen sind charakteristisch für ihn. Da er sich eingräbt, sieht man ihn tagsüber nur selten. Im Gegensatz zu anderen eingegrabenen Tieren sollte man vorsichtig sein, wenn man ihn ausgraben möchte; die Stromstöße können äußerst schmerzhaft sein.

Knochenfische (Osteichthyes)

Sardina (Clupea) pilchardus

Sardine (D), Pilchard, sardine (GB), Sardine, pilchard, royan (F), Sardina, sarda, sardella (I), Sardina (E), Sardien, pelser (NL)

Länge: 14 bis 25 cm. Die Sardine ist ein pelagisch lebender Fisch des Mittelmeeres und des östlichen Atlantiks bis hoch zur Nordsee. Als Jäger von Zooplankton nimmt die Sardine einen wichtigen Platz in den mediterranen Nahrungsketten ein. Die Schwärme sind zuweilen riesig und rechtfertigen die wirtschaftliche Nutzung (hauptsächlich mit Hilfe von Netzen, nachts mit Lampenbooten). Sie werden frisch oder als Ölsardinen aus Konserven gegessen (größte Exportländer sind Spanien, Portugal und Marokko). Am Ende des Frühlings nähern sie sich den Küsten, wo sie bis zum Herbst bleiben. Während dieser Zeit findet die Vermehrung statt. Die Eier treiben im freien Wasser (pelagische Eier). Die Fischbrut wird in der Region um Nizza unter dem Namen „Poutine" und als „Bianchetti" in bestimmten italienischen Regionen verzehrt. Im Winter halten sich diese Fische weit entfernt von den Küsten in tieferem Wasser auf. Taucher neigen dazu, alle möglichen Schwärme von kleinen silbernen Fischen als „Sardinen" zu bezeichnen; es könnten aber ebenfalls Sardellen sein. Meistens handelt es sich allerdings um Ährenfische, die sich von den beiden vorhergehenden Arten (die nur eine Rückenflosse besitzen) durch den Besitz von zwei Rückenflossen unterscheiden.

Die Sonne über der Wasseroberfläche und ein Sardinenschwarm vom Grund aus betrachtet. Sardinen sind kleine, pelagisch lebende Jäger, die manchmal riesige Schwärme bilden. Taucher bezeichnen gern alle Schwärme von kleinen silbernen Fischen als „Sardinen"; es kann sich allerdings auch um andere Arten handeln.

Ein Schwarm Großer Sardinen (Sardinella aurita) schwimmt über einem Goldstriemen-Schwarm (Sarpa salpa). Man erkennt die Große Sardine an ihrem gelben Seitenstreifen.

Sardinella aurita

Große Sardine (D), Alache, gilt sardine (GB), Sardinelle, allache (F), Alaccia (I), Alacha (E), Goudsardien, oorsardien (NL)

Länge: 23 bis 38 cm. Pelagisch lebender Fisch. Verbreitung: Mittelmeer und Atlantik von Spanien bis Südafrika. Er mischt sich oft unter Schwärme von Sardinen und Sardellen und wird so gemeinsam mit diesen gefangen. Sein Fleisch ist trocken und voller dünner Gräten. Die Große Sardine bevorzugt warme Gewässer. Sie hält sich im Sommer in Küstennähe und im Winter auf tief gelegenen, schlammigen Böden auf.

Muraena helena

Muräne, Mittelmeer-Muräne (D), Moray-eel (GB), Murène (F), Murena (I), Murena, morena (E), Murene, moeraal (NL)

Die ausgewachsenen Fische erreichen eine Länge von bis zu 150 cm. Dieser Fisch lebt in Löchern und Spalten felsiger Böden zwischen der Oberfläche und einer Tiefe bis zu hundert Metern. Man trifft ihn auch in Wracks und Amphoren an. Muraena helena lebt vor allem im Mittelmeer, kommt aber auch in den warmen Zonen des Ostatlantik vor. Die Muräne ist ein grausamer, mit scharfen Zähnen ausgerüsteter Jäger; sie lauert ihrer Beute aus Löchern und

Spalten auf, in denen sie sich tagsüber aufhält und die sie zur nächtlichen Jagd verläßt. Die Muräne ernährt sich von Fischen und Kopffüßern. Sie verfügt über eine originelle Technik, um den Arm eines Kraken herauszureißen, der zu groß ist, um auf einmal verschlungen zu werden: Sie schnappt den Arm mit ihrem Maul und bildet dann mit ihrem eigenen Körperende einen Knoten. Dieser Knoten schnellt nun über den gesamten Körper nach vorne zum Kopf; auf dieser Höhe angekommen, vollzieht sich eine Kontraktion des Knotens mit einem gleichzeitigen scharfen Rückstoß des Kopfes durch die so geformte Öffnung; die Muräne befindet sich folglich in einer knotenauflösenden Haltung. Durch die Kraft des Rückstoßes wird der Arm des Kraken herausgerissen und kann nun verschlungen werden. Das Ganze vollzieht sich in 2 oder 3 Sekunden.

Ein in einer Reuse gefangenes oder durch eine Harpune verletztes Tier kann äußerst aggressiv werden. Muränen sind aufgrund ihrer enormen Kraft in der Lage, Speere zu verdrehen. Ihr Biß verursacht häßliche Wunden, die sich durch die Wirkung des Speichels dieses Tieres leicht entzünden. Die Römer vergnügten sich mit Muränen als Haustieren und fütterten sie manchmal mit Sklaven…

Auf der Insel Ponza kann man die Becken (murenario) bewundern, in denen die Tiere gehalten wurden, bevor man sie nach Rom verschickte. Das Fleisch der Muräne ist sehr geschätzt, kann aber in manchen Fällen Vergiftungen des Nervensystems vom Typ Ciguatera verursachen. Dies geschieht durch von Blaualgen stammende Gifte, die die am Ende der Nahrungskette stehende Muräne in ihrem Gewebe anhäuft.

Eine Muräne lauert in ihrem Loch, das von zahlreichen Wirbellosen umgeben ist: Schwämme, Moostierchen und Röhrenwürmer. Die röhrenförmigen Nasenlöcher sind charakteristisch.

Conger conger

Meeraal (D), Conger eel (GB), Congre, anguille de mer, fiélas (F), Grongo (I), Congrio (E), Zeepaling, congeraal (NL)

Ein ausgewachsener Meeraal kann ebenso dick wie ein menschlicher Oberschenkel, länger als 2 m und schwerer als 30 kg werden. Es wird sogar von 3 m langen und 50 kg schweren Exemplaren berichtet! Der Meeraal ist ein Bewohner von felsigen Böden und Wracks, mit einer Vorliebe für Spalten. Nachts wagt er sich auf Weichböden zum Jagen vor. Man findet diese Art von der Oberfläche bis in Tiefen von 1000 m. Verbreitung: Mittelmeer, Atlantik bis zur Nordsee, selten in der Ostsee. Der Meeraal versteckt sich tagsüber in Löchern, Felsspalten, Wracks und Hafendämmen. Er gleitet rückwärts in sein Versteck, wobei seine Schwanzspitze als Tastorgan zu dienen scheint. Nachts verläßt er sein Versteck, um zu jagen. Seine Beute besteht hauptsächlich aus Fischen (der Meeraal scheut sich nicht, diese aus den Netzen der Fischer zu stehlen!), Krebstieren und Kopffüßern. Er reißt den Kraken die Arme aus, indem er sie mit seinem kräftigen Maul einfängt und dann eine schnelle Drehung um seine eigene Achse ausführt. Seine Vermehrung ist ebenso geheimnisvoll wie die der Aale. Bis zum heutigen Tag hat man noch nie einen geschlechtsreifen Meeraal gefangen! Es sind einige Orte im Mittelmeer und zwischen Gibraltar und den Azoren bekannt, in Tiefen, die an 3000 m oder 4000 m grenzen, wo im Sommer die Vermehrung stattfindet. Es scheint, als würde sich der Meeraal nur ein einziges Mal fortpflanzen, bevor er stirbt. Die Larven treiben mit dem Plankton an die Küste zurück. Das Heranreifen der Larve zum geschlechtsreifen Tier dauert ungefähr zwei Jahre. In den Küstengewässern trifft man hauptsächlich junge Einzeltiere an. Der Meeraal ist ein eßbarer Fisch, der in Reusen oder von Unterwasserjägern gefangen wird. In der Regel ißt man nur den Teil vor dem After, da der Schwanz zu viele Gräten enthält.

Ein Meeraal streckt seinen Kopf zwischen den Steinblöcken eines Hafendamms hervor. Man kann die weißen Poren der Seitenlinie deutlich erkennen.

Lophius piscatorius

Seeteufel, Anglerfisch, Froschfisch (D), Angler fish, monk fish, frog fish (GB), Baudroie, lotte (de mer), grenouille, crapaud (F), Rana pescatrice, rospo, boldro (I), Rape, rana pescadora, pez sabo (E), Zeeduivel (NL)

Der Seeteufel kann 2 m groß und 40 kg schwer werden. Er bevorzugt Weichböden zwischen der Oberfläche und 550 m Tiefe, hält sich aber auch zwischen Algen und auf kleinen Sandflächen zwischen Felsen auf. Verbreitung: Mittelmeer, Atlantik, Nordsee, Ostsee. Benthisch lebender Fisch, der aus der Lauerstellung jagt. Er bewegt sich, indem er sich auf seinen Brustflossen abstützt; dies geschieht normalerweise so langsam, daß keine Wasserbewegung spürbar ist. Manchmal gräbt er sich zur Hälfte ein, um seiner Beute aufzulauern; eine überflüssige Maßnahme, da die Färbung seiner Haut und seiner Hautanhängsel dieses furchterregende Tier wie einen mit Algen bedeckten Felsen aussehen lassen. Die ersten drei Rückenstrahlen sind frei; der erste davon befindet sich weit vorne, unmittelbar hinter dem Maul und endet in einem Hautlappen. Dieser wird genau vor dem Kopf als Köder hin und her bewegt, um Beute anzulocken. Wer sich allzu nah heranwagt, wird durch die plötzliche Öffnung des gewaltigen Mauls angesogen. Die Vermehrung findet von Frühlingsbeginn bis Ende des Sommers statt, in der Regel in Tiefen über 100 m. Die Eier werden in gallertartigen Bändern von fast 1 m Breite und mehreren Metern Länge abgelegt. Die Jungen leben pelagisch, gehen aber nach einer Metamorphose zum Bodenleben über, wenn ihre Länge einige Zentimeter überschreitet. Das feste, schmackhafte Fleisch ist sehr begehrt. Es gibt noch eine andere Art, L. budegassa, die kleiner (weniger als 80 cm) und rötlicher ist und deren Fleisch weniger begehrt ist.

(Foto:John Neuschwander)

Kopf eines lauernden Seeteufels. Bemerkenswert sind das gewaltige, mit spitzen Zähnen ausgestattete Maul und die Hautanhängsel, die den Unterkiefer säumen; sie ähneln Algen und machen die Tarnung dieses Tieres perfekt. Der erste Strahl der Rückenflosse dient als „Angel".

Lepadogaster lepadogaster (gouani)

Ansauger, Bandschild (D), Shore clingfish, Cornish sucker (GB), Lépadogaster de Gouan, porte-écuelles (F), Succiascoglio (I), Pega roques, chafarrocas (E), Gevlekte zuignapvis (NL)

Dieser Fisch hat die Form einer Kaulquappe (breiter Kopf, zugespitzter Schwanz) von 5 bis 10 cm Länge. Ein typischer Fisch des Infralitorals (zwischen 0 und 10 m), wo man ihn zwischen Steinen (und besonders darunter!), zwischen Algen und in den Fluttümpeln des Supralitorals findet. Verbreitung: Mittelmeer, östlicher Atlantik. Die Brust- und Bauchflossen bilden eine doppelte Bauchsaugscheibe, mit der sich das Tier an Felsen festheften kann. Diese Besonderheit und sein abgeflachtes Profil erlauben ihm, starken Turbulenzen dicht an der Oberfläche zu widerstehen. Nichtsdestotrotz bevorzugt der Ansauger den Schutz von Steinen, unter denen er sich festheftet, um dort im Frühling und im Sommer seine goldgelben Eier abzulegen. Das Gelege wird vom Männchen bewacht. Aufgrund seiner versteckten Lebensweise scheint der Ansauger seltener zu sein als er in Wirklichkeit ist.

Ein Ansauger hat sich mit Hilfe seiner doppelten Bauchsaugscheibe unter einem Stein festgeheftet.

Apletodon dentatus (Lepadogaster microcephalus)

Kleinkopf-Ansauger (D), Small-headed clingfish (GB), Lépadogaster à petite tête (F), Succiascoglio microcefalo (I), Pega roques de cabeza pequeña (E), Kleinkop-zuignapvis (NL)

Er wird in der Regel nicht größer als 5 cm. Er ist in Seegraswiesen oder zwischen den Algen der Felsküste zu Hause, von der Oberläche bis zu einer Tiefe von 25 m (in Ausnahmefällen 100 m). Verbreitung: Mittelmeer, europäische Atlantikküsten. Er sieht fast genauso aus wie Lepadogaster lepadogaster.

Sein Kopf ist jedoch breiter (lassen Sie sich nicht von seinem Namen irritieren!), besonders beim Männchen, das ganz aufgeblähte Wangen hat (unser Foto).
Er jagt aus der Lauerstellung zwischen Algen oder Seegraswurzeln. Die Vermehrung findet im Sommer statt. Die Eier werden an die Pflanzenstengel ihrer Umgebung geheftet.

Ein Kleinkopf-Ansauger kriecht auf einem Schwamm (Aplysina aerophoba) entlang; aus dieser Sicht auf seinen Rücken erkennt man gut seine an eine Kaulquappe erinnernde Form.

Hippocampus ramulosus (guttulatus)

Seepferdchen, Langschnautziges Seepferdchen (D), Seahorse, long-snouted seahorse (GB), Hippocampe moucheté, hippocampe à long bec (F), Cavallucio marino (I), Caballito de mar (E), Zeepaardje (NL)

Maximale Länge: 12 bis 15 cm. Es lebt in Seegraswiesen (Posidonia und Zostera) oder zwischen Algen in Tiefen ab 5 m. Verbreitung: Mittelmeer und Atlantik. Dieser seltsame, sich nur sehr langsam bewegende Fisch ist gut zwischen der Pflanzenwelt getarnt. Er saugt seine kleine Beute mit seinem trompetenförmigen Maul ein. Die Männchen haben eine Bruttasche am Bauch, in der die befruchteten Eier bis zum Ausschlüpfen der Larven bleiben. Die Jungfische werden dann durch kräftige Kontraktionen des Unterleibs ausgestoßen: So ist das Seepferdchen die einzige Tierart, bei der das Männchen die Jungen zur Welt bringt!

Das Seepferdchen klammert sich mit Hilfe seines Greifschwanzes an einem Posidoniablatt fest. Man erkennt in ihm nur sehr schwer einen Fisch!

Scorpaena scrofa

Roter (Großer) Drachenkopf, Große Meersau (D), Red scorpionfish, large-scaled scorpionfish (GB), Rascasse rouge, chapon, scorpion de mer, grande rascasse (F), Scorpena rossa, scorfano rosso (I), Cabracho, rascacio (E), Oranje schorpioenvis (NL)

Massiger Kopf, Gesamtlänge zwischen 30 und 50 cm. Er lebt vorzugsweise auf felsigen Böden, in Tiefen von 20 bis 200 m, kann aber auch bis zur Oberfläche aufsteigen. Selten trifft man ihn in Posidoniawiesen oder auf Sand. Verbreitung: Mittelmeer, östlicher Atlantik vom Senegal bis zum Golf von Biscaya. Benthisch lebender Fisch, der nicht gerne schwimmt, sich bewegungslos auf dem Boden hält und aus der Lauerstellung jagt (Grundeln, Schleimfische, Laxierfische etc.), unterstützt von einer perfekten Tarnung. Obwohl das Tier eine orangerote Färbung hat (die Farbe tritt nur bei künstlichem Licht hervor), erscheint es unter Wasser braun-grau, mit unregelmäßigen Flecken und geschmückt mit zahlreichen Hautanhängseln. Die Anhängsel am Unterkiefer sind Hauptererkennungsmerkmal dieser Art. Scorpaena scrofa verschmilzt mit der Unterwasserlandschaft; da er großes Vertrauen in seine Tarnung hat, können sich ihm Unterwasserfotografen leicht nähern. Leider stellt er aus demselben Grund für Taucher und Badende auch eine Gefahr dar. Er bewegt sich nicht, wenn sich jemand nähert, und der unerfahrene Taucher läuft Gefahr, ihn zu berühren. Einige seiner Flossenstrahlen haben Rinnen, die mit Giftdrüsen in Verbindung stehen: So verursacht er schmerzhafte, ja sogar gefährliche Stiche. Behandlung: warme Kompressen auf die Stelle des Einstichs (bis zur Schmerzgrenze des Opfers) und desinfizieren. Scheuen Sie sich nicht, bei anhaltenden Beschwerden einen Arzt aufzusuchen. Trotz allem ist das Fleisch dieses Fisches ausgezeichnet und darf in einer guten Bouillabaisse nicht fehlen!

Vollkommen auf seine Tarnung vertrauend ruht dieser Rote Drachenkopf bewegungslos auf dem Grund.

Scorpaena porcus

Brauner (Kleiner) Drachenkopf, Kleine Meersau (D), Brown scorpionfish, small-scaled scorpionfish (GB), Rascasse brune (noire), rascasse porc, petite rascasse (F), Scorpena nera Scorfano nero (I), Cabracho de roca (E), Bruine schorpioenvis (NL)

Ein Brauner Drachenkopf liegt auf einem mit Kalkalgen bedeckten Untergrund auf der Lauer. Auf diesem Foto kann man die beiden Hauptерkennungsmerkmale dieser Art deutlich sehen: keine Hautanhängsel am Unterkiefer und gut sichtbare Antennen über den Augenhöhlen.

Ähnelt der vorhergehenden Art. Gesamtlänge: 15 bis 30 cm. Er lebt vorzugsweise auf felsigen, algenbedeckten Böden, von der Oberfläche bis in ca. 30 m Tiefe, manchmal auch tiefer. Verbreitung: Mittelmeer, östlicher Atlantik von den Kanarischen Inseln bis zum Golf von Biscaya, selten bis zum Ärmelkanal. Er ist genau wie Scorpaena scrofa ein benthisch lebender Fisch, der nicht gerne schwimmt und der bewegungslos auf felsigen Böden oder in Seegraswiesen aus der Lauerstellung jagt. Wird er gestört, sucht sich Scorpaena porcus schnell einen neuen Platz in geringer Entfernung und richtet sich wieder auf dem Boden ein. Er teilt dieses Verhalten mit S. scrofa, ebenso den Besitz giftiger Strahlen in seinen Flossen. Seine Färbung ist oft viel brauner als die der vorhergehenden Art, obwohl auch rote Exemplare nicht selten sind. Die Schuppen dieses Tieres werden von einer schleimigen Haut bedeckt, um das Festsetzen von Algen zu vermeiden. Es handelt sich auch hier um einen Fisch, der in eine gute Bouillabaisse gehört!

Dieser Fisch ist kleiner als der Braune Drachenkopf, hat eine lebhaftere Färbung und weniger Hautanhängsel auf dem Kopf.

Scorpaena notata

Pusteliger Drachenkopf, Kleiner roter Drachenkopf (D), Pustulous scorpionfish (GB), Rascasse pustuleuse (F), Scorpena pustolosa (I), Cabracho pustuloso (E), Puistige schorpioenvis (NL)

Länge: 10 bis 18 cm. Diese Art liebt dunkle Plätze, zwischen 5 und 700 m Tiefe. Verbreitung: Mittelmeer und Atlantischer Ozean, vom Golf von Biscaya bis zum Senegal. Er unterscheidet sich (manchmal nur sehr schwierig!) von Scorpaena scrofa durch seine lebhaftere Färbung, den schwarzen Fleck zwischen dem achten und zehnten Strahl der Rückenflosse und durch das Fehlen der Hautanhänge am Unterkiefer.

Trigloporus lastoviza (Trigla lineata)

Gestreifter Seehahn (D), Streaked gurnard, rock gurnard (GB), Grondin rayé, grondin strié, grondin imbriago, camard (F), Capone lineato, capone ubriaco, capone dalmato (I), Rubio, bonacha, trigla (E), Gestreepte poon (NL)

Ein Fisch von 25 bis 40 cm Länge. Bewohner von Sand- oder Schlammböden in der Nähe von Felsen in einer Tiefe zwischen 20 und 100 m. Verbreitung: Mittelmeer, östlicher Atlantik von den Kanarischen Inseln bis in den Norden der Britischen Inseln. Der Gestreifte Seehahn hat eine veränderliche Färbung; auf dem Rücken dominieren Rot- und Brauntöne, während der

Bauch bleich ist. Der Kopf besitzt eine Panzerung aus knochigen Platten. Die Brustflossen sind von blauen Flecken und Linien verziert. Die drei ersten Strahlen dieser Flossen sind frei, und ihre äußersten Enden enthalten zahlreiche Geschmacks- und Geruchsorgane. Der Seehahn bewegt sich voran, indem er auf diesen Strahlen „schreitet" und gleichzeitig damit „schnüffelt", um seine Nahrung aufzuspüren: kleine Krebstiere, Weichtiere, Würmer und Fische. Dieser Fisch kann mit Hilfe einer gut entwickelten Schwimmblase knurrende Laute erzeugen.

Ein von einem Taucher erschreckter Seehahn flüchtet, wobei er seine schillernd gefärbten Brustflossen ausbreitet.

Dicentrarchus labrax

Wolfsbarsch, Seebarsch (D), Bass (GB), Loup, loup de mer, bar (F), Branzino, spigola (I), Lubina, robalo, llobarro (E), Zeebaars (NL)

Länge: 40 bis 80 cm, in Ausnahmefällen 1 m. Er überschwimmt Weichböden oder felsige Böden mit dichtem Algenbewuchs, von der Oberfläche bis in 100 m Tiefe. Er scheut auch leicht salziges Wasser nicht (Flußmündungen und salzhaltige Binnenseen). Verbreitung: Mittelmeer, Atlantik, Nordsee. Der Wolfsbarsch verdient seinen Namen, da er ein Jäger ist. Die Erwachsenen sind Einzelgänger, während die Jungen ein Herdenverhalten zeigen; sie leben in Schwärmen von mehreren Dutzend Einzeltieren. Der Wolfsbarsch schmeckt übrigens hervorragend.

Der Wolfsbarsch ist ein Jäger des freien Wassers, den man besonders bei Unwettern an oberflächennahen Felsen antrifft.

Ein Roter Fahnenbarsch verharrt bewegungslos in der Nähe einer Felswand; seine lebhafte Färbung erinnert daran, daß er von einem Bewohner des ehemaligen Tethys-Meeres abstammt und erklärt seine Verwandtschaft mit bestimmten tropischen Arten.

Anthias anthias

Roter Fahnenbarsch, Rötling (D), Red damselfish, blunt-headed holy-fish (GB), Barbier, anthias, castagnole rouge (F), Castagnola rossa, guarracino, castagnola di fondale (I), Tres colas, canario de mar (E), Rode kanarie (NL)

Häufiger Fisch unter Überhängen, an Höhleneingängen und in Wracks, im Sommer in Tiefen ab 20 m, im Winter in Tiefen bis zu 200 m. Der Fahnenbarsch hält sich normalerweise bewegungslos in der Nähe von Felsküsten auf, um dort Nahrungspartikel einzufangen, die mit der Strömung angetrieben werden. Dieser ausschließlich mediterrane Fisch (15 bis 25 cm) ist mit einigen tropischen Arten verwandt (Anthias squamipinnis der Korallenriffe im Roten Meer und des westlichen Indo-Pazifik und Anthias huchti der Riffe vom Südosten Afrikas bis Indonesien und Melanesien). Das erinnert uns daran, daß es vor Millionen Jahren ein weltumspannendes Meer gab, wovon das Tethys-Meer ein Randbereich war. Durch den Kontinentaldrift verschwand dieses weltumspannende Meer; lediglich das Tethys-Meer ist davon als Mittelmeer erhalten geblieben.

Epinephelus guaza (Serranus gigas)

Brauner Zackenbarsch, Großer Sägebarsch (D), Grouper, dusky perch, rock cod (GB), Mérou, mérou noir, serran géant (F), Cernia, cernia bruna, cernia nera, cerna (I), Mero, perco nero (E), Wrakbaars (NL)

Er gehört zu den größten Fischen, auf die ein Taucher treffen kann: Exemplare von mehr als 1 m Größe sind nicht selten. Der Braune Zackenbarsch kann 140 cm erreichen und bis zu 65 kg wiegen. Er ist vor allem ein benthisch lebender Fisch, der sich in der Regel in Höhlen oder Spalten versteckt.

Man findet ihn in Tiefen zwischen 3 und 100 m (manchmal bis 400 m). Verbreitung: Mittelmeer und Atlantikküste von Marokko bis zum Senegal; manchmal wurde er in der Bretagne und in Cornwall gesichtet. Der Braune Zackenbarsch ist ein Räuber, der sich am Ende der Nahrungskette befindet und andere Fische, aber auch Krebstiere und Kopffüßer jagt. Wie viele andere Fische auch, beginnen Braune Zackenbarsche ihr Leben als Weibchen und verwandeln sich erst sehr viel später in ein Männchen (wahrscheinlich nach zwölf Jahren, wenn sie ungefähr 75 cm groß sind und durchschnittlich 10 kg wiegen). Die Vermehrung findet hauptsächlich entlang der nordafrikanischen Küste statt, wo sich Dutzende von Weibchen zum Laichen versammeln; die Eier werden dann von den größeren Männchen befruchtet. In den französischen Populationen ist die Tierdichte zu gering geworden (größtenteils durch Unterwasser-Jäger bedingt), um ein Sexualverhalten auszulösen; so bleiben sogar die großen Tiere Weibchen, d. h. es findet keine Geschlechtsumwandlung statt. Die Jungen werden immer seltener, was darauf schließen läßt, daß keine Vermehrung mehr stattfindet. Die französischen Populationen dieser Art könnten in ungefähr dreißig Jahren verschwunden sein. Der Braune Zackenbarsch kann im Mittelmeer mindestens fünfunddreißig Jahre alt werden.

Der Braune Zackenbarsch ist ein neugieriger Fisch, der gern mit einem Taucher zusammentrifft. Aufgrund seines binocularen Sehsinns kann er den Eindringling mit beiden Augen beobachten, was ihm im Vergleich zu den meisten Fischen einen „menschlicheren“ Charakter verleiht.

Epinephelus alexandrinus

Gestreifter Zackenbarsch (D), Striped grouper (GB), Badèche (F), Epinefelo (I), Abadejo (E), Gestreepte wrakbaars (NL)

Dieser Fisch hat eine zugespitztere Körperform als der Braune Zackenbarsch. Er wird selten länger als 80 cm und lebt in Löchern oder zwischen Felsblöcken in Tiefen zwischen 15 und 100 m. Verbreitung: südliches Mittelmeer und atlantische Küsten von der Straße von Gibraltar bis zu den Kapverden. Charakteristisch sind die 4 oder 5 Längsstreifen des Gestreiften Zackenbarsches (besonders bei den jungen Tieren) und das im Vergleich zum Braunen Zackenbarsch zugespitztere Profil. Obwohl dieser Fisch ebenfalls ein zwischen Felsen lebender Jäger ist, hat er ein schwächeres Territorialverhalten als die vorhergehende Art. Er scheut sich nicht, sich ins offene Meer vorzuwagen, um dort kleine Fische zu jagen.

Ein Gestreifter Zackenbarsch, bewegungslos vor seiner Höhle. Man findet ihn nur entlang der südlichen Mittelmeerküsten.

Serranus cabrilla

(Kleiner) Sägebarsch, Blutstrieme (D), Comber, gaper (GB), Serran, serran chevrette, saran (F), Perchia, sciarrano (cabrilla), perega dalmata, sperga (I), Cabrilla, cabra, serrano (E), Zaagbaars (NL)

Der Sägebarsch wird in der Regel 15 bis 20 cm groß, kann allerdings auch eine Länge von 35 bis 40 cm erreichen. Ein Fisch der felsigen Untergründe, der aber auch in Posidoniawiesen und auf Detritus-Böden zu finden ist.

Er lebt zwischen der Oberfläche und 600 m Tiefe, hauptsächlich jedoch in Tiefen zwischen 10 und 50 m. Verbreitung: Mittelmeer und östlicher Atlantik; im Norden wird er seltener, kann allerdings bis zum Ärmelkanal aufsteigen. Es ist ein gefräßiges Tier, das sich von Fischen, Kopffüßern, Krebstieren und Würmern ernährt und sein Territorium verteidigt. Dieser Fisch ist ein Zwitter, der die Gonaden zweier

Geschlechter (Eierstöcke, Hoden) in einem Tier vereinigt und sich selbst befruchten kann. Die Vermehrung findet zwischen April und Juli statt.

Serranus scriba

Schriftbarsch (D), Lettered perch, painted comber (GB), Serran-écriture, perche de mer (F), Sciarrano scrittura, perchia di mare (I), Serrano, vaca (E), Schriftbaars (NL)

Der Schriftbarsch hat eine Größe zwischen 15 und 28 cm. Er lebt zwischen Algen oder in Seegraswiesen, zwischen der Oberfläche und einer maximalen Tiefe von ungefähr 30 m. Verbreitung: Mittelmeer, östlicher Atlantik bis zum Golf von Biscaya. Charakteristisch für diese Art ist die Färbung: weißer Körper mit unregelmäßigen schwarzen Querbinden, gelber Schwanz, blauer Fleck auf dem Bauch. Die roten und blauen Zeichnungen auf dem Kopf ähneln Schriftzeichen, daher auch der Name Schriftbarsch. Dieses Tier verteidigt sein Territorium gegen Artgenossen. Er jagt aus der Lauerstellung von seinem Revier aus, das zwischen Algen oder Neptunsgras dicht an der Oberfläche liegt. Er ernährt sich von kleinen Fischen, Krebstieren und Weichtieren. Dieser sehr neugierige Fisch nähert sich gern dem Taucher. Die Vermehrung findet zu Beginn des Sommers statt. Wie viele andere Fische der Gattung Serranus, ist auch dieser Fisch ein echter Zwitter, der seine eigenen Eier befruchten kann.

Ein Kleiner Sägebarsch bewacht sein Territorium zwischen den Algen des Koralligens. Man kann die für diesen Fisch charakteristischen Streifen und Querbinden deutlich erkennen.

Ein Schriftbarsch liegt zwischen Posidonia-Blättern auf der Lauer.

Apogon imberbis

Meerbarbenkönig (D), Cardinal-fish (GB), Apogon, roi des rougets, poisson-cardinal (F), Apogone, re di triglie (I), Palmonete real, bodion de limpio (E), Rode kardinaalsvis (NL)

Der Meerbarbenkönig hat einen stämmigen Körper von 15 cm Länge. Man findet ihn in Tiefen zwischen 10 und 200 m. Er hält sich in mehr oder weniger großen Gruppen unter Überhängen und an Höhleneingängen auf; im Winter dringt er zu tiefgelegenen Schlammböden vor. Verbreitung: Mittelmeer, östlicher Atlantik bei Madeira, den Azoren und den Kanarischen Inseln. Er ernährt sich von kleinen Krebstieren, Eiern und verschiedenen Larven. Dieser Fisch zeichnet sich vor allem durch seine im Sommer stattfindende Vermehrung aus. Während der mit zitternden Bewegungen verbundenen Paarung werden die Eier im Körper des Weibchens befruchtet, obwohl es eigentlich keine Befruchtungsorgane gibt. Nach einigen Tagen legt das Weibchen schließlich die Eier ab; die Eier verkleben dank ihrer Fasern sofort. So sieht der Laich wie ein Ballen aus, der bis zu 20 000 Eier enthalten kann. Das Männchen nimmt diesen Ballen auf und brütet ihn innerhalb einer guten Woche in seinem Maul aus. Während dieser Zeit kann sich der zukünftige Vater nicht ernähren. Diese väterliche Aufopferung ist oft wiederholbar: Schon nach dem Ausschlüpfen der Larven kann eine neue Paarung stattfinden, gefolgt von einem erneuten Fasten. So sterben manche Männchen vor Erschöpfung.

Ein Meerbarbenkönig ruht bewegungslos dicht an einer Spalte im Koralligen; die rote Färbung und die zwei hellen, horizontalen Streifen über dem Auge sind charakteristisch für ihn.

Sarpa (Boops) salpa

Goldstrieme, Ulvenfresser (D), Salema, saupe (GB), Saupe (F), Sarpa, salpa (I), Salpa, salema (E), Gestreepte bokvis, goudstreepzeebrasem (NL)

Die durchschnittliche Größe beträgt 25 bis 35 cm (in Ausnahmefällen sogar bis zu 45 cm). Ein Fisch der geringen Tiefen in der Nähe felsiger Küsten (man trifft ihn selten in Tiefen über 15 m). Verbreitung: Mittelmeer, östlicher Atlantik von Südafrika bis zum Golf von

Biscaya. Ein grau-grünlicher Fisch mit einem Dutzend goldener Längsstreifen und einem gelben Auge. Er lebt in sehr dichten und äußerst geordneten Schwärmen. Es ist ein schreckhafter Fisch, dem man sich nur sehr schwierig nähern kann. Er ist einer der seltenen Pflanzenfresser im Mittelmeer, der Algen abweidet, insbesondere Meersalat (Ulva sp.) und die Alge Laurencia pinnatifida (die deswegen im Katalanischen „bruc de las salpas" genannt wird), aber auch Kieselalgen und manchmal kleine, auf Felsen lebende Krebstiere. Die Goldstriemen verändern – genau wie viele andere Fische auch – im Laufe ihres Lebens ihr Geschlecht. Hier sind es jedoch ausnahmsweise die jungen Männchen, die später zu Weibchen werden. Die Vermehrung findet im Frühjahr und im Herbst statt.

Die Goldstrieme ist ein Herdentier, das in dichten Schwärmen mit Dutzenden von Einzeltieren in der Umgebung von Felsen nahe der Oberfläche anzutreffen ist.

Seriola dumerili

Seriolafisch, Grünel (D), Amberjack, yellowtail (GB), Sériole (F), Seriola, leccia ricciola (I), Serviola, pez de limón (E), Seriola (NL)

Ein Fisch von 40 bis 100 cm Länge, manchmal sogar bis 200 cm! Pelagisch lebende Art des Mittelmeeres und des (sub)tropischen Atlantik. Die gelblichen Jungfische leben in Küstennähe; die silberweißen Erwachsenen leben im offenen Meer, nähern sich aber hin und wieder den Küsten.

(Foto: John Neuschwander.)

Der Seriolafisch ist die größte Stachelmakrele im Mittelmeer: Er kann eine Länge von 2 m erreichen.

Mullus surmuletus

Gestreifte Meerbarbe, Streifenbarbe (D), Striped mullet (GB), Surmulet, rouget de roche (F), Triglia di scoglio, barbon (I), Salmonete de roca, salmonete rayado (E), Mul, koning van de poon (NL)

Die Länge kann 20 bis 40 cm betragen. Dieses Tier lebt hauptsächlich auf sandigen und schlammigen Böden, man findet es aber auch auf Detritus-Böden von der Oberfläche bis in etwa 100 m Tiefe. Verbreitung: Mittelmeer, Ostatlantik von den Kanarischen Inseln bis Schottland, Nordsee. Die Färbung dieses Fisches der Weichböden ist veränderlich: Sie ist meist blaß bei Tieren,

Auf der Suche nach Nahrung gräbt eine Gestreifte Meerbarbe ein Loch in den Detritus-Boden. Die intensiven Farben deuten auf einen Zustand von Unruhe (möglicherweise durch die Anwesenheit von Tauchern verursacht); sie könnten aber auch für einen recht tiefen Aufenthaltsort sprechen.

die sich dicht an der Oberfläche aufhalten, und wird in der Tiefe kontrastreicher. Die Färbung kann sich übrigens ganz stark ändern. Der Fisch ernährt sich von kleinen Tieren (Krebstiere, Würmer, Weichtiere), die in den Sand-Zwischenräumen leben. Diese werden mit Hilfe von zwei Bartfäden am Unterkiefer, die gleichzeitig als Tast- und Geschmacksorgane dienen, ausgegraben. Die auf diese Weise im Sand entstehenden Löcher sind beachtlich. Oft werden andere Fische angelockt, um von der Beute zu profitieren, die die Gestreifte Meerbarbe ausgegraben hat. Das Tier lebt gerne in Gruppen. Bei Gefahr warnt es die anderen Fische, indem es seine erste Rückenflosse aufrichtet; auf der Flucht werden die beiden Bartfäden in Schlitzen unter dem Kopf zusammengelegt. Das Meerbarbenfleisch wurde schon im Altertum sehr geschätzt. Es heißt, daß ein schöner Fisch bei den Römern wertvoller war als der Mann, der ihn gefangen hatte! Anläßlich eines Meerbarben-Festmahls präsentierte man übrigens eine Gestreifte Meerbarbe in einer Vase, um die Tischgenossen mit deren erstaunlichen Farbveränderungen zu unterhalten. Die Vermehrung findet im Sommer statt; zu dieser Zeit werden die Eier auf dem Sand deponiert. Die bläuliche Fischbrut lebt im freien Wasser; ab einer Größe von 5 cm gehen die Jungen jedoch zu einem benthischen Leben über.

Oblada melanura

Brandbrasse, Oblada (D), Saddled bream (GB), Oblade, blade (F), Occhiata, ociada (I), Oblada (E, NL)

Die Länge beträgt ungefähr 20 bis 30 cm. Dieser Fisch lebt in der Nähe von Felsen, ist aber auch relativ häufig im offenen Meer, wenige Meter unter der Oberfläche anzutreffen. Im Winter steigt er in größere Tiefen hinab. Verbreitung: hauptsächlich mediterrane Art, die aber auch im östlichen Atlantik von Angola bis Portugal zu finden ist. Silbriger Fisch mit einem weiß gesäumten schwarzen Fleck am Schwanzstiel. Er ernährt sich von Algen und kleinen, auf Felsen lebenden Tieren. Die Vermehrung findet am Frühlingsende statt, die Larven leben bis zum Ende des Sommers planktonisch.

Diplodus cervinus (trifasciatus)

Fünfbindenbrasse (D), Five-banded bream (GB), Sar(gue) à grosses lèvres, sar tambour, sar rubanné, soldat, cervin (F), Sarago faraone, fanfaru (I), Sargo soldado, bedao (E), Gestreepte zeebrasem, diklipzeebrasem (NL)

Die Länge beträgt 40 bis 55 cm. Dieser Fisch lebt in der Nähe von Felsküsten in Tiefen zwischen 10 und 300 m. Verbreitung: Ostatlantik vom Golf von Biscaya bis Südafrika, im Mittelmeer eher selten. Silbriger Fisch mit 4 oder 5 dunklen Querbinden und einem dunklen Band, das von einem Auge zum anderen verläuft. Man weiß nur wenig über die Lebensweise dieser größten Brasse. Mischt sich gerne unter die Zweibindenbrassen-Schwärme. Ihr Fleisch ist sehr köstlich.

Ein Schwarm Brandbrassen schwimmt im freien Wasser dicht an einer Felsküste; ein typisches Verhalten für diese Art.

Eine Fünfbindenbrasse schwimmt über einer Wiese Weißer Hornkorallen.

Diplodus vulgaris

Zweibindenbrasse, Gemeine (Gewöhnliche) Geißbrasse (D), Two-banded bream (GB), Sar(gue) commun, sar ordinaire, sar à tête noire, veirade (F), Sarago comune (volgare), sarago testa nera, sarago fasciato (I), Mojarra, chopa (E), Gewone zeebrasem (NL)

Die Länge beträgt 20 bis 40 cm. Häufiger Fisch in der Nähe algenbedeckter Felsen unweit von Seegraswiesen; von seichten Stellen bis in 20 m Tiefe. Verbreitung: Mittelmeer und Ostatlantik, vom Golf von Biscaya bis zum Senegal. Sehr häufige Art geringer Tiefen, die in Schwärmen lebt und sich von Würmern, Krebstieren und anderer kleiner Beute ernährt, die sie zwischen den Algen der Felsböden und in Seegraswiesen findet. Die Vermehrung findet im Herbst statt, die Eier sind pelagisch, ebenso die Jungen bis zu einer Größe von ungefähr 2 cm. Am Herbstende erreichen die silbrigen Tiere eine Größe von 3 cm. Die dunklen Flecken erscheinen erst bei einer Größe von 4 cm.

Eine Zweibindenbrasse auf der Suche nach Nahrung. Die zwei schwarzen Flecken sind charakteristisch, ebenso die feinen goldenen Längsstreifen.

Diplodus sargus

Große Geißbrasse, Bindenbrasse (D), Base, white bream (GB), Sar, sargue (de Rondelet) (F), Sarago maggiore, sargo rigato (I), Sargo, sargo burdo, asparall (E), Zilveren zeebrasem (NL)

Die Größe beträgt 20 bis 35 cm, kann in Ausnahmefällen sogar 45 cm erreichen. Dieser Fisch lebt in Tiefen zwischen 40 und 80 m auf sandig-schlammigen Böden, steigt aber auch zu Felsböden der Oberfläche auf. Verbreitung: Mittelmeer, Atlantik von Portugal bis zum Golf von Biscaya. Hellgrauer, silbrig schimmernder Fisch mit 7 bis 9 Querstreifen, die mit zunehmendem Alter verschwinden. Die Schwanzflosse ist schwarz umsäumt. Die Große Geißbrasse ist ein Fleischfresser, der mit seinem kräftigen Kiefer die Gehäuse von Weichtieren und Seeigeln zer-

malmen kann. Es kommt vor, daß diese Fische in Wassertiefen von 50 cm aufsteigen (sie schwimmen flach auf dem Boden in Strudeln des aufgewühlten Meeres), um sich von Würmern und Weichtieren zu ernähren, die durch die Wellen von ihrem Substrat abgerissen wurden.
Das Fleisch ist sehr beliebt, besonders das der kleinen Exemplare.

Zwei Große Geißbrassen verstecken sich in einer Felsspalte. Es handelt sich um alte Fische, da die 8 oder 9 artspezifischen Querstreifen fast verschwunden sind. Diese Tiere erkennt man jedoch immer an dem schwarzen Saum ihrer Schwanzflosse.

Pagrus pagrus (Sparus auriga)

Gemeine Sackbrasse (D), Common sea bream, Couch's sea bream, braize (GB), Pagre commun, pagre rayé (F), Pagro comune (I), Pagro, pargo (E), Pagrus (NL)

Sie kann eine Länge von 50 bis 75 cm erreichen. Dieser Fisch lebt normalerweise in Tiefen zwischen 100 und 250 m auf Fels- und Geröllböden der offenen See; er steigt aber manchmal auch bis zu 10 m unter die Oberfläche auf. Verbreitung: Mittelmeer, Atlantik von Portugal bis zum Senegal. Silberweißer Fisch mit schmutzig rosafarbenen Flossen und einem charakteristischen von oben nach unten gerichteten Kopf. Als Fleischfresser ernährt er sich hauptsächlich von Krebstieren und Weichtieren, obwohl man in seinem Magen auch Algenreste gefunden hat. Die Vermehrung findet im Sommer statt, die Larven leben pelagisch. Ab einer Größe von 1,5 cm hat die Brut die Körperform ausgewachsenener Tiere und nähert sich den Küsten.

Eine große, aus der Tiefe kommende Gemeine Sackbrasse macht einen Streifzug durch das Koralligen.

Spicara (Maena) maena

Laxierfisch (D), Big picarel, blotched picarel (GB), Mendole (commune), chuscle (F), Menola (I), Chucla, mena, mendola (E), Laxeervis (NL)

Die Länge variiert zwischen 20 und 25 cm. Küstenfisch, der normalerweise in Tiefen zwischen 5 und 30 m lebt. Verbreitung: Mittelmeer (mit Ausnahme des Schwarzen Meeres), Atlantik, von Portugal bis zu den Kanarischen Inseln. Die Vermehrung findet im Sommer in geringen Tiefen statt (zwischen 10 und 20 m). Die Männchen graben ein kreisförmiges Nest, in das die Weibchen ihre klebrigen Eier legen, die sofort befruchtet werden. Das Fleisch ist nicht sehr begehrt und wurde früher sogar für den Verzehr als ungeeignet angesehen (vergl. den deutschen und niederländischen Namen: „Laxieren" bedeutet „abführen"!).

Das Gewand des Laxierfisches ist je nach Alter, Geschlecht und Jahreszeit extrem veränderlich. Die Erwachsenen haben manchmal hübsche blaue Streifen auf dem Kopf. Die Flanken werden fast immer von einem charakteristischen, rechteckigen schwarzen Fleck geschmückt; nur nachts wird er so blaß, daß er fast völlig verschwindet (wie auf diesem Foto).

Sciaena (Johnius) umbra (Corvina nigra)

Meerrabe, Seerabe (D), Brown meagre, corb (GB), Corb, corb noir, corbeau, corbine, coracin, pei-coua (F), Corvo, corvina (di sasso) (I), Corvallo, escorbay (E), Zeeraaf, ombervis (NL)

Die Länge kann 40 bis 75 cm betragen. Küstenfisch, der im Sommer in der Nähe felsiger Böden oder in Posidoniawiesen in Tiefen zwischen 5 und 25 m lebt, im Winter manchmal tiefer. Verbreitung: Mittelmeer und Schwarzes Meer, Atlantik, vom Golf von Biscaya bis Senegal. Dieser wundervolle Fisch ist ein Fleischfresser, der sich von kleinen Fischen, Garnelen und Weichtieren ernährt. Er jagt überwiegend nachts. Tagsüber halten sich oft ganze Schwärme von Meerraben bewegungslos zwischen Geröll, in Spalten oder in Höhlen auf. Dieses Verhalten hat ihn zu einer leichten Zielscheibe für Unterwasserjäger gemacht. Gegenwärtig ist dieser Fisch nur in Schutzgebieten reichlich vorhanden. Sein Fleisch ist ausgezeichnet.

Chromis chromis

Mönchsfisch (D), Damselfish (GB), Castagnole, petite castagnole (F), Castagnola, fabretto, guarracino nero (I), Castañuela, castagnara, negrita, soldado (E), Zwaluwstaartvis, moniksvis (NL)

Die Länge der ausgewachsenen Fische variiert zwischen 10 und 15 cm. Küstenfisch, der vorwiegend in der Nähe felsiger Böden zwischen 10 und 25 m Tiefe lebt. Verbreitung: Mittelmeer und Ostatlantik von Guinea bis Portugal. Der Mönchsfisch hat eine graue oder dunkelbraune bis schwarze Färbung. In der Mitte sind die Schuppen heller. Der gabelförmige Schwanz (wie bei einer Schwalbe) ist charakteristisch. Er ist einer der häufigsten Fische im Mittelmeer. Normalerweise hält er sich in mittleren Tiefen bewegungslos über Untiefen und Steilhängen auf. Die Vermehrung findet im Sommer statt. Die Männchen verteidigen ein Revier, in das sie die Weibchen mit ruckartigen Schwimmbewegungen locken. Von Zeit zu Zeit legt ein Weibchen Eier auf eine zuvor vom Männchen gesäuberte Fläche. Das Männchen befruchtet die Eier im selben Moment und bewacht dann das Gelege bis zum Ausschlüpfen der Larven. Die Jungfische haben eine leuchtend blaue Färbung, die sich mit dem Alter verwischt. Sie halten sich in kleinen Schwärmen in Spalten geringer Tiefen (normalerweise zwischen 5 und 15 m) auf.

Ein Meerrabenschwarm steht bewegungslos mit Blick auf die Strömung: ein typisches Verhalten für diese Art.

Mönchsfische halten sich im allgemeinen in Schwärmen dicht an Untiefen oder Steilwänden auf.

Sphyraena sphyraena

Pfeilhecht (D), Barracuda (GB, NL), Sphyrène, brochet de mer, barracuda, bécune, spet (F), Luccio di mare, luccio marino, sfirena comune (I), Espetón, barracuda, picudo (E)

Es handelt sich hier um einen kleinen Vertreter der Pfeilhechte mit zwei charakteristischen Rückenflossen und einer durchschnittlichen Größe von 30 bis 50 cm; er kann in Ausnahmefällen sogar 1 m Länge erreichen. Es ist nicht die gleiche Art wie die großen Barracudas der tropischen Meere (Sphyraena barracuda), die mehr als 2,5 m groß werden können und (wahrscheinlich zu Unrecht) einen schlechten Ruf genießen. Pfeilhechte sind pelagisch lebende Fische, die über sandig-schlammigen Böden dicht an der Oberfläche jagen, und zwar normalerweise in einiger Entfernung von den Küsten; man kann sie aber auch in der Nähe von Inseln oder Kaps beobachten, besonders in den warmen Gebieten des Mittelmeeres. Tiefe: zwischen der Oberfläche und 100 m. Verbreitung: Mittelmeer, Ostatlantik bis zum Golf von Biscaya. Es ist ein schlanker Fisch: seine hydrodynamische Form, sein kräftiger, mit spitzen Zähnen ausgestatteter Kiefer und seine großen Augen lassen erkennen, daß es sich um eine wahre „Freßmaschine" handelt, die ihre Beute verfolgt und tötet. Die Vermehrung findet am Frühlingsende und Sommeranfang statt. Der Rücken ist grünlich oder bräunlich gefärbt und der Bauch silberfarben. Dies sind die typischen Farben pelagisch lebender Fische: Von oben gesehen vermischen sie sich mit den dunklen Farben des Grundes; von unten betrachtet flimmern sie wie die Wasseroberfläche. Die erwachsenen Tiere haben etwa zwanzig schwarze seitliche Querstreifen.

Ein Pfeilhechtschwarm, wie man ihn in den warmen Gebieten des Mittelmeeres antreffen kann.

Labrus bimaculatus (mixtus)

Bunter Lippfisch, Streifenlippfisch (D), Cuckoo wrasse, striped wrasse (GB), Labre mêlé, coquette, petite vieille, labre varié (F), Tordo fischietto, colombina (I), Gallano, bodión, gallito de rey (E), Bonte lipvis, koekoekslipvis (NL)

Dieser Lippfisch mißt zwischen 20 und 35 cm (maximal 40 cm). Fisch felsiger Küsten, der besonders zwischen Algenbeständen anzutreffen ist. Er lebt im allgemeinen in Tiefen zwischen 0 und 30 m, kann aber in Ausnahmefällen sogar in Tiefen von 200 m angetroffen werden. Verbreitung: Ostatlantik, von Senegal bis Schottland, Mittelmeer. Wie bei den meisten Lippfischen ist auch bei dieser Art der Geschlechtsdimorphismus stark ausgeprägt. Die Weibchen und die Jungfische haben eine orangene Färbung mit drei dunklen Flecken auf der hinteren Rückenpartie, die oft durch hellere Felder voneinander getrennt sind. Die Männchen haben einen wundervollen blauen Kopf mit dunklen Querstreifen, die sich über die gelben oder orangefarbenen Seiten verlängern. Zur Zeit der Vermehrung (im Sommer) schmückt ein weißer Fleck den Kopf des Männchens. Das Nest besteht aus einer kleinen, in den Kiesgrund gegrabenen Senke. Das Weibchen legt seine Eier hinein, die dann vom Männchen befruchtet und streng bewacht werden. Die Jungtiere leben im Flachwasser. Der Bunte Lippfisch kann etwa 20 Jahre alt werden! Er ernährt sich hauptsächlich von Krebstieren und Weichtieren.

Ein Streifenlippfischweibchen steht bewegungslos in einer Spalte des Koralligens. Man erkennt es an seiner orangenen Färbung und den drei schwarzen Flecken auf dem Rücken. Das Männchen ist insgesamt blasser, hat einen blauen Kopf und keine dunklen Flecken.

Labrus merula

Brauner Lippfisch, Amsellippfisch (D), Brown wrasse (GB), Merle, labre merle (F), Merlo marino, tordo nero (I), Merlo (E), Bruine lipvis, donkere lipvis (NL)

Der Braune Lippfisch wird bis zu 50 cm groß. Er ist ein Küstenfisch, den man zwischen Felsen oder Seegräsern dicht an der Oberfläche findet. Verbreitung: Mittelmeer und angrenzender Atlantik. Die Färbung ist (wieder einmal!) veränderlich. Man erkennt diese Art an dem charakteristischen blauen Saum an Rücken-, Schwanz- und Afterflosse. Dieser Fisch verläßt nur ungerne den Schutz der Posidoniawiesen oder Felsspalten, wo er sich versteckt hält. Man sieht oft, daß er scheinbar Algen „abweidet". Trotzdem ist er kein Pflanzenfresser: Er ernährt sich von kleinen Tieren wie Weichtieren, Würmern, Stachelhäutern und Krebstieren, die zwischen oder auf Algen leben. Die Jungtiere sind weiblichen Geschlechts; sie vollziehen erst nach vier Jahren eine Geschlechtsumwandlung. Vermehrung im Winter und bei Frühlingsbeginn: Die Eier werden gewöhnlich auf Neptunsgrasblätter gelegt.

Die Flossensäume dieses großen Tieres (ungefähr 45 cm) sind blau gefärbt; dieser Fisch kann aber auch dunkel marmoriert sein. Es handelt sich um einen Amsellippfisch (Labrus merula), der insbesondere im Mittelmeer vorkommt und nicht mit dem größeren, im Atlantik heimischen Bunten Lippfisch zu verwechseln ist. Die olivgrüne Farbe ist typisch, die blauen Flecken hingegen sind nicht immer sichtbar.

Labrus turdus (viridis)

Grüner Lippfisch, Meerdrossel (D), Green wrasse (GB), Labre vert, tourd (F), Tordo, leppo, pappagallo (I), Bodión verde, tordo verde (E), Groene lipvis (NL)

Dieser Lippfisch wird durchschnittlich 20 bis 30 cm groß (maximal 50 cm). Küstenfisch, der zwischen Posidoniawiesen und Felsen von der Oberfläche bis in ca. 30 m Tiefe lebt. Verbreitung: häufig im Mittelmeer, selten im Atlantik, von Marokko bis Portugal. Der Name dieser Art kann zu Irrtümern führen: Der „Grüne Lippfisch" kann ebenso gelblich oder rötlich sein, mit oder ohne Linien oder Flecken.

Es gibt übrigens noch andere Arten, die sich manchmal in einem grünen Gewand zeigen. Ein sicheres Bestimmungsmerkmal (das manchmal allerdings schwierig zu erkennen ist) ist der Bruch in der Seitenlinie, genau vor dem Schwanzstiel. Dieser Fisch, dessen Vermehrung im Winter und im Frühjahr stattfindet, ernährt sich von Krebstieren, Weichtieren und Fischen.

Der Grüne Lippfisch hat eine veränderliche Farbe und ist nicht gezwungenermaßen grün... Man erkennt ihn an seinem sehr langgestreckten Körper und an einem „Bruch" in der Seitenlinie hinten am Körper.

Symphodus rostratus (Crenilabrus scina)

Schnauzenlippfisch (D), Long-snouted wrasse (GB), Sublet, siblaire (F), Tordo musolongo, smergo (I), Tordo picudo, tort de roca, grivieta, doncelleta (E), Spitssnuitlipvis (NL)

Kleiner Lippfisch von 8 bis 13 cm Länge. Küstenfisch, der im allgemeinen in mehr als 15 m Tiefe lebt, vorzugsweise in Seegraswiesen. Verbreitung: endemische Art des Mittelmeeres. Rötlicher, gesprenkelter und gut getarnter Fisch. Dieser kleine Lippfisch lebt hauptsächlich zwischen Posidoniablättern, wo er sich oft mit leicht nach unten geneigtem Kopf aufhält. Mit seiner langen und spitzen Schnauze saugt er pipettenartig kleine Beutetiere auf. Nachts schläft er senkrecht, mit dem Kopf nach unten, zwischen den Blättern. Die Eier werden am Sommeranfang auf dem Boden abgelegt.

Der Schnauzenlippfisch ist dank seines konkaven Kopfprofils und seines sehr langgestreckten, ein wenig nach oben gerichteten Mauls leicht zu erkennen.

Symphodus roissali (Crenilabrus quinquemaculatus)

Fünffleckiger Lippfisch (D), Five-spotted wrasse (GB), Crénilabre à cinq taches, crénilabre de Roissal, pite-mouffe (F), Tordo verde (I,E), Vijfvlek-lipvis (NL)

Das Männchen wird 10 bis 17 cm groß, das Weibchen 8 bis 10 cm. Ein Fisch der Hartböden, der Algenbewuchs nahe der Oberfläche bevorzugt. Verbreitung: Mittelmeer, Atlantik, von Marokko bis zum Golf von Biscaya. Art mit ausgeprägtem Geschlechtsdimorphismus. Dieses Tier scheut sich nicht, sogar bei aufgewühlter See in weniger als 1 m Tiefe aufzusteigen, um kleine Beutetiere zu fangen, die durch die Brandung aufgewirbelt wurden. Die Vermehrung findet zu Beginn des Sommers statt.

Ein Fünffleckiger Lippfisch auf der Suche nach Nahrung in einer Algenwiese (genau über dem Tier sehen Sie Dictyota linearis) dicht an der Oberfläche. Man erkennt diese Art an ihrem im Vergleich zur Länge hohen Körper, an den großen Schuppen und an den fünf Reihen breiter Flecken, die dieser Art ihren Namen verliehen haben. Es handelt sich hier um ein Weibchen, da die „Lippen" nicht rot gefärbt sind.

Das Männchen baut im flachen warmen Wasser ein Nest aus Algen.

Während dieser Zeit duldet es keinen Artgenossen (nicht einmal das Weibchen!) in seinem Revier. Es schafft Material für den Nestbau herbei; dieses wird dann durch einen kurzen Stoß mit der Schnauze, gefolgt von heftigen Stößen und einem Vibrieren des ganzen Körpers zurechtgelegt. Das aus Algen (Corallina, Cystoseira, Jania), Sand und Steinen konstruierte Nest ist halbkugelförmig und erinnert an ein Iglu. Häufig ist es vom Meersalat bedeckt und hat dicht am Boden einen kleinen Eingang. Durch diesen schlüpft das Weibchen, nachdem es zuvor vom Männchen angelockt wurde. Zu diesem Zweck verläßt das Männchen schnell wie ein Wirbelwind das Nest, so als wäre es auf der Flucht, um aber sogleich wieder dorthin zurückzukehren. Nach einigen Malen folgt das Weibchen. Die beiden Verliebten drehen sich einen Moment umeinander herum, bis dann das Weibchen ins Nest schlüpft und die Eier ablegt. Das Männchen folgt, um die Eier zu befruchten und jagt seine Partnerin hinaus; es ist nicht gerade der ideale Ehemann! Nach der Befruchtung bedeckt er das Nest wieder mit Steinen und bewacht es streng und bewegungslos, wobei der Bauch den Eingang berührt. Experimente haben ergeben, daß er nicht umsonst Wache hält: Wenn das Männchen gefangen wird, fressen Schleimfische das Gelege auf.

Symphodus (Crenilabrus) ocellatus

Augenlippfisch, Augenfleck-Lippfisch (D), Ocellated wrasse (GB), Crénilabre ocellé (F), Tordo ocellato, labro occhiato, liba (I), Vaqueta (E), Oogvlek-lipvis (NL)

Das Männchen wird 7 bis 13 cm groß, das Weibchen 4 bis 9 cm. Dieser Fisch lebt im flachen Wasser in Sandnähe, sowohl zwischen algenbedeckten Felsen als auch in Seegraswiesen. Verbreitung: ausschließlich endemische Mittelmeerart. Geschlechtsdimorphismus. Es gibt eine orangefarbene Unterart, die kleiner ist (Symphodus ocellatus bertini) und an den „Goldfisch" in Süßwasseraquarien erinnert; bis jetzt weiß man nur sehr wenig über ihn. Der Kiemendeckelfleck ist beim Weibchen braun mit einem gelben oder orangenen Rand; er ist nicht so gut zu sehen wie beim Männchen, wo er von einem grellen Rot gesäumt wird. Die Weibchen leben in Schwärmen, die nur wenig umherschwimmen und sich oberhalb der männlichen Reviere aufhalten. Die klebrigen Eier werden in ein Algennest gelegt, das an ein Vogelnest am Frühlingsende oder zu Beginn des Sommers erinnert. Das Männchen baut zu dieser Zeit ein halbes Dutzend Nester in einem Revier von mehreren Quadratmetern. Dieses Gebiet wird gegen andere Männchen durch Frontalangriffe verteidigt, bei denen die Augenflecke an den Kiemendeckeln auf aggressive Art zur Schau gestellt werden. Dennoch kommt es vor, daß junge Männchen geduldet werden und ein Nest mit einem erwachsenen Reviermännchen teilen. Die Jungfische übernehmen manchmal die Rolle von „Putzerfischen", indem sie andere Fische von ihren Parasiten befreien.

Ein Augenlippfisch bewegt sich zwischen Algen hin und her. Er kann anhand des Flecks am Kiemendeckel (selbst wenn dieser schlecht zu erkennen ist) eindeutig identifiziert werden. Die matte Farbe ist typisch für das Weibchen: Das Männchen ist dunkler und sein Körper ist von gelben und blauen Längsstreifen durchzogen, die sich aus kleinen Punkten zusammensetzen.

Symphodus (Crenilabrus) mediterraneus

Mittelmeerlippfisch (D), Mediterranean wrasse, axillary wrasse (GB), Crénilabre méditerranéen (F), Pesce cavaliere, tordo rosso (I), Tordo de roca, roquer (E), Middellandse Zee-lipvis, witlippige lipvis (NL)

Größe: bis zu 16 cm, wobei die Männchen ein wenig größer sind als die Weibchen. Fisch der Hartböden und Seegraswiesen. Verbreitung: Mittelmeer und angrenzender Atlantik, von Marokko bis Portugal. Ein dunkler Fleck über der Seitenlinie am Schwanzstiel und ein dunkler Fleck an der Brustflossenbasis kennzeichnen diese Art. Die Lippen sind weißlich. Das Weibchen ist bräunlich mit helleren Marmorierungen, der Brustflossenfleck ist dunkelbraun. Das Männchen ist rötlicher, der Brustflossenfleck ist blau mit gelbem Saum, die Iris ist gelb mit blauem Saum. Zur Zeit der Vermehrung (Frühling–Sommer) erscheinen auf dem Körper des Männchens blau schillernde Linien. Die Männchen bauen ein Nest aus Algenhaufen, spucken Sand darauf und verteidigen es dann gegen Eindringlinge.

Man braucht nicht in die tropischen Meere zu fahren, um bunte Fische zu sehen! Hier sieht man einen Mittelmeerlippfisch in seiner ganzen Pracht. Die Linien und die blauen Punkte verraten, daß dieses Männchen fortpflanzungsbereit ist.

Symphodus tinca (Crenilabrus pavo)

Pfauenlippfisch (D), Peacock wrasse, painted wrasse (GB), Crénilabre paon, crénilabre tanche (F), Tordo pavone, lepo figo, limone, papaga (I), Señorita, llevió (E), Pauwlipvis (NL)

Die Männchen werden 25 bis 35 cm groß, die Weibchen nicht größer als 25 cm. Diese Art lebt in Tiefen zwischen 0 und 25 m, zwischen Küstenfelsen oder in der Nähe von Neptunsgraswiesen. Verbreitung: endemische Art des Mittelmeeres, manchmal auch an der Atlantikküste im Bereich der Straße von Gibraltar. Großer Lippfisch, bei dem die Männchen eine grün-gelbliche Färbung mit rot und blau gesprenkelten Längslinien haben. Die Weibchen haben eine braun-graue Farbe und sind ebenfalls mit Längslinien gezeichnet.

Beide Geschlechter haben einen dunklen Fleck am Schwanzstiel und einen dunklen Streifen, der von einem Auge über das Maul zum anderen Auge verläuft. Vermehrung im Sommer. Die

Männchen bauen keine Algennester, sondern besetzen Reviere, in die die Weibchen ihre Eier kleben, die sofort danach befruchtet werden. Wie die meisten Lippfische ernährt sich auch diese Art von kleinen, benthisch lebenden Tieren, die sie zwischen den Algen sucht. Dieser Fisch ist beim Tauchen leicht zu beobachten, weil er die Angewohnheit hat, sich in den Algen auf die Seite zu legen oder mit leicht nach oben geneigtem Kopf bewegungslos im Wasser zu hängen; dieses Verhalten dient den kleinen Mittelmeer-Putzerfischen (Symphodus melanocerus) als „Aufforderung".

Der Hochzeitstanz des Pfauenlippfisches. Auf diesem Bild ist der Geschlechtsdimorphismus deutlich zu erkennen: Das Männchen ist groß und sehr bunt, das Weibchen ist kleiner und unscheinbarer gefärbt.

Symphodus (Crenilabrus) cinereus

Grauer Lippfisch (D), Grey wrasse (GB), Crénilabre cendré, crénilabre gris (F), Liba, tordo grigio (I), Tort gris (E), Grijze lipvis (NL)

Dieser 8 bis 15 cm lange Lippfisch lebt auf Sandgründen geschützter Buchten, im allgemeinen in der Nähe von Seegraswiesen oder algenbedeckten Felsen. Tiefe: 1 bis 20 m. Mittelmeer, Atlantik bis zum Golf von Biscaya. Er ernährt sich von kleinen Tieren, die er im Sand aufstöbert: Würmer, Krebstiere, Weichtiere. Im Frühling baut das Männchen aus Algen, Muscheln und Sand ein Nest, in das er das Weibchen zum Laichen lockt. Das Männchen hütet das Gelege bis zum Ausschlüpfen der Brut.

Ein Grauer Lippfisch schafft Algenbüschel herbei, um auf einem Sandgrund in der Nähe einer Posidoniawiese sein Nest zu bauen. Diese „Umtriebe" finden im Frühjahr statt.

Ein Petermännchen wartet geduldig auf Beute. Es kann blitzartig aufspringen, um sein Opfer zu schnappen. Die schrägen Körperstreifen kennzeichnen diese Art.

Trachinus draco

Petermännchen, Großes Petermännchen (D), Greater weever (GB), Grande vive, vive commune, vive dragon (F), Dragone, tracina dragone (I), Draco, araña, escorpion (E), Grote Pieterman (NL)

Länge: 30 bis 40 cm. Lebt auf sandig-schlammigen Böden zwischen 5 und 100 m Tiefe. Verbreitung: Mittelmeer, Ostatlantik von Marokko bis Norwegen, Nordsee. Es gibt vier Petermännchen-Arten im Mittelmeer; diese hier erkennt man vor allem an den dunklen schrägen Streifen, die den graufarbenen Körper schmücken. Es ist ein Fisch der Weichböden, der bis auf die Augen im Sand vergraben aus der Lauerstellung jagt. Er fängt seine Beute – Garnelen oder kleine Fische –, indem er mit kräftigen Schwanzbewegungen schnell aus seinem Versteck hüpft. Das Sekret der Giftdrüsen seiner Rückenflossenstacheln ruft heftige Schmerzen und längere Vergiftungen hervor. Die Vermehrung findet im Sommer statt, die Eier entwickeln sich pelagisch.

Coris julis

Meerjunker (D), Rainbow wrasse (GB), Girelle, girelle commune, girelle royale (mâles), demoiselle (F), Donzella, girella (I), Doncella, julia, gallito de rey (E), Girelle (NL)

Die Männchen werden bis zu 25 cm, die Weibchen bis zu 18 cm groß. Diese Art lebt von der Wasseroberfläche bis in 120 m Tiefe. Meerjunker leben im Sommer im oberen Litoral und wandern im Winter in die Tiefen. Man findet sie an algenbedeckten Felsen und in Seegraswiesen. Verbreitung: Mittelmeer, Atlantik von den Kanarischen Inseln bis zum Golf von Biscaya, selten bis Norwegen. Sehr ausgeprägter Geschlechtsdimorphismus: Die Männchen haben auf der Flanke ein orangefarbenes, zickzackförmiges Längsband auf türkisem Grund und einen schwarzen Fleck hinter den Brustflossen. Die Weibchen haben einen braunen Rücken und einen gelb-orangenen Längsstreifen auf der Flanke.

Es handelt sich hier um einen transsexuell veranlagten Fisch, der sein Leben als Weibchen beginnt und im fortgeschritteneren Alter zum Männchen wird. Die jungen Männchen tragen noch das Kleid der Weibchen. Die Vermehrung findet im Sommer statt, die Eier entwickeln sich pelagisch. Jungfische zeigen manchmal das Verhalten von Putzerfischen. Meerjunker ernähren sich von kleinen Tieren. Tagsüber sind sie sehr aktiv; sie schwimmen mit schnellen, ruckartigen Bewegungen, die von einem häufigen Richtungswechsel gekennzeichnet sind. Meerjunker vergraben sich nachts und zum Winterschlaf im Sand und kommen erst dann wieder hervor, wenn die Temperatur 16°C übersteigt.

Ein Meerjunkermännchen in einem Feld Weißer Fächerkorallen (Eunicella singularis).

Meerjunkerweibchen.

Thalassoma pavo

Meerpfau (D), Ornate wrasse, turkish wrasse (GB), Girelle paon, crénilabre paon, girelle turque (F), Girella pavone, donzella pavonina (I), Rubicoa, pez verde, señoreta, ministre, fredi (E), Pauwgirelle (NL)

Eine Gruppe weiblicher Meerpfauen macht sich eifrig an Felsen nahe der Oberfläche zu schaffen.

Männchen und Weibchen werden bis zu 20 cm groß. Diese Art lebt insbesondere dicht an der Oberfläche (in Tiefen zwischen 0 und 20 m) in der Umgebung algenbedeckter Felsen. Der Meerpfau kann aber auch bis in 150 m Tiefe absteigen. Verbreitung: warme Regionen des Mittelmeeres sowie im Ostatlantik zwischen Guinea und dem Golf von Biscaya. Die Weibchen und die Jungfische haben eine grün-gelbliche Färbung mit einem halben Dutzend türkisfarbener Querbänder, sowie türkiser Marmorierungen auf dem dunklen Kopf und einen dunklen Fleck auf dem Rücken. Die Männchen haben einen einheitlich olivgrünen Körper mit nur einem türkisfarbenen Querband zwischen zwei roten Querbinden in Höhe der Brustflossen. Der Kopf ist rot mit türkisen Marmorierungen. Es handelt sich hier um einen der buntesten Fische des Mittelmeeres, der seine tropische Verwandtschaft gut zur Schau stellt. Der Meerpfau ist ein tropisches Relikt aus den Zeiten, als das Mittelmeer – die Tethys – noch tropisch war. Die Gattung Thalassoma ist übrigens in den Korallenriffen gut vertreten! Bei den Jungfischen ist die Schwanzflosse gerade geschnitten, wird aber bei den Erwachsenen gabelförmig. Die älteren Weibchen verwandeln sich (manchmal unter dem Einfluß der Wassertemperatur) in Männchen.

Euscarus cretensis (Sparisoma cretense)

Papageifisch (D), Parrot fish (GB), Poisson-perroquet, scare (F), Scaro, pesce papagallo (I), Loro, vieja (E), Papegaaivis (NL)

Die Weibchen haben gewöhnlich eine Größe zwischen 0 bis 30 cm; die Männchen sind 30 bis 40 cm groß. Diese Art kann in Ausnahmefällen eine Länge von 50 cm bei 2 kg Gewicht erreichen. Der Papageifisch lebt über algenbedecktem Steingrund und in Posidoniawiesen dicht an der Oberfläche. Geographische Verbreitung: Mittelmeer (fast ausschließlich im östlichen Becken) und Atlantik, von Portugal bis zu den Kanaren. Die Männchen sind grau, haben eine weiße Schwanzflosse und einen schwarzen Fleck hinter dem Kiemendeckel. Die kleinen, rosafarbenen Weibchen zeichnen sich durch einen grauen Fleck hinter dem Kopf aus. Sie besitzen außerdem um das Auge herum, auf der Wange und oben auf dem Schwanzstiel gelbe Flecken. Diese in kleinen Gruppen von drei bis sechs Einzeltieren lebenden Fische schwimmen, indem sie mit ihren Brustflossen „rudern". Sie ernähren sich von Algen und kleinen Tieren, die sie mit ihrem kräftigen „Papageischnabel" vom Boden abfressen. Da diese Art von Fischern sehr geschätzt wird, wird sie immer seltener. Der Papageifisch ist ein sehr scheues Tier, dem man sich nur sehr schwer nähern kann. Im Mittelmeer ist er der einzige Vertreter der überwiegend in den tropischen Meeren lebenden Papageifische. Von seiner Herkunft ist wenig bekannt. Handelt es sich um ein Überbleibsel des alten Tethys-Meeres oder soll man Erzählungen glauben, die besagen, daß der römische Kaiser Claudius diese Fische wegen ihrer Schönheit aus dem tropischen Atlantik ins Mittelmeer eingeführt hat?

Drei weibliche Papageifische bewegen sich langsam voran, um Algen abzufressen. Man kann sich diesen Tieren nur sehr schwer nähern, da sie äußerst scheu sind. Dieser Fisch lebt vorwiegend im östlichen Becken des Mittelmeeres und ist im westlichen Becken so gut wie gar nicht vorhanden.

Tripterygion tripteronotus

Roter Dreiflossen-Schleimfisch, Roter Spitzkopf-Schleimfisch (D), Red blackfaced blenny (GB), Triptérygion à bec rouge (F), Peperoncino rosso (I), Tripterygion rojo (E), Rode drievinnige slijmvis (NL)

Kleiner Fisch mit einer maximalen Länge von 8 cm. Diese Art lebt in Tiefen zwischen 0 und 12 m an beschatteten Wänden und in Algenbeständen. Verbreitung: Mittelmeer, aber auch im Atlantik von den Kanaren bis zu den normannischen Küsten. Artspezifisch sind die drei Rückenflossen. Ausgeprägter Geschlechtsdimorphismus.
Die Männchen haben einen roten bis orangefarbenen Körper mit einem schwarzen Kopf und einem schwarzen Fleck hinter der ersten Rückenflosse. Eine blaue Linie schmückt den Rand der zweiten und dritten Rückenflosse. Die ersten Strahlen der zweiten Rückenflosse sind sehr lang. Die Weibchen haben eine hellbraune Färbung mit marmorierten dunklen Querbinden. Das Männchen verteidigt ein Revier von ungefähr 2 m Durchmesser zwischen Algen nahe der Oberfläche. Experimente haben bewiesen, daß es seine Umgebung genau kennt: Es ist in der Lage, dieses Gebiet aus einer Entfernung von ungefähr 100 m wiederzufinden, selbst wenn es mehrere Tage davon entfernt ist! Um das Weibchen für die Eiablage in sein Revier zu locken, steigt das Männchen in kleinen Zickzacksprüngen auf senkrechte Wände in tieferen Lagen hinab und vollführt dabei ruckartige Bewegungen mit seinem Kopf, der zur Zeit der Fortpflanzung (Sommeranfang) tiefschwarz gefärbt ist. Jedes Weibchen „verkehrt" nach und nach mit mehreren Männchen. Im Gegensatz zu den Vertretern der Gattungen Blennius und Parablennius hat dieses Tier bei Annäherung eines Tauchers nicht die Angewohnheit, in Vertiefungen Zuflucht zu suchen. Es meidet hingegen trotz der Oberflächennähe direktes Sonnenlicht. Schleimfische ernähren sich von kleinen benthisch und planktonisch lebenden Tieren.

Ein männlicher Roter Spitzkopf-Schleimfisch klammert sich an eine mit Krustenschwämmen (möglicherweise Crambe crambe) bedeckte Wand.

Tripterygion xanthosoma

Gelber Dreiflossen-Schleimfisch, Gelber Spitzkopf-Schleimfisch (D), Yellow blackfaced blenny (GB), Triptérygion à bec jaune (F), Peperoncino giallo (I), Tripterygion amarillo (E), Gele drievinnige slijmvis (NL)

Kleiner Fisch mit einer maximalen Länge von 8,5 cm. Da diese Art das Licht noch mehr scheut als die vorhergehende, ist sie in Tiefen zwischen 3 und 25 m anzutreffen. Verbreitung: Mittelmeerart, die man aber auch im Atlantik von Marokko bis zur Bretagne finden kann. Sehr ausgeprägter Geschlechtsdimorphismus: Die Männchen haben einen gelben Körper mit einem dunklen Kopf, der zur Zeit der Vermehrung schwarz gefärbt ist. Die Weibchen besitzen ein hellbraunes Farbkleid mit dunklen marmorierten Querbinden, von denen die letzte einen dunklen Fleck auf der Rückenseite des Schwanzstiels bildet. Um dieses Tier von der vorhergehenden Art unterscheiden zu können, muß man außerdem wissen, daß sein Verbreitungsgebiet im allgemeinen tiefer liegt. Dort, wo beide Arten anzutreffen sind (zwischen 3 und 12 m), nehmen die Weibchen von T. xanthosoma die Unterscheidung vor, indem sie die roten Männchen zugunsten der gelben meiden.

Ein Weibchen des Gelben Spitzkopf-Schleimfisches. Obwohl es dem Tripterygion tripteronotus-Weibchen stark ähnelt, kann man es an der letzten dunklen Querbinde erkennen, die genau vor dem Schwanz einen schwarzen Rückenfleck bildet. Die Männchen haben keinen roten Körpers wie die vorhergehende Art, sondern einen gelben. Tripterygion xanthosoma lebt übrigens im allgemeinen tiefer als T. tripteronotus.

Parablennius (Blennius) gattorugine

Gestreifter Schleimfisch (D), Tompot blenny (GB), Cabot, baveuse, perce-pierre, blennie rayée, blennie gattorugine (F), Bavosa ruggi-nosa, bavosa gattorugine, gattarosola (I), Babosa, cabruza, perro, vieja, caboce (E), Gestreepte slijmvis (NL)

Er wird im allgemeinen 15 bis 20 cm groß, kann aber in Ausnahmefällen 30 cm erreichen. Die Art hat eine Vorliebe für algenbedeckte Felsen in geringen Tiefen (0 bis 5 m), kann aber auch bis in 20 m Tiefe absteigen. Verbreitung: Mittelmeer, Ostatlantik von Marokko bis Schottland. Diesen großen Schleimfisch kann man an seinen roten Augen und den bäumchenförmigen Tentakeln über den Augen ohne Schwierigkeiten erkennen. Er ist ein neugieriger Fisch, der sein Revier und die umliegenden Felsen genau kennt; sein Verhalten wirkt daher recht „intelligent". Er verteidigt sein Revier mutig gegen jeden, der versucht, dort einzudringen und scheut sich nicht einmal, die Hand eines Tauchers anzubeißen! Die Vermehrung findet im Frühjahr statt. Das Männchen hütet die in einer Spalte abgelegten Eier und stellt die Zufuhr sauerstoffreichen Wassers sicher, indem es die Eier mit Hilfe seiner Flossen befächelt. Die Larven schlüpfen nach einem Monat, durchleben dann eine pelagische Phase und gehen einige Wochen später (bei einer Länge von ungefähr 1,5 cm) zur benthischen Lebensweise über. Der Gestreifte Schleimfisch ernährt sich von kleinen Tieren.

Der Gestreifte Schleimfisch ist einer der größten Schleimfische des Mittelmeeres und gewiß derjenige, den man am häufigsten antrifft. Er beißt ganz frech in Taucherhände, die sich seinem Revier allzu dicht nähern!

Parablennius (Blennius) rouxi

Streifenschleimfisch (D), Long-striped blenny (GB), Blennie de Roux, baveuse à flanc noir (F), Bavosa bianca (I), Babosa de Roux (E), Zwartbandslijmvis, Roux' slijmvis (NL)

Kleiner Fisch von 6 bis 8 cm Größe. Bewohner des Flachwassers (ab 2 m), wo er zwischen Algen (Cystoseira) lebt; er kommt aber auch recht häufig im Koralligen vor (bis ca. 40 m Tiefe). Verbreitung: Endemische Art des Mittelmeeres. Kleiner weiß-gelblicher Fisch, den man leicht an dem dunklen, vom Kopf bis zum Schwanz verlaufenden Längsstreifen erkennt.

Man kann ihn nicht mit der Streifengrundel (Gobius vittatus) verwechseln, da diese zwei Rückenflossen (statt einer sehr langen wie der Schleimfisch) und keine Augententakel hat. Im Gegensatz zu den meisten Schleimfischen ist der Streifenschleimfisch ein Weidegänger, der sich von Algen, Schwämmen, Würmern und kleinen Krebstieren ernährt. Wie viele kleine Artgenossen auch, versteckt er sich gerne in kleinen Löchern wie verlassenen Röhren von Würmern oder in ausgehöhlten Gängen von Muscheln wie der Steindattel (Lithophaga lithophaga). Wenn das Männchen den Kopf aus seinem Versteck streckt, macht es ruckartige, nickende Bewegungen (als würde es mit dem Kopf „ja" sagen), um andere Männchen zu verjagen und Weibchen anzulocken. Wenn es aus seinem Schlupfwinkel herauskommt, droht es seinen Konkurrenten durch Öffnen des Mauls und Veränderung der Farbe, wobei auf seinen Flanken dunkle Querstreifen erscheinen.

Blennius trigloides

Glotzäugiger Schleimfisch (D), Spotted blenny (GB), Blennie tachetée (F), Bavosa macchiata (I), Babosa moteada (E), Gevlekte slijmvis (NL)

10 bis 13 cm lange Art, die auf felsigen Böden dicht an der Oberfläche vorkommt. Verbreitung: Mittelmeer, Atlantik bis zum Ärmelkanal. Gieriger Fisch, der von Algen bis Seepocken alles frißt. Die Eier werden unter einem Stein oder in einer Vertiefung abgelegt und vom Männchen bewacht, das sie bis zum Ausschlüpfen der Brut befächelt.

Obwohl der Streifenschleimfisch im flachen Wasser lebt, ist er dennoch eine häufige Art im Koralligen. Hier sieht man ihn über einem Grund von Kalk-Rotalgen (Pseudolithophyllum expansum).

Ein Schleimfisch klammert sich in der Brandungszone zwischen Algen fest.

Kopf eines Pontischen Schleimfischmännchens (lange Tentakel), das sein Revier – ein Bohrmuschelloch dicht an der Oberfläche – verteidigt.

Blennius incognitus (ponticus)

Pontischer Schleimfisch (D), Pontic blenny (GB), Blennie pontique (F), Bavosa pontica (I), Babosa pontica (E), Pontische slijmvis (NL)

Kleiner Fisch von ungefähr 8 cm Größe. Bewohner von Felsen nahe der Oberfläche, zwischen 0 und 5 m Tiefe. Verbreitung: Endemische Art des Mittelmeeres. Dieser kleine Fisch ist sehr aggressiv und verteidigt sein Felsloch hartnäckig. Er kommt besonders mit einer anderen Art (Blennius zvonimiri) in Konflikt, die das gleiche Verhalten und das gleiche Verbreitungsgebiet hat, so daß sich beide ähneln wie ein Ei dem anderen. Man kann die beiden an der Anzahl der Tentakel auf dem Kopf unterscheiden. Der Hirschschleimfisch hat wesentlich mehr Tentakel als der Pontische Schleimfisch.

Eine typisch gefärbte Blutmund-Grundel ruht sich auf einem Sandboden aus.

Gobius cruentatus

Blutmund-Grundel (D), Red-mouthed goby (GB), Gobie sanglant, gobie à bouche rouge (F), Paganello insanguineo (I), Bobi (E), Roodbekgrondel (NL)

Sie wird 10 bis 18 cm groß. Bewohner von Seegraswiesen und Detritus-Böden zwischen 5 und 40 m Tiefe. Verbreitung: Mittelmeer und Ostatlantik, von Marokko bis Irland. Die Blutmund-Grundel ernährt sich von kleinen Fischen, Krebstieren, Würmern und Weichtieren.

Gobius bucchichii

Anemonengrundel, Streifengrundel (D), Striped goby (GB), Gobie rayé, gobie de Bucchichi (F), Ghiozzo raspoto (I), Gobio rayado (E), Gestreepte grondel (NL)

Küstenfisch von ungefähr 10 cm Größe, der in Tiefen zwischen 5 und 25 m, vorzugsweise auf Sand, aber auch auf Schlamm oder Felsböden lebt. Verbreitung: endemische Art des Mittelmeeres. Unscheinbar gefärbte Art, die sich bei der geringsten Gefahr zwischen die Tentakel der Wachsrose (Anemonia viridis) flüchtet, so wie es von vielen tropischen Fischen bekannt ist. Sie ist dank eines Hautschleims, der den „Geruch" der Tentakel durch zunehmende Kontakte angenommen hat, gegen die Nesselkapseln geschützt: Die Anemone sieht sie nicht mehr als „Fremdes Wesen" an. Verletzte Fische oder Tiere, die für Versuche ihres Schleims beraubt wurden, werden von der Anemone angegriffen.

Die Anemonengrundel ist der einzige Fisch im Mittelmeer, der sich gefahrlos zwischen die Tentakel der Aktinien (hauptsächlich Anemonia viridis) flüchten kann, so wie es die bekannten Anemonenfische der tropischen Meere tun.

Gobius auratus

Gold-Meergrundel (D), Golden goby (GB), Gobie doré (F), Ghiozzo dorato (I), Gobius dorado (E), Goudgrondel (NL)

Ein etwa 10 cm großer Bewohner von Felsen und koralligenen Substraten zwischen 10 und 80 m Tiefe. Er scheint kälteres Wasser unter der Sprungschicht zu bevorzugen. Verbreitung: vor allem im Mittelmeer, ist aber auch im angrenzenden Atlantik anzutreffen. Man weiß sehr wenig über diesen charakteristisch gefärbten Fisch: Er hat einen gelben Kopf und einen helleren, mit kleinen roten Punkten versehenen Körper. Man kann sich ihm nur schwierig nähern, da er bei der geringsten Bewegung in ein Loch flüchtet. Nicht mit Gobius luteus zu verwechseln, der vollkommen gelb ist.

Die Gold-Meergrundel mit ihrem charakteristischen gelben Kopf ist ein häufiger Fisch des Koralligens. Obwohl sie anmutig über dem Substrat schwimmt, ist sie nur schwierig zu beobachten, da sie beim Herannahen des Tauchers ganz schnell in ein Loch flüchtet.

Thorogobius ephippiatus

Leopardengrundel (D), Leopard goby (GB), Gobie léopard (F), Ghiozzo leopardo (I), Pez leopardo (E), Luipaardgrondel (NL)

Sie kann 13 cm groß werden. Bewohner von Spalten und Höhlen, den man oft zwischen Steinblöcken von Molen antreffen kann. Von der Oberfläche bis in 40 m Tiefe. Verbreitung: Mittelmeer und Ostatlantik, von Madeira bis zu den Britischen Inseln. Dieser Fisch wird zu Unrecht übersehen. Aufgrund seiner Vorliebe für Vertiefungen und Höhlen wird er wenig wahrgenommen; sucht man ihn aber an den richtigen Stellen, ist er sehr häufig anzutreffen. Sein Kopf und sein Körper sind hell; auf dem Kopf hat er kleine rötliche Flecken und auf dem Körper große braune Flecken.

(Foto: Ruud Rozendaal)

Eine Leopardengrundel.

Bothus (Platophrys) podas

Augenfleckiger Steinbutt (D), Wide-eyed flounder (GB), Platophrys (F), Rombo die rena (I), Podas (E), Gevlekte dwerg-tarbot (NL)

Plattfisch von etwa 20 cm Größe. Die Augen stehen auffallend weit auseinander; bei den Weibchen entspricht der Abstand dem Augendurchmesser, bei den Männchen ist er größer als der Augendurchmesser. Bewohner von Sandböden. Häufige Art geringer Tiefen (5 bis 25 m), die aber auch bis in 400 m Tiefe absteigen kann. Endemische Art des Mittelmeeres mit blasser Färbung, die sich mit dem Sandboden vermischt. Dieser Fisch hat ein oder zwei dunkle Flecken auf der Körpermitte. Charakteristisch ist der extreme Abstand zwischen den Augen. Der Augenfleckige Steinbutt ernährt sich von kleinen benthisch lebenden Tieren: Würmer, Krebstiere, Weichtiere. Die Vermehrung findet im Sommer statt. Wie alle „Plattfische" (der Ordnung Pleuronectiformes) lebt er auf der Seite liegend – hier auf der rechten Seite (nur die linke Seite ist sichtbar). Die pelagisch lebenden Jungtiere sind vollkommen symmetrisch. Während einer bemerkenswerten Metamorphose wandert dann das rechte Auge auf die linke Seite; nun wird der Fisch asymmetrisch, bevor er für sein benthisches Leben als Erwachsener wieder auf den Grund zurückkehrt. Die Vertreter der Butte (Bothidae) haben linksständige Augen, während die Vertreter der Schollen (Pleuronectidae) und Seezungen (Soleidae) meist rechtsständige Augen besitzen.

Ein Augenfleckiger Steinbutt auf einem Sandboden. Der extreme Augenabstand und der dunkle Flecken auf der Rückenmitte sind artspezifisch.

Eine gut getarnte Einfleckige Scholle auf einem Felsgrund. Das „haarige" Aussehen und die gefleckte braun-rötliche Färbung mit dem schwarzen Kreis am Körperende sind charakteristisch.

Phrynorhombus regius (Zeugopterus unimaculatus)

Einfleckige Scholle (D), Haired cover, Eckstrom's topknot, Bloch's topknot (GB), Phrynorhombe unimaculé, cardine, chevelue, turbot des grottes (F), Rombo peloso (I), Pelaya miseres (E), Zuidelijke dwergbot (NL)

Plattfisch von etwa 20 cm Größe. Bewohner sandiger und felsiger Böden in Küstennähe. Lebt in Tiefen zwischen 5 und 50 m, kann aber auch in Tiefen bis zu 300 m absteigen. Verbreitung: Mittelmeer und Atlantik, von Gibraltar bis zu den Britischen Inseln. Diese Art hat linksständige, dicht beieinander liegende Augen und einen charakteristischen Kreisring am Körperende. Rauhe Schuppen verleihen dem Fisch ein „haariges Aussehen", das seine Tarnung vervollkommnet. Er ist der einzige Plattfisch, der sich an Felswände „kleben" kann und der sogar unter Überhängen gesichtet wurde. Er ernährt sich von kleinen, benthisch lebenden Tieren (Garnelen, Würmer) und von Eiern anderer Fische. Vermehrung: Frühlingsende und Sommeranfang.

Ein junger Glattbutt auf einem Sandboden; dank der Färbung seiner Haut ist er gut getarnt.

Scophthalmus rhombus

Glattbutt (D), Brill (GB), Barbue (F), Rombo liscio (I), Rapante (E), Griet (NL)

Eine dem Steinbutt ähnliche Art, die 30 bis 70 cm groß werden kann. Dieser Fisch lebt auf Sand- und Schlammböden in Küstennähe, von geringen Tiefen bis zu 70 m. Verbreitung: Atlantik, von Gibraltar bis Norwegen, Mittelmeer. Veränderliche Färbung, bräunlich, grünlich, graufarben, hell und dunkel gefleckt. Die Jungfische leben im Flachwasser, die Erwachsenen bevorzugen größere Tiefen. Gefräßige Fische, die sich von kleinen Fischen oder Krebstieren ernähren. Am Frühlingsanfang findet die Vermehrung statt.

Mola mola

Mondfisch (D), Sunfish, short sunfish (GB), Poisson-lune, mole (F), Pesce luna, pesce mola (I), Pez luna, mola (E), Maanvis, klompvis (NL)

Dieser Fisch kann eine beachtliche Größe erreichen: 3 m bei einem Gewicht von 2 000 kg. Pelagisch lebendes Tier, das häufig an der Oberfläche gesichtet wird, aber auch in die Tiefen (mehrere hundert Meter) hinabsteigen kann. Verbreitung: Weltweit verbreitete Art in warmen und gemäßigten Meeren, die sich manchmal nach Norden, bis in skandinavische Gewässer begibt. Man trifft diesen Fisch oft dicht an der Oberfläche; er läßt sich dort treiben, wobei die Rückenflosse aus dem Wasser herausragt. Es ist möglich, daß es sich hier hauptsächlich um kranke Tiere handelt. Die gesunden Tiere bewegen sich eher in mittleren Tiefen. Der Mondfisch ernährt sich von Quallen, Tintenfischen, kleinen Fischen und verschiedenen Larven. Über die Vermehrung weiß man noch wenig. Sie findet in der Sargasso-See statt, wo das Weibchen bis zu 300 Millionen Eier legt. Die Brut unterscheidet sich erheblich von den erwachsenen Tieren: Sie hat eine gut entwickelte Schwanzflosse, während die Erwachsenen nur einen Stummel am Körperende tragen.

(Foto: Ruud Rozendaal)

Ein nahes Zusammentreffen mit Mondfischen ist selten: Das Tier hat die ärgerliche Angewohnheit, in aller Eile zu verschwinden, wenn sich ein Taucher nähert.

Ein Soldatenfisch steht bewegungslos vor einer Spalte. Er ist ein Einwanderer aus dem Roten Meer, den man entlang der kleinasiatischen Küsten und um Zypern herum antrifft.

Holocentrus ruber (Adioryx rubrum)

Roter Soldatenfisch (D), Red squirrelfish, soldierfish, cardinal (GB), Poisson-écureuil, poisson-soldat (F), Pesce scoiáttolo, pesce soldato (I), Pez ardilla, pez soldado, candil (E), Eekhoornvis, soldatenvis (NL)

Länge: 20 bis 25 cm. Im Mittelmeer lebt er in Tiefen zwischen 10 und 40 m. Geographische Verbreitung: Rotes Meer, Indo-Pazifik bis Japan, Tahiti, im Nordosten von Australien und am östlichen Ende des Mittelmeeres (Küsten Kleinasiens und Zypern). Dieser Fisch hat eine rötliche Färbung mit weißen Längsstreifen. Er ist ein Bewohner des tropischen Indo-Pazik, der durch den Suezkanal über das Rote Meer ins Mittelmeer eingewandert ist. Er jagt vor allem nachts. Tagsüber steht er bewegungslos an beschatteten Plätzen wie Überhängen und Höhleneingängen. In den tropischen Meeren findet man diese Art in Korallenriffen.

Zeus faber

Petersfisch, Heringskönig (D), Dory, John Dory, St. Peter's fish (GB), Saint Pierre, dorée (F), Pesce San Pietro (I), Pez de san Pedro, gallo (E), Zonnevis (NL)

Ein Fisch von etwa 40 cm Größe. Maximum: 75 cm bei 8 kg. Schwimmt im offenen Meer in der Nähe von Sandböden in Tiefen bis zu 200 m; manchmal nähert er sich jedoch den Küsten. Dieses aus der Lauerstellung jagende Tier ernährt sich von kleinen Fischen, Tintenfischen und Krebstieren. Geographische Verbreitung: Mittelmeer und Atlantik von den Azoren bis zum Ärmelkanal.

(Foto: A. Meinesz, Nizza)

Der Petersfisch ist ein prächtiger Fisch, dem man sich leicht nähern kann. Laut Legende ist der schwarze Fleck der Fingerabdruck des Apostel Petrus, der auf Christi Geheiß den Fisch gefangen hatte, um ein Goldstück aus seinem Maul zurückzuholen.

Reptilien und Meeressäugetiere

Caretta caretta

Unechte Karettschildkröte (D), Loggerhead turtle (GB), Caouanne (F), Testuggine marina (I), Careta (E), Onechte karetschildpad (NL)

Meeresschildkröte von 50 bis 100 cm Größe. Pelagisch lebendes Tier des Mittelmeeres und anderer (sub)tropischer Meere. Hochseeart, die sich selten den Küsten nähert, außer um ihre Eier zu legen. Diese Schildkröte legt ihre Eier vor allem an ruhigen Mittelmeerstränden ab: Nordafrika, Türkei, Zypern. Der Massentourismus hat dieser vom Aussterben bedrohten Art nicht gutgetan. Es gibt im Mittelmeer auch andere, noch seltenere Arten: Echte Karettschildkröte (Eretmochelys imbricata), Suppenschildkröte (Chelone mydas) und Lederschildkröte (Dermochelys coriacea).

Unechte Karettschildkröte: Wie lange wird man diese bedrohte Art noch im Mittelmeer sehen?

Ein Blauweißer Delphin vor einem Schiffsbug. Er ist durch seine Färbung leicht vom Delphinus delphis zu unterscheiden: Die dunkle Rückenpigmentierung des letzteren bildet unter der Rückenflosse eine nach unten gerichtete Spitze mit einer davorliegenden gelblichen Seite. Der Bauch ist weiß, und an den Flanken besitzt er hellere, wellige Bänder.

Stenella coeruleoalba

Blauweißer Delphin, Streifendelphin (D), Blue-white dolphin, striped dolphin, streaker porpoise (GB), Dauphin bleu et blanc, dauphin de Thétys (F), Delfino blu e bianco (I), Delfin azul y blanco, delfine listado (E), Gestreepte dolfijn (NL)

Im Mittelmeer wird dieser Delphin nicht größer als 2 m, seine maximale Größe reicht bis zu 2,5 m. Er wiegt zwischen 110 und 140 kg. Es ist eine häufige Art in allen (sub)tropischen Meeren der Welt. Der Streifendelphin jagt pelagisch lebende Fische (Sardinen, Sardellen), nach denen er in Tiefen bis zu mehreren hundert Metern sucht. Herdentier, das sich in Schwärmen von zehn bis zwanzig bzw. bis zu mehreren hundert Einzeltieren bewegt. Er kann Geschwindigkeiten von mehr als 20 Knoten (40 km/h) erreichen und bis zu 7 m hohe Sprünge über Wasser machen! Seine Lebenserwartung wird auf 50 Jahre geschätzt.

Tursiops truncatus

Großer Tümmler (D), Bottlenose dolphin (GB), Grand dauphin, souffleur, dauphin à gros nez (F), Delfino tursio (I), Delfin mular (E), Tuimelaar (NL)

Länge: 3 bis 4 m, Gewicht: 200 bis 600 kg. Er ist in allen gemäßigten und warmen Meeren der Welt zu Hause. Viele geographische Rassen. Der Große Tümmler ist die bekannteste Art, da man ihn in den Delphinarien der ganzen Welt findet. Er ernährt sich sowohl von pelagisch als auch von benthisch lebenden Tieren.

Was ist schöner als ein in Freiheit lebender Delphin?

Im Zustand der Schwerelosigkeit

Tauchen und Unterwasserfotografie

Dieses Buch möchte weder ein Tauchlehrbuch noch ein Handbuch für Unterwasserfotografie sein. Es gibt bereits eine Anzahl hervorragender Werke, die sich mit diesen Themen beschäftigen. Tauchen lernt man vor allem in speziellen Tauchclubs mit kompetenten Tauchlehrern. Ein Buch kann daher nur eine zusätzliche Informationsquelle sein.

Bei der Unterwasserfotografie sieht es etwas anders aus. Das Kursangebot wird zwar immer größer, aber man lernt normalerweise am besten in der Praxis. Für den Anfänger können die ersten Fotos enttäuschend sein, und viele Taucher verkaufen ihre Ausrüstung nach einer ersten mißlungenen Fotosaison wieder. Das ist sehr bedauerlich! Denn eine „Foto-Safari" unter Wasser ist für einen Taucher eine der ehrenwertesten Beschäftigungen. Er muß zu diesem Zweck die Technik des Tauchens beherrschen, über eine gute Beobachtungsgabe und Kenntnisse der Unterwasserwelt verfügen und zudem noch ein künstlerisches Auge haben. Man lernt all das im Laufe der Zeit. Ich erlaube mir aber trotzdem, dem Leser hier einige „Tips" zu geben.

Tauchpraxis

Bei allen Tauchtechniken ist die Beherrschung der Tarierung entscheidend. Hierbei ist die exakte Abstimmung von Bleigewichten zum Auftriebsvolumen eine Grundvoraussetzung: Bei leerer Flasche sollten Sie in der Lage sein, den 3-Meter-Sicherheitsstop noch mühelos einzuhalten. Führen Sie zu wenig Blei mit sich, würden Sie in dieser Phase ständig zur Wasseroberfläche treiben. Haben Sie zuviel Blei am Gürtel, müssen Sie während des Tauchgangs ständig gegen den „Abtrieb" ankämpfen. Die Tarierung: Der Abtrieb wird mittels aufblasbarer Tarierhilfen (stabilizing-jackets) kompensiert, indem über einen „Inflator" per Knopfdruck direkt aus der Druckluftflasche Luft in die Tarierhilfe strömt. Derartig schwerelos austariert gelingen Ihnen die besten Fotos.

Der Flossenschlag:
Mußten Sie während Ihrer Ausbildung Kilometer um Kilometer zurücklegen? Unnötig! (Nicht ganz: Wenn Sie irgendeines Tages gegen die Strömung zum Tauchboot zurückschwimmen müssen, werden Sie ihrem Tauchlehrer für die Schinderei dankbar sein). Schweben Sie über dem Grund (siehe: Tarierung).

Versuchen Sie vor allem nicht, sich über dem Grund zu halten, indem Sie mit den Flossen schlagen. Sie würden damit alle Fische erschrecken und Schlamm- und Sandwolken aufwühlen, die Ihnen die Sicht nehmen und die Aufnahmen verderben. Kriechen Sie nicht auf dem Bauch oder auf den Knien über den Boden! Vermeiden Sie hektische Flossenschläge und Körperbewegungen. Je unbeweglicher Sie sind und je mehr Sie sich mit der Umgebung vermischen, desto mehr Fische werden auf Sie zukommen.
Da Sie langsamer atmen, gibt es weniger Luftblasen, die die Tiere erschrecken könnten. Außerdem können Sie länger am Grund bleiben, ohne in Luftmangel zu geraten. Dank Ihrer Bewegungslosigkeit werden Sie auch mehr und mehr kleine Dinge entdecken. Wenn Sie eine Stunde lang im Umkreis von 20 Metern verweilen, werden Sie mehr sehen, als wenn Sie in einer halben Stunde einen Kilometer zurücklegen! Wenn es sich um einen sedimentreichen Boden handelt, dann plazieren Sie sich am besten gegen die Strömung oder senkrecht zur Strömung. So wird Ihnen eventuell aufgewühlter Schlamm nicht im Wege sein. Sollten Sie sich zu zweit (oder zu mehreren) senkrecht zur Strömung aufhalten, dann sollte sich der jeweils nachfolgende Taucher etwas weiter „oberhalb" der Strömung befinden als der Vorgänger. Bezüglich der Tiefe läßt sich sagen, daß man im Mittelmeer die lebensreichsten Zonen zwischen der Oberfläche und ungefähr 30 m Tiefe findet. Man muß also keine „Rekorde" aufstellen: Unterhalb von 30 m gibt es weniger zu sehen, und Sie können dort nicht so lange verweilen. Lesen Sie noch einmal das Kapitel über den ersten Meter.

Apnoe:
Beim Apnoe-Tauchen sieht man Dinge, die man mit Druckluftgerät nicht sehen würde; z. B. scheue Fische, die vor den Geräuschen der Luftblasen fliehen. Mindestens 10% der Fotos in diesem Buch sind durch Apnoe entstanden... Aber Vorsicht! Sie sind nicht Jacques Mayol... Apnoe ist nicht ungefährlich. Sie lernen es am besten bei Ihrem Lieblingstauchlehrer. Er wird Ihnen erklären, was Sie tun müssen und vor allem, was Sie vermeiden sollten.

Unterwasserfotografie

Überlegen Sie gut, bevor Sie sich darauf einlassen. Es ist ein teures Hobby, und der Weg ist mit Enttäuschungen gepflastert! Es ist aber auch eine große Befriedigung, wenn man seine ersten gelungenen Fotos in Händen hält... Bezüglich der Kamera läßt sich sagen, daß der Anfänger mit einer Nikonos beginnen sollte. Sie hat eine einfache Handhabung und bietet doch viele Möglichkeiten. Diese Kamera wird auch von zahlreichen Profis benutzt (ungefähr 20 % der Fotos in diesem Buch wurden mit einer Nikonos aufgenommen). Es wäre ideal, wenn Sie eine gebrauchte Nikonos-III bekommen könnten. Dieses Modell ist das zuverlässigste aus der Serie. Die Nikonos-V (neu oder gebraucht) ist vielseitiger, aber auch empfindlicher. Meiden Sie die anderen Modelle (II und IV)! Man beginnt mit einem Standardobjektiv (35 mm) und widmet sich dann, vorzugsweise mit Hilfe von Zwischenringen, Nahaufnahmen (Makrofotografie). Ich empfehle, mit den Maßstäben 1:3 und 1:2 anzufangen.

Bei diesen Maßstäben macht man keine Einstellungsfehler, und es gibt hierfür eine unerschöpfliche Anzahl von Motiven. Wenn die Belichtung einmal eingestellt ist, werden Sie Filme mit vielen technisch (nicht zwangsläufig ästhetisch) gelungenen Fotos aus Ihrem Urlaub nach Hause bringen. Später können Sie sich dann mit dem Zwischenring für den Maßstab 1:1 beschäftigen.

Das Blitzgerät:

Ein Blitzgerät ist unverzichtbar, um Farbe und ausreichend Licht zu haben, damit Sie bis Blende f=16 oder f=20 abblenden können; dies ist eine notwendige Voraussetzung für Nahaufnahmen, um eine ausreichende Tiefenschärfe zu erhalten. Wählen Sie kein allzu starkes Blitzgerät aus! Die kleinen Blitzgeräte (wie Yellow Sub 50 von Sea & Sea) sind wunderbar.

Der Film:

Arbeiten Sie vorzugsweise mit Diapositiven mit 50 oder 100 ASA. Welchen Film sollen Sie wählen? Das ist Geschmackssache. Nehmen Sie einen Kodachrome, Ektachrome, Fujichrome oder Agfachrome. Kaufen Sie keine anderen Marken; sie sind zwar preiswerter, aber auch nicht so gut.

Wie bereitet man sich vor?

Im Schwimmbad:

Nehmen Sie einen Probefilm auf, um sich mit Ihrer Kamera vertraut zu machen. Machen Sie gleiche Bilder mit unterschiedlichen Blenden (z. B. Zwischenring 1:2, fotografieren Sie Ihre Taucheruhr oder irgendein anderes Objekt mit Blende f=11, f=16 und f=22). Notieren Sie alles, was Sie tun. Aus dem entwickelten Film können Sie dann ableiten, welche Belichtungen Sie im Meer wählen müssen.

Wie gelingen Ihre Fotos?

Mit Geduld... Feuern Sie keine „MG-Schüsse“ ab. Nehmen Sie sich Zeit zum Beobachten und variieren Sie in Ruhe die Neigung Ihrer Kamera und

Ihren Blickwinkel. Stellen Sie sich vor, was später auf dem Foto zu sehen sein wird. Die Bildkomposition ist sehr wichtig. Eine diagonale Leitlinie auf Ihrem Foto wirkt oft Wunder! Aufgewirbeltes Sediment wird hingegen Ihre Bilder ruinieren, besonders wenn Sie mit Blitz arbeiten (siehe: Beschwerung und Flossenschlag).

Pflege:
Sie ist von großer Bedeutung. Auf dem Boot sollten Sie Ihre Kamera vor Erschütterungen und vor der Sonne schützen. Sie könnten sie z. B. in ein feuchtes Frottierhandtuch einwickeln. Nach dem Tauchgang sollten Sie die Kamera auf jeden Fall mit Süßwasser abspülen (nicht mit einem Wasserstrahl; lassen Sie sie einfach 10 Minuten im Wasser liegen). Reinigen Sic regelmäßig die Dichtungsringe, um dort festsitzenden Sand und Salz zu entfernen, und fetten Sie dann die Teile mit einem dünnen Siliconfett ein. Es empfiehlt sich, die Kamera alle zwei Jahre beim Hersteller überholen zu lassen. Und dann? Der nächste Schritt ist der schwierigste, denn jetzt müssen Sie sich an Fotos von Tauchern, Unterwasserlandschaften und Wracks heranwagen. Sie sollten sich zu diesem Zweck mit einem Weitwinkelobjektiv ausrüsten. Nikon und Sea & Sea bieten eine ganze Reihe von Objektiven zwischen 28 mm und 15 mm an. Die Serie von Sea & Sea ist ausgezeichnet und außerdem preiswerter. Bei den Objektiven von Nikon sind Schärfe und Kontrast zwar hervorragend, aber ihr Preis ist auch entsprechend hoch... Das 15 mm-Objektiv von Nikon ist ein echtes optisches Juwel und ist (im wahrsten Sinne des Wortes) nicht mit Gold aufzuwiegen. Diese Objektive müssen mit einem optischen Sucher (muß separat gekauft werden) benutzt werden. Sie lernen, mit Mischlicht zu fotografieren. Ganz schnell wird es unter Wasser unerläßlich, die Entfernung einzustellen... Ich hätte Sie warnen sollen: Es ist besser, nicht alles auf einmal anzufangen!

Das Gehäuse:
Das Gehäuse ist das „Nonplusultra“. Bei einem wasserdichten Gehäuse mit einer Spiegelreflexkamera kann man die Objektive auswechseln (vor jedem Tauchgang!), aber vor allem kann man ganz genau sehen, was man fotografiert: Die Bildeinstellung ist hervorragend! Ich möchte diese Wahl nur denjenigen empfehlen, die eine solche Ausrüstung bereits regelmäßig an Land benutzen. Eine Kamera mit einem Gehäuse und einem Blitzgerät ist schwer und unhandlich. Man muß die Ausrüstung wirklich lieben... Dennoch ist es die professionellste Ausrüstung (besonders wenn man mittlere Formate wie 4,5 x 6 cm oder 6 x 6 cm liebt), die sich aber sicherlich nicht jeder leisten kann.

Namensverzeichnis

Danksagung

Ich verdanke es meinem Vater, daß ich dieses Buch schreiben konnte. Er nahm mich an die Hand, als ich meine ersten Luftblasen machte. Er hat mir das Fotografieren beigebracht, als ich noch ein kleiner Junge war. Aber vor allem hat er seine Begeisterung auf mich übertragen! Dennoch ist es unmöglich, alles selbst zu fotografieren. Meine Tauchfreunde haben die Fotos ergänzt. Zu ihnen gehören Enrico und Rosaria Gargiulo (Sorrent, Italien), Alexandre Meinesz (Nizza, Frankreich), John Neuschwander (Capelle aan den Ijssel, Niederlande), Géry Parent (Compiègne, Frankreich), Roberto Rinaldi (Rom, Italien) und Ruud Rozendaal (Leersum, Niederlande). Ihre Namen stehen unter ihren hervorragenden Unterwasseraufnahmen. Der Text wird außerdem von einigen Bildern illustriert, die mit einem Rasterelektronenmikroskop aufgenommen wurden. Sie wurden von Gérard Breton (Naturhistorisches Museum Le Havre) und Alain Couté (Nationalmuseum für Naturgeschichte in Paris) gemacht. Einige Spezialisten haben mir bei der Bestimmung rätselhafter Organismen geholfen, die auf einigen meiner Fotos zu sehen sind. Es handelt sich hier um Charles-Francois Boudouresque und Marc Verlaque (Algen), Jean Vacelet und Wallie De Weerdt (Schwämme), Helmut Zibrowius (Steinkorallen, Würmer), Géry Parent (Hinterkiemer), Jean-Georges Harmelin (Moostierchen) und Han Nijssen (Fische). Die genannten Personen haben nicht alle Fotos bestimmt: Für noch vorhandene Fehler trage ich die alleinige Verantwortung. Ich bin jedem dankbar, der meine Fehler korrigiert. Manche Arten (insbesondere bei den Algen, Schwämmen, Hydrozoen und Moostierchen) können nur mit Hilfe mikroskopischer Untersuchungen bestimmt werden. In diesen Fällen habe ich nur die Gattung genannt oder die Art, die mir am wahrscheinlichsten erschien, manchmal gefolgt von einem (?), das viel über unsere wissenschaftliche „Sicherheit“ aussagt.